《企业会计准则讲解》系列丛书

企业会计准则讲解：

③ 新收入准则等分册

郑泳州 著

中国财经出版传媒集团
中国财政经济出版社

图书在版编目（CIP）数据

企业会计准则讲解．③，新收入准则等分册／郑泳州著．--北京：中国财政经济出版社，2023.1

ISBN 978－7－5223－1379－5

Ⅰ.①企…　Ⅱ.①郑…　Ⅲ.①企业－会计准则－中国　Ⅳ.①F279.23

中国版本图书馆CIP数据核字（2022）第067686号

责任编辑：陈志伟　　　　责任印制：史大鹏
封面设计：卜建辰　　　　责任校对：徐艳丽

企业会计准则讲解：③新收入准则等分册
QIYE KUAIJI ZHUNZE JIANGJIE：③ XINSHOURU ZHUNZE DENG FENCE

中国财政经济出版社 出版

URL：http：//www.cfeph.cn
E－mail：cfeph@cfeph.cn

社址：北京市海淀区阜成路甲28号　邮政编码：100142
营销中心电话：010－88191522
天猫网店：中国财政经济出版社旗舰店
网址：https：//zgczjjcbs.tmall.com
北京时捷印刷有限公司印刷　各地新华书店经销
成品尺寸：185mm×260mm　16开　31.25印张　502 000字
2023年3月第1版　2023年3月北京第1次印刷
定价：128.00元
ISBN 978－7－5223－1379－5
（图书出现印装问题，本社负责调换，电话：010－88190548）
本社质量投诉电话：010－88190744
打击盗版举报热线：010－88191661　QQ：2242791300

前　言

本书采用逻辑会计思想，详细讲解我国企业会计准则的基本原理和会计逻辑，并结合实务中的会计案例来深入分析会计的精髓。

很多人员在学习准则的时候，经常搞不清楚准则为什么这样规定、背后的逻辑和理论依据是什么。尤其是随着经济的不断发展，实务中新型的经济发展模式不断创新，交易和事项日益复杂，从近几年修订的会计准则可以看出，准则越来越难以理解，对会计人员的要求也越来越高。

那么怎样运用会计准则规定的原则进行会计处理呢？这就需要会计人员根据会计准则的原则，结合会计理论，了解会计处理的深层次逻辑关系，运用大量的职业判断和逻辑推理，分析交易和事项的经济实质，得出恰当的会计处理方法。现行企业会计原则采用原则导向，尽量采用定性的判断，减少定量的判断，以简单明了的经济常识为基础，逻辑推理体系比较严密。

本书揭示了现行我国《企业会计准则》背后的逻辑和理论依据，让准则的内容以通俗易懂的方式呈现出来，帮助大家迅速领会准则背后的理论支撑，从而掌握会计准则的精髓，更好地指导会计实践。

本书具体特色有以下几个方面：

（1）业务分析部分，详细介绍会计准则规范的交易或事项。

（2）逻辑图部分，详细讲解会计准则整体的大逻辑、相关的准则之间的中逻辑、相关的知识点之间的小逻辑、知识点内在的小小逻辑。会计规则的核心是理论逻辑，这是理解会计规定的关键，逻辑图不同于思维导图，逻辑图明确指出了会计职业判断的逻辑过程，便于读者理解，而思维导图只是知识点的简单罗列，没有逻辑关系分析的。

（3）原理和注释部分，详细介绍会计准则规定的理论依据，对部分难点注释说明。从会计原理的角度搞清楚会计准则为什么这样规定，才能从深层次理解和掌握。

（4）案例部分，根据国内外有代表性的会计、审计实务中的最新案例编写，并从会计的逻辑与原理来剖析，帮助读者理解现行会计准则规定的会计原则的精髓，从而做好财务报表的编制和分析工作，也可以应对各种会计类考试。

（5）本书内容新颖，紧紧围绕截至出版的上年末最新修订的相关会计准则法规。

（6）随着国内外会计理论和会计准则的变化，将会持续保持对内容的更新。

（7）本书适合下列读者：①各大院校会计相关专业的学生、老师、教研人员。②参加会计职称、注册会计师、税务师、评估师、保荐代表人资格等会计相关考试的人员。③在企事业单位从事会计、审计、财务等实务工作的从业人员。④在中介机构执业的注册会计师、税务师、管理会计师、审计师、评估师、证券分析师等相关人员。⑤从事内部控制、内部审计、风险管理的相关人员。

（8）本书配套视频讲解及服务：为了帮助大家进一步深入理解本书的内容，掌握逻辑会计的精髓，本书全部内容有作者亲自讲授的视频课程。

（9）更多财税课程请扫二维码：

（10）读者服务群请扫二维码：

郑泳州

2023年2月于北京

目　录

第一章

非货币性资产交换

非货币性资产交换是指交易双方主要以固定资产等非货币性资产进行交换的交易。通过交换，一方面可以满足生产经营的需要，扩大销售增加利润；另一方面可以减少现金的流出。这种交易的关键是，换入的资产如何确认和计量？换出的资产能不能确认损益？《CAS7——非货币性资产交换》（下文简称“CAS7”）规范了非货币性资产交换的确认、计量和相关信息的披露。

2019 版 CAS12 修订的主要原因有：

一是保持准则体系的内在协调。2017 年，财政部发布新金融工具准则，对相关业务提出新的规范要求。为使非货币性资产交换业务在会计处理原则上与新发布的上述会计准则保持一致，有必要修订原准则。

二是进一步规范非货币性资产交换相关业务。针对实务中存在的有关问题，例如，非货币性资产交换中涉及企业合并的适用准则、非货币性资产交换中涉及金融工具的适用准则、换入和换出资产时点不明确、缺少有确凿证据表明换入资产公允价值更加可靠情形下的会计处理原则等问题，有必要通过修订原准则加以规范，更好地指导实务操作。

三是避免对多项准则反复修订。原准则对非货币性资产交换中的换入资产和换出资产的确认和计量原则进行了规定，便于实务操作。如果废止该准则，则需要逐一修订存货、长期股权投资、固定资产、无形资产、投资性房地产、生物资产等多项准则。为了保持准则体系的稳定性，避免反复修订其他准则，有必要修订而不宜废止该准则。

2019 版 CAS7 与 2006 版 CAS7 相比变化如表 1－1 所示。

表 1－1　　CAS7 新旧对比

变化项目	2006 版 CAS7	2019 版 CAS7
①完善货币性资产的概念【1】	强调货币性资产是一种资产	强调货币性资产是一种权利，与资产的概念保持一致
②完善非货币性资产交换的概念	包含存货	删除了存货，增加了投资性房地产，扩大范围
③适用范围【2】	未规范	明确
④交换资产的确认时点【3】	未规范	明确，与其他准则保持一致
⑤以公允价值为基础计量的交换中换入资产的初始计量【4】	以成本计量	与其他准则保持一致
⑥以公允价值为基础计量的交换中损益的计量【5】	区分交换损益与换出资产处置损益	不再区分
⑦补价的计量【6】	区分是否具有商业实质	区分收到补价与支付补价进行不同的计量
⑧披露	—	增加披露“非货币性资产交换是否具有商业实质及其原因”，提供更多有用信息

【释 1】2006 版 CAS7 对非货币性资产交换的定义中提到“交易双方”。实务中有观点认为，该表述意味着交易双方必须同时用非货币性资产进行交换，才能符合非货币性资产交换的定义，从而导致可能因交易对方的换入资产或换出资产不是非货币性资产的情形使本企业也无法适用本准则，其会计处理缺乏依据。因此，2019 版 CAS7 修改了非货币性资产交换的定义，删除“交易双方”的表述。通常情况下，交易双方对于某项交易是否为非货币性资产交换的判断是一致的，仅在个别情况下可能会不一致。企业应从自身的角度，根据交易的实质判断相关交易是否属于非货币性资产交换，不应基于交易双方的情况进行判断。例如，投资方以一项固定资产出资取得对被投资方的权益性投资，对投资方来说，换出资产为固定资产，换入资产为长期股权投资，属于非货币性资产交换；对于被投资方来说，则是接受换入的实物资产，属于接受权益性投资，不属于非货币性资产交换。

【释 2】2006 版 CAS7 没有对准则的适用范围进行规范，从而导致因准则适用范围不清而带来实务差异。2019 版 CAS7 明确了准则的适用范围，将应遵循其他准则的交易排除在外，保持准则内在体系的协调。

其中，《CAS14——收入》对企业因转让存货取得非现金对价情形的会计处理作出了规范。因此，企业以存货换取客户的非货币性资产的，相关收入的会计处理适用《CAS14——收入》。

《CAS20——企业合并》对企业合并的合并成本的确定以及企业合并中取得的资产和负债的确认和计量等作出了规范；《CAS2——长期股权投资》对企业合并中合并方或购买方的长期股权投资的确认和计量等作出了规范；《CAS33——合并财务报表》对出售方丧失对被投资方控制权的会计处理等问题作出了规范。因此，非货币性资产交换中涉及企业合并的，适用《CAS20——企业合并》《CAS2——长期股权投资》和《CAS33——合并财务报表》。

《CAS22——金融工具确认和计量》对金融资产的确认、终止确认和计量等作出了规范。因此，非货币性资产交换中涉及由《CAS22——金融工具确认和计量》规范的金融资产的，金融资产的确认、终止确认和计量适用《CAS22——金融工具确认和计量》和《CAS23——金融资产转移》。

《CAS21——租赁》对使用权资产和应收融资租赁款的确认、终止确认和计量等作出了规范。因此，非货币性资产交换中涉及由《CAS21——租赁》规范的使用权资产或应收融资租赁款等的，相关资产的确认、终止确认和计量适用《CAS21——租赁》。

关联方之间发生的非货币性资产交换，交易实质是交换的一方向另一方进行了权益性分配或交换的一方接受了另一方权益性投入的，属于权益性交易，不在 2019 版 CAS7 规范范围内。

【释 3】2006 版 CAS7 没有对换入资产和换出资产的确认时点进行规范，导致实务差异。2019 版 CAS7 规范了非货币性资产交换中换入资产的确认时点和换出资产的终止确认时点，即换入资产应当在符合资产定义并满足相关准则规定的资产确认条件时予以确认，换出资产应当在满足相关准则规定的资产终止确认条件时终止确认，还规范了换入资产的确认时点与换出资产终止确认时点不一致情况下在资产负债表日的会计处理原则。

【释4】现行准则体系中，以其他方式取得的存货、固定资产、无形资产、投资性房地产和长期股权投资等金融资产以外的非货币性资产一般以成本计量。为了与其他准则的原则保持一致，2019版CAS7规定，以公允价值为基础计量的非货币性资产交换，换入资产以换出资产的公允价值为基础进行计量（即换入资产的成本），但有确凿证据表明换入资产的公允价值更加可靠的除外。因为实务中可能存在有确凿证据表明换入资产的公允价值更加可靠的情形，因此规范了以换入资产的公允价值为基础进行会计处理的原则。

【释5】为保持准则体系的内在协调，参照《CAS14——收入》对存货销售取得非现金对价的处理原则，换出资产应当按照对价的公允价值计量处置损益，即以换入资产（收到对价）的公允价值作为计量处置损益的基础，若换入资产的公允价值不能合理估计的，则以换出资产的公允价值作为计量处置损益的基础。

按照上述原则，换入资产以换出资产的公允价值为基础计量，换入资产公允价值与换出资产账面价值之间的差额为换出资产的处置损益。当换出资产公允价值和换入资产公允价值之间存在差额时，该差额即为因交换资产而产生的损益。实务中，公平交易中的换入资产和换出资产的公允价值应当相等，通常即便不等也差异不大（即因交换资产而产生的损益通常不重大），但若要单独区分出因交换资产而产生的损益，则企业为此须花费较大成本去同时获取换入资产和换出资产两项公允价值。考虑到因交换资产而产生的损益通常不重大，且和换出资产的处置损益最终都将反映在利润表中，即使企业花费较大成本将两项损益进行区分，报表使用者从该信息中获得的收益也极为有限，因此，为了简化实务操作，2019版CAS7不要求区分换出资产的处置损益和因交换资产而产生的损益，而是将二者合并作为换出资产的处置损益处理。即，企业以换出资产的公允价值作为换入资产初始计量基础的同时，将换出资产的公允价值与其账面价值之间的差额计入当期损益。

【释6】如果补价是货币性资产，应以公允价值计量。如果补价是非货币性资产的，根据2019版CAS7的规定，收到补价的，无论交易是否具有商业实质，补价都应当以公允价值计量；支付补价的，在没有商业实质的交易中，补价应当和其他换出资产的处理原则一致。

第一节　非货币性资产交换的确认

一、非货币性资产的概念

1. 非货币性资产的判断（见图1－1）

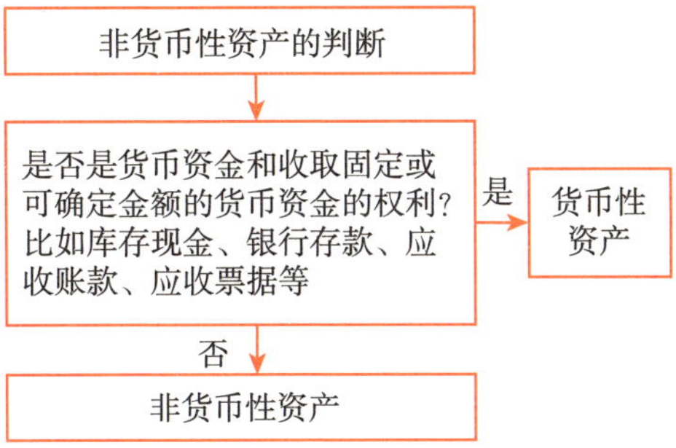

图1－1　非货币性资产的判断

货币性资产的主要特征是，收取确定金额现金流量的权利。

部分资产的判断分析见表1－2。

表1－2　　关于部分非货币性资产的分析

下列是否属于非货币性资产？	分析
（1）交易性金融资产	是，因为不符合收取确定金额的权利
（2）其他权益工具投资	是，因为不符合收取确定金额的权利
（3）债权投资	否，属于货币性资产
（4）投资性房地产	是，因为不符合收取确定金额的权利
（5）应收账款	否，属于货币性资产
（6）预付账款	是，因为不符合收取确定金额的权利
（7）预收账款	否，属于负债

2. 资产的分类（见表1－3）

表1－3　　资产的分类

分类标准	资产的分类
根据CAS7货币性	货币性资产与非货币性资产
根据CAS30流动性	流动资产与非流动资产

续表

分类标准	资产的分类
根据 CAS6 实物形态	有形资产与无形资产
根据 CAS20 可辨认性	可辨认资产与不可辨认资产（如商誉）
根据 CAS22 金融性	金融资产与非金融资产
根据 CAS31 现金性	现金和现金等价物与其他资产

二、非货币性资产交换的概念

非货币性资产交换的概念判断见图 1－2。

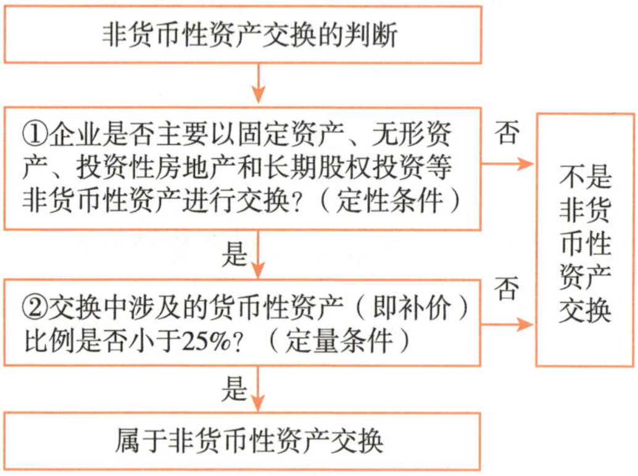

图 1－2　非货币性资产交换的判断

【释①】为什么不再要求 2006 版 CAS7 中规定的双方判断一致？因为有时交易双方对于一项交易是否属于非货币性资产交换的判断不一致。例如，甲企业以固定资产交换乙企业的股权，对甲企业来说属于非货币性资产交换，对乙企业来说不属于非货币性资产交换，属于接受投资的权益性交易。所以 2019 版 CAS7 删除了双方，允许单方执行 CAS7，企业只需要从自身角度来判断是否符合 CAS7 的规定即可。

2019 版 CAS7 增加了投资性房地产，因为投资性房地产也属于非货币性资产，所以，纳入非货币性资产交换概念。

2019 版 CAS7 删除了存货，因为将存货用于非货币性资产交换，视同销售存货，应当执行《CAS14——收入》。

【释②】定量条件 25% 的判断详见图 1－3。

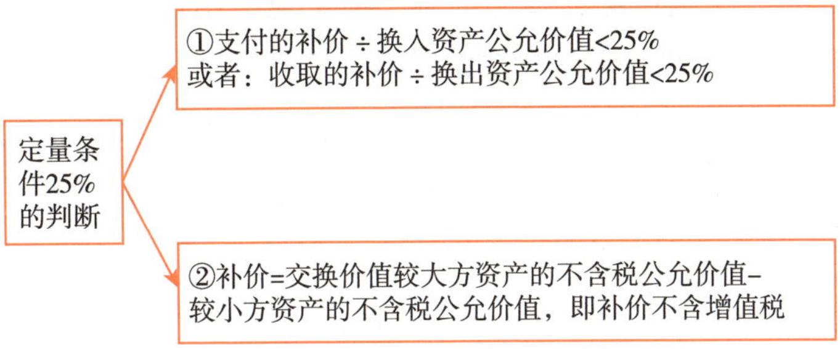

图 1-3 定量条件的判断

为什么补价的比例要小于 25%？因为如果补价在交易中所占比例太高，就改变了交易的性质，应当分解为销售资产和购买两笔业务来处理。

为什么补价不含增值税？因为增值税是价外税，不计入资产的公允价值。补价的实质是双方所交换资产的价值差额。

三、CAS7 的适用范围

1. CAS37 的适用范围（见图 1-4）

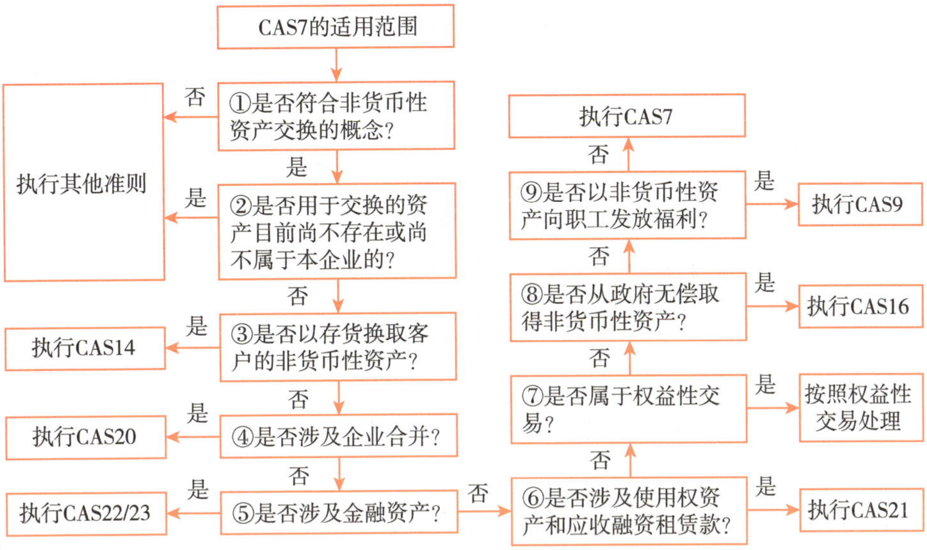

图 1-4 CAS7 的适用范围

【释②】例如，甲企业从乙企业取得一项土地使用权，承诺未来3年内在该地块上建造写字楼，并待写字楼建造完成后向乙企业交付一幢写字楼，在这种情形下，由于甲企业用于交换的建筑物尚不存在，因此无论对甲企业还是乙企业而言，该交易不属于本准则规范的非货币性资产交换。甲企业在取得的土地使用权符合确认条件时，确认一项无形资产并确认一项未来交付写字楼的负债，乙企业在土地使用权符合终止确认条件时，终止确认无形资产并确认一项未来应收写字楼的资产（如其他应收款）。

【释③】为什么将存货排除在CAS7之外？因为，虽然存货属于非货币性资产，但是以存货进行非货币性资产交换，属于销售存货取得非现金对价，应当执行CAS14，即换入资产按照非现金对价的公允价值计量，不按照付出对价（即存货）的公允价值计量。为了不同准则之间的逻辑保持一致，2019年CAS7修订时在非货币性资产交换概念中删除了存货，将这种情形排除在CAS7之外。

【释⑦】关联方交易可以分为权益性交易与非权益性交易两类。

权益性交易产生的价值变动计入权益，不得确认损益。例如，一方以另一方的股东身份与另一方发生交易，或者交易双方处于同一控制下发生的交易，或者交换交易属于权益性分配或权益性投入，或者一方发行股票取得另一方的非货币性资产。权益性交易中取得的非货币性资产，应当按照权益工具的公允价值（即付出对价的公允价值）计量。

如果一方虽然是另一方的股东，但是在交易中，以非股东身份与另一方发生交易，则该交易属于非权益性交易，可以确认损益。

有的关联方之间发生的非货币性资产交换交易中，一部分属于权益性交易，一部分属于非权益性交易，则需要分拆处理，交易产生的利得与损失中，与权益性交易相关的计入权益，与非权益性交易相关的计入损益。

【释⑨】因为企业换入的是职工服务，而不是非货币性资产，所以不适用CAS7。

2. 执行 CAS7 的逻辑（见图 1－5）

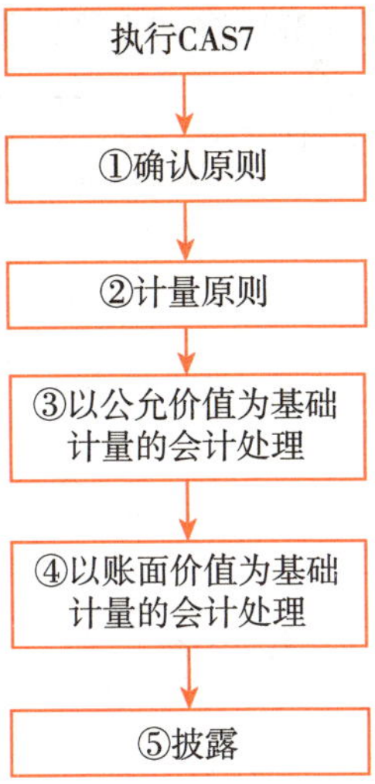

图 1－5　执行 CAS7 的逻辑

3. 不同准则适用顺序的逻辑（见图 1－6）

根据各类交易对企业财务状况和财务业绩的影响程度不同，各项具体准则遵循的先后顺序不同。

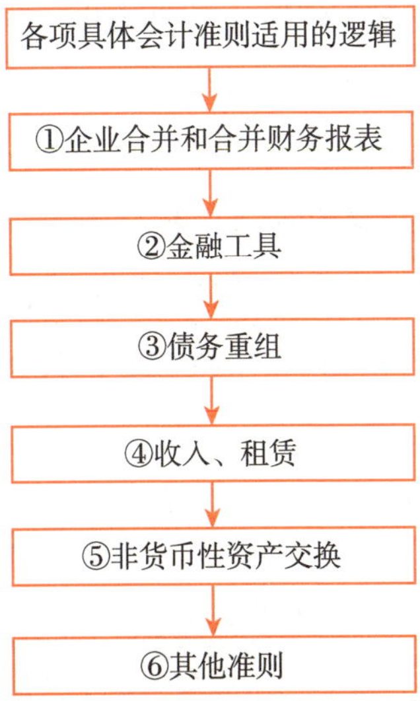

图 1－6　各项具体准则适用的逻辑

4. 部分非货币性资产交易的判断分析（见表 1－4）

表 1－4　CAS7 非货币性资产交换的情况分析

下列是否适用 CAS7 非货币性资产交换？	分析
（1）甲公司捐赠一台设备给乙公司	不适用，不是互惠交易，甲公司应当确认损失，乙公司确认利得
（2）甲公司以自产的手机换取应给股东的股利	不适用，属于权益性交易
（3）政府无偿提供非货币性资产给甲公司	不适用，不是互惠交易，属于政府补助
（4）甲公司以一项应收账款换取乙公司一台设备	不适用，应收账款是货币性资产
（5）甲公司以发行自身股票换取乙公司一项大型设备	不适用，属于权益性交易
（6）甲公司用一项固定资产换取乙公司 60% 的股权并取得乙公司的控制权	不适用，属于企业合并，甲公司的目的不是进行非货币性资产交换，而是取得乙公司的控制权，获得战略协同利益
（7）甲公司用一栋厂房换取乙公司增资的 20% 股权	对甲公司来说，适用非货币性资产交换；对乙公司来说不适用，属于接受投资的权益性交易

【案例 1－1】甲公司为一家互联网视频播放经营企业，其为减少现金支出而进行的取得有关影视作品播放权的下列交易中，属于非货币性资产交换的有（　　）。

A. 以应收商业承兑汇票换取其他方持有的乙版权

B. 以本公司持有的丙版权换取其他方持有的丁版权

C. 以将于 3 个月内到期的国债投资换取其他方持有的戊版权

D. 以其他权益工具投资换取其他方持有的己版权

答案：BD

解析：选项 A，应收票据属于货币性资产；选项 C，国债投资属于货币性资产。

【案例 1－2】甲公司为房地产开发企业，下列各项具有商业实质的资产交换交易中，甲公司应当适用《CAS7——非货币性资产交换》的规定进行会计处理的有（　　）。

A. 甲公司以其持有的乙公司5%股权换取丙公司的一块土地

B. 甲公司以其拥有的一项专利权换取戊公司的10台机器设备

C. 甲公司以其一栋已开发完成的商品房换取已公司的一块土地

D. 甲公司以其一套用于经营出租的公寓换取丁公司以交易为目的的10万股股票

答案：ABD

解析：选项C，存货换取非货币性资产，执行CAS14，不适用CAS7。

【案例1-3】在不考虑相关税费的情况下，下列属于非货币性资产交换的有（　　）。

A. 甲公司以账面价值为560万元、公允价值为600万元的厂房换取乙公司的一套电子设备，另收取补价140万元

B. 甲公司以账面价值为560万元、公允价值为600万元的专利技术换取丙公司的一套电子设备，另支付补价160万元

C. 甲公司以账面价值为680万元、公允价值为800万元的厂房换取丁公司的一套电子设备，另收取补价200万元

D. 甲公司以账面价值为480万元、公允价值为500万元的厂房和公允价值为200万元的不准备持有至到期的公司债券换取戊公司的一套电子设备

答案：ABD

解析：选项A，140÷600=23.33%<25%，属于非货币性资产交换；

选项B，160÷(600+160)=21.05%<25%，属于非货币性资产交换；

选项C，200÷800=25%，不属于非货币性资产交换；

选项D，不准备持有至到期的公司债券应当分类为以公允价值计量且其变动计入当期损益的金融资产，该交易不涉及补价，属于非货币性资产交换。

四、CAS7的确认原则

CAS7的确认原则见图1-7。

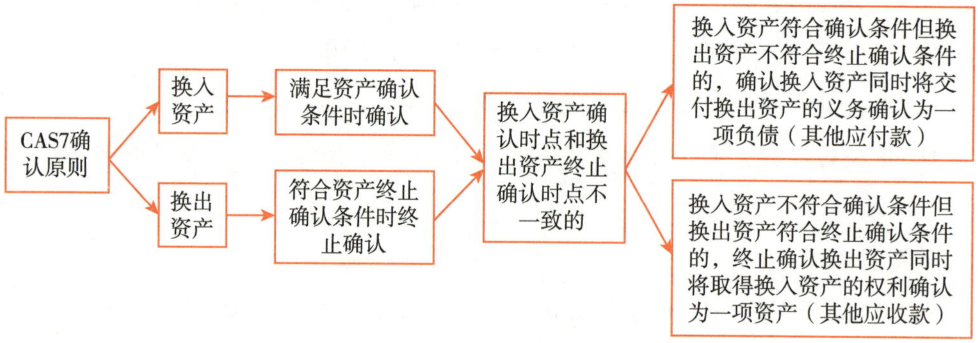

图 1－7　CAS7 确认原则

时点不一致的原因，例如，有的资产需要运输时间，股权和房产需要办理过户手续的时间等。按照重要性原则，如果两个时点在同一个会计期间，企业可以在换入资产满足确认条件和换出资产满足终止确认条件孰晚的时点进行会计处理。

第二节　非货币性资产交换的计量

一、CAS7 的计量逻辑

CAS7 的计量逻辑见图 1－8。

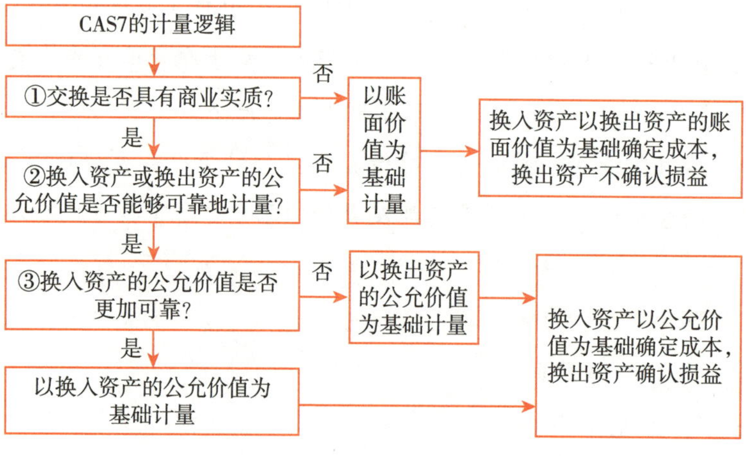

图 1－8　CAS7 的计量逻辑

【释①】为什么要判断交换是否具有商业实质？因为不具有商业实质的交易不按照销售处理，不允许确认损益，防止企业操纵利润。实务中，非货币性资产的公允价值往往通过评估来确定，企业容易利用评估来操纵利润。

【释②】为什么换入资产和换出资产的公允价值都不能可靠计量时，采用账面价值为基础计量？因为这时很难比较两项资产产生的未来现金流量在时间、风险和金额方面的差异，也很难判断两项资产交换后对企业经济状况改变所起的不同效用，因此以账面价值为基础计量，不得影响损益。

【释③】为什么要考虑换入资产的公允价值是否更加可靠？是为了提高会计信息的可靠性，谁的公允价值更可靠就以谁为基础计量。需要结合《CAS39——公允价值计量》准则中公允价值的三个层次来比较。第一层次输入值高于第二层次输入值，第二层次输入值高于第三层次输入值。例如，换入资产是上市公司股票，而换出资产是非上市公司的股权，那么换入资产的公允价值比换出资产的公允价值更加可靠。

为什么以公允价值为基础计量的非货币性资产交换才可以确认损益，而以账面价值为基础计量的非货币性资产交换不得确认损益？因为以公允价值为基础计量的情况下，确认的损益能够如实反映交易的损益情况；而以账面价值为基础计量的情况下，无法如实反映交易的损益情况，所以，不允许确认换出资产的处置损益。

二、商业实质的判断

商业实质的判断见图 1 - 9。

【释①】为什么要站在企业自身角度来判断是否具有商业实质？因为站在企业自身角度，有可能换入资产的未来现金流量在风险、时间分布或金额方面与换出资产显著不同。例如，甲公司用持有 A 公司的 10% 股权交换乙公司持有的专利权，从市场参与者的角度来看，这两项资产公允价值相同，产生的现金流量的风险、时间、金额也相似，好像交换没有商业实质。但是，甲公司交换后，用该专利权解决了生产中的技术难题，使未来的生产量成倍增长，产生的预计未来现金流量与换出的股权投资有较大差异；乙公司交换后，对 A 公司的影响程度从重大

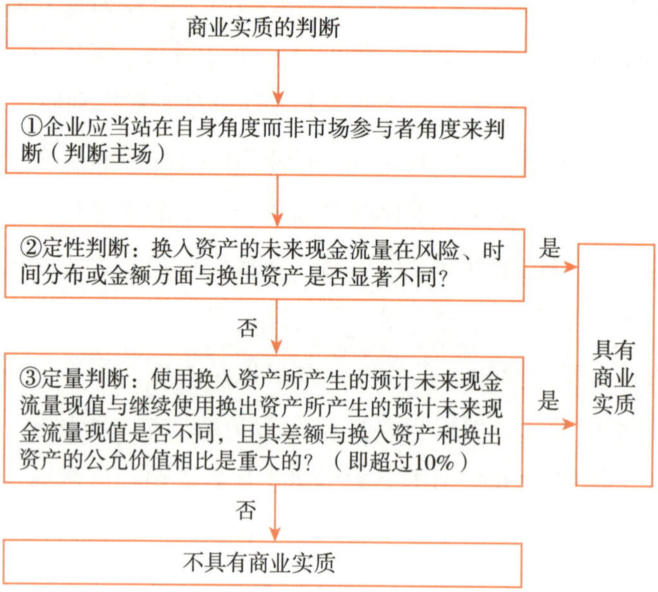

图1－9　商业实质的判断逻辑

影响变成了控制，产生的预计未来现金流量与换出的专利权有较大差异，因此，从企业自身角度来看，都具有商业实质。

【释②】风险、时间、金额、未来现金流量的现值，只要有一个显著不同，就具有商业实质。

（1）风险不同的例子。甲公司用一栋经营出租的公寓楼（即投资性房地产）和乙公司一栋经营出租的公寓楼（即投资性房地产）交换，租赁期和每期租金均相同。甲公司的公寓楼租给A银行作为职工宿舍，乙公司的公寓楼租给很多个人居住。A银行的财务及信用状况比较好，而个人的财务及信用状况往往比银行低，因此，甲公司取得租金的风险比乙公司取得租金的风险小。

（2）时间不同的例子。用存货交换固定资产，存货流动性强，产生现金流量的时间比较短，而固定资产流动性差，产生现金流量的时间往往比较长。

（3）金额不同的例子。甲公司用一项作为固定资产核算的建筑物交换乙公司的一项作为固定资产核算的建筑物，两栋建筑物的面积、预计使用寿命、已使用年限均相同，只有地理位置不同。地段越好，产生的未来现金流量越多。

商业实质的判断贯穿了整个会计体系，其他准则中涉及商业实质的判断，也按照 CAS7 来判断。

三、商业实质判断的特殊情形

商业实质判断的特殊情形见图 1－10。

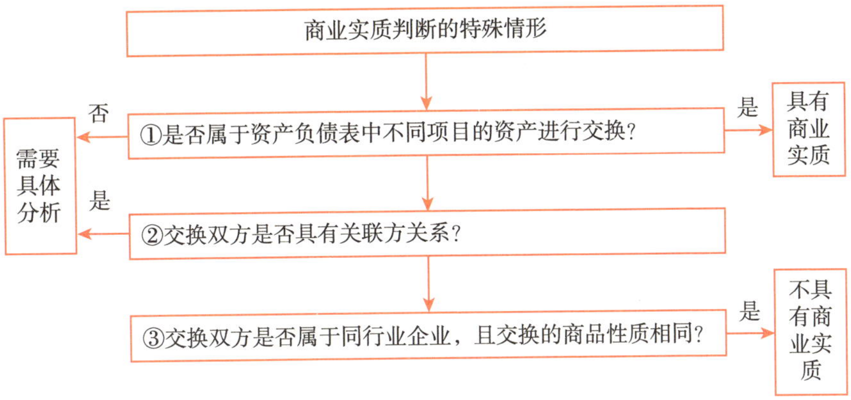

图 1－10　商业实质判断的特殊情形

【释①】因为不同项目的资产产生的未来现金流量的风险、时间、金额很可能不同。例如，甲企业将一项用于出租的投资性房地产，与乙企业的厂房进行交换，换入的厂房作为自用固定资产，属于不同类别的非货币性资产之间的交换，一般具有商业实质，因为换出的投资性房地产的未来现金流量为每期的租金，换入的固定资产的未来现金流量为该厂房独立产生，或包括该厂房的资产组协同产生的现金流量，两者在风险、时间或金额方面显著不同。

而同类型资产需要根据具体情况判断。例如，甲企业将其拥有的一幢建筑物，与乙企业拥有的在相同地点的另一幢建筑物进行交换，两幢建筑物的建造时间、建造成本等均相同，属于同类别的非货币性资产之间的交换，是否具有商业实质？需要根据具体情况判断。如果甲企业的建筑物可以立即出售，甲企业管理层也打算将其立即出售，而乙企业的建筑物难以出售或只能在一段较长的时间内出售（例如房产的抵押未到期或者产权纠纷尚未解决等），则表明两项资产未来现金流量的风险、时间或金额显著不同，因此该交换具有商业实质。如果乙企业的建筑物也可以立即出售，则两栋建筑物未来现金流量的风险、时间或金额相似，则该交换不具有商业实质。

【释②】关联方交易，如果形成的是权益性交易则没有商业实质，如果是非权益性交易则可能具有商业实质。

【释③】从事相同经营业务的企业之间，相互交换具有类似性质和相等价值的商品，以便在不同地区销售，这种同类别的非货币性资产之间的交换不具有商业实质。例如，南方石油公司与北方石油公司签订石油交换协议，为了节约运输费用，南方石油公司销售石油给北方的客户，委托北方石油公司发货，北方石油公司销售石油给南方的客户，委托南方石油公司发货。则双方交换的石油交易不具有商业实质，不得确认收入，否则每一家公司都是一笔交易重复确认两次收入（即交换时确认一次收入，发货给对方客户时确认一次收入）。

【案例1－4】甲上市公司以非货币性资产直接设立子公司，认为该交换不具有商业实质，因此按照账面价值模式计量，没有确认损益。

要求：该交易应当执行CAS20还是CAS7？如果执行CAS20，属于同一控制下合并还是非同一控制下合并？如果执行CAS7，应当按照公允价值模式还是账面价值模式计量？

解析：不执行CAS20企业合并，因为不符合控制权转移的条件，应当执行CAS7非货币性资产交换。

因为非货币性资产产生的未来现金流量的风险、时间、金额与子公司通过股利和股权增值产生的未来现金流量的风险、时间、金额明显不同，因此该交易具有商业实质，应当按照公允价值模式计量。甲公司在个别报表中，对投出的非货币性资产按照评估的公允价值确认长期股权投资和资产处置损益。期末编制合并报表时，执行CAS33规定，再将非货币性资产恢复账面价值，公允价值与账面价值的差额，与资产处置损益抵销。

第三节　以公允价值为基础计量的会计处理

一、单项非货币性资产交换

公允价值计量单项资产交换见图 1 – 11。

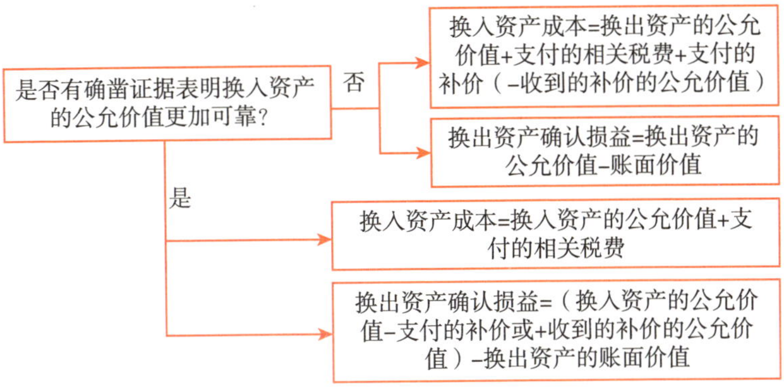

图 1 – 11　公允价值计量单项资产交换

为什么不区分换出资产的处置损益和非货币性资产交换损益？在理论上，换出资产的处置损益和非货币性资产交换损益是两种损益，根据 CAS14 关于销售存货取得非现金对价的处理原则，换出资产应当按照收取对价（即换入资产）的公允价值与换出资产的账面价值的差额确认资产处置损益，这个损益包括换出资产的处置损益和非货币性资产交换损益两种损益。但是，在公平的交易中，换出资产的公允价值和换入资产的公允价值往往相等，即使不相等，差额也不大（不重要）。因此，为了简化实务操作，准则不要求区分，而是将两种损益全部作为换出资产的处置损益处理。

税费在非货币性资产交换中的会计处理见表 1 – 5。

表 1 – 5　　税费在非货币性资产交换中的会计处理

增值税	由于是价外税，既不计入资产的成本，也不计入损益，用来调整换入资产的成本
增值税以外的其他税费	1. 与换出资产相关的税费，抵减该资产终止确认时的损益 2. 与换入资产相关的税费，计入该资产初始确认时的成本

其他税费由于对方无法抵扣，不是支付给对方的价值，不属于交换对价的组成部分，一般各方自行承担。

【案例1－5】以金融资产交换固定资产。

2×20年6月15日，经协商，学天海公司与乙公司签订合同，学天海公司以作为其他权益工具投资的1万股股票，换入乙公司的一台设备，双方均不再向对方支付补价。学天海公司的股票购入成本为每股10元，上期末每股公允价值变动为8元，交换合同生效日，股票每股收盘价为20元。乙公司的设备原价为40万元，累计折旧为8万元，评估值为21万元。

本期末股票的过户手续和设备的交付均已完成。乙公司取得股票作为交易性金融资产处理，过户日股票收盘价为每股22元。

学天海公司和乙公司的企业所得税适用税率均为25%，按照10%计提盈余公积，不考虑增值税及其他因素。

要求：分别编制学天海公司和乙公司的会计分录。

解析：整个资产交换过程没有涉及收付货币性资产，属于非货币性资产交换，但是金融资产的会计处理执行CAS22。

（1）学天海公司的会计处理：

借：其他权益工具投资——公允价值变动

[（20－18）×1万股] 20 000

　　贷：其他综合收益　20 000

借：固定资产　（以换出资产的公允价值计量）200 000

　　贷：其他权益工具投资——成本　（10×1万股）100 000

　　　　其他权益工具投资——公允价值变动

[（20－10）×1万股] 100 000

借：其他综合收益　25 000

　　贷：应交税费——应交所得税　（10万元×25%）25 000

借：其他综合收益　（转销余额）75 000

　　贷：盈余公积　7 500

　　　　利润分配——未分配利润　67 500

（2）乙公司的会计处理：

借：固定资产清理 320 000

　　累计折旧 80 000

　　贷：固定资产 400 000

借：其他应收款 （以金融资产的公允价值计量）200 000

　　资产处置损益 （倒挤）120 000

　　贷：固定资产清理 320 000

借：交易性金融资产——成本 （符合确认条件时）200 000

　　贷：其他应收款 200 000

借：交易性金融资产——公允价值变动［（22－20）×1万股］20 000

　　贷：公允价值变动损益 20 000

借：所得税费用 （2万元×25%）5 000

　　贷：递延所得税负债 5 000

【案例1－6】 以固定资产交换使用权资产。

2×20年6月15日，经协商，学天海公司与乙公司签订合同，学天海公司以一台设备换入乙公司持有的一栋办公楼5年期的使用权，双方均不再向对方支付补价。

学天海公司的设备原价为100万元，累计折旧为20万元，评估值为90万元。乙公司的办公楼预计使用寿命为50年，年租金的公允价值为20万元，每年计提折旧15万元。市场利率为6%（P/A，6%，5）=4.2124。假设学天海公司对租赁的办公楼按照直线法计提折旧，乙公司取得的设备作为生产使用，按照9年采用直线法计提折旧，预计净残值为0。乙公司的办公楼是新建办公楼，初始成本为600万元，采用成本模式计量投资性房地产，预计净残值为0。不考虑增值税及其他因素。

要求： 分别编制第一年学天海公司和乙公司与上述业务相关的会计分录。

解析： 整个资产交换过程没有涉及收付货币性资产，属于非货币性资产交换，但是使用权资产的会计处理执行CAS21。

学天海公司的会计处理：

借：固定资产清理 800 000

累计折旧　　200 000

贷：固定资产　　1 000 000

借：使用权资产　　（租金的公允价值20万元×4.2124）842 500

贷：固定资产清理　　（转销余额）800 000

资产处置损益　　（倒挤）42 500

第一年计提折旧：

借：管理费用　　（84.25万元÷5）168 500

贷：使用权资产累计折旧　　168 500

以后各年依此类推。

乙公司的会计处理：相当于用5年的租金收益作为对价购买了固定资产。

借：投资性房地产　　600

贷：在建工程　　600

借：固定资产　　（以CAS21规定的5年租金收入计量）842 500

未确认融资费用　　（倒挤）157 500

贷：预收账款　　（20万元×5年）1 000 000

第一年确认用租金收入抵减购买资产的负债、摊销融资费用、结转成本。

借：预收账款　　200 000

贷：其他业务收入　　200 000

借：财务费用　　（84.25万元×6%）50 600

贷：未确认融资费用　　50 600

借：其他业务成本　　150 000

贷：累计折旧　　150 000

借：制造费用　　（84.25万元÷9）93 600

贷：累计折旧——设备　　93 600

以后各年依此类推。

【案例1-7】关联方之间非货币性资产交换。

2×20年6月15日，经协商，学天海公司与子公司签订合同，学天海公司以一批库存商品换入子公司持有的一台设备，双方均不再向对方支付补价。

学天海公司的库存商品成本为50万元，评估值为80万元。子公司的设备原价为50万元，已计提折旧12万元，评估值为40万元。学天海公司取得子公司设备作为固定资产核算。不考虑增值税及其他因素。

要求： 分别编制学天海公司和子公司的会计分录。

解析： 整个资产交换过程没有涉及收付货币性资产，学天海公司换出的是存货，应当执行CAS14，由于交易发生在母子公司之间，交易价格不公允，因此，应当按照公允价值部分确认损益，不公允的部分按照权益性交易处理。

学天海公司的会计处理：

借：固定资产　　（非现金对价的公允价值）400 000
　　长期股权投资　　（权益性交易）400 000
　　贷：主营业务收入　　800 000

借：主营业务成本　　500 000
　　贷：库存商品　　500 000

子公司的会计处理：

借：固定资产清理　　380 000
　　累计折旧　　120 000
　　贷：固定资产　　500 000

借：库存商品
　　（换出资产公允价值40万元+权益性交易40万元）800 000
　　贷：固定资产清理　　（转销余额）380 000
　　　　资产处置损益　　（40万元-38万元）20 000
　　　　资本公积　　（权益性交易）400 000

【案例1-8】 以非货币性资产发放股利。

2×20年10月15日，学天海公司经过与股东协商，将一栋生产用厂房作为股利分配给股东，并作出了利润分配的决议，预计2×21年3月之前办理完毕厂房过户手续。该厂房原价为200万元，已计提折旧60万元，评估值为200万元。该厂房作价190万元股利发给股东。

2×21年3月15日，学天海公司将该厂房过户到股东名下。不考虑增值税及其他因素。

要求：编制学天海公司的会计分录。

解析：学天海公司以非货币性资产发放股利，属于权益性交易。

2×20年10月15日

借：持有待售资产　（倒挤）1 400 000

　　累计折旧　600 000

　　贷：固定资产　2 000 000

2×20年12月31日

借：利润分配——未分配利润　（转销余额）1 900 000

　　贷：应付股利　1 900 000

2×21年3月15日

借：应付股利　1 900 000

　　贷：持有待售资产　（转销余额）1 400 000

　　　　资产处置损益　（倒挤）500 000

【案例1-9】不同类别的固定资产交换。

甲公司用一栋固定资产房屋（假设不考虑土地使用权）交换乙公司的一台设备，乙公司向甲公司支付补价60万元。房屋评估值200万元，账面价值40万元，设备评估值150万元。不考虑税费等其他因素。

要求：编制甲公司相关的会计分录。

解析：由于补价60÷200=30%，大于25%，因此不适用CAS7，甲公司应当按照处置固定资产房屋处理。

借：固定资产清理　400 000

　　贷：固定资产——房屋　（转销余额）400 000

借：其他应收款　（按公允价值确认债权资产）2 000 000

　　贷：固定资产清理　（转销余额）400 000

　　　　资产处置损益　（倒挤）1 600 000

借：固定资产——设备　（倒挤）1 400 000

　　银行存款　600 000

　　贷：其他应收款　（转销余额）2 000 000

【案例1-10】公允价值不等的非货币资产交换。

甲公司以公允价值60万元、账面价值40万元的库存商品换取乙公司公允价值65万元、账面价值40万元的一台设备，作为固定资产使用，乙公司取得的库存商品作为存货对外销售。双方不涉及收取或支付货币性资产。不考虑相关税费。

要求：分别编制甲公司与乙公司相关的会计分录。

解析：(1) 甲公司：用存货进行非货币性资产交换，适用CAS14，换入资产按照非现金对价的公允价值65万元计量。

借：固定资产　　　　　　（非现金对价的公允价值）650 000
　　贷：主营业务收入　　　　　　　　　　　650 000
借：主营业务成本　　　　　　　　　　400 000
　　贷：库存商品　　　　　　　　　　　　　400 000

(2) 乙公司：用固定资产进行非货币性资产交换，适用CAS7，换入资产按照换出资产的公允价值65万元计量。

借：固定资产清理　　　　　　　　　　400 000
　　贷：固定资产　　　　　　　　　　　　　400 000
借：库存商品　　　　　　（换出资产的公允价值）650 000
　　贷：固定资产清理　　　　　　　　　　　400 000
　　　　资产处置损益　　　　　　　　（倒挤）250 000

【案例1-11】涉及税费的不同类别的固定资产交换。

学天海公司和乙家具制造公司均为增值税一般纳税人，适用的增值税税率均为13%。经协商，学天海公司与乙公司于2×20年1月30日签订资产交换合同，当日生效。合同约定，学天海公司以生产经营过程中使用的一台设备与乙公司生产的一批办公家具进行交换，用于交换的设备和办公家具当日的公允价值均为7.5万元。

合同签订日即交换日，学天海公司设备的账面价值为7.4万元（其中账面原价为10万元，已计提折旧2.6万元）；乙公司办公家具的账面价值为7万元。学天海公司将换入的办公家具作为固定资产使用和管理；乙公司将换入的设备作为固定资产使用和管理。学天海公司和乙公司开具的增值税专用发票注明的计税价格均为7.5万元，增值税额9 750元。在交易过程中，学天海公司以银行存款支付设备清理费用1 500元。

假设学天海公司和乙公司此前均未对上述资产计提减值准备。在整个交易过程中未发生除增值税以外的其他税费。乙公司的办公家具的控制权已经转移给学天海公司。

要求（1）：判断该交换是否具有商业实质。

解析：对学天海公司来说，整个资产交换过程没有涉及补价，交换的资产为办公家具和设备，属于非货币性资产交换。换入的办公家具虽然也作为固定资产使用和管理，但其未来现金流量是通过员工的使用来实现，而换出的设备的未来现金流量是通过生产产品并对外销售而产生，两者产生的现金流量在风险、时间和金额方面存在明显差异，因而交换具有商业实质。同时，两项资产的公允价值都能够可靠地计量，符合以公允价值为基础计量的条件。

要求（2）：编制学天海公司相关的会计分录。

解析：学天海公司。与换出资产相关的税费都计入固定资产清理，并以换出资产的公允价值确定换入资产的入账价值。

借：固定资产清理	（倒挤）85 250	
累计折旧	（转销余额）26 000	
贷：固定资产——设备		（转销余额）100 000
银行存款		1 500
应交税费——应交增值税（销项税额）		9 750
借：固定资产——办公家具	（换出资产的公允价值）75 000	
应交税费——应交增值税（进项税额）	9 750	
资产处置损益	（倒挤）500	
贷：固定资产清理		（转销余额）85 250

要求（3）：编制乙公司相关的会计分录。

解析：对乙公司来说，办公家具属于存货，应当执行CAS14，以非现金对价的公允价值确认收入，取得的换入资产以非现金对价的公允价值计量。

借：固定资产——设备　　　　（非现金对价的公允价值）75 000
　　应交税费——应交增值税（进项税额）　　　　9 750
　　贷：主营业务收入　　　　（非现金对价的公允价值）75 000
　　　　应交税费——应交增值税（销项税额）　　　　9 750
借：主营业务成本　　　　　　　　　　　　　70 000
　　贷：库存商品　　　　　　　　　　　　　　　70 000

要求（4）：假设其他条件不变，合同约定学天海公司用于交换的设备的公允价值为7.5万元，乙公司用于交换的办公家具的公允价值为9万元，学天海公司以银行存款向乙公司支付补价1.5万元。学天海公司开具的增值税专用发票注明的计税价格7.5万元，增值税额9 750元；乙公司开具的增值税专用发票注明的计税价格9万元，增值税额1.17万元。学天海公司以银行存款向乙公司支付增值税差额1 950元。判断该交易是否属于非货币性资产交换，并分别编制学天海公司和乙公司的会计分录。

解析：对于学天海公司，支付的补价1.5万元占换入资产公允价值9万元的比例为16.67%<25%，属于非货币性资产交换。学天海公司的账务处理如下：

借：固定资产清理　　　　　　　　　（倒挤）85 250
　　累计折旧　　　　　　　　　（转销余额）26 000
　　贷：固定资产——设备　　　　　（转销余额）100 000
　　　　银行存款　　　　　　　　　　　　　　1 500
　　　　应交税费——应交增值税（销项税额）　　9 750
借：固定资产——办公家具
　　　　　（换出资产公允价值75 000+补价15 000）90 000
　　应交税费——应交增值税（进项税额）　　　11 700
　　资产处置损益　　　　　　　　　　（倒挤）500
　　贷：固定资产清理　　　　　　　（转销余额）85 250
　　　　银行存款　　　　　　（15 000+1 950）16 950

对乙公司来说，办公家具属于存货，应当执行CAS14。

借：固定资产——设备
　　　　　（换出资产公允价值90 000－补价15 000）75 000

应交税费——应交增值税（进项税额）　9 750
银行存款　16 950
贷：主营业务收入　（公允价值）90 000
应交税费——应交增值税（销项税额）　11 700
借：主营业务成本　70 000
贷：库存商品　70 000

【案例1－12】以长期股权投资交换无形资产。

2×20年6月15日，学天海冰箱制造公司为了提高产品质量，需要乙公司的一项专利权。经协商，学天海公司与乙公司签订合同，学天海公司以其持有的对其联营企业丙公司的20%股权作为对价购买乙公司的专利权。合同开始日，学天海公司长期股权投资和乙公司专利权的公允价值均为650万元。专利权的过户手续于2×20年6月28日完成，正式转移至学天海公司。

乙公司取得对丙公司的20%股权后，向丙公司派遣1名董事替代原学天海公司派遣的董事，能够对丙公司实施重大影响，丙公司成为乙公司的联营企业。丙公司的股权过户、董事更换、相关董事会决议和章程修订于2×20年6月30日完成并生效。

2×20年6月30日，学天海公司的长期股权投资的账面价值为630万元（其中投资成本670万元，损益调整－40万元），乙公司专利权的账面价值为680万元（其中账面原价为800万元，累计摊销额为120万元）。

假设学天海公司和乙公司此前均未对上述资产计提减值准备。丙公司自成立以来未发生其他综合收益变动。整个交易过程中未发生相关税费。

要求（1）：判断该交换是否具有商业实质。

解析：整个资产交换过程没有涉及补价，交换的资产为长期股权投资和无形资产，属于非货币性资产交换。

对学天海公司来说，换入的专利权能够大幅度改善产品质量，通过生产高质量的产品并对外销售而产生现金流量，与换出的对丙公司的长期股权投资通过获得股利产生现金流量相比，其预计未来现金流量的风险、时间和金额均不相同，因而交换具有商业实质。

对乙公司来说，换入的对丙公司的长期股权投资，使丙公司成为其联营企业，可通过参与丙公司的财务和经营政策等方式，对其实施重大影响，由此从丙公司活动中获取现金流量，与换出的专利权预计产生的未来现金流量的风险、时间和金额均不相同，因而交换具有商业实质。同时，两项资产的公允价值都能够可靠地计量，符合以公允价值为基础计量的条件。

由于专利权和股权过户等原因导致换入资产和换出资产满足确认条件和终止确认条件的时点存在短暂不一致，学天海公司和乙公司按照重要性原则在2×20年6月30日进行会计处理。

要求（2）：编制学天海公司相关的会计分录。

解析：学天海公司的账务处理如下。

借：无形资产——专利权　　（换出资产的公允价值）6 500 000
　　长期股权投资——损益调整　　（转销余额）400 000
　　贷：长期股权投资——投资成本　　（转销余额）6 700 000
　　　　投资收益　　（倒挤）200 000

要求（3）：编制乙公司相关的会计分录。

解析：乙公司的账务处理如下。

借：长期股权投资——投资成本（换出资产的公允价值）6 500 000
　　累计摊销　　（转销余额）1 200 000
　　资产处置损益　　（倒挤）300 000
　　贷：无形资产——专利权　　（转销余额）8 000 000

要求（4）：假设其他条件不变，丙公司是上市公司，按照合同开始日的股票价格计算，丙公司的20%股权的公允价值为700万元。乙公司专利权的公允价值为650万元，系第三方报价机构使用乙公司自身数据通过估值技术确定的。由于学天海公司迫切需要该专利权来提高产品质量，同意乙公司以银行存款支付补价40万元。2×20年6月30日，丙公司可辨认净资产公允价值为3 200万元。判断该交易是否属于非货币性资产交换，并分别编制学天海公司和乙公司的会计分录。

解析：收取补价40万元占换出资产公允价值700万元的比例小于25%，属于非货币性资产交换。

由于用于交换的两项资产的公允价值均能够可靠地计量，企业应当考虑是否有确凿证据表明换入资产的公允价值更加可靠。由于丙公司是上市公司，其20%的股权的公允价值是基于股票价格计算的，其公允价值输入值的层次为第一层次，即活跃市场上未经调整的报价。乙公司专利权的公允价值是基于自身数据通过估值技术确定的，其公允价值输入值的层次为第三层次。因此，对学天海公司来说，应当以换出资产丙公司的20%股权的公允价值700万元减去收到的补价40万元作为换入资产专利权的成本660万元，换出资产的公允价值与其账面价值之间的差额700－630＝70万元计入当期损益。

对乙公司来说，有确凿证据表明换入资产丙公司的20%股权的公允价值更加可靠，应当以换入资产丙公司的20%股权的公允价值700万元作为其初始计量金额，换入资产的公允价值700万元减去支付的补价40万元，与换出资产账面价值680万元之间的差额－20万元计入当期损益。

学天海公司的账务处理如下：

借：无形资产——专利权

（换出资产公允价值700万元－补价40万元）6 600 000

长期股权投资——损益调整　（转销余额）400 000

银行存款　400 000

贷：长期股权投资——投资成本　（转销余额）6 700 000

投资收益　（倒挤）700 000

乙公司的账务处理如下：

借：长期股权投资——投资成本（换入资产的公允价值）7 000 000

累计摊销　（转销余额）1 200 000

资产处置损益　（倒挤）200 000

贷：无形资产——专利权　（转销余额）8 000 000

银行存款　400 000

二、多项非货币性资产交换

公允价值计量多项资产交换见图 1－12。

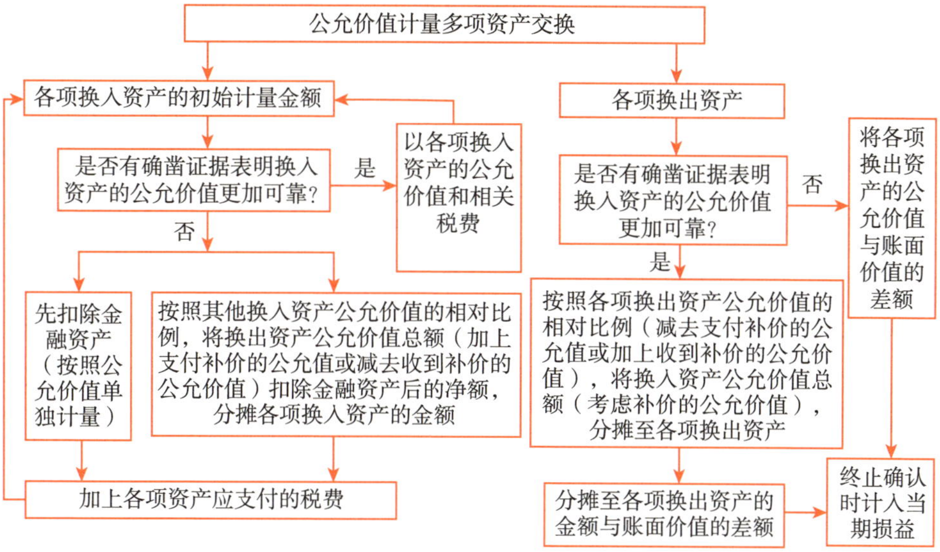

图 1－12　公允价值计量多项资产交换

为什么要优先按照公允价值比例而不是账面价值比例进行分摊？因为第一，多项资产交换的交易双方往往是按照交换的总价值进行交易，每项换入资产的价值与换出资产的价值不是一一对应的，因此先计算总价值，再分配给每项具体资产。第二，与公允价值计量基础保持一致。

【案例 1－13】以公允价值计量的多项资产交换。

学天海公司和乙公司均为增值税一般纳税人。经协商，学天海公司和乙公司于 2×20 年 1 月 25 日签订资产交换合同，当日生效。合同约定，学天海公司用于交换的资产包括：

（1）一间生产用厂房，公允价值为 110 万元，账面价值为 120 万元（其中账面原价为 150 万元，已计提折旧 30 万元）。

（2）一幢自购入时就全部用于经营出租的公寓楼，公允价值为 390 万元，账面价值为 360 万元（其中账面原价为 420 万元，已计提折旧 60 万元）。

（3）一项作为交易性金融资产核算的对 P 公司的股票投资，公允价值为 30

万元，账面价值为25万元。

（4）学天海公司开具两张增值税专用发票，分别注明厂房的计税价格110万元、增值税额9.9万元；公寓楼的计税价格390万元、增值税额35.1万元。学天海公司以银行存款向乙公司支付增值税差额15.6万元，向乙公司支付补价8万元，支付了土地使用权的契税及过户费用5万元。

乙公司用于交换的资产包括：

（1）一块土地的使用权，公允价值为240万元，账面价值为210万元（其中成本220万元，累计摊销额为10万元）。

（2）经营过程中使用的10辆货车，公允价值为300万元，账面价值为320万元（其中账面原价为400万元，已计提折旧80万元）。

（3）乙公司开具两张增值税专用发票，分别注明土地使用权的计税价格240万元、增值税额21.6万元；10辆货车的计税价格300万元、增值税额39万元。

（4）乙公司用银行存款分别支付了厂房和公寓楼的契税及过户费用3万元和10万元。

双方于2×20年2月1日完成了资产交换手续。假设学天海公司和乙公司此前均未对上述资产计提减值准备，上述资产交换后的用途不发生改变。不考虑其他税费。

要求（1）：判断该交换是否具有商业实质。

解析：补价8万元占换入资产公允价值540万元的比例小于25%，属于非货币性资产交换。

用于交换的厂房是通过在厂房使用寿命内与其他资产协同生产产品并对外销售而产生现金流量，公寓楼是通过经营出租并定期收取租金而产生稳定均衡的现金流量，土地使用权是通过在其上建造房屋后与房屋共同产生现金流量，货车是通过使用或提供服务而产生独立的现金流量，各项资产的未来现金流量在风险、时间和金额方面均明显不同，因而交换具有商业实质。同时，各项资产的公允价值都能够可靠地计量，符合以公允价值为基础计量的条件。

要求（2）：编制学天海公司相关的会计分录。

解析：确定各项换入资产的初始计量金额（见表1-6）。

表 1－6　　学天海公司各项换入资产的初始计量金额　　单位：万元

换入资产	公允价值	换出资产公允价值总额＋补价	分摊金额	相关税费	初始计量
无形资产——土地使用权	240	—	239.11	5	244.11
固定资产——货车	300	—	298.89	0	298.89
合计	540	538	538	5	543

确定各项换出资产终止确认的相关损益（见表 1－7）。

表 1－7　　学天海公司各项换出资产终止确认的相关损益　　单位：万元

换出资产	账面价值	公允价值	处置损益
交易性金融资产	25	30	5
固定资产——厂房	120	110	－10
投资性房地产	360	390	30
合计	505	530	25

①终止确认换出的厂房，转入固定资产清理。

借：固定资产清理　　（倒挤）1 200 000
　　累计折旧——厂房　　（转销余额）300 000
　　贷：固定资产——厂房　　（转销余额）1 500 000

②确认换入的土地使用权和货车，同时确认换出资产相关损益。

借：无形资产——土地使用权　　2 441 100
　　固定资产——货车　　2 988 900
　　应交税费——应交增值税（进项税额）　　606 000
　　资产处置损益　　100 000
　　贷：交易性金融资产　　（转销余额）250 000
　　　　投资收益　　50 000
　　　　固定资产清理　　（转销余额）1 200 000
　　　　应交税费——应交增值税（销项税额）　　450 000
　　　　其他业务收入　　3 900 000
　　　　银行存款　　（15.6 万元＋8 万元＋5 万元）286 000

③终止确认换出的投资性房地产，结转其他业务成本。

借：其他业务成本　　3 600 000

　　投资性房地产累计折旧　　600 000

　　贷：投资性房地产　　4 200 000

要求（3）：编制乙公司相关的会计分录。

解析：确定各项换入资产的初始计量金额（见表1－8）。

表1－8　　乙公司各项换入资产的初始计量金额　　单位：万元

换入资产	公允价值	用于分摊的金额	分摊金额	相关税费	初始计量金额
固定资产——厂房	110	—	110.44	3	113.44
投资性房地产	390	—	391.56	10	401.56
合计	500	502	502	13	515
交易性金融资产	30	—	—	0	30

乙公司换入的交易性金融资产应当执行CAS22单独计量，扣除金融资产和补价后用于分摊的总金额＝(240＋300)－8－30＝502万元。

确定各项换出资产终止确认的相关损益（见表1－9）。

表1－9　　乙公司各项换出资产终止确认的相关损益　　单位：万元

换出资产	账面价值	公允价值	处置损益
无形资产——土地使用权	210	240	30
固定资产——货车	320	300	－20
合计	530	540	10

①终止确认换出的10辆货车，转入固定资产清理。

借：固定资产清理　　（倒挤）3 200 000

　　累计折旧——货车　　（转销余额）800 000

　　贷：固定资产——货车　　（转销余额）4 000 000

②确认换入的厂房和公寓楼，同时确认换出资产相关损益。

借：交易性金融资产——成本　　300 000

　　固定资产——厂房　　1 134 400

投资性房地产　　4 015 600
应交税费——应交增值税（进项税额）　　450 000
银行存款　　236 000
累计摊销　　（转销余额）100 000
贷：无形资产——土地使用权　　（转销余额）2 200 000
　　应交税费——应交增值税（销项税额）　　606 000
　　资产处置损益　　100 000
　　固定资产清理　　（转销余额）3 200 000
　　银行存款　　（3 万元 + 10 万元）130 000

第四节　以账面价值为基础计量的会计处理

一、单项非货币性资产交换

账面价值计量的各项资产交换见图 1－13。

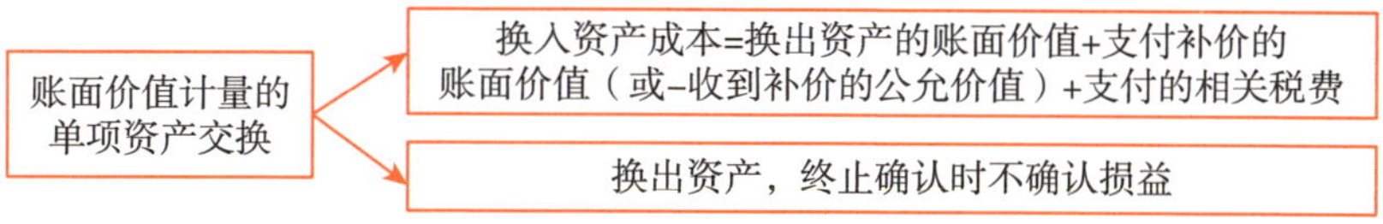

图 1－13　账面价值计量的各项资产交换

为什么支付的补价按照账面价值计量，而收到的补价按照公允价值计量？因为支付的补价与换出资产都属于付出对价，计量基础应当保持一致，所以在账面价值模式下统一按照账面价值计量。而收到的补价，属于企业取得的资产，为了与其他方式下取得资产采用公允价值作为计量基础保持一致，所以按照公允价值计量。

为什么账面价值计量不得确认损益？因为采用账面价值计量的原因，如果是交易不具有商业实质，表明不能反映企业正常的盈利能力，不应当确认损益；如果是换出资产与换入资产都无法取得公允价值的情况，那么无法确定公允价值与账面价值的差额。

二、多项非货币性资产交换

账面价值计量多项资产交换见图 1 – 14。

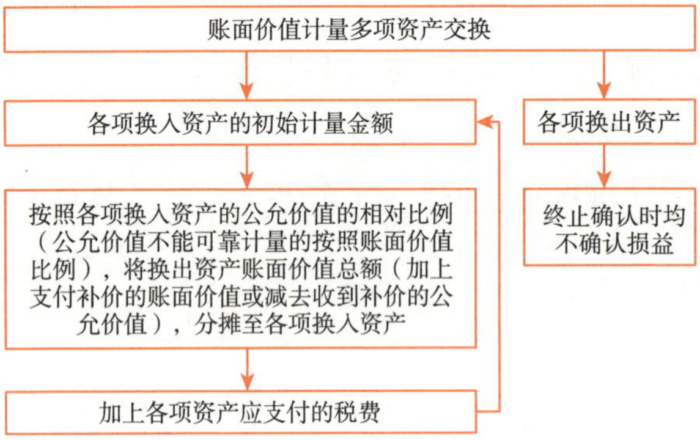

图 1 – 14　账面价值计量多项资产交换

【案例 1 – 14】以账面价值计量的多项资产交换。

学天海公司是一家制药公司，因经营战略发生重大转变，将专注于疫苗的生产和销售，其拥有的一项生产抗生素的专利权难以满足新的经营战略。乙公司也是一家制药公司，正在开展一系列抗生素方面的新业务。

2×20 年 3 月 30 日，学天海公司和乙公司协商后决定，学天海公司将其抗生素的专利权和一套抗生素生产专用设备转让给乙公司，作为交换，乙公司将其刚申请专利的一项传染病疫苗配方和一套专门用于传染病疫苗存储的设备转让给学天海公司，由其进行生产推广。

当日，学天海公司换出的抗生素专利权的账面价值为 45 万元（其中账面原价为 60 万元，累计摊销额为 15 万元）；换出的专用设备的账面价值为 420 万元（其中账面原价为 500 万元，已计提折旧 80 万元）；乙公司刚申请专利的传染病疫苗已转为无形资产核算，账面价值为 50 万元，尚未进行摊销；换出的疫苗存储设备账面价值为 400 万元（其中账面原价为 700 万元，已计提折旧 300 万元）。

假设两项专利权和专用设备的公允价值不能可靠计量，不考虑相关税费。双方取得专利权后仍分别作为无形资产核算，取得专用设备后仍分别作为固定资产核算。本题计算结果保留整数。

要求（1）：说明学天海公司和乙公司对该交易进行处理的会计原则。

解析：整个资产交换过程没有涉及收付货币性资产，交换的资产为无形资产，属于非货币性资产交换。

由于用于交换的两项药物专利和两套设备的公允价值均不能可靠地计量，因此学天海公司和乙公司均应当以换出资产的账面价值为基础确定换入资产的初始计量金额，换出资产不确认损益。由于换入资产的公允价值不能可靠地计量，学天海公司和乙公司均按照各项换入资产的原账面价值的相对比例，将换出资产的账面价值总额分摊至各项换入资产，作为各项换入资产的初始计量金额。对于同时换出的多项资产，终止确认时按照账面价值转销，不确认损益。

要求（2）：编制学天海公司的会计分录。

解析：学天海公司的账务处理如下。

确定各项换入资产的初始计量金额（见表1-10）。

表1-10　　学天海公司各项换入资产的初始计量金额　　单位：万元

换入资产	在换出方的原账面价值	换出资产账面价值	初始计量金额
无形资产——传染病疫苗专利权	50	—	51.6667
固定资产——疫苗存储设备	400	—	413.3333
合计	450	465	465

借：固定资产清理　（倒挤）4 200 000
　累计折旧——抗生素专用设备　（转销余额）800 000
　贷：固定资产——抗生素专用设备　（转销余额）5 000 000

借：无形资产——传染病疫苗专利权　516 667
　固定资产——疫苗存储设备　4 133 333
　累计摊销——抗生素专利权　（转销余额）150 000
　贷：无形资产——抗生素专利权　（转销余额）600 000
　　固定资产清理　（转销余额）4 200 000

要求（3）： 编制乙公司的会计分录。

解析： 乙公司的会计处理如下。

确定各项换入资产的初始计量金额（见表1－11）。

表1－11　　乙公司各项换入资产的初始计量金额　　单位：万元

换入资产	在换出方的原账面价值	换出资产账面价值	初始计量金额
无形资产——抗生素专利权	45	—	43.5484
固定资产——抗生素专用设备	420	—	406.4516
合计	465	450	450

借：固定资产清理　　（倒挤）4 000 000

　　累计折旧——疫苗存储设备　　（转销余额）3 000 000

　　贷：固定资产——疫苗存储设备　　（转销余额）7 000 000

借：无形资产——抗生素专利权　　435 484

　　固定资产——抗生素专用设备　　4 064 516

　　贷：无形资产——传染病疫苗专利权　　（转销余额）500 000

　　　　固定资产清理　　（转销余额）4 000 000

第五节　披　　露

CAS7的披露内容见图1－15。

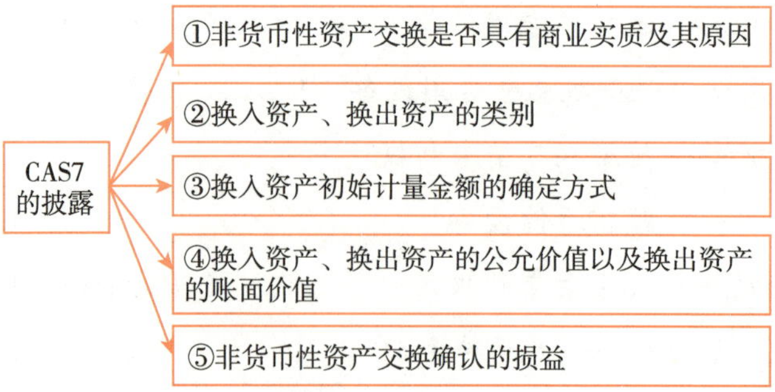

图1－15　CAS7的披露

第二章
债务重组

债务重组交易，就是债务人欠钱，经过与债权人协商或法院裁定，双方修改原合同，债务人用各种方式重新履行还债义务的交易。这种交易在会计上要解决的核心问题是，债务人改变还债方式，债务人与债权人能不能确认损益？各种重组方式下债务人与债权人分别如何进行会计处理？《CAS12——债务重组》（下文简称“CAS12”）规范了债务重组的确认、计量和相关信息的披露。

2019 版 CAS12 修订的主要原因有：

一是改进实务，保持准则体系的内在协调。在以往的准则执行过程中，由于原准则与金融工具相关准则存在交叉，导致实务应用中存在分歧，造成准则实施的随意性。2017 年，财政部发布新金融工具准则，对相关业务提出新的规范要求。为使债务重组业务在会计处理原则上与新发布的上述会计准则保持一致，有必要修订原准则。

二是避免对多项准则反复修订。原准则中包括了多项现有其他准则中未予规范的会计处理原则，具体包括如何确定通过债务重组取得的存货、长期股权投资、固定资产、无形资产、投资性房地产、生物资产等资产的初始确认金额，如何确定债务转为权益工具情况下权益工具的初始确认金额，如何进行与债务重组有关的披露等。如果废止原准则，需要逐一修订存货、长期股权投资、投资性房地产、固定资产、生物资产、无形资产、金融工具等多项准则。为保持准则体系的稳定性，避免反复修订其他准则，有必要修订而不宜废止原准则。

2019 版 CAS12 与 2006 版 CAS12 相比变化如表 2－1 所示。

表 2－1　　CAS12 新旧对比

变化项目	2006 版 CAS12	2019 版 CAS12
①完善了债务重组的概念【1】	必须符合债权人让步、债务人发生财务困难两个条件才属于债务重组	删除了这两个条件，增加了不改变交易对手的条件
②债权债务是否属于金融工具	未明确	属于，与 CAS22 统一
③债权人取得资产的确认条件	未明确	与其他准则统一
④债权人取得资产的计量【2】	以该资产的公允价值为基础计量	以放弃债权的公允价值为基础
⑤债权人取得组合资产抵债的	以每项资产的公允价值计量	以放弃债权的公允价值扣除取得的金融资产后的金额，按照取得的各项非金融资产的公允价值比例分配，与其他准则中取得多项资产的规定统一
⑥债权人确认债务重组损益	债权账面价值与取得抵债资产公允价值的差额计入营业外支出	放弃债权的公允价值与账面价值的差额计入投资收益
⑦债务人确认债务重组损益【3】	债务账面价值与抵债资产公允价值的差额计入营业外收入，抵债资产公允价值与账面价值的差额计入资产处置损益	债务账面价值与抵债资产账面价值的差额计入其他收益，抵债资产适用 CAS22 的计入投资收益
⑧债务人用金融资产抵债	未明确	与 CAS22 统一
⑨或有条款	执行 CAS13 或有事项	与 CAS22 统一
⑩债务重组费用	未明确	与 CAS22 统一

【释 1】 原准则以“债务人发生财务困难”“债权人作出让步”为标准，将债务重组涉及的债权和债务区别于其他金融工具，限定在较小范围内。但原准则、应用指南和讲解同时规定，债权和债务与金融工具的确认和计量原则一致，因此，将债务重组涉及的债权和债务区别于其他金融工具加以定义不再具有实际意义，反而可能导致因准则适用范围不清晰引起误读，或者因交易无法满足债务重组定义而无法适用本准则。据实务界反映，如果维持原债务重组定义又不提供有关划分标准的具体指引，实务中将很难操作，且一些案例可能因不符合“债务人发生财务困难”和“债权人作出让步”的条件而无法适用本准则，导致会计处理缺乏依据。因此，本准则修改了债务重组的定义，不要求债务重组发生在“债务人发生财务困难”“债权人作出让步”的背景下。债务重组涉及的相关债权、重

组债权、债务和重组债务，均应适用《CAS22——金融工具确认和计量》和《CAS37——金融工具列报》。

【释2】按照原准则，债权人受让资产应当以公允价值计量，但实务界普遍反映，受让资产的公允价值很难取得且存在较大操作空间。该规定与现行一些其他监管规定也存在矛盾。现行准则体系中，以其他方式取得的存货、长期股权投资、投资性房地产、固定资产、生物资产、无形资产等金融资产以外的资产一般以成本计量。为与其他准则的原则保持一致，且避免实务中操纵利润的行为，本准则规定债权人受让金融资产以外的资产应当以成本计量。

【释3】按照原准则，债务人应当区分债务重组损益和资产处置损益，其中，重组债务的账面价值与转让的非现金资产公允价值之间的差额作为债务重组损益，转让的非现金资产公允价值与其账面价值之间的差额作为资产处置损益。按照该规定，债务人需要确定非现金资产的公允价值，实务中有些偿债资产的公允价值极难获得且需要花费较大成本，对债务重组损益和资产处置损益作出区分后均反映在相关损益中，报表使用者从该信息中获得的收益极为有限。因此，本准则不要求区分债务重组损益和资产处置损益，而是合并作为债务重组相关损益反映。

按照原准则，对于以多项资产清偿债务的情况，债务人应当区分不同资产类型，将损益总额分配至不同资产的处置损益中分别确认，具体表现为固定资产的处置损益、长期股权投资的投资收益、存货的主营业务收入和主营业务成本、无形资产的其他业务收入和其他业务成本等。按照该规定，企业需要分别确定转让的非现金资产公允价值。实务中企业确定上述公允价值有时存在较大难度，因此往往采用简便做法，将处置损益总额合并反映。鉴于以多项资产清偿债务方式进行的债务重组一般属于不经常发生的交易，本准则不要求区分不同资产类型确认处置损益，而是将相关损益合并反映。

第一节　债务重组的确认

一、债务重组的概念

债务重组，是指在不改变交易对手方的情况下，经债权人和债务人协定或法院裁定，就清偿债务的时间、金额或方式等重新达成协议的交易。

本准则中的债务重组涉及的债权和债务是指《CAS22——金融工具确认和计量》规范的金融工具。将债务重组中的债权债务与 CAS22 中的金融工具概念统一起来。因此债权债务的会计处理适用 CAS22 的规定。

2019 版 CAS12 不再强调债权人必须让步、债务人必须发生财务困难的条件了，扩大了债务重组交易的范围。因为实务中的有些债务重组交易，债权人并没有让步，或者，债务人并没有发生财务困难，只是用资产来抵债等其他方式来解除债务。

强调不改变交易对手方，是考虑到如果改变了交易对手，例如，债权人将应收账款转让给第三方，该交易的性质就变成金融资产转移了，应当适用 CAS23 金融资产转移，而不应当适用 CAS12 债务重组。

将债务重组中的债权债务与 CAS22 中的金融工具概念统一起来。因此债权债务的会计处理适用 CAS22 的规定。如果是对合同资产、合同负债、预计负债、预收账款、预付账款等非金融工具进行重组，不适用 CAS12。

【案例 2－1】甲公司应收乙公司货款 500 万元，一年后，乙公司所欠货款由其母公司丙公司代为偿还，丙公司一部分利用非货币性资产，另一部分通过债转股的方式来清偿。

要求：甲公司与丙公司之间的交易是否适用 CAS12？

解析：不适用。因为原来的交易对手是甲公司和乙公司，而不是丙公司，不符合债务重组定义中“不改变交易对手”的条件。

那么怎样才能适用呢？搭桥。三方签订一个债务转移协议，甲公司同意乙公司将债务转移给丙公司，甲公司确认应收丙公司的款项，终止确认应收乙公司的款项，然后甲公司与丙公司之间的交易就可以适用 CAS12 了。

二、CAS12 的会计逻辑

CAS12 的会计逻辑见图 2－1。

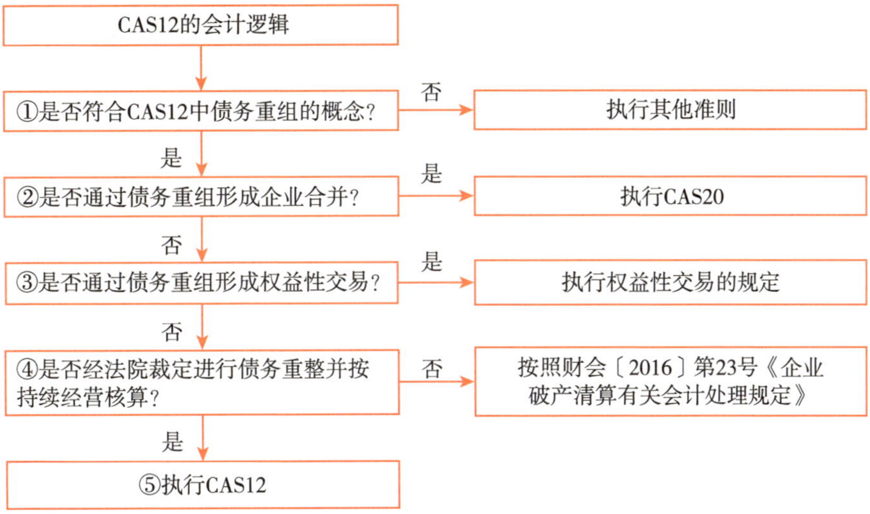

图 2 –1　CAS12 的会计逻辑

【释③】债务重组中，如果一部分交易属于权益性交易，另一部分交易按照公允价值达成的，应当分拆处理。

【释⑤】债务重组中涉及的债权、重组债权、债务、重组债务和其他金融工具（包括租赁应收款和租赁应付款），确认、计量和列报执行 CAS22 和 CAS37。

三、债务重组的方式

债务重组的方式见图 2 –2。

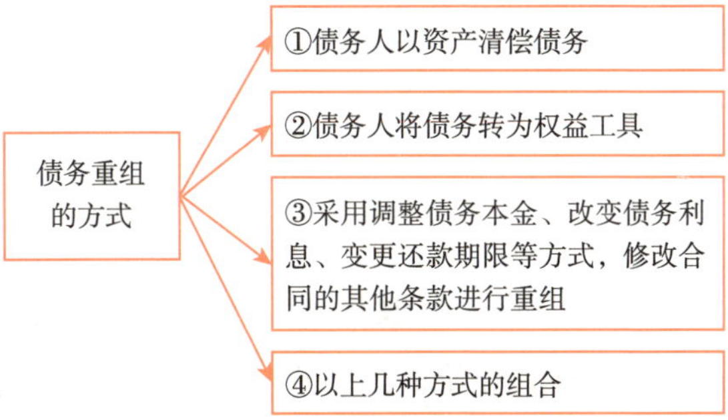

图 2 –2　债务重组的方式

四、债务重组的确认原则

债务重组的确认原则见表2－2。

表2－2　　　　债务重组的确认原则

债务重组的确认原则	债权人	债务人
抵债资产【1】	取得抵债资产在满足资产确认条件时确认	交付抵债资产在符合资产终止确认条件时终止确认
债权	在解除权利时终止确认	—
债务	—	在解除偿债义务时终止确认
损益	在终止确认全部或部分债权时确认损益	在解除偿债义务时确认损益【2】
债务重组费用【3】	若债权终止确认的计入损益	若债务终止确认的计入损益
	若债权未终止确认，应当调整债权的账面价值，并在剩余期限内摊销	若债务未终止确认的，应当调整债务的账面价值，并在剩余期限内摊销

【释1】抵债资产可以是资产负债表中已经确认的资产，也可以是企业内部产生的品牌等未确认的资产或以未来提供的服务，还可以是处置组（一组资产和直接相关的负债）。

例如，债务人以未确认的内部产生品牌清偿债务，债权人在获得的商标权符合无形资产确认条件时作为无形资产核算。

债务人以未确认的资产或服务抵债的，为了反映原合同下的债权债务关系与新合同下的债权债务关系，债务重组时，债务人应当在原债务符合终止确认条件时终止确认，并确认一项新负债（如其他应付款），债权人应当在原债权符合终止确认条件时终止确认，并确认一项新债权（如其他应收款）。债权人满足资产确认条件的时点，就是取得资产控制权的时点。债务人资产终止确认的时点，就是丧失资产控制权的时点。

【释2】解除偿债义务的时点，一般是债务人按照重组协议履行完毕的时点，或者法院裁定破产重整协议履行完毕时点，而不是重组协议开始履行的时点或法院批准重整计划开始的时点。

如果债务人在资产负债表日后期间解除偿债义务，不能作为日后调整事项处理，因为在资产负债表日偿债义务仍然存在。

【释3】债务重组费用，是指修改合同产生的业务招待费、差旅费、律师费等费用，这些费用与抵债资产不是直接相关，但是与债务重组活动相关。

五、债权债务终止确认的判断

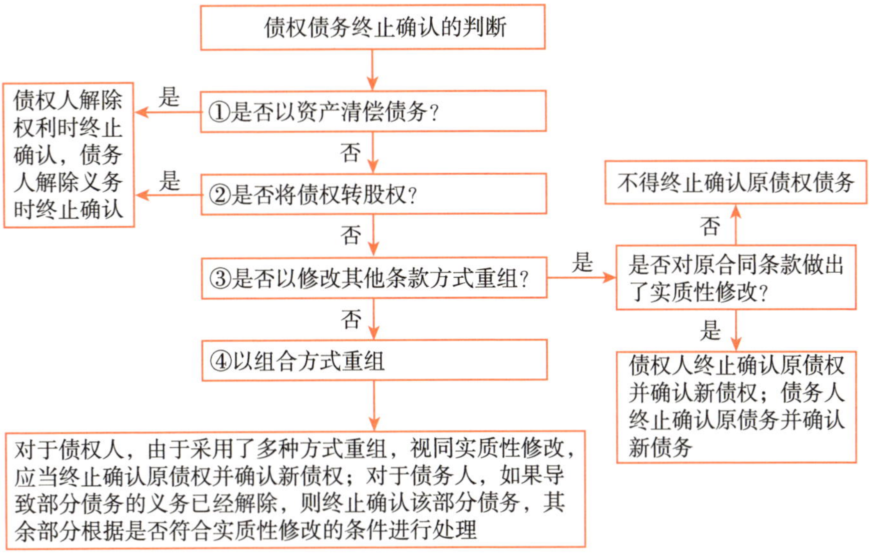

图2－3　债权债务终止确认的判断

企业应当从整体考虑是否对原合同条款做出了实质性修改，即根据原实际利率计算合同修改前后的现金流量差异是否超过10%。

六、债务重组损益适用会计科目的判断

债务重组损益适用会计科目的判断见表2－3。

表2－3　　债务重组损益适用会计科目的判断

债务重组损益适用会计科目的判断	债务人	债权人
抵债资产都属于金融工具、修改其他条款方式、债转股的	投资收益	投资收益
抵债资产是非金融工具、非金融工具和金融工具组合的	其他收益	

第二节　以资产清偿债务方式进行重组的会计处理

一、以资产清偿债务方式下债权人的处理

以资产清偿债务方式下债权人的处理见图 2－4。

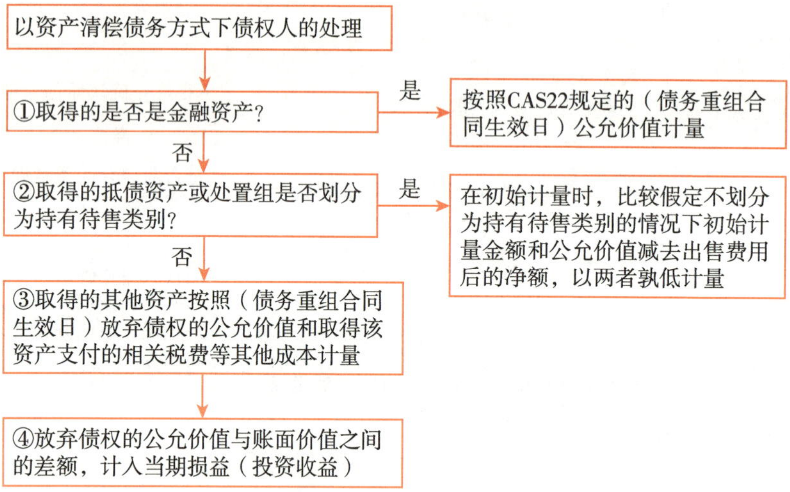

图 2－4　以资产清偿债务方式下债权人的处理

【释①】如果受让的金融资产的公允价值与交易价格（即放弃债权的公允价值）存在差异的，按照 CAS22 第 34 条处理（即确认损益或递延）。

【释②】如果将受让的非流动资产或处置组划分为持有待售类别的，执行 CAS42 规定，借差计入资产减值损失，贷差计入投资收益，即贷方差额表示持有待售资产未发生减值，表示处置金融资产的损益。

【释③】债权人放弃债权的公允价值和其他成本，相当于债权人为了取得资产付出的对价，即取得资产的成本，与其他准则关于取得资产按照成本计量的规定统一。放弃债权的公允价值实务中一般很难直接观察到，需要聘请估值专家进行评估。如果债务重组是在公平交易的市场环境中达成的，放弃债权的公允价值通常与受让资产的公允价值相等，且通常不高于放弃债权的账面余额。例如，债权的账面余额是 800 万元，公允价值是 400 万元，即债务人的清偿率为 50%。在公平

交易中达成债务重组交易，债务人一般会以公允价值400万元的资产清偿债务。

原2006版准则规定，取得资产按照该资产本身的公允价值确定，没有按照付出对价的原则来计量，与其他准则中取得资产的计量原则相矛盾。

【释④】因为债权人放弃债权的公允价值相当于收回债权的价值，与债权账面价值的差额属于金融资产终止确认损益。债权人确认的损益不再按照原2006版准则规定的取得资产的公允价值与债权的账面价值的差额计量了。

二、以资产清偿债务方式下债务人的处理

以资产清偿债务方式下债务人的处理见图2－5。

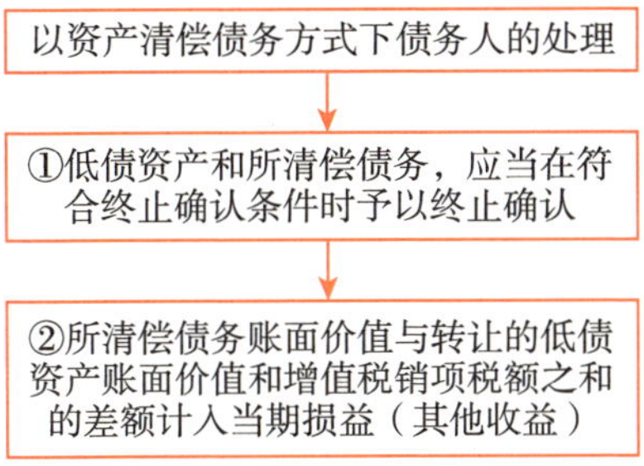

图2－5　以资产清偿债务方式下债务人的处理

三、债务人与债权人的会计处理

债务人与债权人的会计处理见表2－4。

表2－4　债务人与债权人的处理

债务人	债权人
借：应付账款（转销余额） 　贷：库存商品（转销余额） 　　　应交税费——应交增值税（销项税额） 　　　其他收益——债务重组收益（倒挤）	借：库存商品（放弃债权的公允价值＋相关税费－增值税进项税额） 　　应交税费——应交增值税（进项税额） 　　坏账准备（转销余额） 　　投资收益（倒挤） 　　贷：应收账款（转销余额） 　　　　银行存款（相关税费）

续表

债务人	债权人
借：固定资产清理 　　累计折旧（转销余额） 　　固定资产减值准备（转销余额） 　　贷：固定资产（转销余额） 借：应付账款（转销余额） 　　贷：固定资产清理（转销余额） 　　　　应交税费——应交增值税（销项税额） 　　　　其他收益——债务重组收益（倒挤）	借：固定资产（放弃债权的公允价值＋相关税费－增值税进项税额） 　　应交税费——应交增值税（进项税额） 　　坏账准备（转销余额） 　　投资收益（倒挤） 　　贷：应收账款（转销余额） 　　　　银行存款（相关税费）

以无形资产等其他资产抵债参照上述思路处理。

为什么债务人用存货抵债，不适用 CAS14 收入的规定按照销售处理？因为债务重组不属于企业的日常活动，以存货抵债不属于日常活动中的销售存货，所以不适用 CAS14。而以存货进行非货币性资产交换属于企业的日常活动，执行 CAS14，不执行 CAS7。

为什么债务人不区分债务重组损益和抵债资产处置损益？因为如果区分抵债资产处置损益，就需要确定每一项抵债资产的公允价值，比较困难且需要花费较大的成本，实务中有时并不评估每一项抵债资产的公允价值。为了与实务保持一致，不再区分债务重组损益和抵债资产处置损益，合并作为其他收益处理。但是，按照现行企业重组的所得税规定，如果企业申请享受特殊性税务重组优惠政策，必须将债务重组损益与抵债资产处置损益区分开处理。

【案例 2－2】 以无形资产抵债。

2×20 年 6 月 18 日，学天海公司向乙公司销售商品一批，应收乙公司款项的入账金额为 95 万元。学天海公司将该应收款项分类为以摊余成本计量的金融资产。乙公司将该应付账款分类为以摊余成本计量的金融负债。

2×20 年 10 月 18 日，双方签订债务重组合同，乙公司以一项作为无形资产核算的非专利技术偿还该欠款。该无形资产的账面余额为 100 万元，累计摊销为 10 万元，已计提减值准备 2 万元。

10 月 22 日，双方办理完成该无形资产转让手续，学天海公司支付评估费用 4 万元。当日，学天海公司应收款项的公允价值为 87 万元，已计提坏账准备 7 万元，乙公司应付款项的账面价值仍为 95 万元。不考虑其他因素。

要求：分别作出债权人和债务人的会计处理。

解析：（1）2×20年10月22日，债权人学天海公司的会计处理：

借：无形资产

（放弃债权的公允价值870 000＋交易费用40 000）910 000

坏账准备（转销余额）70 000

投资收益（倒挤）10 000

贷：应收账款（转销余额）950 000

银行存款 40 000

（2）债务人乙公司的会计处理：

借：应付账款（转销余额）950 000

累计摊销（转销余额）100 000

无形资产减值准备（转销余额）20 000

贷：无形资产（转销余额）1 000 000

其他收益——债务重组收益（倒挤）70 000

【拓展】假设学天海公司管理层决议，受让该非专利技术后在半年内将其出售，当日无形资产的公允价值为87万元，预计未来出售该非专利技术时将发生1万元的出售费用，非专利技术满足持有待售资产确认条件。则债权人的会计处理如下：

如果不划分为持有待售，则无形资产入账金额为91万元；如果划分为持有待售，则公允价值87－出售费用1＝86万元。

借：持有待售资产——无形资产（按照孰低计量）860 000

坏账准备（转销余额）70 000

资产减值损失（倒挤）60 000

贷：应收账款（转销余额）950 000

银行存款 40 000

【案例2－3】以服务抵债。

2×20年6月15日，经协商，学天海公司与乙安保服务公司签订合同，乙公司以未来5年的安保服务来抵付所欠学天海公司的应收账款110万元。当日该应收账款评估值为 90 万元，未计提坏账准备。

乙公司的安保服务年服务费收入的公允价值为 20 万元，每年安保服务的成本为 15 万元，主要是保安人员工资。市场利率为 6%，（P/A，6%，5）= 4.2124。假设学天海公司按照直线法确认每年取得的安保服务，不考虑增值税及其他因素。

要求： 分别编制债权人和债务人的会计分录。

解析： 债权人学天海公司的会计处理：相当于一次性购买了未来 5 年的安保服务的费用。

借：长期待摊费用　　1 000 000

　　投资收益　　（110 万元 – 90 万元）200 000

　　贷：应收账款　　（转销余额）1 100 000

　　　　未实现融资收益　　100 000

放弃债权的公允价值 = 100 – 10 = 90（万元）

重新计算分摊率：20 ×（P/A，i，5）= 90；

当 i = 3% 时，（P/A，i，5）= 4.5797；

当分摊率为 i 时，（P/A，i，5）= 90/20 = 4.5；

当 i = 4% 时，（P/A，i，5）= 4.4518；

采用插值法，计算出 i = 3.62%。

第一年：确认取得的安保服务。

借：管理费用　　（900 000 ÷ 5）180 000

　　贷：长期待摊费用　　180 000

借：未实现融资收益　　（900 000 × 3.62%）32 580

　　贷：财务费用　　32 580

以后各年依此类推。

债务人乙公司的会计处理：相当于一次性销售了 5 年的安保服务。

借：应付账款　　（转销余额）1 100 000

　　未确认融资费用　　（1 000 000 – 200 000 × 4.2124）157 520

　　贷：预收账款　　（200 000 × 5）1 000 000

　　　　其他收益　　（倒挤）257 520

第一年：确认收入、成本、摊销融资费用。

借：预收账款　200 000

　　贷：主营业务收入　200 000

借：财务费用　（842 480×6%）50 548.8

　　贷：未确认融资费用　50 548.8

借：主营业务成本　150 000

　　贷：应付职工薪酬　150 000

以后各年依此类推。

【案例2-4】债务人以资产抵债方式债务重组所得税的处理。

甲公司应收乙公司账款100万元，2×21年3月1日经双方协商，由乙公司以一台设备抵债。该设备原值200万元，累计折旧140万元，公允价值40万元。乙公司当年应纳税所得额为100万元，企业所得税税率为25%。抵债后双方解除债权债务关系。

根据企业所得税法相关规定，企业债务重组损益超过当期应纳税所得额50%以上的，可以将债务重组所得分5年均匀计入应纳税所得额。因此，乙公司按照该规定向税务机关申请该特殊性税务重组，并于2×21年4月1日获得批准。不考虑其他因素。

要求：编制乙公司债务重组与当年所得税相关的会计分录。

解析：债务重组的分录如下。

借：固定资产清理　600 000

　　累计折旧　1 400 000

　　贷：固定资产　2 000 000

借：应付账款　1 000 000

　　贷：固定资产清理　600 000

　　　　其他收益　400 000

债务重组所得额=负债100-抵债资产公允价值40=60万元，超过当年全部应纳税所得额100万元的50%，申请特殊性重组后，应当纳税调整金额=-60×4÷5=-48万元，以后4个年度每年纳税调增12万元。所得税相关的分录：

借：所得税费用　　　　　　［（100 万元 -48 万元）×25%］130 000

　　贷：应交税费——应交所得税　　　　　　　　　　　　130 000

借：所得税费用　　　　　　　　　　（48 万元×25%）120 000

　　贷：递延所得税负债　　　　　　　　　　　　　　　120 000

第三节　将债务转为权益工具方式进行重组的会计处理

一、债转股方式的判断

将债务转为权益工具方式重组的处理见图 2 -6。

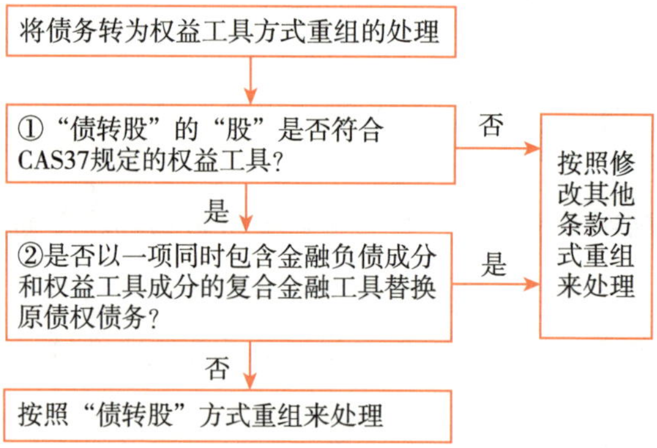

图 2 -6　将债务转为权益工具方式重组的处理

【释①】在实务中，有些债务重组名义上采用“债转股”的方式，但同时附加相关条款，如约定债务人在未来某个时点以某一金额回购股权，或债权人持有的股份享有强制分红权等。对于债务人而言，这些“股权”依然属于金融负债，而不是权益工具，因此不符合债转股方式抵债的要求。

【释②】复合金融工具不是单独的权益工具，因此不符合债转股的要求。

二、债转股方式重组的会计处理

债转股方式重组的会计处理见表 2 -5。

表 2－5　　　　　　　　债转股方式重组的会计处理

债权人	取得的权益工具	如果权益工具投资形成金融资产的，按照 CAS22 的规定确认金融资产，按照债务重组合同生效日的公允价值计量，如果受让的金融资产的公允价值与交易价格（即放弃债权的公允价值）存在差异的，按照 CAS22 第 34 条处理（即确认损益或递延）
		如果权益工具投资形成对合营企业或联营企业投资的，按照 CAS2 的规定确认长期股权投资，按照放弃债权的公允价值和其他成本之和计量
		如果权益工具投资形成对子公司投资的，按照 CAS20 的规定确认长期股权投资
	确认损益	放弃债权的公允价值与账面价值之间的差额，计入当期损益（投资收益）
债务人	支付的权益工具	权益工具按照公允价值计量，公允价值不能可靠计量的，按照所清偿债务的公允价值计量。发行权益工具支出的相关税费冲减资本公积（股本溢价），不够冲减的冲减留存收益。
	确认损益	所清偿债务账面价值与确认的权益工具公允价值之间的差额，计入当期损益（投资收益）【1】

【释 1】为什么债务人以债转股方式进行债务重组，按照所清偿债务账面价值与确认的权益工具公允价值之间的差额确认损益，而通过其他方式进行债务重组按照所清偿债务的账面价值与抵债资产的账面价值的差额确认损益？因为，第一，债转股交易的性质属于权益性交易，因此，权益工具的公允价值与账面价值股本的差额应当计入权益（资本公积），不应当计入损益；第二，债权人在债转股之后成为债务人的股东，应当以权益工具的公允价值来计量取得的债务人股份的价值，这样与其他股东持有的债务人股份的公允价值才能保持一致。

债务人与债权人的相关会计处理见表 2－6。

表 2－6　　　　　　　债务人与债权人的相关会计处理

债务人	债权人
借：应付账款（转销余额） 　贷：股本（面值） 　　资本公积——股本溢价（股份公允价值－面值－股份发行费用） 　　银行存款（股份发行费用） 　　投资收益（倒挤）	借：长期股权投资/交易性金融资产（公允价值） 　坏账准备（转销余额） 　投资收益（倒挤） 　贷：应收账款（转销余额）

【案例 2－5】以债转股方式进行债务重组。

2×19 年 2 月 10 日，学天海公司从乙公司购买一批材料 100 万元，约定 6 个月后付款。乙公司将该应收款项分类为以公允价值计量且其变动计入当期损益的金融资产，学天海公司将该应付款项分类为以摊余成本计量的金融负债。

2×19 年 6 月 30 日，应收款项和应付款项的公允价值均为 85 万元。

2×19 年 8 月 12 日，应收款项和应付款项的公允价值均为 76 万元。学天海公司因无法支付货款与乙公司协商进行债务重组，双方商定乙公司将该债权转为对学天海公司的股权投资。

2×19 年 10 月 20 日，乙公司办结了对学天海公司的增资手续，学天海公司和乙公司分别支付手续费等相关费用 1.5 万元和 1.2 万元，当日应收款项和应付款项的公允价值仍为 76 万元，学天海公司应付款项的账面价值仍为 100 万元。债转股后学天海公司总股本为 100 万元，乙公司持有的抵债股权占学天海公司总股本的 25%，对学天海公司具有重大影响，学天海公司股权公允价值不能可靠计量。不考虑其他相关税费。

要求： 分别作出债权人和债务人的会计处理。

解析：（1）债权人乙公司的会计处理：由于乙公司在应收款项初始确认时，分类为以公允价值计量且其变动计入当期损益的金融资产，所以按照交易性金融资产核算。

6 月 30 日：

借：公允价值变动损益　　150 000

　　贷：交易性金融资产——公允价值变动　　150 000

8 月 12 日：

借：公允价值变动损益　　90 000

　　贷：交易性金融资产——公允价值变动　　90 000

10 月 20 日，由于学天海公司的股权公允价值不能可靠计量，因此按照放弃债权的公允价值 76 万元为基础计量，如果能够可靠计量应当按照权益工具的公允价值计量。

借：长期股权投资——学天海公司

　　　　（放弃债权的公允价值 760 000 + 交易费用 12 000）772 000

　　交易性金融资产——公允价值变动　　（转销余额）240 000

　　贷：交易性金融资产——成本　　（转销余额）1 000 000

　　　　银行存款　　12 000

（2）债务人学天海公司的会计处理：

10 月 20 日，由于学天海公司股权的公允价值不能可靠计量，权益工具的初始确认金额按照所清偿债务的公允价值76万元计量，交易费用冲减溢价。

借：应付账款　　（转销余额）1 000 000

　贷：股本　　（100万元×25%）250 000

　　资本公积——股本溢价　（76万元－25万元－1.5万元）495 000

　　银行存款　　（交易费用）15 000

　　投资收益　　（倒挤）240 000

第四节　以修改其他条款的方式进行重组的会计处理

一、修改其他条款方式重组下债权人的处理

修改其他条款方式重组下债权人的处理见图2－7。

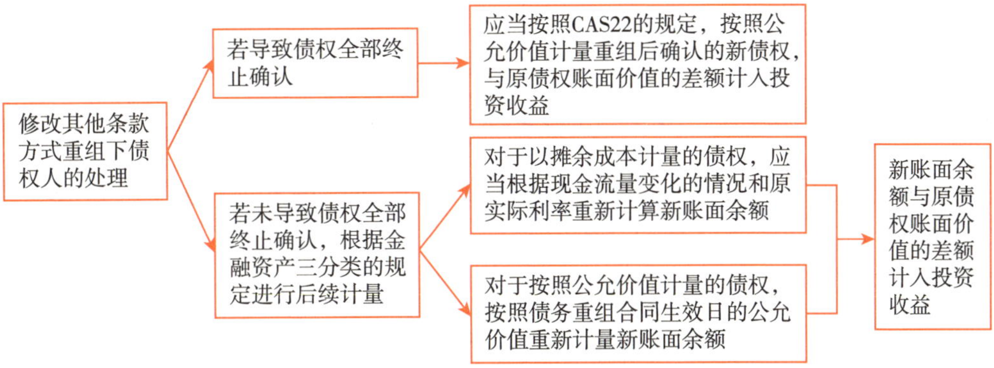

图2－7　修改其他条款方式重组下债权人的处理

二、修改其他条款方式重组下债务人的处理

修改其他条款方式重组下债务人的处理见图2－8。

根据CAS22的规定，修改其他条款方式重组，若合同发生实质性修改，即合同修改前后未来现金流量的现值变化超过10%以上的，债权人应当终止确认原债权，重新确认新债权，债务人应当终止确认原债务，重新确认新债务。

CAS24第23条规定，公允价值套期中，被套期项目为以摊余成本计量的金融

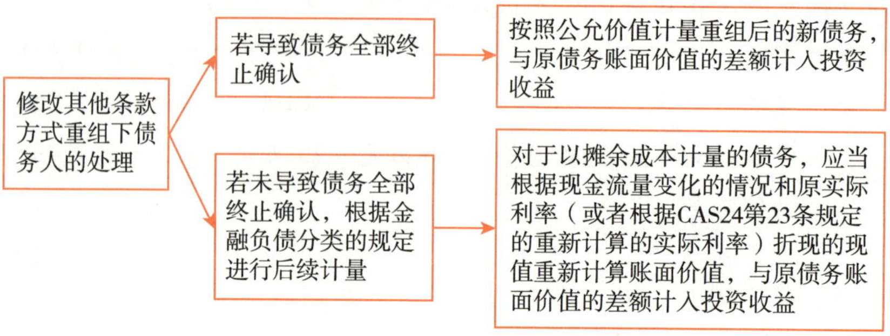

图2－8　修改其他条款方式重组下债务人的处理

工具（或其组成部分）的，企业对被套期项目账面价值所作的调整应当按照开始摊销日重新计算的实际利率进行摊销，并计入当期损益。

为什么修改其他条款方式重组时，债权人和债务人的债务重组损益都计入投资收益？因为修改其他条款方式进行重组，属于对金融工具合同进行修改，产生的损益执行 CAS22 的规定计入投资收益。

第五节　以组合方式进行重组的会计处理

以组合方式重组的，要关注债务人以处置组抵债时的处理，应当与 CAS42 的规定保持一致。具体会计处理见表 2－7。

表2－7　以组合方式重组的会计处理

债权人	1. 取得的金融资产、重组债权、处置组中的负债，按照 CAS22 规定进行初始计量（即公允价值）
	2. 取得的其他资产，按照金融资产以外的各项资产的公允价值比例，对放弃债权的公允价值以及承担的处置组中负债的确认金额之和，扣除受让金融资产和重组债权公允价值后的净额进行分配，并以此为基础分别确定各项资产的成本
	3. 放弃债权的公允价值与账面价值之间的差额，应当计入当期损益（投资收益）
债务人	1. 抵债的权益工具和重组后债务，按照 CAS22 规定确认和计量（即公允价值）
	2. 抵债的其他资产，转销账面价值
	3. 清偿债务的账面价值与转让资产的账面价值以及权益工具和重组债务的确认金额之和的差额，计入当期损益，即，其他收益＝（债务账面价值＋处置组中负债的账面价值）－（转让的资产的账面价值＋处置组中资产的账面价值＋抵债的权益工具和重组后债务的公允价值）

【案例2-6】 以组合方式进行债务重组。

2×19年11月5日，学天海公司向乙公司赊购一批材料，含税价为234万元。乙公司以摊余成本计量该项债权。学天海公司以摊余成本计量该项债务。2×20年9月10日，学天海公司和乙公司协商进行债务重组。乙公司同意学天海公司用其生产的商品、作为固定资产管理的机器设备和一项债券投资抵偿欠款。当日，该债权的公允价值为210万元。

学天海公司用于抵债的商品市价（不含增值税）为90万元，商品成本为70万元；抵债设备的公允价值为75万元，账面原价为150万元，累计折旧为40万元，已计提减值准备18万元；用于抵债的按照摊余成本计量的债券投资市价为23.55万元，债券票面价值总额为15万元，票面利率与实际利率一致，按年付息。乙公司将受让的商品、设备和债券投资分别作为低值易耗品、固定资产和以公允价值计量且其变动计入当期损益的金融资产核算。

2×20年9月20日，该项债务的账面价值仍为234万元，抵债资产转让完毕，学天海公司发生设备运输费用0.65万元，乙公司发生设备安装费用1.5万元。乙公司对该债权已计提坏账准备19万元，债券投资市价为21万元。

学天海公司、乙公司均为增值税一般纳税人，适用增值税率为13%，经税务机关核定，该项交易中商品和设备的计税价格分别为90万元和75万元。不考虑金融资产相关的增值税及其他税费。

要求： 分别作出债权人和债务人的会计处理。

解析：（1）债权人乙公司的会计处理：

2×20年9月20日，乙公司取得抵债资产符合初始确认条件。低值易耗品和固定资产的成本应当以其公允价值比例（90∶75）对放弃债权的公允价值扣除受让金融资产公允价值后的净额进行分配后的金额为基础确定。

低值易耗品的成本＝90÷(90＋75)×(210－金融资产23.55－增值税销项税额90×13%－75×13%)＝90（万元）

固定资产的成本＝75÷(90＋75)×(210－23.55－90×13%－75×13%)

＝75（万元）

借：低值易耗品　　　　900 000

　　在建工程——在安装设备　　　　750 000

应交税费——应交增值税（进项税额）

（90 万元×13% +75 万元×13%）214 500

交易性金融资产（公允价值）210 000

坏账准备（转销余额）190 000

投资收益（倒挤）75 500

贷：应收账款——学天海公司 2 340 000

借：在建工程——在安装设备 15 000

贷：银行存款 15 000

借：固定资产 765 000

贷：在建工程——在安装设备 765 000

（2）债务人学天海公司的会计处理。

9 月 20 日的账务处理如下：

借：固定产清理（倒挤）926 500

累计折旧（转销余额）400 000

固定资产减值准备（转销余额）180 000

贷：固定资产（转销余额）1 500 000

银行存款 6 500

借：应付账款（转销余额）2 340 000

贷：固定资产清理（转销余额）926 500

库存商品（转销余额）700 000

应交税费——应交增值税（销项税额）

（90 万元×13% +75 万元×13%）214 500

债权投资——成本（转销余额）150 000

其他收益——债务重组收益（倒挤）349 000

【案例 2 –7】以组合方式进行银行贷款重组。

2×16 年 1 月 1 日，A 公司取得 B 银行贷款 5 000 万元，约定贷款期限为 4 年（即 2×19 年 12 月 31 日到期），年利率 6%，按年付息，A 公司已按时支付所有利息。A 公司以摊余成本计量该贷款，至 2×20 年 1 月 10 日，该贷款的账面价值为 5 000 万元。

2×19 年 12 月 31 日，A 公司出现严重资金周转问题，多项债务违约，信用风险增加，无法偿还贷款本金。2×20 年 1 月 10 日，B 银行同意与 A 公司就该项贷款重新达成协议，新协议的约定为：

①A 公司将一项作为固定资产核算的房产转让给 B 银行，用于抵偿债务本金 1 000 万元，房产账面原值 1 200 万元，累计折旧 400 万元，未计提减值准备。

②A 公司向 B 银行增发股票 500 万股，面值 1 元/股，占 A 公司股份总额的 1%，用于抵偿债务本金 2 000 万元，A 公司股票于 2×20 年 1 月 10 日的收盘价为 4 元/股。

③在 A 公司履行上述偿债义务后，B 银行免除 A 公司 500 万元债务本金，并将尚未偿还的债务本金 1 500 万元展期至 2×20 年 12 月 31 日，年利率 8%；如果 A 公司未能履行①②所述偿债义务，B 银行有权终止债务重组协议，尚未履行的债权调整承诺随之失效。

B 银行以摊余成本计量该贷款，已计提贷款损失准备 300 万元。该贷款于 2×20 年 1 月 10 日的公允价值为 4 600 万元，予以展期的贷款的公允价值为 1 500 万元。

2×20 年 3 月 2 日，双方办理完成房产转让手续，B 银行将该房产作为投资性房地产核算。2×20 年 3 月 31 日，B 银行为该笔贷款补提了 100 万元的损失准备。2×20 年 5 月 9 日，双方办理完成股权转让手续，B 银行将该股权投资分类为以公允价值计量且其变动计入当期损益的金融资产，A 公司股票当日收盘价为 4.02 元/股。不考虑相关税费。

要求： 分别作出债权人和债务人的会计处理。

解析：（1）债权人 B 银行的会计处理为：以组合方式进行债务重组，可以认为对全部债权的合同条款作出了实质性修改，应当终止确认原债权。

3 月 2 日：由于第②个条件暂未履行，因此不确认债务重组损益。

投资性房地产成本 = 放弃债权公允价值 4 600 - 受让股权公允价值 2 000 - 重组债权公允价值 1 500 = 1 100（万元）

借：投资性房地产　　　　　　　　　　　　11 000 000

　贷：贷款——本金　　　　　　（终止确认部分债权）11 000 000

3 月 31 日：

借：信用减值损失　　　　　　　　　　　　　　　　1 000 000

　贷：贷款损失准备　　　　　　　　　　　　　　　　1 000 000

5 月 9 日，此时符合确认债务处置损益的条件：

借：交易性金融资产

　　（初始确认日公允价值 4.02 元/股 ×500 万股）20 100 000

　贷款——本金　　（按照公允价值确认新金融资产）15 000 000

　贷款损失准备　　　　　　　　　（转销余额）4 000 000

　贷：贷款——本金　　　　　　　　（转销余额）39 000 000

　　投资收益　　　　　　　　　　　　（倒挤）100 000

（2）债务人 A 公司的会计处理如下。

3 月 2 日：

借：固定资产清理　　　　　　　　　　　　　　　8 000 000

　累计折旧　　　　　　　　　　　　　　　　　　4 000 000

　贷：固定资产　　　　　　　　　　　　　　　　　12 000 000

借：长期借款——本金　　　　（终止确认部分负债）8 000 000

　贷：固定资产清理　　　　　　　　（转销余额）8 000 000

5 月 9 日：

重组后债务的新现金流量现值 = 1 500 ×（1 + 8%）÷（1 + 6%）= 1 528.3（万元）

现金流量的变化 =（1 528.3 − 1 500）÷ 1 500 = 1.9% < 10%，因此针对 1 500 万元本金部分的合同条款的修改不构成实质性修改，不能终止确认该部分负债，将原剩余负债账面价值调整到 1 528.3 万元。

借：长期借款——本金

　　　　（50 000 000 − 8 000 000 − 15 283 000）26 717 000

　贷：股本　　　　　　　　　　　　　　　　　　　5 000 000

　　资本公积　　（500 万股 ×4.02 元/股 − 500 万元）15 100 000

　　其他收益——债务重组收益　　　　　（倒挤）6 617 000

【案例 2 − 8】 以多项非货币性资产抵债。

学天海公司对投资性房地产采用公允价值模式进行后续计量，各方之间均不存在关联方关系，不考虑相关税费影响。20×7 年至20×8 年发生的相关交易或事项如下。

要求（1）：分别计算学天海公司和 A 公司的债务重组损益并编制相关会计分录。

20×7 年 7 月 30 日，学天海公司就应收 A 公司账款 6 000 万元与 A 公司签订债务重组合同。合同规定，A 公司以其拥有的一栋在建写字楼及一项长期股权投资偿付该项债务，重组后双方的债权债务结清。

8 月 10 日，A 公司将在建写字楼和长期股权投资所有权转移至学天海公司。学天海公司将取得的股权投资作为长期股权投资，并采用成本法核算。学天海公司对该债权已计提坏账准备 800 万元，应收账款的公允价值为 5 500 万元。A 公司该在建写字楼的账面余额为 1 800 万元，公允价值为 2 200 万元；A 公司该长期股权投资的账面余额为 2 600 万元，已计提的减值准备为 200 万元，公允价值为 2 300 万元。

解析：学天海公司重组损益 = 放弃债权的公允价值 5 500 − 账面价值（6 000 − 800）= 300（万元）

借：在建工程

[(5 500 × 2 200) 万元 ÷ (2 200 + 2 300) 万元] 26 888 900

长期股权投资

[(5 500 × 2 300) 万元 ÷ (2 200 + 2 300) 万元] 28 111 100

坏账准备　（转销余额）8 000 000

贷：应收账款　（转销余额）60 000 000

投资收益　（倒挤）3 000 000

A 公司重组损益 = 债务账面价值 6 000 − 抵债资产账面价值 [1 800 + (2 600 − 200)] = 1 800（万元）

借：应付账款　（转销余额）60 000 000

长期股权投资减值准备　（转销余额）2 000 000

贷：在建工程　（转销余额）18 000 000

长期股权投资　（转销余额）26 000 000

其他收益——债务重组收益　（倒挤）18 000 000

要求（2）：编制学天海公司20×8年应确认的公允价值变动损益和收取写字楼租金的相关会计分录。

学天海公司取得在建写字楼后，委托某建造承包商继续建造。至20×8年1月1日累计新发生工程支出800万元，并达到预定可使用状态。学天海公司与B公司于20×7年11月11日签订租赁合同，将该写字楼整体出租给B公司。合同规定，租赁期自20×8年1月1日开始，租期为1年，年租金为240万元，每年年底支付。学天海公司预计该写字楼的使用年限为30年，预计净残值为零。20×8年12月31日，学天海公司收到租金240万元。同日，该写字楼的公允价值为4 200万元。

解析：

借：投资性房地产——公允价值变动

[4 200万元－(2 688.89万元＋800万元)] 7 111 100

贷：公允价值变动损益 7 111 100

借：银行存款 （租金）2 400 000

贷：其他业务收入 2 400 000

要求（3）：编制学天海公司转让长期股权投资和写字楼相关的会计分录，并计算出售写字楼的损益。

20×8年12月20日，学天海公司与C公司签订长期股权投资转让合同，将债务重组取得的长期股权投资转让给C公司，并向C公司支付补价200万元，取得C公司一项土地使用权，作为无形资产核算。12月31日，双方办理完毕相关资产的产权转让手续。同日，学天海公司长期股权投资的公允价值为2 000万元，未计提减值准备，C公司土地使用权的公允价值为2 200万元。

12月31日，学天海公司在写字楼租赁到期后对外出售，取得价款4 100万元。

解析：学天海公司和C公司进行非货币性资产交换，补价200÷2 200＝9%小于25%，执行CAS7。

借：无形资产

（换出资产的公允价值2 000万元＋补价200万元）22 000 000

投资收益 （倒挤）8 111 100

贷：长期股权投资 （转销余额）28 111 100

银行存款 2 000 000

借：银行存款 41 000 000

贷：其他业务收入 41 000 000

借：其他业务成本 （倒挤）34 888 900

公允价值变动损益 （转销余额）7 111 100

贷：投资性房地产——成本 （转销余额）34 888 900

——公允价值变动 （转销余额）7 111 100

出售写字楼的损益 =4 100 - 出售时账面价值 4 200 = -100（万元）

【案例 2-9】 对外购的债权进行重组。

20×7 年 6 月 2 日，D 公司欠 B 公司 4 600 万元货款到期，因现金流短缺无法偿付。当日，B 公司以 3 000 万元的价格将该债权出售给学天海公司。学天海公司将其作为以摊余成本计量的金融资产核算。6 月 2 日，学天海公司对 D 公司的债权的公允价值为 4 000 万元，双方当日就该债权债务达成协议。协议规定，D 公司以一栋房产偿还所欠债务的 60%，余款延期至 20×7 年 11 月 2 日偿还，延期还款期间不计息，不考虑货币时间价值。

前述房产的相关资料如下：

①D 公司用作偿债的房产于 20×0 年 12 月取得并投入使用，原价为 1 800 万元，原预计使用 20 年，预计净残值为零，采用年限平均法计提折旧。

②20×7 年 6 月 2 日，学天海公司和 D 公司办理了该房产的所有权转移手续，将其作为管理部门的办公用房，预计尚可使用 13.5 年，预计净残值为零，采用年限平均法计提折旧。当日，该房产的公允价值为 2 000 万元。

③20×7 年 11 月 2 日，D 公司以银行存款偿付所欠学天海公司剩余债务。

要求： 分别编制学天海公司、D 公司 20×7 年与该交易或事项相关的会计分录。

解析：（1）学天海公司

20×7 年 6 月 2 日：

借：其他应收款——D 公司 30 000 000

贷：银行存款 30 000 000

借：固定资产（放弃债权的公允价值 4 000 万元 ×60%）24 000 000

贷：其他应收款——D 公司 （3 000 万元 ×60%）18 000 000

投资收益 （倒挤）6 000 000

20×7 年 11 月 2 日：

借：银行存款 （4 600×40%）18 400 000

贷：其他应收款——D 公司 （转销余额）12 000 000

投资收益 （倒挤）6 400 000

借：管理费用 （2 400 万元 ÷13.5×6÷12）888 900

贷：累计折旧 888 900

（2）D 公司

20×7 年 6 月 2 日：

借：固定资产清理 12 150 000

累计折旧 （1 800 万元 ÷20×6.5）5 850 000

贷：固定资产 18 000 000

借：应付账款 （4 600 万元 ×60%）27 600 000

贷：固定资产清理 （转销余额）12 150 000

其他收益 （倒挤）15 450 000

20×7 年 11 月 2 日：

借：应付账款 （4 600 万元 ×40%）18 400 000

贷：银行存款 18 400 000

第六节 涉及权益性交易的债务重组处理

一、关联方交易

关联方之间发生关联交易是允许的，实务中很多上市公司的债务重组交易中都有关联方参与，如果关联交易价格不公允，将会导致虚增资产与损益。关联方参与债务重组的关键是，判断关联交易价格是否公允，防止企业利用关联方关系操纵利润。税法上要防止企业利用关联方关系逃税，否则要进行特别纳税调整（见表2－8）。

表2－8　　关联方参与债务重组

1. 通过关联交易包装业绩的主要形式	①关联方豁免上市公司的债务或者代替上市公司对外清偿债务
	②关联方向上市公司捐赠资产
	③关联方以显失公允的价格向上市公司购买资产
	④在控股股东的安排下，上市公司与第三方进行非公允的交易
2. 会计原则	①关联交易确认损益应当同时满足三个条件：关联交易具有商业实质，关联交易价格公允，未导致某个主体单方面获益
	②关联交易价格与公允价格的差额部分应当确认权益，该差额表明某一方单方面获得了不公允的额外利益。即关联交易毛利不超过公允毛利的，允许确认损益，超过公允毛利的，不得计入损益

二、关联方参与债务重组的会计处理

关联方参与债务重组的会计处理见表2－9。

表2－9　　关联方参与债务重组的会计处理

关联方参与债务重组的情形	会计处理
股东以持有的该企业股份代替企业清偿债务的【1】	转让股份的公允价值属于股东的资本性投入，计入权益；股份公允价值与被豁免债务的账面价值之间的差额，计入当期损益
股东代替企业清偿债务，或者，对该企业所欠股东的债务进行豁免的	按照权益性交易处理
股东在法院或债权人会议的主导下，以债权人身份与其他债权人共同对企业作出相同比例的债务豁免的【2】	企业对豁免部分应当全部计入当期损益
企业为关联方提供担保，若发生担保损失由该企业的股东来承担的【3】	企业在符合预计负债确认条件时既要确认预计担保损失，又要在收到股东补偿时确认权益

【释1】计入损益的部分表示债权人对债务人的豁免，不属于股东向债务人进行单方面的利益输送。例如，甲公司欠非关联方B公司9 000万元，甲公司的控股股东A公司用持有的公允价值为8 000万元的甲公司股份替甲公司偿还，其余

债务B公司豁免，则甲公司的会计处理为：

借：长期借款　　90 000 000
　　贷：资本公积——股本溢价　　80 000 000
　　　　投资收益　　10 000 000

【释2】因为在法院或债权人会议的主导下，股东并没有因为股东身份与其他债权人不同，不存在股东向债务人进行单方面的利益输送。例如，甲公司欠股东A公司2 000万元，欠非关联方B公司3 000万元，欠非关联方C公司4 000万元，经过法院裁定，债权人对债务人豁免50%，剩下的债务由甲公司用现金偿还，则甲公司的会计处理为：

借：长期借款　　90 000 000
　　贷：银行存款　　45 000 000
　　　　投资收益　　45 000 000

【释3】甲公司为关联方乙公司担保形成预计负债1 000万元，甲公司的控股股东A公司承诺，如果甲公司因该担保发生任何损失，由A公司来全部承担。则甲公司的会计处理为：

借：营业外支出　　10 000 000
　　贷：预计负债　　10 000 000
借：预计负债　　10 000 000
　　贷：银行存款　　10 000 000

以后收到A公司的补偿款时：

借：银行存款　　10 000 000
　　贷：资本公积——股本溢价　　10 000 000

【案例2-10】关联方提供债务豁免。

甲公司是乙公司股东，为了弥补乙公司临时性经营现金流短缺，甲公司向乙公司提供1 000万元无息借款，并约定于6个月后收回。借款期满时，尽管乙公司具有充足的现金流，甲公司仍然决定免除乙公司部分本金还款义务，仅收回200万元借款。

要求（1）：分别编制甲公司和乙公司相关的会计分录。

解析：在该交易中，如果甲公司不以股东身份而是以市场交易者身份参与交易，在乙公司具有足够偿债能力的情况下不会免除其部分本金。因此，甲公司和乙公司应当将该交易作为权益性交易，不确认债务重组相关损益。

甲公司的会计处理：

借：银行存款	2 000 000	
长期股权投资	8 000 000	
贷：其他应收款		10 000 000

乙公司的会计处理：

借：其他应付款	10 000 000	
贷：银行存款		2 000 000
资本公积		8 000 000

要求（2）：如果债务人乙公司确实出现财务困难，在法院的主持下，其他债权人对其债务普遍进行了减半的豁免。分别编制甲公司和乙公司相关的会计分录。

解析：在所有债权人都对乙公司进行减半豁免的情况下，说明甲公司正常豁免500万元债务的交易适用CAS12，可以确认损益，但是，甲公司比其他债权人多豁免的300万元应当作为权益性交易处理。

甲公司的会计处理：

借：银行存款	2 000 000	
长期股权投资	3 000 000	
投资收益	5 000 000	
贷：其他应收款		10 000 000

乙公司的会计处理：

借：其他应付款	10 000 000	
贷：银行存款		2 000 000
资本公积		3 000 000
投资收益		5 000 000

【拓展】乙公司的债务重组损益是否需要缴纳企业所得税？根据企业所得税法的规定，只要甲公司与乙公司签订的是债务重组协议，不管乙公司在会计上把

800万元是计入损益还是资本公积，都应当缴纳企业所得税。那么怎样才能不缴所得税呢？

税收筹划，根据国家税务总局公告2014年第29号的规定，企业接收股东划入资产（包括股东赠予资产、股东放弃本企业股权等），凡合同约定作为资本金（包括资本公积）且在会计上已作实际处理的，不计入企业的收入总额，应按公允价值确定该项资产的计税基础。因此，甲公司与乙公司之间应当签订股东划入资产协议，且乙公司将800万元计入资本公积，符合股东赠予资产、放弃本企业股权的条件，不需要缴纳企业所得税了。

【案例2-11】债务重组的差错更正。

分别根据下列资料，说明下述交易的会计处理是否正确，如果不正确，请说明正确的会计处理。

（1）学天海公司受托管理控股股东的房屋及附属设施，托管期限10年，托管费用共2 500万元。学天海公司将上述资产租赁给非关联方B公司，租赁期10年，租赁费总计9 500万元，其中，绿化养护收入1 500万元，物业管理服务收入1 300万元，其余为租赁收入6 700万元。上述资产的维护保养由B公司承担。当年学天海公司将该资产的租赁收入减去相关成本费用后的余额700万元计入当期损益。

解析：不正确。学天海公司除了提供单独收费的绿化服务和物业管理服务外，并未提供其他实质性的服务，而从控股股东那里按2 500万元托管费取得该资产，一转手就以6 700万元租赁给非关联方，完全是因为双方是母子公司的特殊关系，该交易使得学天海公司明显单方面获益，经济实质属于权益性交易，交易差额（6 700-2 500）÷10年=520万元应当确认为权益（资本公积），而不应当确认为损益。

（2）学天海公司为其联营企业C公司的借款3亿元提供担保，由于C公司到期未能偿还借款，银行将学天海公司和C公司都告上法院，要求C公司还款及学天海公司承担担保责任。学天海公司的母公司P公司发布承诺函，如果学天海公司因为该担保发生任何损失，由P公司全部承担。因此，学天海公司在报表中未确认预计负债。

解析：不正确。学天海公司应当确认担保损失和预计负债，以后收到P公司的补偿时，属于母公司对子公司的权益性交易，应当计入资本公积。

（3）法院批准了学天海公司的子公司甲公司的破产重整计划，对于超过20万元以上部分的普通债权，按照14%的比例以现金清偿。根据此方案，债权人共豁免了甲公司4亿元，其中，甲公司的控股股东学天海公司豁免了1亿元。甲公司在破产重整计划执行完毕时确认了债务重组收益3亿元。

解析：不正确。控股股东以普通债权人身份同其他债权人一起共同对上市公司作出相同比例的豁免，并没有因为股东身份而有所不同，所以，控股股东豁免的1亿元也应当计入损益，甲公司应当确认损益4亿元。

（4）学天海公司持有A上市公司51%的股份并控制A公司，E公司持有学天海公司16%的股份并和其他5家公司共同控制学天海公司，E公司还持有子公司D公司40%的股份。2×17年1月，学天海公司、E公司和D公司的另外2个股东共同签订了关于D公司重组和E公司股权退出的协议，约定2×19年7月E公司将持有的D公司40%股份转让给学天海公司或学天海公司指定的受益人，学天海公司或受益人支付3亿元给E公司作为对价，该对价以2×17年1月D公司40%股权的公允价值为基础确定。2×19年7月学天海公司指定A公司为受益人收购D公司股权，此时D公司可辨认净资产公允价值为11亿元，40%部分的公允价值为4.4亿元，因此A公司将超出投资成本3亿元的部分1.4亿元作为负商誉计入了投资收益。

解析：不正确。

各公司之间的控制关系详见图2－9。

表面上看1.4亿元是负商誉，但是3亿元的价格是根据2×17年D公司股权的公允价值确定的，当时的交易价格是公允的。到2×19年，D公司股权的公允价值增加到4.4亿元，实质上是基于学天海公司是A公司控股股东的身份指定A公司来执行的，A公司明显单方面获益，这笔1.4亿元实质上是学天海公司让渡给A公司的，属于权益性交易，因此，A公司应当将1.4亿元计入权益——资本公积，而不应该计入损益——投资收益。

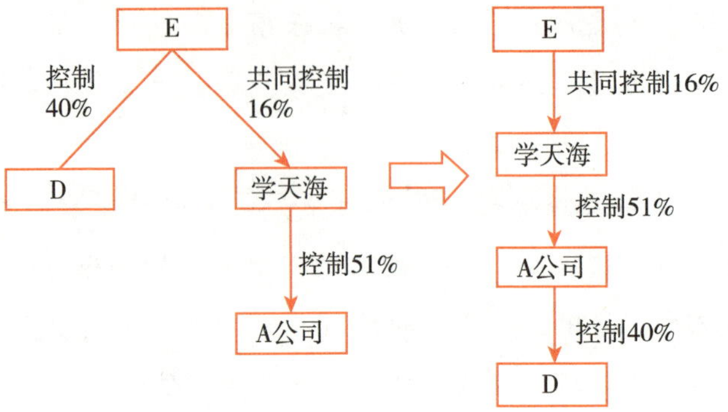

图2-9　各公司之间的关系

【案例2-12】法院裁定的债务重组。

2×14年3月，学天海公司的子公司A公司对债权人G公司负债16 227 950元，A公司的子公司F公司对债权人G公司负债161 948 250元，A公司对F公司的债务承担连带担保责任。A公司、F公司对债权人G公司的负债都通过其他应付款核算。2×14年4月，A公司、F公司、G公司和H公司签订了《转债协议》，约定由H公司承接并负责偿还A公司和F公司对G公司的债务，或者H公司将持有的A公司24 944 668股股权质押给G公司，以解除A公司和F公司对G公司的负债和担保义务。同时，A公司和H公司签订了《定向转增协议》，作为对H公司承接债务的补偿，A公司以资本公积转增股本的方式，按照每10元债务抵偿1.4股A公司股票的标准，向H公司发行股份24 944 668股（178 176 200元÷10×1.4）。

2×15年1月，A公司将转增的24 944 668股股份过户到H公司名下，当日股票公允价为2.87元/股。但过户后，H公司只偿还了A公司的债务16 227 950元、F公司的债务37 224 907.14元，合计占债务总额的30%，也未将未偿债部分对应的股权质押给G公司。

2×16年1月，G公司以A公司不能清偿到期债务为由向法院申请对公司重整。2×16年9月法院裁定批准重整计划，主要内容之一为：H公司让渡上述股份的70%给重组方G公司。

2×18年9月，H公司将70%股份转至重组方G公司。

2×19年2月，法院裁定重整计划执行完毕。

要求：编制A公司、F公司与上述偿债有关的会计分录，并计算A公司合并报表中 2×15 年度债务重组交易应当确认的损益或权益金额。

解析： 整个债务重组业务对 A 公司来说，相当于拿增发的股份来为自己及子公司偿债，增发股份的公允价值应当计入权益，该公允价值与终止确认的负债的金额之间的差额属于债务重组损益，应当计入损益。下面分三部分来分析：

（1）H 公司代 A 公司还债的 16 227 950 元，A 公司对债务终止确认，该部分对应的股份数量为 16 227 950 元 ÷10×1.4 =2 271 913 股，公允价值 =2 271 913×2.87 =6 520 390.31 元，即增发股份应当计入权益的金额，应当计入损益的债务重组损益金额 =16 227 950 –6 520 390.31 =9 707 559.69 元。A 公司的会计分录为：

借：其他应付款——G 公司　　16 227 950

　　贷：股本　　2 271 913

　　　　资本公积——股本溢价

　　　　　　（6 520 390.31 –2 271 913）4 248 477.31

　　　　投资收益　　（倒挤）9 707 559.69

（2）H 公司代 F 公司还债的 37 224 907.14 元，也是以 A 公司发行的股份为对价的，这部分债务的义务和 A 公司的担保责任已经解除，F 公司应当终止确认负债 37 224 907.14 元，同时确认对 A 公司的新的负债（其他应付款），A 公司应当确认对 F 公司新的债权（其他应收款），该部分对应的股份数量为 37 224 907.14 元 ÷10×1.4 =5 211 487 股，公允价值 =5 211 487×2.87 =14 956 967.69 元，即增发股份应当计入权益的金额，F 公司应当计入损益的债务重组损益金额 =37 224 907.14 –14 956 967.69 =22 267 939.45 元，该金额包含在 A 公司合并报表中。F 公司的会计分录为：

借：其他应付款——G 公司　　37 224 907.14

　　贷：其他应付款——A 公司　　14 956 967.69

　　　　投资收益　　（倒挤）22 267 939.45

A 公司的会计分录为：

借：其他应收款——F 公司　　14 956 967.69

　　贷：股本　　5 211 487

　　　　资本公积——股本溢价　　（倒挤）9 745 480.69

（3）H 公司未偿债的 124 723 342.9 元，对应的股份数量为 124 723 342.9 ÷

10×1.4＝17 461 268 股，公允价值＝17 461 268×2.87＝50 113 839.16 元，即增发股份应当计入权益的金额，由于这部分 H 公司未履行偿债义务，A 公司应当按照公允价值确认其他应收款，不确认损益。

A 公司的会计分录为：

借：其他应收款——H 公司　　50 113 839.16

　贷：股本　　17 461 268

　　资本公积——股本溢价　　（倒挤）32 652 571.16

综上所述，A 公司合并报表中应当确认权益的金额＝6 520 390.31＋14 956 967.69＋50 113 839.16＝71 591 197.16 元，即增发股份的公允价值，应当确认损益的金额＝9 707 559.69＋22 267 939.45＝31 975 499.14 元，即债务重组损益的金额。

第七节　债务重组的披露

CAS12 的披露见表 2－10。

表 2－10　　CAS12 的披露

债权人	1. 根据债务重组方式，分组披露债权账面价值和债务重组相关损益
	2. 债务重组导致的对联营企业或合营企业的权益性投资增加额，以及该投资占联营企业或合营企业股份总额的比例
债务人	1. 根据债务重组方式，分组披露债务账面价值和债务重组相关损益
	2. 债务重组导致的股本等所有者权益的增加额

债务人的披露格式如表 2－11 所示。

表 2－11　　债务人的披露格式

债务重组方式	重组前债务的账面价值	债务重组损益	股本等所有者权益增加额
以资产清偿债务			—
债务转为权益工具			
修改其他债务条件			—
混合重组方式			
合计			

债权人的披露格式如表 2－12 所示。

表 2－12　　债权人的披露格式

债务重组方式	重组前债权的账面价值	债务重组损益	长期股权投资增加金额	占联营/合营企业的股权比例
以资产清偿债务			—	
债务转为权益工具				
修改其他债务条件			—	
混合重组方式				
合计				

第八节　综合案例

【案例 2－13】上市公司五粮液公司因不能偿还到期应付账款债务，经债权人申请，法院受理后于 2×18 年 10 月 19 日裁定进行破产重整，并于 2×18 年 12 月 25 日裁定批准重整计划。

破产重整方案为：以公司股票停牌前总股本 4.82 亿股为基数，以资本公积金每 10 股转增 6 股的比例转增股份，合计转增 2.89 亿股。其中，1 亿股转让给 B 公司以获得变现资金 2.5 亿元（每股公允价值为 2.5 元），用以偿还部分债务及支付重整相关费用；1.39 亿股按债权比例分配给普通债权人以抵债；剩余的 0.5 亿股用于后续重组使用。

根据重组计划，五粮液公司债权人申报并得到确认的债权为 36.97 亿元，其中，全额清偿的债权 0.38 亿元，包括有担保的债权、职工债权、普通债权中 4 万以下的债权；非全额清偿的债权 36.59 亿元。

非全额清偿的债权的清偿方案为：以现金 1.46 亿元清偿 4%，以 1.39 亿股清偿 9.5%（每 100 元债权分配 3.8 股，每股公允价值 2.5 元，合计 3.48 亿元），以对子公司的债权其他应收款清偿 40.36%（五粮液公司对子公司的其他应收款账面价值为 23.44 亿元，评估值为 14.77 亿元，差额为 8.67 亿元，五粮液公司将对子公司的债权全部转让给债权人），合计受偿比例为 53.86%，债务减免比例为 46.14%。

2×19 年 1 月 10 日全体债权人均获得现金清偿部分的分配，2×19 年 2 月 10 日办理完毕相关股份转让手续，2×19 年 3 月 22 日五粮液公司管理人向债权人送达相关债权转让通知，并得到债权人的回执。2×19 年 4 月 3 日法院裁定五粮液公司重整计划执行完毕，按照重整计划减免的债务，自重整计划执行完毕时起，五粮液公司不再承担清偿责任。

要求（1）：五粮液公司应当在 2×18 年还是 2×19 年年报中确认债务重组收益？请说明理由。

解析：

五粮液公司债权人申报并得到确认的债权的清偿方案见表 2-13。

表 2-13　　　　确认债权的清偿方案

<table>
<tr><td rowspan="6">36.97 亿元</td><td>0.38 亿元</td><td>全额清偿</td><td></td></tr>
<tr><td rowspan="5">36.59 亿元</td><td>现金 1.46 亿元清偿 4%</td><td rowspan="3">53.86%</td></tr>
<tr><td>1.39 亿股清偿 9.5%</td></tr>
<tr><td>23.44 亿元清偿 40.36%</td></tr>
<tr><td>减免</td><td>46.14%</td></tr>
<tr><td></td><td>100%</td></tr>
</table>

债务处置损益应当在负债义务解除时确认，即在重组事项履行完毕时确认。五粮液公司的现金偿付、股权划转、债权转让都发生在 2×19 年，所以应当在 2×19 年年报中确认债务重组收益。

要求（2）：编制五粮液公司资本公积转增股份的会计分录。

解析：

借：资本公积——股本溢价　　　　289 000 000

　　贷：股本　　　　289 000 000

要求（3）：五粮液公司对 1 亿股股票变现的价款如何进行会计处理？编制相关的会计分录。

解析：资本公积转增的股票来偿债，经济实质上属于全体股东以其拥有的转增的股份替五粮液公司还债，属于权益性交易。会计处理：

借：银行存款　　　　250 000 000

贷：资本公积——股本溢价 250 000 000

要求（4）：五粮液公司将1.39亿股股票分配给债权人偿债时如何进行会计处理？编制相关的会计分录。

解析：经济实质同（2）。会计处理：

借：应付账款 348 000 000

贷：资本公积——股本溢价 348 000 000

要求（5）：对于五粮液公司将对子公司的债权抵债的事项，五粮液公司在合并报表中是否能确认重组收益8.67亿元？请说明理由。

解析：不能。因为在合并报表层面，集团对债权人承担了债务，金额与原债务的账面价值没有差异，集团并没有实现利得，所以不能确认损益。

【案例2-14】根据下列资料，分别回答问题。

2×18年9月，A上市公司的控股股东甲市国资委与B公司签署《关于无偿划转A公司股权协议书》，根据协议约定，甲市国资委将所持A上市公司股权无偿划转给B公司，但股权划转协议的生效须经国务院国资委和中国证监会审批通过，且A上市公司与各债权人达成债务重组方案是上报国务院国资委审批的必备要件。

2×19年5月，A上市公司公告，因债务重组工作受阻，B公司与甲市国资委签署的《关于无偿划转A上市公司股权协议书》已于2×19年3月28日到期终止。经B公司与甲市国资委协商，双方于2×19年6月29日签订了《A上市公司股权托管协议》，甲市国资委委托B公司行使其持有的A公司股权的相关权利，托管期限为协议生效之日起5年。截至2×23年3月31日，B公司持有A上市公司7.60%的股份，是A公司第二大股东，同时，为A公司控股股东的托管方，是A公司的实际控制人。

截至2×23年3月31日，A上市公司欠各债权银行债务总额为124 807.07万元，负债与资产的比率达到155%。2×23年5月底，A上市公司通过B公司与各债权银行进行“一对一”的反复协商，A上市公司全程参与了与银行的债务重组谈判，由B公司承接A上市公司对各债权银行的债务，支付给各债权银行合计金额为68 136.52万元，支付完成后，上述各债权银行免除A上市公司的全部债务。

2×23年5月29日，A上市公司与B公司签署债务回购协议，按照68 136.52万元回购所欠B公司债务。当日甲市国资委与B公司签署了《甲市政府国有资产监督管理委员会与B公司无偿划转A公司股权协议书》（股权划转协议）。2×23年8月、9月，国务院国资委、中国证监会分别批复了上述股权划转协议。

2×23年5月30日，A上市公司发布公告，以向B公司及其他投资者定向增发股份的方式，取得资金偿还对B公司的债务。各债权银行与A公司、B公司之间均不存在关联方关系。

要求（1）：B公司承接A上市公司的债务，各债权银行免除A上市公司的全部债务，A上市公司回购B公司向各债权银行代偿的债务。是否可将这几项交易按一揽子交易，认定为债权银行对A上市公司的债务豁免？

解析：可以。A上市公司负债全部解除是基于两项交易达成的：

①B公司向各债权人银行合计支付68 136.52万元，获得各债权银行对A上市公司124 807.07万元债务的免除。

②A上市公司以"回购"的方式偿还B公司代为偿还的68 136.52万元。债务豁免是A上市公司、B公司和各债权银行共同达成的，各债权银行是直接基于A上市公司作出的债务豁免。

因此，有理由认为上述两项交易实质是A上市公司与各债权人银行之间的债务重组，B公司仅仅是"过桥"，债务重组与债务回购是一揽子交易。

要求（2）：A上市公司是否可以确认债务重组收益？

解析：可以。虽然A上市公司是通过B公司获得了全部债务的免除，但是在整个债务重组交易过程中，B公司并未向A上市公司输送利益，B公司仅仅是"过桥"，各债务银行的债务豁免仍然是针对A上市公司的。因此，A公司可以将债务豁免金额56 670.55万元确认为债务重组收益。

但是，在实务中需要关注的内容是：是否有证据表明B公司能以高于其代偿金额68 136.52万元将债权出售给其他无关联的第三方，如果有，说明A上市公司以68 136.52万元原价回购交易，存在B公司向A公司进行利益输送的行为，

A 上市公司应当将高于 68 136.52 万元的差额按权益性交易处理。

要求（3）： A 上市公司确认相关债务重组收益的时点是什么时候？

解析： A 上市公司应当在各债权银行解除其全部负债义务，且已与 B 公司就回购交易已经实际执行时，确认债务重组收益的实现。

【案例 2-15】 乙市国资委下属的投资公司控制一家 A 上市公司，A 上市公司正在进行破产重整。为了扶持上市公司的经营，由市国资委出资成立了另外一家 B 公司，承接 A 公司的债务。根据 A 公司的破产重整计划，破产重整中的债务 1 000 万元约定由 B 公司偿还，清偿按照债务重整中确定的清偿比例 10% 执行。破产重整协议约定，在 B 公司不能偿还相关债务的情况下，债权人也不能向 A 上市公司追偿。截至资产负债表日，B 公司尚未履行相关偿债义务。

除约定由 B 公司偿还的债务 1 000 万元外，A 公司其他债务已经偿还完毕。截至资产负债表日，法院判决债务清偿已执行完毕。

要求（1）： A 上市公司与 B 公司是否构成关联方关系？

解析： 构成关联方。因为 A 上市公司与 B 公司形式上同受市国资委控制，实质上 B 公司为扶持 A 上市公司经营而设立，A 公司与 B 公司之间的债务转移正是基于双方具有共同经济利益的特殊关系。这个关系与同受国家控制不同。

要求（2）： 由于 B 公司尚未完成支付义务，A 公司是否终止确认相关负债 1 000 万元？

解析： 终止确认。因为 A 上市公司、B 公司和相关债权人签订债务转让协议，约定相关债务由 B 公司偿还，而且明确约定在 B 公司不能偿还相关债务的情况下，债权人也不能向 A 上市公司追偿，因此 A 上市公司有关该项负债的义务已经全部解除，应当终止确认相关负债。

要求（3）： A 上市公司是否可以确认债务重组收益？编制相关的会计分录。

解析： 可以。其中，按照法院裁定的债权人豁免的 900 万元可以计入当期损益，剩余的 100 万元是 B 公司代 A 公司偿付的，这是基于 A 公司与 B 公司的关联方关系，且A公司明显、单方面从中获益，因此，这100万元应作为权益性交易处理。

借：应付账款　　10 000 000
　　贷：其他收益　　9 000 000
　　　　资本公积　　1 000 000

要求（4）：如果债权人是以A公司支付债权的10%（即100万元），作为同意A公司将剩余900万元债权转移到B公司的条件。A上市公司是否可以确认债务重组收益？编制相关的会计分录。

解析：不可以。A公司只有先偿还债权人100万元，然后才能将900万元转移给关联方B公司，再由关联方豁免债务，因此，900万元应当按权益性交易确认为资本公积，然后，A公司才能终止确认全部债务。

借：应付账款　　1 000 000
　　贷：银行存款　　1 000 000
借：应付账款　　9 000 000
　　贷：资本公积　　9 000 000

【案例2-16】根据下列资料，分别回答问题。

要求（1）：根据如下资料，判断学天海公司的会计处理是否正确并说明理由。

学天海公司持有子公司B公司50.396%的股权，B公司2×15年前三季度亏损33.45亿元，截至2×15年9月30日账面净资产-1.97亿元，评估值-6.41亿元，学天海公司持有的B公司50.396%股权的评估值为-3.23亿元。学天海公司将上述50.396%的股权出售给控股股东C集团，交易价格1元。此次交易完成后，学天海公司合并报表层面扣除已确认的B公司累计经营亏损，形成处置收益9 900万元。

解析：不正确。因为学天海公司将持有的评估值为-3.23亿元的子公司B的股权转让给控股股东C集团，交易作价为1元，不满足商业合理性要求，交易对价也不公允，因此属于权益性交易，学天海公司应将形成的利得计入所有者权益。

要求（2）：根据如下资料，判断学天海公司的会计处理是否正确并说明理由。

截至2×14年12月13日，学天海公司应付债权人B公司3 309万元。同日，双方签订债务重组协议，B公司同意学天海公司在足额偿还1 500万元欠款的前提下，豁免其剩余债务1 809万元。B公司对学天海公司的债权，是B公司2×11年年末通过债权转让受让的学天海公司原债权人某资产管理公司对学天海公司的债权。

2×14年12月29日，学天海公司按债务重组协议，向B公司偿还债务1 500万元，资金来源于学天海公司向其控股股东C公司的新增借款，偿还后，B公司解除了学天海公司的全部还款义务。学天海公司将该债务豁免利得确认为当期损益。

B公司在2×11年年末作为主债权人免除了学天海公司作为担保人为D公司412万元借款所负的连带保证义务，C公司和B公司办公地址为同一栋办公楼，历史上B公司与C公司存在资金往来。

解析：不正确。学天海公司向控股股东C公司借款与向B公司还款是两项交易。C公司为学天海公司提供借款以偿还对B公司的债务，不影响学天海公司与B公司交易的经济实质。

但是，学天海公司控股股东C公司和B公司办公地址为同一栋办公楼，B公司历史上免除过学天海公司的担保义务，C公司与B公司之间存在资金往来，均属于学天海公司与B公司或C公司与B公司之间存在关联关系的迹象。如果C公司与B公司资金往来不是基于正常的经济业务而发生，历史资金往来说明B公司与C公司之间存在实质上的控制关系，或被同一方共同控制等，或者C公司作为学天海公司的控股股东，为B公司的债务豁免提供了各种具有实际经济利益的补偿，说明B公司对学天海公司的债务豁免交易实质是控股股东的权益性投入，应按权益性交易处理。

要求（3）：根据如下资料，判断学天海公司的会计处理是否正确并说明理由。

学天海公司与乙信托公司签订有关合同约定，该信托将根据学天海公司发出的“信托指令函”对具体投资项目进行投资，约定当信托计划运营过程中出现风险，不能实现预期目标时，该投资风险由学天海公司自行承担。

学天海公司控股股东B集团的全资子公司C公司与乙信托签订贷款合同，合同约定，该贷款金额以乙信托为了向C公司发放贷款而发行的信托计划的信托资本本金金额为准，B集团向乙信托出具承诺函，以其拥有的更新改造项目权益对5亿元贷款进行担保。

2×14年12月26日，学天海公司认购乙信托发行的该信托计划全部份额5亿元。同日，乙信托向C公司发放贷款5亿元，约定年利率12.5%。该项信托产品终止日期为2×15年8月15日。2×15年，乙信托扣除0.5%的固定报酬后，支付上述贷款12%的收益共计4 283.33万元予以学天海公司，学天海公司确认为2×15年理财投资收益，计入当期损益。

解析：不正确。学天海公司与C公司存在关联关系，因此，该交易属于关联交易。尽管交易形式体现为学天海公司购买了乙信托公司的信托计划，但乙信托只是委托贷款的受托方，并未主导贷款行为，也不承担贷款产生的风险，因此，并不改变学天海公司将款项借贷给C公司的交易实质。会计处理的关键在于判断学天海公司取得资金借贷利息的公允性。

但是，企业会计准则并没有明确规定企业资金借贷的具体利率标准，因此需要选取可比交易或标的，考虑借款人的风险溢价水平，银行同期同类贷款利率水平等因素进行综合判断，评估C公司适用的增量借款利率作为公允利率。将年化收益12%超过公允利率的部分作为权益性交易，计入资本公积，未超过公允利率的部分可以计入损益。

要求（4）：根据如下资料，判断学天海公司的会计处理是否正确并说明理由。

2×14年6月，学天海公司与少数股东甲公司的子公司乙公司签订了承包经营协议，由乙公司对学天海公司的子公司B公司进行承包经营，并约定B公司2×15年度的净利润考核指标，如果实际经营利润低于考核利润的，其差额部分的70%由乙公司补足。2×15年度B公司业务出现亏损，根据上述协议，乙公司向学天海公司补足差额部分的70%，学天海公司据此确认了对甲公司的债权，并将该补偿计入了损益。

解析：由于学天海公司与少数股东甲公司及其子公司乙公司构成关联方关系，因此，需要判断关联交易是否具有商业实质（或是否具有合理商业目的）、交易价格是否公允等情况。

如果学天海公司将B公司委托经营是基于合理的商业目的，学天海公司为了突出经营主业，将不属于经营主业的B公司委托经营并计划在未来合理期间处置。或者B公司是学天海公司新收购的子公司，学天海公司对其经营管理方面缺乏经验，委托对此更有经营管理经验的乙公司进行管理。再或者学天海公司由于组织、人员架构调整导致暂时缺乏运营B公司的相关人员，将其暂时委托经营等，则可以进一步考虑交易价格的公允性。

对于承包经营交易价格的公允性应当考虑多方面因素，如B公司所在行业目前状况及对其未来的估计，包括B公司经营计划、尚未执行完毕合同情况、在谈项目情况、计划投资状况等；B公司过往及目前的经营状况，包括现有业务情况、客户与供应商、人员状况、在建投资状况等；在此基础上，确定净利润考核指标的合理性；双方约定的补足差额的比例是否合理等。

如果该关联交易具有商业实质且委托经营的价格公允，则补偿可以确认为损益，否则应作为权益性交易，补偿利得计入所有者权益（资本公积）。

第三章
收　　入

所有企业都要核算收入，“收入”这个项目作为利润表的第一行，对企业具有重大的意义。尤其在市场经济条件下，收入的变化可以提供企业成长的信息，由此推测出企业的发展潜力，收入作为影响利润指标的重要因素，也是评价企业核心业务盈利能力的主要指标，对评价企业的财务业绩非常重要。但是，不同行业的销售业务千差万别，新兴业态的出现使得销售模式不断变化，导致了收入的确认十分复杂。

收入的确认有两种理念，一种是收益费用观，另一种是资产负债观。

在收益费用观的理念下，关注收入与费用何时在利润表中确认，将收入与费用配比后的余值确认为资产或负债，从而导致某些项目并不符合资产和负债的概念。对销售商品、建造服务、让渡资产使用权等不同的销售交易采用不同的收入确认方法，降低了会计信息的可比性。在这种理念下采用风险报酬转移模型，站在销售方的视角，关注风险和报酬何时转移出去，有时会产生资产销售方与购买方对风险报酬是否转移的判断不一致的情况。例如，销售方判断风险和报酬没有转移，在报表中继续确认该资产，而购买方判断风险和报酬已经转移了，也在报表中确认该资产，从而导致同一项资产在不同主体的报表中重复确认，未能反映实际发生的交易状况。

资产负债观的理念是，关注企业与客户之间签订的合同产生的权利和承担的义务，将其在资产负债表中确认为资产和负债，当企业履行了合同中的义务导致资产增加或者负债减少，才能确认收入。利润的本质是净资产的增加或减少。在这种理念下采用控制权转移模型，站在购买方的视角，关注购买方何时取得对商品的控制权对所有的销售交易采用一致的五步法模型确认收入，提高了会计信息的可比性。

《CAS14——收入》（以下简称“CAS14”）规范了收入的确认、计量和相关信息的披露，取代了 2006 版的 CAS14 和《CAS15——建造合同》。

2017 版 CAS14 与 2006 版 CAS14 和 CAS15 相比，变化如表 3－1 所示。

表 3－1　2017 版 CAS14 与 2006 版 CAS14 和 CAS15 的变化

变化项目	2006 版 CAS14 和 CAS15	2017 版 CAS14
理论基础	收益费用观	资产负债观
收入确认的方法	分四类：销售商品、提供劳务、让渡资产使用权、建造合同	统一的五步法模型
收入确认的基础	商品所有权有关的风险和报酬转移，劳务的发生或完成	履行合同中的履约义务，客户取得控制权
收入计量标准	根据四类不同的收入规定了不同的计量标准	统一的交易价格分摊法，考虑可变对价、重大融资成分、非现金对价、应付客户对价等情形
收入确认时点的判断标准	风险报酬转移时点	商品控制权转移时点
合同界限	销售合同与金融工具合同、租赁合同等之间的界限交叉	明确了不同类型合同的界限，只有销售合同适用 CAS14，其他合同适用其他准则
合同中包含多重交易安排的复杂的销售业务	没有规范，以合同为核算单元	识别多项履约义务，以履约义务为核算单元
特殊交易的收入确认	没有规范	专门规范
列报与披露	相对简单	比较详细，反映了企业履约与客户付款之间的对应关系

收入准则为什么要推倒重来？因为一个事情如果存在太多的问题，往往修修补补是解决不了的，而且修补一个旧问题可能产生一个新问题，而换个角度重新分析，可能找到解决问题的正确方案。无论国际会计准则还是我国会计准则中，旧的收入准则问题太多，已经不适应现在复杂的经济业务的需要。换个角度，从客户合同的角度分析经济业务的实质，寻找收入确认和计量的解决方案，最终确定了建立在资产负债观基础上的五步法模型。

合同相关准则的逻辑如图 3－1 所示。

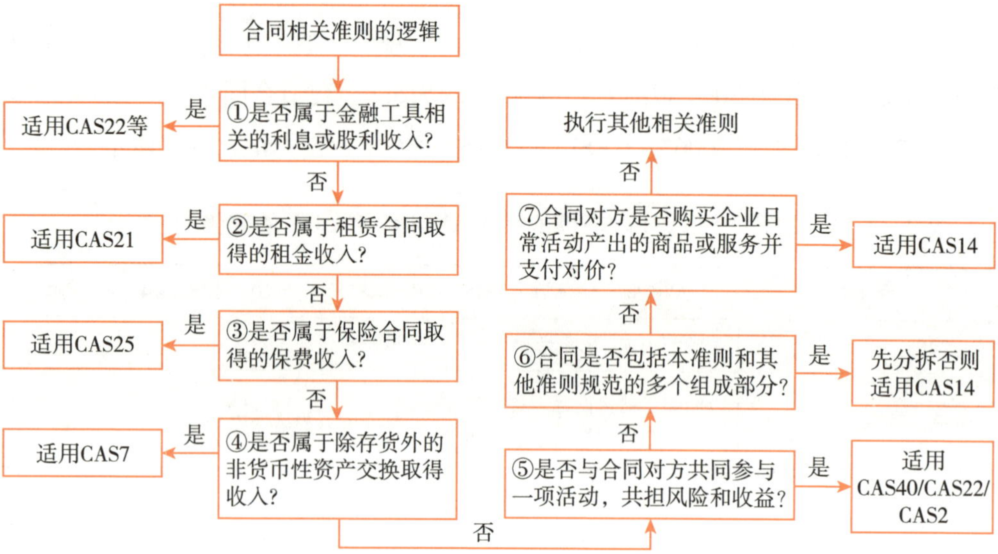

图 3－1　合同相关准则的逻辑

【释①】在现行准则下，转让资金的使用权适用金融工具准则，转让固定资产等有形资产的使用权适用租赁准则，转让无形资产的使用权适用收入准则。

【释④】企业以存货换取客户的非货币性资产，相当于销售存货并取得非现金对价，属于日常活动，应当执行 CAS14；如果以存货之外的非货币性资产与对方的非货币性资产进行交换，不属于日常活动，按照《CAS7——非货币性资产交换》的规定进行处理。

但是，如果以存货去抵债，由于债务重组不属于日常活动，因此执行《CAS12——债务重组》，而不执行《CAS14——收入》。

【释⑤】如果合同对方与企业订立合同的目的是共同参与一项活动（如合作开发一项资产），一起分担该活动产生的风险和收益，而不是获取企业日常活动产出的商品，则该合同对方不是企业的客户，该合同也不属于 CAS14 规范的范围。

共担风险和收益的交易，可能适用合营安排、金融工具、长期股权投资等准则。例如，甲影视公司与爱奇艺网络平台合作拍摄网络影视产品，共担风险和收益，应当执行《CAS40——合营安排》等相关准则的规定。

【释⑥】当企业与客户之间的合同，一部分属于 CAS14 规范的范围，而其他部分属于其他企业会计准则规范的范围时，按照某一项准则对整个合同进行会计处理是不恰当的，因为这可能导致会计结果因商品或服务是单独出售还是与其他商品或服务一同出售而不同。因此，如果其他准则明确规定了如何对合同中的一个或多个组成部分进行区分或初始计量，企业应当首先按照这些规定进行处理，并将初始计量的合同组成部分的金额排除在 CAS14 规定的交易价格之外；否则，按照 CAS14 的规定处理。例如，有的合同中既包括销售又包括租赁，应当分别按照 CAS14 和 CAS21 租赁来处理。

例如，甲公司为石油生产商，销售 1 200 桶原油给乙公司，合同的交易价格为 500 万元，同时甲公司向乙公司签出一份期权，6 个月后从乙公司购买 1 000 桶原油。原油的单独售价为 480 万元，期权的公允价值为 70 万元。因此，首先根据 CAS22 的规定，期权衍生工具按照公允价值 70 万元计量，其次，销售原油合同的交易价格为 500 − 70 = 430 万元。

为什么以合同为基础确认收入？因为企业向客户提供商品或服务的合同是重要的经济现象并且对大多数主体而言均是至关重要的，与按照原 2006 版收入准则确认要求相比，各主体确认收入的方式会更趋于一致。

收入确认的基础是合同模型，即以合同产生的权利和义务导致企业资产的增加或负债的减少为基础来确认收入，主体在与客户订立合同后，将获得向客户收取对价的权利并承担向客户转让商品或服务的义务（履约义务）。该权利和义务的结合形成一项净资产或净负债（取决于剩余权利和履约义务之间的关系）。如果剩余权利的计量值超过剩余履约义务的计量值，则形成合同资产，如果剩余履约义务的计量值超过剩余权利的计量值，则形成合同负债。因此，合同资产增加或合同负债减少将导致收入的确认。

收入确认的基础不是活动模型，即企业为了合同实施了哪些活动为基础来确认收入。活动模型的缺陷：第一，收入源自主体资产（如存货或在产品）的增加而非仅源自合同的权利，在概念上活动模型并不要求与客户订立合同才能进行收入确认，这可能会导致潜在的滥用。主体可能会通过在报告期末增加其活动（如生产存货）加速确认收入。第二，这将与财务报表使用者的直觉相悖。主体会在客户尚未取得所提供的任何已承诺商品或服务的情况下将对价确认为收入。

收入确认的原则如3－2所示。

表3－2　　　　收入确认的原则

1. 确认原则	企业确认收入的方式应当反映向客户转让商品或服务的模式，即企业在完成履约义务时才能确认收入；而确认的金额应反映主体预计因交付这些商品或服务而有权获得的对价，即根据分摊到每项履约义务的交易价格计量收入。该核心原则通过运用五步法模型确认收入
2. 可比性	企业应当对相似情形下具有类似特征的合同一致地应用本准则
3. 五步法模型的运用	在单个合同层面运用五步法模型
	在合同组合层面运用五步法模型

CAS14规范了与客户之间的单个合同的会计处理，作为便于实务操作的方法，五步法模型也可以应用于具有类似特征的合同组合，前提是主体能合理预计将本准则应用于该组合对财务报表的影响不会显著不同于将本准则应用于该组合中的单个合同（或履约义务）的影响。

对于具有类似特征的合同组合，企业也可以在确定退货率、坏账率、合同存续期间、分摊交易价格等方面运用组合法。收入确认的目标之一就是，对合同的会计处理应当取决于主体的现时权利和义务，而非主体设计合同结构的方式。例如，合同各方可能出于某种法律或商业理由而使用多个合同来记录相关商品或服务的销售，或使用单个合同来记录不相关的多个商品或服务的销售。例如，电信行业的套餐，每个客户都有通话费、流量费、短信费等。如果企业需要分别确定每项合同承诺的商品或服务的单独销售价格，再将交易价格分摊给每项识别的履约义务，可能复杂而且耗费成本，不符合成本效益原则，因此以每项合同为基础应用收入确认模型很难实现，所以允许采用组合法运用五步法模型。在对组合进行会计处理时，主体应运用能够反映组合规模和构成的估计和假设。

CAS14的逻辑如图3－2所示。

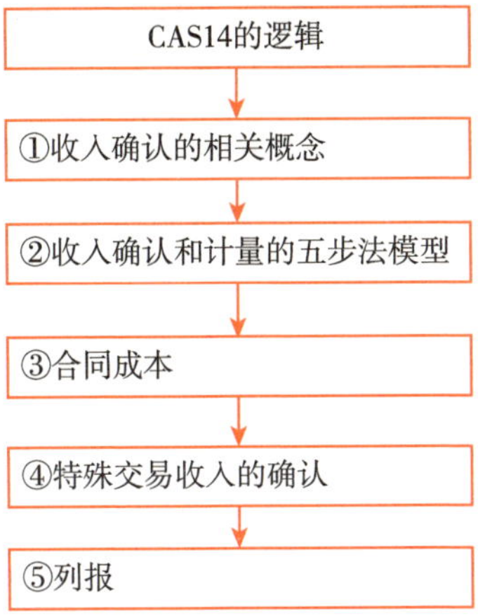

图 3－2　CAS14 的逻辑

第一节　收入的相关概念

一、收入相关的概念

（一）CAS14 规范的收入的判断（见图 3－3）

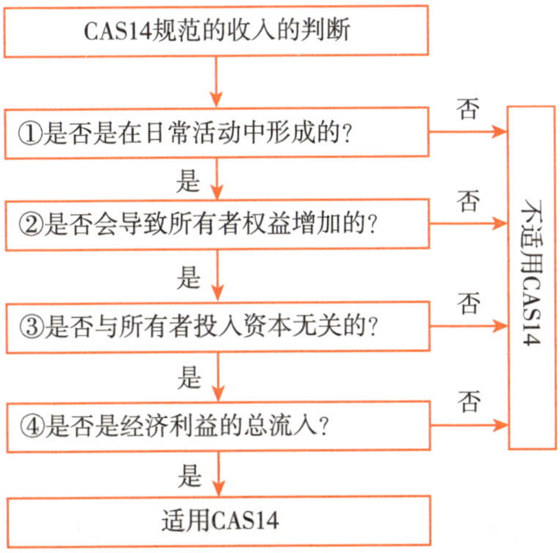

图 3－3　CAS14 规范的收入的判断

【释①】日常活动，是指企业为完成其经营目标所从事的经常性活动以及与之相关的活动。日常活动需要结合企业的业务模式进行判断。

例如，通常来说，工业企业制造并销售产品、商品流通企业销售商品、咨询公司提供咨询服务、软件公司为客户开发软件、安装公司提供安装服务、建筑企业提供建造服务等，均属于企业的日常活动。

有时，一个企业的日常活动可能是另一个企业的非日常活动，一个企业的非日常活动可能是另一个企业的日常活动。例如，汽车生产企业卖汽车，属于卖存货，属于日常活动，而其他企业卖汽车，属于处置固定资产，属于非日常活动。

有些特殊的销售模式也适用收入准则，例如，房地产企业通过转让项目公司股权的形式转让房地产，发电企业通过转让发电站股权的形式转让发电站，如果该转让方式属于企业的业务模式，那么属于日常活动，应当适用收入准则而不是长期股权投资准则。

非日常活动产生的经济利益流入不属于 CAS14 规范的收入，例如，企业处置固定资产的收入应当确认资产处置损益，企业接受捐赠取得的收入应当确认营业外收入等。

【释④】《国际会计准则》中已经将收入的定义改为：收入是指引起权益增加的资产增加或负债减少，但不包括权益持有者的投入。《国际会计准则》不再强调经济利益总流入，因为会导致企业误将预收款项确认为收入。

（二） CAS14 规范的客户的判断 （见图 3－4）

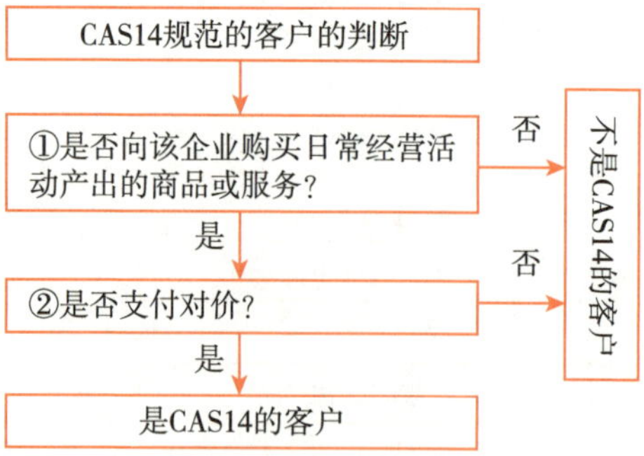

图 3－4　CAS14 规范的客户的判断

【释①】商品或服务，本准则以下统一简称商品。

【释②】为什么规定支付对价？因为收入准则规范的是等价交换的商业交易，与无须支付对价的捐赠等交易区分开来。

客户的概念对于判断是否适用 CAS14 非常重要，IFRS15 的全称为《国际财务报告准则第 15 号——与客户之间的合同产生的收入》，表达得非常准确。

二、收入确认和计量的方法

收入的确认和计量的条件如 3－5 所示。

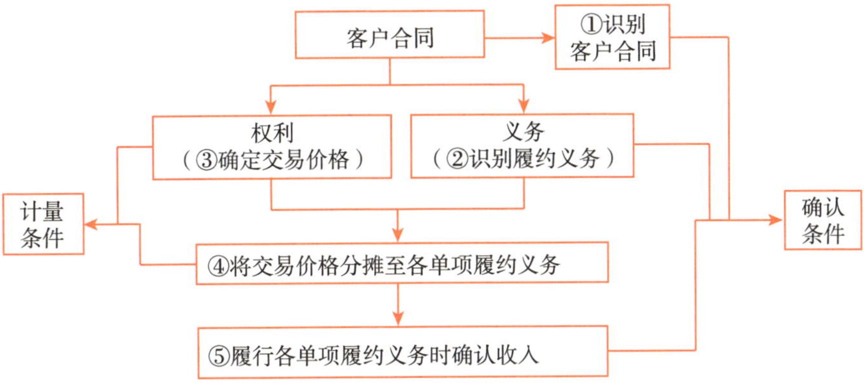

图 3－5　收入的确认和计量的条件

【释①】为什么要识别合同？因为需要判断合同是否属于企业与客户签订的合同，是否属于 CAS14 规范的合同范围，如果不是，适用其他准则；如果是，再判断合同是否符合成立的条件，是否需要合并，是否发生合同变更。

【释②】为什么要识别履约义务？因为合同中可能包括多项履约义务，因此需要判断合同中包含了几项履约义务。收入确认的计量单元（即核算单元）是履约义务，而不是整个合同。履约义务识别清楚了，才能将交易价格分摊到每项履约义务，才能在完成履约义务时确认收入。

【释③】为什么要确定交易价格？这是判断合同总的对价。企业在合同中享有的最重要的权利就是收款的权利，那么，企业有权收多少钱就要看合同的交易价格，因为合同报价或合同标价中可能包含不属于交易价格的金额，例如，代收款项，还可能包含可变对价、非现金对价、重大融资成分、应付客户的对价，这些都需要对交易价格作出调整。确定了交易价格，才能对交易价格进行分摊。

【释④】为什么要分摊交易价格？因为收入确认采用的是分摊交易价格模型，采用交易价格分摊法，企业每完成一项履约义务时根据分摊至该履约义务的交易价格确认其对应的收入。理论上，收入的计量基础还有一种方法，叫“脱手价格分摊法”，这种方法需要评估每项履约义务转让给客户时的公允价值，比较复杂，成本较高，而且评估出来的价格与交易价格的相关性较低。

【释⑤】为什么要履行履约义务时确认收入？因为企业履行了履约义务，才能获得收取对价的权利，才能增加资产或减少负债，从而产生收入。这是资产负债观的体现。

五步法模型消除了原2006版CAS14中对不同类型的销售交易收入确认方法的不一致及不足之处，为收入确认问题提供一个更健全的框架，提高了不同主体、行业、司法管辖区及资本市场之间收入确认信息的可比性。

第二节　识别客户合同

一、CAS14规范的合同

CAS14规范的合同如表3－3所示。

表3－3　　CAS14规范的合同

1. 合同	是指双方或多方之间订立有法律约束力的权利义务的协议，即，合同条款应当具有法律可执行性【1】
2. 合同的形式	包括书面形式、口头形式以及其他形式，例如，隐含于商业惯例或企业以往的习惯做法中等【2】
3. 完全未执行合同	如果合同各方具有单方面终止完全未执行的合同而无须作出补偿的可执行权利，则不适用CAS14。直至任一方履约之前，此类合同不会影响主体的财务状况或财务业绩
	如果只有一方可以终止完全未执行的合同而无须作出补偿，则可能会对主体的财务状况和业绩构成影响【3】
	主体在完全未执行的不可撤销合同中的权利和义务应当按相同的金额计量，因此，在合同开始时会相互抵销，执行CAS14【4】

续表

4. 合同存续期间	主体应当在合同的存续期间内对合同进行会计处理，即，收入应当确认在合同的存续期间【5】
5. 合同成立的条件	当企业与客户之间的合同同时满足下列条件时，企业应当在客户取得相关商品控制权时确认收入： （1）合同各方已批准该合同并承诺将履行各自义务【6】 （2）该合同明确了合同各方与所转让商品相关的权利和义务【7】 （3）该合同有明确的与所转让商品相关的支付条款【8】 （4）该合同具有商业实质【9】 （5）企业因向客户转让商品而有权取得的对价很可能收回【10】

【释1】不同的司法管辖区、行业和主体可能采取不同的实务与流程来确立与客户之间的合同。

法律可执行性，需要结合业务所在国家或地区的法律法规来判断，如果合同条款没有法律可执行性，相当于合同并不存在，因为不能给主体带来权利和义务，从而无须进行会计处理。这个条件不仅在合同开始日要评估，在合并变更时也需要评估。

【释2】生活中口头合同无处不在。例如，张三和老婆在逛街时遇到李四，李四问："最近过的怎么样？"张三说："最近比较忙，刚才和中国移动签了个协议，一会要和中石化签个单，还有一个体育项目要签约。"李四羡慕地说："你现在真厉害。"李四走后，张三的老婆说："你不就是换了张手机卡、给摩托车加点油、买张体育彩票吗？"

【释3】例如，如果只有客户才可以终止完全未执行的合同而无须作出补偿，则主体有义务准备应客户的要求履约。类似地，如果只有主体才可以终止完全未执行的合同而无须作出补偿，若主体选择履约，则具有要求客户付款的可执行权利。

【释4】通过将此类合同纳入 CAS14 的范围，主体会提供有关因订立此类合同而导致的财务状况变动的额外信息，即披露分摊至完全未执行合同的剩余履约义务的交易价格金额。

【释5】合同存续期间的判断（见表 3－4）

表 3－4　合同存续期间的判断

合同类型	业　务	存续期间
单方可以随着终止的合同	公司与客户签订一项服务合同，在合同终止前持续向客户提供服务，合同各方均可以终止合同，而且不需要向合同对方赔偿	转让商品或服务所涵盖的期间
指定终止的合同	公司与客户签订一项服务合同，在两年内向客户提供服务。在合同开始日 15 个月之后的任意时点，合同各方均可以终止合同，而且不需要补偿合同对方	15 个月
存在终止惩罚的合同	公司与客户签订一项服务合同，在 2 年内向客户提供服务。在合同开始日 15 个月之后的任意时点，合同各方均可以终止合同，但需要补偿合同对方，该补偿金额重大	2 年，因为补偿的实质使得合同双方在合同约定的整个期间内，均具有可执行的权利和义务
存在一定服务期限的合同	公司与客户签订一项服务合同，在 5 年内向客户提供服务，合同对价为按季度收取固定费用的固定对价，和 5 年期满后满足约定条件收取服务费用的可变对价。合同各方均有权在 2 年后的任何时点终止合同。如果终止合同，则客户需要立即支付已提供服务的相关费用，该费用原本需要到 5 年期满后才需要支付	2 年，因为在合同开始时，可执行权利和义务只存在于前 2 年
商业惯例期限的合同	公司与客户签订一项服务合同，在 24 个月内向客户提供服务。合同各方均可以终止合同，但需要补偿合同对方。根据公司过去的商业惯例，允许客户在 12 个月之后终止合同，而且不向客户强制收取应收的终止罚金	取决于相关法律对过去商业惯例的认定，如果过去的商业惯例改变了合同各方的法律可执行权利和义务，那么存续期为 12 个月，否则为 24 个月

【释 6】未经过批准的合同不符合法律可执行性的条件，对企业的权利和义务不产生影响，不需要会计处理。承诺履行，包括口头承诺履行和按照惯例会履行。

【释 7】如果合同未明确权利和义务，将无法评估企业是否履行了履约义务，从而无法评估商品的控制权是否转移。

【释 8】如何合同未明确支付条款，将导致无法确定交易价格，也就无法分摊交易价格。由于很多合同的金额不是固定的，所以不再要求可靠计量了。

【释 9】商业实质，是指履行该合同将改变企业未来现金流量的风险、时间分布或金额，见 CAS7。没有商业实质的交易不应当确认收入，防止企业与对方通过反复交易虚增收入。

【释 10】如果对价不是很可能收回，那么将不符合经济利益很可能流入企业的条件，就不应当确认收入。如何合同对价是可变的，只要符合可变对价的相关规定，一般也符合可收回性的条件。与 2006 版收入准则相比，可变对价的规定扩大了“很可能收回”的范围。

在评估对价是否很可能收回时，只需要评估因向客户转让商品或服务而有权获得的对价，不需要考虑如果客户违约可能产生的违约金之类的付款的可能性，因为这部分付款不是直接产生于主体向客户转让商品或服务而有权收取的对价。

客户的信用风险不影响可收回性的判断。在大多数交易中，主体不会与存在重大信用风险的客户订立合同，除非有相关的担保以确保主体能够取得对价。合同成立后，如果客户的信用风险比较大，应当根据 CAS22 的规定评估客户的信用风险以计提坏账准备。

二、合同的初始评估

合同的初始评估如图 3－6 所示。

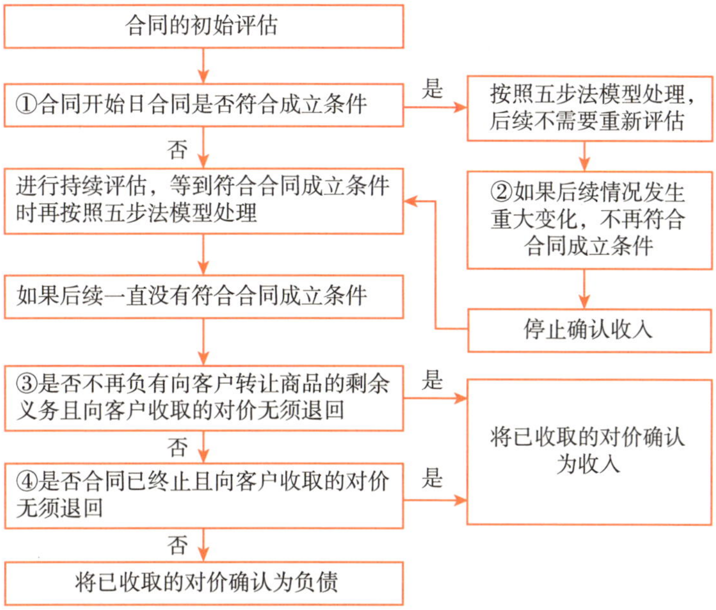

图 3－6　合同的初始评估

【释①】合同开始日，是指合同开始赋予合同各方具有法律约束力的权利和义务的日期，通常是指合同生效日。

【释②】重大变化，例如，如果客户支付对价的能力显著恶化，企业应当重新评估是否很可能取得因向客户转让剩余商品或服务而有权获得的对价。因为这些变化可能表明，剩余的合同权利和义务不再是可执行的。如果重新评估，主体不应在重新评估中包括任何已确认的应收款、收入或合同资产，因为这些已确认的收入不应当转回。

【释④】与客户合同相关的订金或预收款等对价，如果客户放弃履行合同，也放弃该对价，应当确认营业收入。而按照2006版收入准则规定是确认营业外收入。

如果合同未成立，则企业未向客户转让的商品应当按照存货等资产类准则的规定进行会计处理。

【案例3-1】合同对价的可收回性与价格折让。

A公司向国外B公司销售一批商品，合同标价为100万元。在此之前，A公司从未向B公司所在国家的其他客户进行过销售，B公司所在国家正在经历严重的经济困难。根据B公司所在国家的经济情况以及A公司的销售战略，A公司认为其将向B公司提供价格折让，A公司能够接受B公司支付低于合同对价的金额，即60万元，且估计很可能收回该对价。尽管如此，A公司预计B公司所在国家的经济情况将在未来2—3年内好转，且A公司与B公司之间建立的良好关系将有助于其在该国家拓展其他潜在客户。不考虑其他因素。

要求：上述合同是否满足“有权取得的对价很可能收回”的条件？

解析：60万元满足“有权取得的对价很可能收回”的条件，40万元相当于价格折让，价格折让属于可变对价，价格折让不影响可收回性的判断。因此A公司应当确定交易价格60万元。

【案例3-2】合同对价的可收回性与价格折让。

甲医院在急诊室向一名未投保病人提供医疗服务。该医院以往未曾向该病人提供医疗服务，但当地法律要求其向所有急诊室病人提供医疗服务。鉴于病人到达医院时的状况，医院在尚未能够确定该病人的详细信息时，按合同就医院所提供的医疗服务履行其义务（即支付合同对价医疗费）之前便立即提供了服务。因此该合同不满足合同存在条件。

在提供服务后，医院取得了关于该病人的额外信息，包括对所提供的服务的标准费率为1万元，以及病人就所提供的服务向医院支付的能力和意图进行复核，并基于对病人的支付能力和意图的评估，将该病人归为某个客户类别，以与其政策保持一致。医院复核了以往该类别客户收回现金的情况，以及关于该病人的其他相关信息，确定很可能收回的金额为1 000元。

要求：甲医院应当在何时确认多少交易价格？

解析：甲医院本合同在提供医疗服务时，不符合合同成立的条件，不确认交易价格。

在提供服务后，只有1 000元满足“有权取得的对价很可能收回”的条件，此时合同符合成立的条件，9 000元相当于价格折让，价格折让属于可变对价，价格折让不影响可收回性的判断。因此确定的交易价格是1 000元。

【案例3－3】合同后续不符合成立条件的处理。

甲供电公司自2×18年1月1日起每月向乙客户供电，并在月末收取电费。在签订合同时，供电公司向客户收取了一次入网费1 000元，并预期能够取得2年的全部电费收入，合同期限为2年。

客户从第7个月起未支付电费。根据当地相关法律规定，供电公司不能立即停止供电，需要先履行催交程序。客户经催告后，仍不缴费，则供电公司可自首次欠费后的第5个月（该年12月）起停止供电。

要求：甲供电公司7月、9月、12月应当如何确认收入？

解析：甲供电公司的会计处理如表3－5所示。

表3－5　　甲供电公司的会计处理

每月供电收入	7月	客户停止缴费，但是企业经过评估认为仍很有可能取得对价，所以此时仍满足合同成立的条件，仍应继续确认供电收入，但同时需要考虑应收账款的减值
	9月	客户已持续2个月未缴费，企业经评估认为不再符合合同对价很可能收回的条件，不再满足合同成立的条件，从9月开始不再确认供电收入

续表

一次性入网费收入	7月	应当在合同期内（即24个月内）每月摊销确认收入
	9月	合同已经不再满足成立的条件，但是企业仍负有向客户转让商品（或提供服务）的剩余履约义务（需要持续供电到12月），所以此时不应将尚未摊销完的入网费确认为收入，而应作为负债
	12月	此时企业收取的入网费无须退还，并且企业不再负有向客户转让商品（或提供服务）的剩余履约义务（已经持续供电到12月），应将尚未摊销完的入网费余额一次性确认为收入

【案例3－4】合同未成立的处理。

学天海房地产公司与客户签订一项合同，以100万元销售一栋建筑物。客户计划在该建筑物内开设一家餐厅，当地新餐厅竞争激烈，且该客户缺乏餐饮行业的经营经验。客户在合同开始时支付了不可返还的5万元，并对剩余的95%已承诺对价与学天海公司签订了长期融资协议，还款期限为10年，如果客户不能偿还剩余款项，则学天海公司可以重新拥有该建筑物，但不能进一步向客户追偿。该建筑物的成本为60万元，客户在合同开始时获得对建筑物的控制权。

要求：学天海公司对销售建筑物的合同应当如何处理。

解析：由于餐饮行业竞争激烈且客户缺乏经验，说明客户很难以餐厅的收益来偿还贷款，而且贷款余额重大，贷款没有追索权，说明客户因销售建筑物有权收取的对价不符合很可能收回的条件，合同未成立，不应当确认交易价格。学天海公司应当将收取的5万元确认为负债（即保证金负债）。后续对该合同应当持续评估。

【案例3－5】重新评估合同。

学天海公司与乙公司签订合同，将一项专利技术授权给乙公司使用，并按其使用情况收取特许权使用费。学天海公司评估认为，该合同在合同开始日满足合同成立的五个条件。该专利技术在合同开始日即授权给乙公司使用。

在合同开始日后的第一年内，乙公司每季度向学天海公司提供该专利技术的使用情况报告，并在约定的期间内支付特许权使用费。

在合同开始日后的第二年内，乙公司继续使用该专利技术，但是乙公司的财务状况下滑，融资能力下降，可用现金不足。因此，乙公司仅按合同支付了当年第一季度的特许权使用费，而后三个季度仅按名义金额付款。

在合同开始日后的第三年内，乙公司继续使用该专利技术，但是，学天海公司得知，乙公司已经完全丧失了融资能力，且流失了大部分客户。因此，乙公司的付款能力进一步恶化，信用风险显著升高。

要求：学天海公司第一年、第二年、第三年应当如何确认收入？

解析：对合同的评估要贯穿收入确认的全过程。

第一年，该合同在合同开始日满足成立的条件，因此，学天海公司在乙公司使用该专利技术的行为实际发生时，按照约定的特许权使用费确认收入。

第二年，虽然乙公司的信用风险升高，但是尚未达到重大变化的情形，依然符合合同成立的条件，学天海公司在确认收入的同时，按照金融工具减值的要求对应收款项进行减值测试。

第三年，由于乙公司的财务状况恶化，信用风险显著升高，后续情况发生了重大变化，学天海公司对该合同进行了重新评估，认为“企业因向客户转让商品而有权取得的对价很可能收回”这一条件不再满足，不再符合合同成立的条件了。因此，学天海公司不应当再确认特许权使用费收入，同时对现有应收款项是否发生减值继续进行评估。

三、合同合并的评估

当企业与同一客户（或该客户的关联方）同时订立或在相近时间内先后订立的两份或多份合同时，应当判断该多份合同是否构成“一揽子交易”，需要进行合同合并的评估。

合同合并的评估如图3－7所示。

为什么要对合同合并进行评估？在①和②中，多份合同的对价互为前提，构成一揽子交易，应当合并起来作为一项交易确认收入才能反映交易的经济实质，如果该合并的合同未合并，则可能导致分摊至单项履约义务的对价金额无法如实地反映向客户转让商品或服务的价值。③是防止企业通过设计合同结构来规避识别履约义务要求，从而导致单个合同的对价无法反映企业向客户转让的商品或服务的价值。

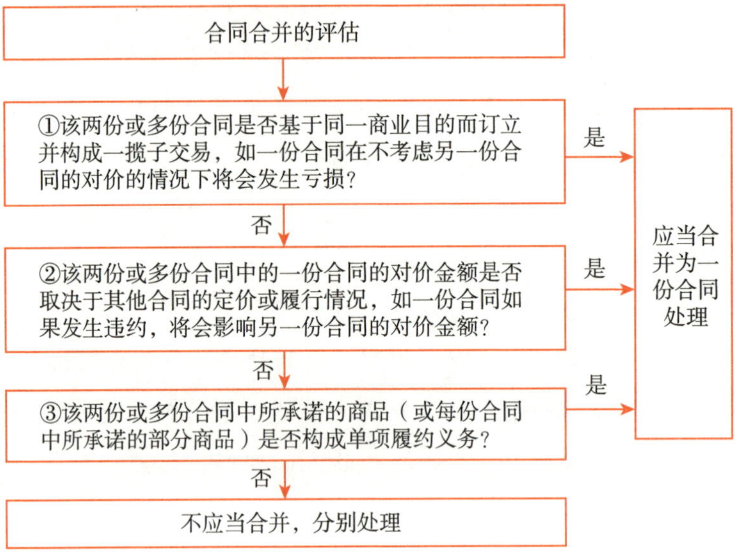

图 3－7　合同合并的评估

【案例 3－6】合同合并的处理。

学天海公司是主要从事工业专用装备及大型特殊钢精锻件的研发、生产、销售和服务的大型锻件生产企业。最近两年，学天海公司与无关联第三方公司（加工方）通过签订销售合同的形式将材料“销售”给加工方并委托加工方进行加工，同时，与加工方签订商品采购合同将加工后的商品购回。具体交易安排如下：

（1）学天海公司向加工方销售商品，签订销售合同日，双方也签订了采购合同。同日签订的销售合同内容和采购合同内容交易标的、数量是一样的，但交易价格略有差异，一般是采购价格大于销售价格。

（2）学天海公司与加工方签订的采购或销售合同的合同要素，类似于加工承揽合同。合同内容显示：委托方为学天海公司，受托方为加工方。质量技术标准为，按委托方图纸尺寸及技术要求加工，运输费无论是采购合同还是销售合同，一般由加工方承担。

（3）学天海公司与加工方同日签订的外协加工合同（分为采购合同和销售合同）在管理上可一一对应。如果销售合同编号为 XS－A－2012－12－2A（其中“XS”意为销售），对应的采购合同编号则为 CG－A－2012－12－2B（其中

"CG"意为采购)。

(4) 学天海公司销售凭证后面有提货单、销售通知单；采购合同后面附有采购入库单。

(5) 学天海公司对采购合同不具有撤销的权利。

(6) 加工方收到待加工的材料后，必须严格按照与学天海公司签订的销售(加工)合同要求加工后再销售给学天海公司，除此之外，加工方无权按照自身意愿使用或处置该等材料。

(7) 加工期间，加工方应妥善保管所加工材料。由于加工方保管不善致使学天海公司之供料毁损、灭失的，由加工方承担责任，但非加工方保管不善导致的学天海公司之供料毁损、灭失的，由学天海公司承担相应风险。

(8) 学天海公司提供原材料和主要材料，占比非常小的辅助材料由加工方自行采购。

(9) 票据方面，根据销售(加工)合同和相应的采购合同，学天海公司分别向加工方开具增值税销售发票，并从加工方取得增值税进项发票。

(10) 结算方式：学天海公司将材料交给加工方时，以及加工方将加工完成后的商品交货给学天海公司时，双方均记往来款，随后，学天海公司将采购价款高于销售价款的差额支付给加工方。

要求：学天海公司将该业务作为销售与采购进行会计处理是否正确？

解析：不正确。形式上是销售和采购两份合同，实质上应当将两份合同合并，作为一项委托加工合同处理。

在合同开始日，销售合同和采购合同同时签订，锁定材料销售价格和加工后产品的采购价格，导致加工方的收益是固定的，加工方并不会承担与加工材料有关的存货价格变动风险，也不存在加工后的产品销售不出去的风险。同时，加工方无权按照自身意愿使用或处置该等材料，因此加工方没有取得对原材料和加工商品的控制权。

所以，学天海公司应当将整个业务作为委托加工业务进行处理，只能确认委托加工成本，不应确认销售原材料的收入和采购商品的成本，该原材料仍然属于学天海公司的存货，加工方也不应确认销售商品的收入和采购原材料的成本，应当按照加工费确认加工服务收入。

四、合同变更的评估

合同变更，是指经合同各方批准对原合同范围或价格作出的变更。合同变更也叫合同修订、订单更改等（见图3－8）。

为什么要对合同变更进行评估？因为合同变更后，企业在合同中的权利和义务发生了变化，因此要反映企业在变更后的合同中的权利和义务。

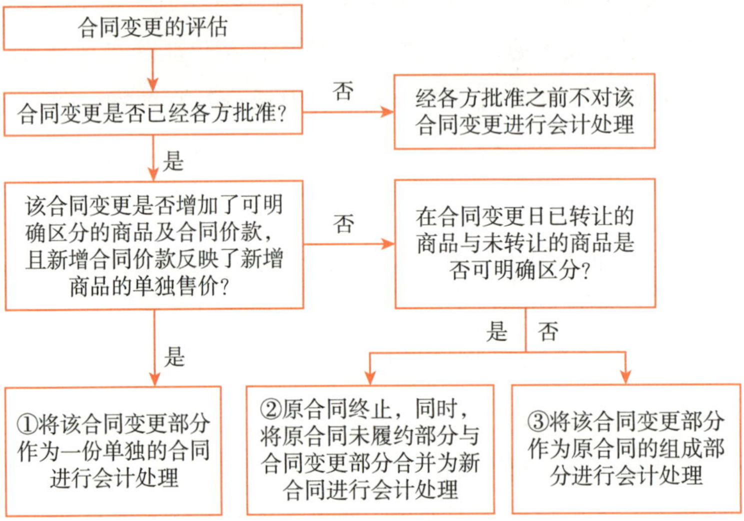

图3－8　合同变更的评估

【释①】合并变更部分作为单独合同处理应当符合两个条件：一是新增商品与原合同商品可以明确区分；二是新增价款反映了新增部分的单独售价，同时满足这两个条件，说明新增部分的履约义务与对价是独立的，符合一份单独合同的要求，与原合同相比没有实质上的经济差异。

判断新增合同价款是否反映了新增商品的单独售价时，应当按照合同变更时点的单独售价来评估，该价格可能与原合同时点的单独售价不同，或者企业可能采取了新的销售政策。例如，在合同变更时，企业由于无须发生为发展新客户等所需发生的相关销售费用，可能会向客户提供一定的折扣，新增商品的单独售价可能低于原合同中同类商品的单独售价，这些情况都符合要求。

如果合同变更减少了原合同对价或缩小了原合同范围的，直接在原合同的基础上按照合同修改处理，调整交易价格和履约义务即可。

【释②】如果合同变更部分不符合作为单独合同的条件，那么就应当运用“可明确区分”原则来评估已履约部分与未履约部分了，这个原则是识别履约义务重要的原则。

【释③】合同变更的第①和第②两种情形，采用未来适用法进行处理，为了防止企业对之前已履约的履约义务及相关的收入进行调整。第③种情形，采用累计追加调整法进行处理，主要适用于建筑行业，因为建造合同中已履约部分与未履约部分不符合“可明确区分”原则。

【案例3－7】合同变更作为单独合同处理的情形。

甲公司承诺向某客户销售120件产品，每件产品售价100元。该批产品彼此之间可明确区分，且将于未来6个月内陆续转让给该客户。甲公司将其中的60件产品转让给该客户后，双方对合同进行了变更，甲公司承诺向该客户额外销售30件相同的产品，这30件产品与原合同中的产品可明确区分，其售价为每件95元（假定该价格反映了合同变更时该产品的单独售价）。上述价格均不包含增值税。

解析：由于新增的30件产品是可明确区分的，且新增的合同价款反映了新增产品的单独售价，因此，该合同变更应当作为一份单独的新合同处理，该新合同并不影响对原合同的会计处理。甲公司应当对原合同中的120件产品在控制权转移时按每件产品100元确认收入，对新合同中的30件产品在控制权转移时按每件产品95元确认收入。

【案例3－8】原合同终止，新合同成立的情形。

A公司与客户签订合同，每日为客户的办公楼提供保洁服务，合同期为3年（即2×16年1月1日至2×18年12月31日结束），客户每年向A公司支付保洁服务费20万元（假定该价格反映了合同开始日该项服务的单独售价）。合同执行至2×17年12月31日，即在第2年末，合同双方对合同进行了变更，将第3年（2×18年）的保洁服务费调整为16万元（假定该价格反映了合同变更日该项服务的单独售价），同时以60万元的价格将在原合同期限基础上再延长4年。

解析： A公司每日为客户提供的保洁服务是可明确区分的，在合同开始的前两年，即合同变更之前，A公司每年确认收入20万元。在合同变更日（2×17年12月31日），由于新增的4年保洁服务的价格60万元不能反映合同变更时的单独售价16×4=64万元，因此，该合同变更不能作为单独的合同进行会计处理，由于已提供的服务与未提供的服务是可明确区分的，A公司应当将该合同变更作为原合同终止，同时，将原合同中未履约的部分与合同变更合并为一份新合同进行会计处理。该新合同的合同期限为5年，A公司每年确认的收入为（60+16）÷5=15.2万元。

【案例3-9】 合同变更作为原合同组成部分的情形。

甲企业为客户提供装修办公楼的服务，共3层。履约过程中，双方协商又增加了1层装修服务。由于已履约部分与未履约部分不可明确区分，因此合同变更应当作为原合同的组成部分进行处理。

第三节　识别履约义务

一、履约义务的相关概念

履约义务的相关概念如表3-6所示。

表3-6　　履约义务的相关概念

1. 履约义务	是指合同中企业向客户转让可明确区分商品的承诺
	履约义务既包括合同中明确的承诺，也包括由于企业已公开宣布的政策、特定声明或以往的习惯做法等导致合同订立时客户合理预期企业将履行的承诺。因此，履约义务应当站在客户的角度来评估

续表

2. 承诺	一项承诺可以包含商品、服务或者商品和服务的组合。例如： （1）企业销售所生产或购买的商品 （2）销售所购买的对商品或服务的权利 （3）为客户执行合同所议定的一项或多项任务 （4）提供一项准备向客户提供商品或服务（如未列明的在可供使用时将予以提供的软件更新），或者使商品或服务在客户决定使用时可供其使用的服务 （5）（代理人）提供为另一方安排向客户转让商品或服务的服务 （6）授予对在未来提供的商品或服务的权利，而客户可将该权利再出售或提供给其客户（例如，向零售商销售产品的主体承诺向从零售商购买该产品的个人转让额外的商品或服务） （7）代表客户建造、制造或开发一项资产 （8）授予许可证，或者授予购买额外商品或服务的选择权
3. 评估时间	合同开始日，企业应当识别该合同所包含的各单项履约义务
4. 判断步骤	（1）评估合同中包括几项承诺，每项承诺中的商品或服务是什么 （2）评估每项承诺是否可以明确区别，分别构成单项履约义务

为什么要识别履约义务？识别履约义务的目的是确保企业识别合同中所承诺的核算单元。因为合同不是收入确认的核算单元，履约义务才是收入确认的核算单元。由于收入确认模型是一种交易价格分摊模型，识别核算单元是如实反映企业向客户交付承诺的商品，从而产生收入，这是收入确认目标的基础。

二、评估承诺是否构成单项履约义务

合同开始日，如果合同中只包括一项承诺，一般作为一项履约义务，无须评估。如果包括多项承诺，则需要判断多项承诺一共构成几项履约义务，判断逻辑如图 3－9 所示。

（一）可明确区分原则

为什么承诺要可以明确区分才构成单项履约义务？因为如果承诺不能明确区分，就无法判断一项履约义务是否完成，就无法确认收入。可明确区分的原则是识别履约义务的核心原则。

1. 承诺的商品本身可以区分

对于某些商品或服务而言，客户可以从单独使用该商品或服务中获益；而对

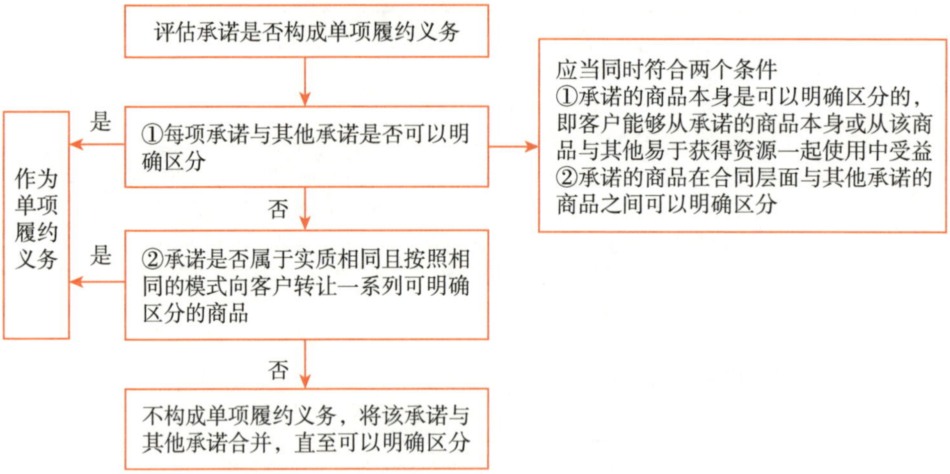

图 3－9　构成单项履约义务的条件

于其他商品或服务而言，客户则仅可通过将其与易于获得的其他资源相结合使用才能获益。

易于获得的资源，是指客户能够容易取得的从市场上其他企业销售的商品等资源，该资源能够与从本企业购买的商品一起使用从而使客户获得利益。例如，企业销售电脑给客户，电脑需要键盘才能使用，市场上有键盘单独销售，对客户来说键盘可以从市场上购买，键盘就是易于获得的资源，客户能够从电脑和易于获得的键盘一起使用中受益，因此，电脑符合明确可区分的条件。如果该电脑需要定制的键盘，市场上没有该定制键盘卖，导致客户买了电脑也无法使用，那么电脑就不符合可明确区分的条件了。

符合可明确区分的条件还要求能够使客户获益。例如，企业向客户交付了一台机器，但该机器只有在完成企业提供的安装程序后才能够使客户受益，则该机器与安装服务是不可明确区分的。因为如果不能使客户受益，有可能表明客户的合同目的没有实现，或者企业的履约义务没有完成。

2. 承诺的商品在合同层面可以明确区分

判断承诺在合同层面可以明确区分，目的是确定承诺的性质，是在合同层面将各项商品单独交付，还是将多个商品合并为一项承诺的投入进行交付。判断逻辑如图 3－10 所示。

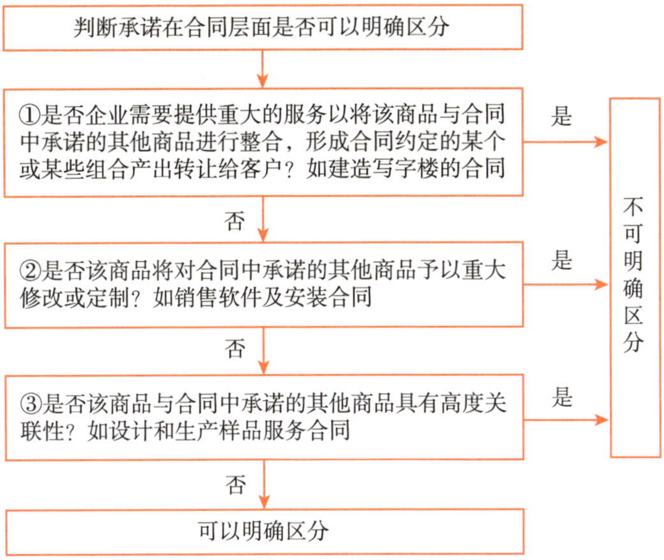

图 3-10　承诺在合同层面可明确区分的判断条件

【释①】组合产出适用于大多数建造合同。例如，企业为客户建造写字楼的合同中，企业向客户提供的砖头、水泥、人工等都有单独售价，都能够使客户获益，符合承诺的商品本身是可以明确区分的条件；但是，企业对客户承诺的是为其建造一栋写字楼，而并非提供这些砖头、水泥和人工等，企业须提供重大的服务将这些商品或服务进行整合，以形成合同约定的一项组合产出（即写字楼）转让给客户。单个的商品是组合产出所需的投入，因此，承诺在合同层面是不能明确区分的。

【释②】重大修改或定制适用于某些软件行业的合同。例如，企业与客户签订一项销售软件及安装的合同，向客户提供其开发的一款现有软件，并在安装过程中需要在该软件现有基础上对其进行定制化的重大修改，以使其能够与客户现有的信息系统相兼容。即使销售软件许可与定制化修改各自是可以明确区分的，但是企业需要对软件与客户的信息系统进行重大修改或定制，从而整合在一起作为投入形成组合产出转让给客户。因此，转让软件的承诺与提供定制化重大修改的承诺在合同层面是不可明确区分的。

【释③】高度关联，主要是指合同中承诺之间会受到彼此的重大影响，而非仅存在功能上的单方面依赖。由于在某些情况下，企业是否提供整合服务或进行重大修改或定制难以判断，因此引入了“高度关联或高度依赖”因素。

例如，企业与客户签订一项设计和生产样品服务合同，承诺为客户设计一种实验性的新产品并负责生产10个样品，企业在生产和测试样品的过程中需要对产品的设计进行不断的修正，导致已生产的样品均可能需要进行不同程度的返工。由于设计的不断修正，大部分或全部拟生产的样品均可能需要进行一些返工，企业提供的设计服务和生产样品的服务是不断交替反复进行的，两者高度关联，表明提供设计服务与提供样品生产服务产生的风险不可分割。因此，设计服务和生产样品的服务在合同层面是不可明确区分的。重大融合、重大修改、高度关联的区别如表3－7所示。

表3－7　重大整合、重大修改、高度关联的区别（产品A＋服务B）

重大整合	例如，建造合同，建筑材料A一般保持不变，提供建造服务B的过程中，将A所包括的建筑材料整合起来，实现客户合同的目的
重大修改	例如，定制软件合同，A是发生变化的，在提供服务B的过程中，需要对软件A根据定制的需求进行修改，实现客户合同的目的
高度关联	例如，设计和生产样品合同，样品A最终才形成，设计服务B需要根据最终样品A的要求不断修改，最终设计服务B确定后，才开始生产样品A，样品A与设计服务B两者相互关联

一般来说，大多数销售商品的承诺可以明确区分，而销售服务的承诺需要判断。如果为了实现合同目的，需要将多项承诺进行重大整合、重大修改、高度关联，说明承诺的商品与其他承诺的商品之间构成一项整体的“单独风险”，表明承诺在合同层面不可以明确区分，尽管每个组成部分有单独售价。如果企业向客户转让某项承诺的商品而承担的风险，与转让合同中其他承诺的商品的风险是可以分割的，表明承诺在合同层面可以明确区分。

（二）承诺实质相同且转让模式相同

承诺实质相同且按相同的模式向客户转让一系列可明确区分商品的评估条件如图3－11所示。

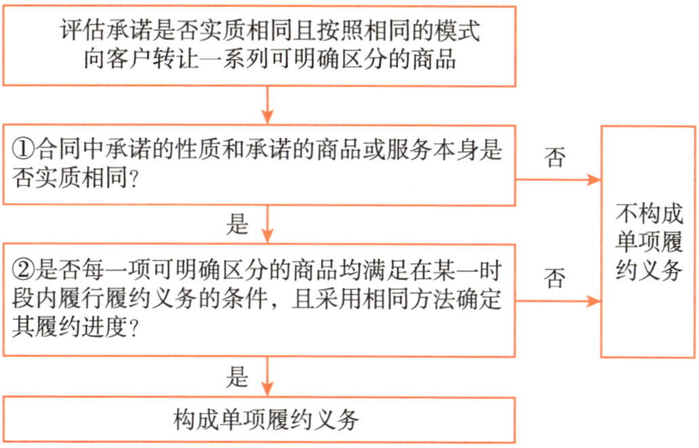

图 3－11　承诺实质相同且按相同的模式向客户转让一系列可明确区分商品的评估条件

【释①】实质相同的商品，主要是指承诺的商品本身实质相同。实质相同的服务，主要是指企业在某一个时间段内向客户提供服务的承诺相同，而不需要每次服务的内容或行为本身相同。如果企业承诺的是随时准备提供商品或服务，则很可能符合“实质相同”的条件。

例如，企业与客户签订 2 年期限的工资核算服务合同，每月向客户提供工资核算服务，共计 24 次，由于企业提供服务的次数是确定的，同一家企业的员工结构、工资构成以及核算流程等相对稳定，企业每月提供的该项服务很可能符合“实质相同”的条件。

如果企业承诺的是随时准备提供商品或服务，则很可能符合“实质相同”的条件。例如，企业与客户签订一项酒店管理服务合同，向客户提供 2 年的酒店管理服务，具体包括保洁、维修、安保等，但没有具体的服务次数或时间的要求，尽管企业每天提供的具体服务不一定相同，但是企业每天对于客户的承诺都是相同的，即按照约定的酒店管理标准，随时根据需要为客户提供酒店相关的服务。因此，企业每天提供的该酒店管理服务符合“实质相同”的条件。

【释②】转让模式相同，是为了简化处理。例如，企业与客户签订为期一年的保洁服务合同，承诺每天为客户提供保洁服务。由于企业每天所提供的服务都是可明确区分且实质相同的，根据某一时段履行的履约义务的判断标准，每天的服务都属于在某一时段内履行的履约义务。因此，企业可以将每天提供的保洁服务合并在一起作为单项履约义务进行会计处理。这是一种简化企业在一段时期内连续提供同一商品或服务（如重复性服务安排）的收入确认模型，以及提高履约义务识别的一致性，否则，企业必须将总对价分摊至合同里提供服务的每一个部分，从而不符合成本效益原则。

一系列可明确区分的条件，并不要求商品或服务是连续交付或者连续提供的，因为企业可以根据生产效率合理安排。适用一系列条款的商品或服务，并不要求其收入和利润确认的时间与将各商品或服务分别作为单项履约义务的结果保持一致，可能存在差异，但是合同累计利润不受影响。

【案例3－10】 一系列实质相同的商品或服务的判断。

信息技术销售商甲公司与采购方乙公司签订了一项十年的采购合同。在合同期内，甲公司将向乙公司持续交付所采购的活动。例如，甲公司将提供服务器存储服务。管理客户的软件组合，并运行一个IT协助平台。每月的账单根据各项活动的不同消耗单位计算。例如，账单的计算标准可能是基于每秒百万的计算能力指令、软件应用的使用数量，或者支持人员的数量等，不同类型的活动单位价格不同。

在交付相关服务之前，甲公司执行了一些初始化活动。甲公司向乙公司收取了一定的与交易活动相关的不可返还的前期费用，该初始化活动未向客户转让服务。

合同存续期内，单位价格的下降风险由甲公司承担。合同开始时，商定的价格反映了市场价格。合同存续期内价格的下降，反映了完成合同任务相关成本的下降。最初任务是由更为昂贵的人员进行的，而且这些活动需要付出更多的努力。在合同开始后，活动需要的努力减少了，任务由较为便宜的人员来执行。合同包含了价格基准条款，乙公司聘请第三方中介公司来比较合同期内特定时点的合同价格与当前市场费率。如果基准价格明显低于甲公司的价格，则自动调整预期价格。

假设甲公司得出结论，因为乙公司在其提供服务的同时获得并消耗了其服务带来的经济利益，所以存在一项单独履约义务并在一段时间内履行。

要求：该合同是否满足一系列实质相同的商品或服务的条件？

解析：满足。首先，甲公司对客户承诺的是随时提供一揽子IT服务，而不是具体数量的服务。

其次，每天的服务自身是可以明确区分的，客户能够从每天的服务中受益，并且每天的服务在合同层面也是可以明确区分的，因为甲公司并未提供整合服务，即每天的服务并非作为组合产出的投入，也没有对其他服务进行修改或者定制，也不是相互高度依赖或者高度关联，因为甲公司可以单独履行每天的义务，并与其他的义务区分开来。因此，每天的服务实质上是相同的。也就是说，虽然履约义务中的个别活动在每一天有所不同，但整体承诺的性质在每一天都是相同的。

初始活动不应当在评价可明确区分的服务是否相同时进行考虑，因为初始活动并未向客户转让商品或服务，不应当作为可明确区分服务的一部分。

所以，该合同满足一系列实质相同的商品或服务的条件。

错误的理解是，履约义务中的各项活动都是单独定价的，从而表明每天的活动可能是不相同的。因此，当履约义务中的不同类型任务被履行时，各项可明确区分的服务并非实质上相同。这种理解是将整体承诺视作交付指定的服务，而不是一揽子采购服务，这与包含了多项服务的单项履约义务的结论不一致。因为作为单项履约义务的承诺，是可以包含多项服务的，这种情形并不意味着合同具有多项履约义务。合同支付条款并不影响可明确区分的商品或服务的识别。

【案例3-11】一系列实质相同的商品或服务的判断。

交易事务处理公司甲公司与客户乙公司签订一项十年的合同。在十年内，甲公司提供其系统的持续访问并代表客户处理交易。客户有义务使用甲公司的系统来处理其交易，但是交易的最终数量未知。

甲公司得出结论，客户同时获得并消耗其履约带来的经济利益。甲公司按每次交易向客户收费，对于各项交易，客户按每项交易的合同费率和处理总金额的比例付费。

甲公司在合同开始时，向客户收取了固定的前期费用。

要求：该合同是否满足一系列实质相同的商品或服务的条件？

解析：满足。首先，甲公司对客户承诺的是一项提供持续访问其系统的服务，而不是处理指定数量的交易的服务。

每天的服务是可以明确区分的，因为客户可以从每天访问其系统中受益，并且每天的服务在合同层面也是可以明确区分的，因为甲公司并不存在重大整合服务，每天的服务也未对其他服务形成修改或定制，而且每天之间的服务不是高度依赖或者高度关联关系。合同支付条款并不影响可明确区分的商品或服务的识别。

因此，甲公司每天向客户提供的访问服务能够被认定为一系列实质相同的商品或服务的条件。因为客户从服务期内每天的访问获得相同的利益，即使每天可能处理的交易数量并不相同。也就是说，如果每日履约义务的性质被视为随时准备提供访问服务，则每天的性质都是相同的。

三、特殊合同条款的判断

特殊合同条款的判断如表 3－8 所示。

表 3－8　　特殊合同条款的判断

<table>
<tr><td>合同中包含隐含承诺且客户可以合理预期【1】</td><td rowspan="5">可能构成单项履约义务</td></tr>
<tr><td>企业前期生产活动向客户转移了商品控制权【2】</td></tr>
<tr><td>企业向客户提供了销售激励或附加义务【3】</td></tr>
<tr><td>企业向客户销售商品的同时提供了运输服务等类似服务发生在商品控制权转移给客户之后【4】</td></tr>
<tr><td>免责承诺【5】</td></tr>
<tr><td>企业为履行合同而应开展的初始活动【6】</td><td>不构成履约义务</td></tr>
</table>

【释 1】承诺可以是合同明确的，也可以是隐含的，例如，企业公开宣布的政策、特定声明或者企业以往的习惯做法等。隐含承诺的关键是判断客户对该隐含承诺所包含的商品是否形成合理的预期，如果客户可以合理预期，则隐含承诺视为客户与企业交易谈判的一部分，因为客户支付的对价包含了该隐含承诺，因此，识别履约义务时应当考虑隐含承诺。

【释 2】履约义务并不包括主体为履行合同而必须实施的各种前期活动（即初始活动），除非该活动向客户转让了商品或服务。如果前期活动需要转移商品的控制权，则该活动很可能是合同承诺的商品，从而有可能构成履约义务。

例如，某俱乐部为注册会员建立档案，该活动并未向会员转让承诺的商品，因此不属于承诺的商品。

又如，如果企业在为客户制造新产品前，需要进行产品研发活动，而客户将享有研发活动形成的知识产权的所有权，则此类研发活动向客户转移了相关成果的控制权，从而研发活动很可能作为合同承诺的商品。

【释 3】尽管主体可能将这些商品或服务视为营销激励措施或附带商品或服务，但是，因订立合同而承诺向客户提供的所有商品或服务均形成履约义务，因为这些承诺构成主体与其客户议定的交易的一部分。例如，电信公司赠送的免费手机、汽车制造商提供的免费维修、客户忠诚度奖励积分等，因为这些承诺是作为企业与客户交易谈判的一部分。

【释 4】对于与履行客户合同无关的运输费用，若运输费用属于使存货达到目前场所和状态的必要支出，形成了预期会给企业带来经济利益的资源时，运输费用应当计入存货成本，否则应计入期间费用。

对于为履行客户合同有关的运输费用，属于收入准则规范下的合同履约成本。若运输活动发生在商品的控制权转移之前，通常不构成单项履约义务，因为这种运输服务只是企业为了完成销售商品的履约义务而从事的活动，属于销售商品履约义务的一部分，而不是向客户提供一项单独的服务，企业应将相关支出计入合同履约成本，最终计入营业成本。若运输活动发生在商品控制权转移之后，通常构成单项履约义务，因为这种运输服务表明企业在销售商品的同时向客户提供了一项单独的运输服务，企业应当单独确认运输服务的收入与运输服务的成本。原 2006 版收入准则的规定，与销售商品相关的运输服务确认为销售费用。

在美国收入准则中，商品控制权转移后发生的运输装卸等活动，是否作为单项履约义务，允许企业作为会计政策选择，而《国际会计准则》和中国《企业会计准则》要求确认为单项履约义务。

【案例3-12】运输服务的处理。

甲公司与乙公司签订合同，向其销售一批产品，价格为8万元，价款已经收到，并负责将该批产品运送至乙公司指定的地点，甲公司自行承担相关的运输费用为1万元，甲公司类似的运输服务的单独售价为2万元。假定销售该产品属于在某一时点履行的履约义务且控制权在出库时转移给乙公司。当月末该产品尚在运输途中。

要求：甲公司当月应当如何确认收入。

解析：该批产品在出库时，控制权转移给乙公司。运输服务在商品控制权转移给客户之后发生，构成单项履约义务，应当分摊交易价格。由于产品控制权已经转移，应当确认产品收入 $8\times8\div(8+2)=6.4$ 万元，而运输服务尚未履行完毕，因此运输服务分摊的交易价格 $8\times2\div(8+2)=1.6$ 万元计入合同负债。

【拓展】如果产品的控制权在产品送达乙公司指定地点时控制权转移给乙公司，那么，运输活动在产品的控制权转移给客户之前发生的，属于甲公司为履行合同发生的必要活动，不构成单项履约义务，不需要分摊交易价格。因此，合同只有一项销售产品的履约义务，由于产品控制权尚未转移，当月不应当确认收入。

【释5】履约义务与企业是否向客户收费无关，有些免责承诺也可能构成履约义务。

【释6】因为这些初始活动不转让给客户，不符合履约义务的概念。

【案例3-13】识别履约义务。

根据下列资料，分别回答问题。

要求（1）：该合同中包含几项履约义务？

甲公司与乙公司签订合同，向乙公司销售一套设备及安装服务。该设备可以不需要定制或修改即可运行。安装要求并不复杂，而且能够通过多个其他服务提供方来执行。

解析：合同中包括两项承诺，转让设备和提供安装服务。设备和安装服务均满足本身可以明确区分的条件，因为乙公司能够从设备自身受益，或者与其他易于获得的资源（即从其他方取得安装服务）一起使用中受益。

转让设备的承诺和提供安装服务的承诺在合同层面可以明确区分，因为甲公司并未提供重大整合服务，安装服务也不会对设备产生重大定制或重大修改，设备和安装服务也不是高度关联或高度依赖的。因此合同中包含两项履约义务。

【拓展】如果合同中还约定，乙公司只使用甲公司的安装服务，其他条件不变，则该合同包含几项履约义务？

解析：合同约定使用甲公司的安装服务，并不改变承诺的商品或服务是否可以明确区分的评价，因为合同约定使用甲公司的安装服务，并未改变商品或服务自身的特征，也未改变甲公司对乙公司的承诺。设备和安装服务本身是可以明确区分的，而且在合同层面也是可以明确区分的，因此，合同中依然包含两项履约义务。

要求（2）：A 公司与 B 公司签订的合同中包含几个单项履约义务？

A 公司主要从事高科技产品的研发业务。A 公司与 B 公司签订购买定制模块产品的合同，合同约定 A 公司须向 B 公司交付的商品为产品设计方案、样片和最终产品 × 套。合同中约定的三个阶段如表 3－9 所示，B 公司以此作为付款节点。

表 3－9　　合同约定的三个阶段

阶段	主要工作	时间	交付项目	收款进度
1	按照 B 公司的需求进行设计，并将详细设计方案提交 B 公司审定	15 个月	详细设计方案	45%
2	按照审定的设计方案生产样片并测试	15 个月	样片及测试报告	35%
3	按照最终版本的样片进行批量生产	4 个月	最终产品 × 套	20%

该交易中技术含量最高的部分为阶段 1，阶段 2 的工作也需要一定的技术能力，但不如阶段 1，阶段 3 的生产工艺较为简单。

A 公司提交详细设计方案后，B 公司对方案进行可行性评估和审定，判定设计方案可行之后，A 公司按照该设计方案生产样片。在样片的生产与测试过程中，可能产生不同版本的样片（通常为三轮测试），A 公司须向 B 公司提交每一版本的样片和测试报告。

A 公司通常单独提供研发设计服务，但不从事生产活动，故在该交易中 A 公司委托第三方C公司进行样片的生产和测试、以及最终产品的生产。C公司由A公司自行选择，合同由双方协商签订。B公司仅知晓C公司负责样片的生产和测试，以及最终产品的生产，但不参与A公司与C公司之间的交易谈判。C公司在进行样片的生产和测试的过程中，在A公司同意的前提下，会对设计方案中的某些参数进行修改。最终版样片通过测试之后，C公司根据最终版样片生产最终产品，在生产过程中，不会对设计方案及样片进行任何修改。

B公司取得A公司提交的设计方案之后，可以自行选择其他方进行生产和测试，但是由于某些特殊原因，B公司无法与A公司签订仅提供研发服务的合同，而只能签订采购商品的合同。

解析：A公司对B公司的承诺包括三项：提供设计服务、生产测试样片、生产最终产品。

第一，判断这些承诺本身是否能够明确区分。

A公司通常单独提供研发设计服务，市场上有其他供应商（如C公司）能够根据设计方案生产测试样片及生产最终产品，B公司可以自行选择其他方进行生产和测试，表明B公司能够从设计服务、生产测试样片和生产最终产品本身或与其他易于获得的资源一起使用中受益。因此，A公司提供的设计服务、生产测试样片和生产最终产品本身可以明确区分。

第二，判断这些承诺在合同中是否可明确区分。

A公司在样片的生产与测试过程中，大约需要经过三轮测试，以确定最终的设计方案和样片，因此A公司提供的设计服务和样片的生产与测试而言两者彼此之间具有高度关联性，在合同层面不可明确区分。最终产品的生产工艺较为简单，没有和其他承诺高度关联，因此，生产最终产品在合同层面可以明确区分。

所以，合同中包含两个单项履约义务，一是提供设计服务和生产测试样片，二是生产最终产品。

要求（3）：学天海公司与购房人签订的精装修商品房销售合同中包含几个单项履约义务？

学天海公司从事房地产开发业务，根据规划不同，其开发销售的商品房既有毛坯房，也有精装修房。学天海公司也可以单独为购房人提供精装修服务。

某月，学天海公司就其近期开发的某住宅小区商品房进行预售。学天海公司在该项目的备案文件和楼书中，均承诺所销售的商品房为精装修房屋。根据学天海公司与购房人签订的预售合同，学天海公司销售的商品房为精装修房屋，房屋的装修设计和装修标准由学天海公司统一制定，购房人无权选择是否接受装修以及何时开始装修，也不能变更装修的设计方案和装修标准，装修期间不得进入施工现场观看施工，也不得要求施工人员更改施工内容。合同价款为不含装修的毛坯房价格加上精装修价格。装修工程全部完工后，学天海公司向购房人发出入住通知书，购房人对精装修房屋进行验收并办理收房手续。

解析：学天海公司与购房人签订的合同中包含两项承诺：销售毛坯房以及提供精装修服务。

第一，判断这些承诺本身是否能够明确区分。

由于学天海公司单独销售毛坯房，也单独提供精装修服务，表明毛坯房和精装修服务本身能够明确区分。

第二，判断这些承诺在合同中是否可明确区分。

学天海公司在合同中承诺向购房人交付的是精装修房屋，房屋的装修设计和装修标准由学天海公司统一制定，购房人无权选择是否接受装修以及何时开始装修，也不能变更装修的设计方案和装修标准，装修期间不得进入施工现场观看施工，也不得要求施工人员更改施工内容，因此，从业务实质看，学天海公司并非为客户提供一项装修服务。学天海公司需要提供重大整合服务，将毛坯房和装修服务整合成一个合同约定的组合产出，即精装修房屋，因此两者在合同层面不能明确区分。

因此，销售合同中仅包含一个单项履约义务，即销售精装修房屋。

要求（4）：销售仪器与销售配套产品是否作为两项单项履约义务？

甲公司与乙公司签署一份仪器销售合同。合同约定了仪器的销售价款在合同生效之日一次性付清，仪器所有权归乙公司所有。但对乙公司有考核任务，约定在10年的考核期内，乙公司购买甲公司生产的该仪器配套产品总金额不少于125万元，进度为每年不低于12.5万元。未经甲公司书面同意，不得在该仪器上使用甲公司以外的公司提供的配套试剂或耗材。若有特殊情况，乙公司须经甲公司书面同意后方可使用其他公司的试剂或耗材，否则甲公司不承担仪器的保修责任。

6个月为一个考核期，在一个考核周期内，乙公司采购的甲公司配套产品若高于合同进度，高出部分计入下一个考核周期；若低于合同进度，按差额部分收取乙公司浮动保证金［浮动保证金计算办法：合同进度额（P）与实际采购额的差额的20%为浮动保证金］。在合作期间，乙公司累计完成进货额（$P+P_2+P_3+\cdots+P_n$）完成总进货额，甲公司将退还浮动保证金。

解析：是。

第一，判断承诺的仪器与耗材本身是否可以明确区分。

该配套的易耗品对于企业而言，是单独销售的，且其他厂商也销售该配套的产品，客户是能够从仪器与易于获得的易耗品一起使用中获益，只是企业为了实现利益最大化捆绑销售，限制客户使用其他厂商的易耗品。

第二，判断承诺在合同层面是否可以明确区分。

因为甲公司没有提供重大服务将两者整合成约定的组合产出；设备和易耗品相互之间并未作出重大定制和修改；设备和易耗品之间并未产生重大影响，因此它们之间并非高度依赖或高度关联。尽管设备需要易耗品才能正常运作，但设备和易耗品在功能上的互补并不构成高度关联。这是因为合同中的每项承诺能够与合同中的其他承诺分开履行。换言之，即使客户不采购任何易耗品，企业仍能履行转让仪器的承诺；即使客户单独购买易耗品，企业仍能履行提供仪器的承诺。因此，甲公司向客户转让仪器与配套产品在合同层面是可以明确区分的。

第四节　确定交易价格

主体应当基于分摊交易价格的方法来计量收入，这种分摊要求遵循三个步骤来计量收入：第一，确定合同的交易价格；第二，将交易价格分摊至履约义务；第三，按分摊至已履行的履约义务的金额确认收入。

一、识别交易价格的原则

识别交易价格的原则如表3－10所示。

表 3-10　　识别交易价格的原则

交易价格	是指企业因向客户转让商品而预期有权收取的对价金额。交易价格不包括源自未来行使对额外商品或服务的选择权或未来订单变更的对价的估计金额
合同标价	合同标价中包括代第三方收取的款项，如果企业是代理人的，该部分款项不计入交易价格，应当确认为负债；如果企业是主要责任人的，该部分款项计入交易价格
不考虑因素	初始确认交易价格时，不考虑客户的信用风险，并且假定该合同不会被取消、续约或变更
考虑的因素	企业应当考虑可变对价、重大融资成分、非现金对价、应付客户对价对交易价格的影响

源自未来行使对额外商品或服务的选择权或未来订单变更的对价的估计金额，这部分金额企业在合同开始日无权收取，因此不属于交易价格。如果以后客户行使此类选择权或同意变更订单时，企业再根据有权收取的对价将其计入交易价格。

代收款项应当根据主要责任人和代理人的原则判断，如果企业是代理人，则该款项不属于交易价格，应当确认为负债（其他应付款、应交税费等）。例如，代收的运输费等费用，代收的政府性基金和行政事业性收费，预期将退还给客户的押金等款项。

如果企业是主要责任人，则该款项属于交易价格的一部分，例如，医疗保健企业可能有权收取由病人、保险公司或政府机构支付的款项，这些都属于交易价格。再如，经销商因生产商直接向最终客户提供优惠券而取得生产商的付款，也属于交易价格。

代收的增值税不计入交易价格，因为根据我国法律规定，增值税属于价外税，企业是代理人，代收后上缴国家。代收的消费税应当计入交易价格，因为消费税属于价内税，企业是主要责任人。其他税费根据当地法律规定判断。

为什么识别交易价格不考虑客户的信用风险？因为只要符合合同成立的条件就应当确认交易价格，在合同成立之前，企业通常不会和信用风险比较高的客户签订合同，在合同成立之后，如果客户的信用风险比较高，应当根据 CAS22 的减值规定确认信用减值损失和计提坏账准备。

为什么假定合同不会被取消、续约或变更？因为企业在合同开始日不享有或承担合同取消、续约或变更后的权利与义务。未来如果发生合同取消、续约或变更的，再根据权利与义务的变化进行会计处理。

二、可变对价

对价金额可能是固定的，也可能是可变的。

（一）识别可变对价

识别可变对价的相关概念如表3－11所示。

表3－11　识别可变对价

可变对价的形式	附销售退回条款、现金折扣、退款、抵免、价格折让、激励措施、业绩奖金、罚款、索赔、或有事项等【1】
隐含的可变对价	可变对价可能是合同明示的，也可能是隐含的。例如，根据企业的商业惯例、已公布的政策或特定声明，导致客户形成价格折让的有效预期，这时合同对价变成可变的
赔偿或补偿	企业向客户支付的由相关法律规定的赔偿款或补偿款，属于可变对价【2】
固定折扣	有些固定折扣不属于可变对价【3】
汇率影响	因外币折算汇率变动产生的合同价格的变动，不属于可变对价，因为企业有权收取的交易对价就是外币，而折算为记账本位币产生的汇兑差额与客户无关，应当考虑是否属于CAS22规定的嵌入衍生工具，如果是，按照CAS22的相关规定处理，如果否，按照CAS19的规定进行处理
暂定价格的合同	与交易双方履约情况相关的变动属于可变对价
	与定价挂钩的商品或原材料价值相关的变动不属于可变对价，不应计入交易价格【4】

【释1】或有事项有时会导致合同价格形式是固定的，但是实质上是可变的。例如，一项金额为10万元的固定价格服务合同的条款规定，客户在任何时候如果对服务不满意均可以退款。在这种情况下，主体有权获得的对价是可变的。有的企业通过销售后给客户授予价格折让以改善客户关系，促进销售，这些都视同合同中包含可变对价处理。

【释2】例如，航空公司因为航班延误或者取消向客户支付的赔偿款，属于因未能按承诺向客户提供运输服务而产生的赔偿，该赔偿金额一般由法律法规规定或者合同约定，与客户支付的对价无关。因此属于可变对价（同时也属于应付客户款项），应当冲减收入。这个交易的性质与CAS13中规定的或有事项产生的应付款不同，或有事项产生的应付款是因已经转让给客户的商品或服务，给客户造成的损害或损失的赔偿，不属于初始交易价格。

【释3】不论客户购买多少，企业对所有商品都采用9折的价格促销，这种商业折扣，企业应当直接按照9折的价格确定交易价格，折扣不属于可变对价。

【释4】暂定价格的销售合同通常是指在商品控制权转移时，销售价格尚未最终确定的安排。例如，大宗商品贸易中的点价交易，即以约定时点的期货价格为基准加减双方协商的升贴水来确定双方买卖现货商品价格；金属加工业务中，双方约定合同对价以控制权转移之后某个时点的金属市价加上加工费来确定；某些金属矿的贸易价格将根据产品验收后的品相检验结果进行调整等。

暂定销售价格的交易安排中，企业应分析导致应收合同对价发生变动的具体原因。其中，与交易双方履约情况相关的变动（如基于商品交付数量、质量等进行的价格调整）通常属于可变对价，企业应按照可变对价原则进行会计处理；与定价挂钩的商品或原材料价值相关的变动（如定价挂钩不受双方控制的商品或原材料价格指数，因指数变动导致的价款变化）不属于可变对价，企业应将其视为合同对价中嵌入一项衍生金融工具进行会计处理，通常应按所挂钩商品或原材料在客户取得相关商品控制权日的价格计算确认收入，客户取得相关商品控制权后上述所挂钩商品或原材料价格后续变动对企业可收取款项的影响，应按照金融工具准则有关规定进行处理，不应计入交易对价。

（二）估计可变对价的方法（见表3-12）

合同中存在可变对价的，企业应当对可变对价进行估计后再计入交易价格。

表3-12　估计可变对价的方法

1. 估计方法	（1）最可能法（最可能发生金额法）：适用于合同只存在一种结果，如奖金【1】
	（2）期望值法（预期价值法）：适用于合同可能存在多种结果，或者存在大量类似合同，如商品售后服务费用【2】
	（3）同时采用两种方法【3】
	（4）组合法：存在大量类似合同可以运用组合法估计可变对价【4】
2. 限制条件	估计的可变对价应当不超过在相关不确定性消除时，累计已确认的收入极可能不会发生重大转回的金额【5】
	估计的基础：基于合同层面而不是履约义务层面评估极可能不会发生重大转回【6】

续表

3. 修正	如果可变对价在不确定性消除或者可获得关于剩余不确定性的新信息时，主体应当修正对预计有权获得的对价金额的预期，将该变动计入损益或分摊至履约义务，即按照第4步分摊交易价格的原则进行分摊
4. 复核	企业应当在资产负债表日重新估计应计入交易价格的可变对价金额，以如实反映报告期末存在的情况以及报告期内发生的情况变化【7】
5. 现金折扣	在国际商务中常常简写为“2/10，1/20，n/30”，在我国合同实务中不大常见
	按照可变对价处理，实际发生时冲减交易价格（即有权收取的对价）【8】

【释1】估计方法与CAS13中对或有事项估计的方法相同。两种方法取决于哪一种方法能更好地预测企业有权获得的对价金额。

例如，学天海公司为其客户建造一栋厂房，合同约定的价款为100万元，但是，如果学天海公司不能在合同签订之日起的120天内竣工，则须支付10万元罚款，该罚款从合同价款中扣除。学天海公司对合同结果的估计如下：工程按时完工的概率为90%，工程延期的概率为10%。由于合同只存在一种结果，按照规定时间竣工，或者不能按照规定时间竣工。因此，应该按照最可能发生金额100万元估计交易价格，即为最可能发生的单一金额。

再如，每一年度，甲公司的业绩均与竞争对手的业绩进行比较并排名。甲公司约有1 000份客户合同。甲公司的所有客户合同均明确规定，若甲公司的排名位于前25%，则客户将向甲公司支付500万元的固定奖金。由于所有合同只存在一种结果：支付奖金，或不支付任何奖金。因此甲公司应当基于最可能的金额来估计可变对价。尽管甲公司拥有大量合同，但合同的结果并非相互独立，因为其全部均取决于相同的标准（即甲公司相对于竞争对手的排名），因此不应当使用预期价值法。由此可见，最可能法也适用于只会产生两种结果之一的多份合同。

【释2】例如，学天海公司向零售商乙公司销售1 000台电视机，每台价格为3 000元，合同价款合计300万元。学天海公司向乙公司提供价格保护，同意在未来6个月内，如果同款电视机售价下降，则按照合同价格与最低售价之间的差额向乙公司支付差价。学天海公司根据以往执行类似合同的经验，预计未来6个月不降价的可能性为40%，每台降价200元的可能性为30%，每台降价500元的可能性为20%，每台降价1 000元的可能性为10%，假定不考虑将可变对价计入交易价格的限制要求。由于合同结果存在多种可能性，应当采用期望值法，估计每

台电视机交易价格 = 3 000 × 40% + 2 800 × 30% + 2 500 × 20% + 2 000 × 10% = 2 740 元。

【释 3】例如，学天海公司与乙公司签订固定造价合同，在乙公司的厂区内为其建造一栋办公楼，合同价款为 500 万元。根据合同约定，如果学天海公司能够在合同约定的完工日期之前完工，则每提前一天，合同价款将增加 2 万元；相反，如果学天海公司未能按期完工，则每推迟一天，合同价款将会减少 2 万元。此外，合同约定，该项工程完工之后将参与省级优质工程奖的评选，如果能够获奖，乙公司将额外奖励学天海公司 20 万元。

由于该合同产生可变对价的事项有两项：一是能否按期完工；二是能否获得省级优质工程奖。学天海公司可以采用不同的方法对其进行估计：

对于是否按期完工，由于提前多少天或推迟多少天完工，存在多种可能结果，因此按照期望值进行估计；

对于奖金，由于只存在一种结果，获奖或者不获奖，因此按照最有可能的金额进行估计。

【释 4】采用组合法估计可变对价。

例如，甲公司与客户签订 300 项合同，其中 100 项合同是以 100 元的单价销售产品 A，产品 A 的历史退货率为 4%，200 项合同是 100 元的单价销售产品 B，产品 B 的历史退货率为 3%。产品 A 和产品 B 的加权平均退货率为 3%，因为历史上产品 B 的销售量超过产品 A。上述款项假设均以银行存款收到。不考虑税费等其他因素。

（1）在单项合同层面估计可变对价。

产品 A：100 件 × 退货率 4% = 4（件）

借：银行存款　　　　　　　　　　（100 × 100）10 000

　　贷：主营业务收入　　　　　　　　　（倒挤）9 600

　　　　预计负债——应付退货款　　　　（4 × 100）400

产品 B：200 件 × 退货率 3% = 6（件）

借：银行存款　　　　　　　　　　（200 × 100）20 000

　　贷：主营业务收入　　　　　　　　　（倒挤）19 400

　　　　预计负债——应付退货款　　　　（6 × 100）600

合计收入为 9 600 + 19 400 = 29 000（元）

（2）在合同组合层面估计可变对价。

300 件 × 退货率 3% = 9（件）

借：银行存款　　　　　　　　　　（300 × 100）30 000

　　贷：主营业务收入　　　　　　　　　（倒挤）29 100

　　　　预计负债——应付退货款　　　　（9 × 100）900

在单项合同层面估计的金额为 29 000 元，与在合同组合层面估计的金额 29 100 元，并无显著不同，因此，对于大量类似合同，可以在合同组合层面估计可变对价。

【释 5】“极可能”是一个比较高的门槛，其发生的概率应远高于“很可能”但不要求达到“基本确定”。

为什么估计可变对价要限制？第一，不管采用什么方法估计可变对价，估计的金额始终具有较高的不确定性，如果以该金额确认收入，有可能高估收入或提前确认收入，无法如实反映企业有权获得的对价，因此，防止企业开始多确认收入，以后再转回，从而操纵不同期间的收入；第二，不会在未来转回的收入信息更具有相关性，将有助于财务报表使用者更好地预测主体的未来收入。

【释 6】为什么要基于合同层面而不是履约义务层面评估极可能不会发生重大转回？因为限制可变对价估计的目标重点关注的是合同累计收入金额是否发生转回，而不是分摊至履约义务的金额是否发生转回。

例如，学天海公司与客户订立一项提供设备和咨询服务的合同，设备的合同价格为 1 000 万元，咨询服务费的合同价格为 10 万元，其中 5.5 万元为固定对价，而 4.5 万元则取决于在一年期间内客户的制造成本能否降低 5%。合同价格均为单独售价。学天海公司经过估计，认为其有权获得基于业绩的咨询服务费的概率为 60%。

由于合同中包含转让设备和提高咨询服务两项履约义务，可变对价 4.5 万元，企业应当在合同层次考虑对可变对价的限制，收入转回的可能性和金额量级。

可变对价（潜在收入）转回的重要性应当基于合同整体层次 4.5 ÷ 1 010 = 0.45% 进行评价，符合极有可能不会发生重大收入转回的限制性条件，因此，所有可变对价均应纳入交易价格，应当确认的交易价格为 1 010 万元。

如果基于咨询服务履约义务层次 4.5 ÷ 10 = 45% 进行评价，就会得出有 45% 的可能会转回，不符合极可能不会发生重大转回的条件，从而得出错误的结论。

【释 7】为什么要重估可变对价？因为可变对价属于会计估计，根据《CAS28——会计政策、会计估计和差错更正》准则规定，为了使会计信息能够如实反映企业发生的经济现象，所有的会计估计在资产负债表日都需要复核，以反映资产负债表日时点的最新估计。

2006 版收入准则中没有可变对价的规定，收入确认的条件之一就是金额能够可靠计量，这个条件导致了很多可变对价的合同，只有等到最终金额确定下来才能确认收入，从而推迟了收入确认的时点，未能如实反映企业的履约情况。而根据 2017 版收入准则的规定，收入确认的时点应当是商品控制权转移的时点，收入的确认应当反映企业履约义务的完成情况，因此对很多企业产生重大影响。

【释 8】因为现金折扣属于交易价格的一部分，应当冲减交易价格。按照原 2006 版收入准则的规定确认为财务费用，这是新准则的一个变化。另外，企业应当基于返利的形式和合同条款的约定，考虑相关条款安排是否会导致企业未来需要向客户提供可明确区分的商品或服务，在此基础上判断相关返利属于可变对价还是提供给客户的重大权利。一般而言，对基于客户采购情况等给予的现金返利，企业应当按照可变对价原则进行会计处理；对基于客户一定采购数量的实物返利或仅适用于未来采购的价格折扣，企业应当按照附有额外购买选择权的销售进行会计处理，评估该返利是否构成一项重大权利，以确定是否将其作为单项履约义务并分摊交易对价。

【案例 3 - 14】估计可变对价。

根据下列资料分别回答问题：

要求（1）：确定甲公司该合同的交易价格金额。

甲公司与客户（分销商）订立一项合同，向客户转让 1 000 个产品，每个价格 100 元。甲公司为了维护与客户之间的关系，预计给予客户价格折让。甲公司根据以往经验，通常给予 20% 的折让。

解析：由于存在销售折让，属于存在可变对价的情形。根据估计可变对价的限制规定，估计交易价格应该为扣除 20% 折让后的 8 万元，这 8 万元在不确定性消除时极可能不会发生重大转回。

要求（2）： 判断丙公司确认收入的会计处理是否正确并说明理由。

丙公司与客户订立一项提供为期5年的资产管理服务的合同，每季度末按照所管理的客户资产价值的2%收取管理费，另外，若5年内该基金的回报超过可观察的市场指数的回报，丙公司还可以获得相当于超额回报的20%的业绩奖励费。丙公司应当在合同开始日按照预计的管理费确认管理费收入，在每季度末按照预计的奖励费确认奖励费收入。

解析： 不正确。管理费和奖励费属于可变对价。

在合同开始日，丙公司无法确定管理费是否符合可变对价限制的规定，因此，合同开始日不应当确认收入，在每季度末按照实际收取的管理费确认收入。

在每季度末，丙公司也无法确定奖励费是否符合可变对价限制的规定，因此不应当确认收入，应当等到5年结束后根据实际完成的情况再考虑是否确认收入。

要求（3）： 确定学天海公司当期应当确认的交易价格金额。

学天海公司针对在正常赊销期结束之前付款提供现金折扣。月末按照100元销售某商品的销售付款期为90天。如果客户在30天内支付，将获得发票总金额10%的折扣。学天海公司按相同的赊销条款销售大量的类似项目（即该交易是类似项目组合的一部分）。根据以往经验，客户使用折扣的交易比例差异幅度较大，历史记录表明尽管长期平均比例为40%，但各月之间的比例变动幅度较大，而采用折扣的比例经常可高达70%（但从未超出这一比例）。

解析： 由于提供折扣，导致产生可变对价，应当考虑可变对价估计的限制性条件。

对于30天内付款的，有权收取的对价为100×（1－10%）＝90元，其折扣比例最高为70%，因此，这部分交易价格＝90×70%＝63元。

对于30天以上付款的，未享受折扣的比例最少为30%，这部分交易价格＝100×30%＝30元。

所以，一共确认交易价格＝63＋30＝93元。该金额符合极可能不会发生重大转回的条件。

要求（4）： 确定乙公司该合同的交易价格金额。

乙运输公司与游乐园签订了一年的班车服务合同，固定对价为40万元，乙公司还有权取得准时绩效以及客户平均等待时间的绩效奖金，该奖金的金额为规定的0元、20万元、40万元、60万元中的某一个金额。乙公司根据与游乐园以往合作的经验，客户的出行方式等情况，对取得每种奖金的概率估计为：0元的概率为30%、20万元的概率为30%、40万元的概率为35%、60万元的概率为5%。

解析：由于乙公司取得的奖金只能是四个金额中的一个，而不是其他金额，因此，应当采用最可能法，而不是期望值法。

根据最可能法估计的金额为40万元，因为这个金额的概率最大。但是，再考虑估计可变对价的限制条件，重新计算每种金额的累计概率，取得0元的概率为30%、取得20万元的概率为30%＋35%＋5%＝70%、取得40万元的概率为35%＋5%＝40%、取得60万元的概率为5%，因此，符合限制条件的可变对价为20万元。

该合同的交易价格为固定对价40＋可变对价20＝60万元。

【案例3－15】现金折扣。

学天海公司是一般纳税人，适用的增值税税率为13%。2×20年6月1日向乙公司销售一批服装，含税售价为1 130万元，为了尽快收回货款，学天海公司在合同中和乙公司约定的付款条件是：2/30，1/60，n/90。现金折扣包括增值税。

6月1日服装的控制权已经转移给乙公司，学天海公司预计乙公司最有可能在30天内付款。6月30日学天海公司并没有收到乙公司的款项。学天海公司又重新预计乙公司最有可能在60天内付款。7月20日学天海公司收到了乙公司的货款。

要求：编制学天海公司销售业务相关的会计分录。

解析：6月1日，由于预计乙公司最有可能在30天内付款，因此确认的收入为交易价格1 000－增值税1 130×2%＝977.4万元。

借：应收账款　　11 074 000

　　贷：主营业务收入　　9 774 000

　　　　应交税费——应交增值税（销项税额）

　　　　　　（1 130÷1.13×13%）1 300 000

6 月 30 日，重新估计乙公司最有可能在60 天内付款，应调增收入1 130×1% = 11.3 万元。

借：应收账款　　113 000

　　贷：主营业务收入　　113 000

7 月 20 日，收到货款。

借：银行存款　　11 187 000

　　贷：应收账款　　11 187 000

借：应交税费——应交增值税（销项税额）

（113 000÷1.13×13%）13 000

　　贷：主营业务收入　　13 000

三、重大融资成分

有些合同对价还包括了一方给另一方提供了融资，例如，企业以赊销、分期收款等方式销售商品，给客户提供融资，或者客户以支付预付款方式，给企业提供融资。尤其在汽车、房地产、大型设备、船舶等大型资产的销售交易中，交易价格有可能包含融资成分。

为什么要考虑融资成分？因为基于交易重构理论，具有融资成分的合同包括两项交易，一项是销售交易，另一项是融资交易，如果不确认融资成分可能导致无法如实反映合同收入。

例如，甲企业向客户销售一项大型资产，如果客户一次性付款，只需要支付900 万元，如果分四年付款，每年支付250 万元，那么共需要支付1 000 万元。如果不考虑融资成分，一次性付款确认900 万元收入，分次付款确认1 000 万元收入，销售同样商品的交易却确认不同的收入，明显不合理。因此，应当将合同进行分拆，销售商品应确认的收入为900 万元，融资交易应确认的融资收益为100 万元，这样相同的销售交易确认的收入相同才合理。

再如，乙企业给客户定制生产一台大型设备，要求客户预付全部款项900 万元，或者2 年后交付设备时支付1 000 万元款项。如果客户按照900 万元预付，则乙企业可以利用这些款项来购买原材料、投入人工等来履行合同，客户给乙企业提供融资。如果客户 2 年后付款，则乙企业相当于向金融机构借款筹集生产资金并支付利息，金融机构给乙企业提供融资。这两种做法实质上都进行了融资。因此，1 000 万元中实质上包含了融资所需的利息费用100 万元，乙企业应当按照商品控制权转移的时点的金额1 000 万元确认收入，100 万元融资利息费用资本化计入商品的成本。

（一） 识别重大融资成分 （见图 3 – 12）

融资成分可以从合同中明确地识别出来或者隐含在合同约定的付款条款之中。

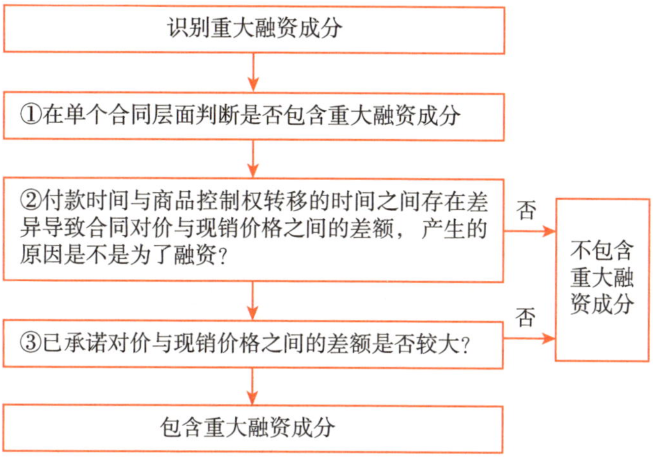

图 3 – 12　识别重大融资成分的步骤

【释①】准则仅要求在单个合同层面判断合同中是否包含重大融资成分，不需要在合同组合层面或者企业层面判断，因为虽然有些情况下，按照单个合同考虑融资成分可能不重大，但是从合同组合层面或者企业层面考虑可能重大，如果这样要求会增加提供信息的成本，因此，出于简化实务操作负担的原因，准则对此未做要求。

【释③】差额较大，才符合重大融资成分中“重大”的概念。如果差额比较小，考虑成本效益原则，按照不包含重大融资成分进行会计处理。判断差额是否较大时，应当考虑转让商品和支付款项之间的预计时间间隔和市场现行利率的共同影响。

（二）不包含重大融资成分的情形（见表3－13）

表3－13　　不包含重大融资成分的情形

预付款	客户就商品支付了预付款，且可以自行决定这些商品的转让时间。如储值卡【1】
特许权使用费	客户承诺支付的对价中有相当大的部分是可变的，该对价金额或付款时间取决于某一未来事项是否发生，且该事项实质上不受客户或企业控制。如按实际销售量收取的特许权使用费【2】
合同保护	合同条款的目的或者承诺的对价金额与现销价格之间的差额是由于提供融资利益以外的其他原因所导致的，且这一差额与产生该差额的原因是相称的【3】
非融资因素	企业向客户转让商品或服务的时间与收款的时间间隔虽然较长，但导致该时间间隔的主要原因是国家有关部门需要履行相关的审批程序所需要经历的必要时间【4】

【释1】包含重大融资成分的交易的实质是企业留住老客户的营销手段，而不是融资。判断重大融资成分的目的是反映合同中包含的“重大融资利益”，而不是反映货币时间价值。

例如，技术产品制造商甲公司与客户订立一项合同，约定甲公司在提供技术产品的同时，提供为期三年的全球电话技术支持及维修服务。客户在购买产品的同时购买该支持服务。该服务的额外对价为300万元。选择购买该服务的客户，必须预先支付该款项。在这种情况下，甲公司收取一次性预付款的主要目的并非从客户处获得融资，而是考虑到与提供服务相关的风险，最大限度地提高利润。特别是，如果客户可以每月分期付款，其续约的可能性将会降低，而且后续年度继续使用该支持服务的客户将会减少，进而客户群的多样性会降低，从而增加甲公司的管理成本和收取每月付款的成本。因此，甲公司基于风险和成本因素考虑，一次性收取预付款，并不包含重大融资成分。

【释2】在特许权交易中产生的可变对价与付款的时间差，是因为特许权的重大不确定性，这种条款的目的主要是就特许权的价值向各方保证，而不是融资。

【释3】合同保护的目的不是融资。例如，有些建造合同中约定工程质量保证金条款，是向客户提供保护，以防止企业未能依照合同充分履行义务。

【释4】例如，学天海公司主要从事光伏发电业务。2×19年1月，学天海公司建成一座光伏电站，并取得上网发电许可。学天海公司与当地电网公司签订购售电合同，开始并网发电。学天海公司的发电收入主要由两部分构成：一是从当地电网公司取得的上网电费；二是可再生能源上网电价补贴款。根据相关政策规定，可再生能源上网电价补贴款通常在发电企业取得可再生能源电价附加资金补助目录（以下简称“目录”）登记批准后，才会由国家相关部门将补贴资金拨付至购电人，再由购电人支付给发电企业。发电企业申请目录的时间由国家相关部门统一安排。

学天海公司根据相关政策和历史经验，可以合理估计其能够取得目录的登记批准。但是，由于申请目录的企业较多，且审批流程较为烦琐，学天海公司预计将于 2×21 年 1 月才能取得目录审批，进而取得可再生能源上网电价补贴款。

学天海公司根据相关政策和历史经验，可以合理估计其能够取得目录的登记批准，并取得可再生能源电价补贴款，因此，应当将该补贴计入交易价格。虽然确认收入的时间和取得可再生能源电价补贴款的时间间隔超过一年，但是其主要原因是国家有关部门需要履行相关的审批登记程序，且该时间间隔是履行上述程序所须经历的必要时间，其性质上并非为国家有关部门提供融资利益。因此，因发电取得的可再生能源电价补贴款不存在重大融资成分。

（三）重大融资成分的会计处理（见表 3-14）

表 3-14　　重大融资成分的会计处理

简化方法	在合同开始日，企业预计客户取得商品控制权时点与支付价款时点的间隔不超过一年的，可以不考虑重大融资成分【1】
	如果合同中包含多项履约义务，可能不适用简化方法
一般方法	确定交易价格：以现销价格确定，交易价格与合同承诺的对价金额之间的差额属于融资成分，在合同期间内采用实际利率法摊销【2】
	确定折现率：使用将合同对价的名义金额折现为商品现销价格的折现率，该折现率一经确定，不得因后续市场利率或客户信用风险等情况的变化而变更【3】
	利息分摊期间：企业只有在确认了合同资产（或应收款项）和合同负债时，才应当分别确认相应的利息收入和利息支出，并按照《CAS17——借款费用》的规定进行处理【4】
列报	融资成分与客户合同收入应当分开列报【5】

【释 1】为什么不超过一年的不考虑融资成分？因为不超过一年的情况下，收取的对价和现销价格的差额一般比较小，对收入的金额和财务报表影响非常小。

【释 2】为什么以现销价格确定交易价格，而不是按照销售商品的公允价值确定交易价格？因为现销价格是商品的单独售价，代表企业有权收取的对价，与销售其他不含融资成分的商品采用单独售价确定交易价格的原则保持一致。实务中，现销价格一般接近公允价值，否则交易很难达成。

【释3】 为什么使用将合同对价的名义金额折现为现销价格来确定折现率，而不是使用将合同对价的名义金额折现为公允价值来确定折现率？折现率，不是仅反映货币时间价值的无风险利率，也不是市场利率，因为企业促销可能会提供“廉价的”融资，从而导致无法在合同存续期内适当确认利润。因此，主体应当采用主体与客户之间进行不涉及提供商品或服务的融资交易时所使用的利率，因为该利率反映了合同中取得融资一方的特征及其信用风险。主体与客户在签订合同时，确认的合同对价通常会在考虑诸如通货膨胀率、信用风险等因素后单独议定合同付款条款。因此，主体应当能够获得充足的信息来确定主体与客户之间的单独融资交易所使用的折现率。

IFRS15 采用接受融资时点能够反映接受融资方信用特征的增量借款利率，这是理论上比较合理的利率，但是，企业设定的合同对价一般能够反映企业的增量借款利率，例如，客户给企业提供融资，如果合同对价反映的利率比增量借款利率高，企业基于经济动因会选择外部借款，而不会选择预收款折价销售，如果合同对价反映的利率比增量借款利率低，客户基于经济动因不会接受。另外，确定企业与客户之间的单独融资交易所使用的折现率可能较为困难，而且成本比较高，尤其对于拥有大量合同的企业来说，针对每一个客户确定一个折现率并不可行。因此，考虑到我国市场环境和历史惯例，我国会计准则中直接采用将合同对价折现为现销价格时的折现率，不再考虑增量借款利率问题。这是我国会计准则与国际会计准则的一个差异。

为什么折现率不得变更？如果采用现销价格确定交易价格，那么后续现销价格的变化或者市场利率变化等，与交易价格无关，为了与初始确认交易价格口径保持一致。如果客户信用风险发生变化，应当计提坏账准备，确认信用减值损失，而不是变更折现率从而调整交易价格。

因为只有企业取得合同权利或者承担合同义务，才能开始分摊利息。合同资产和利息收入是针对融资出售方来说的，合同负债和利息支出是针对融资买入方来说的。

【释 4】重大融资成分作为利息收入或利息费用（而非对收入计量值的改变）列报。这是因为融资交易与销售商品交易具有可明确区分的经济特征，应当单独进行会计处理和列报。

【释 5】银行等金融企业经常进行融资交易，因此利息代表这些主体正常经营活动所产生的收益，主体可以将利息作为一类收入列报。

融资利息，如果资本化处理，同时扩大了收入与成本的规模，对企业利润不会产生影响，如果费用化处理，对利润的影响也有限。

【案例 3-16】多项履约义务不适用简化方法。

甲公司与客户签订一项合同，其中包括在合同开始时，交付一项设备，以及提供 24 个月的服务。甲公司认定，设备和服务属于两项单独履约义务。合同承诺对价总额为 2 400 万元，分 24 个月分期支付，每月 100 万元。假设交易价格分摊后，设备的交易价格为 500 万元，服务的交易价格为 1 900 万元（每月大约 79 万元）。假设该合同包含了重大融资成分。为简化分析，不考虑利息收入的计算。

要求：该合同是否适用重大融资成分简化方法，如何计算各项履约义务的支付期间。

解析：观点一：根据分配后的交易价格，设备 500 万元将在交付后 5 个月后全额支付。因此交付设备与支付对价的间隔期间少于 1 年。

对于服务，第 1 个月的服务将在第 6 个月获得支付，第 2 个月的服务将在第 7 个月获得支付。以此类推，提供服务与支付对价的间隔期间也少于 1 年。

因此合同中两项履约义务均可适用简化方法，不需要对合同对价进行调整。

观点二：每个月支付的对价应当按照比例向设备和服务进行分摊，即每月支付的 100 万元中，为服务支付 79 万元，为设备支付 21 万元。因此，对于设备，需要在 24 个月后才能获得全额支付，交付设备与支付对价的间隔期间长于 1 年，不适用简化方法。对于服务，每月提供，每月末获得支付。该交易的实质是，客户为购买的设备进行融资，而不是为所接受的服务融资。观点二更能反映交易的经济实质及准则的意图。

（四）包含重大融资成分的账务处理（见表3-15）

表3-15　　包含重大融资成分的账务处理

企业为客户提供重大融资利益的	确认收入时 借：长期应收款 　　贷：主营业务收入（现销价格） 　　　　未实现融资收益（倒挤） 借：主营业务成本 　　贷：库存商品
企业为客户提供重大融资利益的	以后期间分摊利息收入时 借：未实现融资收益 　　贷：财务费用
	以后期间收取款项时 借：银行存款 　　贷：长期应收款
客户为企业提供重大融资利益的	收取款项时 借：银行存款（本金） 　　未确认融资费用（倒挤，利息） 　　贷：合同负债（本息和）
	以后期间分摊利息费用时 借：制造费用/财务费用 　　贷：未确认融资费用
	商品控制权转移时 借：合同负债 　　贷：主营业务收入 借：主营业务成本 　　贷：库存商品
代收款项	借：银行存款 　　贷：其他应付款——押金 　　　　应交税费——应交增值税（销项税额）

“合同负债”科目核算企业已收或应收客户对价而应向客户转让商品的义务。本科目期末贷方余额，反映企业在向客户转让商品之前，已经收到的合同对价或已经取得的无条件收取合同对价权利的金额。

合同负债不包括不属于交易价格的、代收代付的款项，例如，收取的增值税通过“应交税费”科目核算，收取的需要退还的保证金通过“其他应付款”科目核算。

企业适用CAS14，因转让商品收到的预收款且承担了应向客户转让商品的义务时，不再使用“预收账款”科目及“递延收益”科目，在“合同负债”科目核算。如果因转让商品收到的预收款但是尚未承担应向客户转让商品的义务时，先在“预收账款”科目核算，待承担了应向客户转让商品的义务时，再转入“合同负债”科目核算。

不适用 CAS14、适用其他准则的义务，收到的预收款可以使用“预收账款”科目。

企业代收代付的款项不需要折现，因为企业收取代收款的目的不是融资，最终根据实际代收金额向第三方支付。

【案例 3－17】企业给客户提供融资。

学天海公司为增值税一般纳税人，适用增值税税率为 13%，20×5 年 1 月 1 日采用分期收款方式向乙公司销售一套大型设备，合同约定的销售价格为 2 000 万元，分 5 次于每年 12 月 31 日等额收取。该大型设备成本为 1 560 万元。在现销方式下，该大型设备的销售价格为 1 600 万元。假定税法规定，在合同约定的收款日期，发生有关的增值税纳税义务。乙公司购入该设备作为生产用固定资产使用。

要求：编制学天海公司每年有关的会计分录和乙公司当年的会计分录。

解析：400 ×（P/A，r，5）＝1 600 万元，用插值法计算实际利率 r＝7.93%。

学天海公司各期的会计分录如下：

①20×5 年 1 月 1 日销售实现时的会计分录为：

借：长期应收款	20 000 000	
贷：主营业务收入		16 000 000
未实现融资收益		（倒挤）4 000 000
借：主营业务成本	15 600 000	
贷：库存商品		15 600 000

②20×5 年 12 月 31 日收取货款和增值税税额时的会计分录为：

借：银行存款	4 520 000	
贷：长期应收款		4 000 000
应交税费——应交增值税（销项税额）		520 000
借：未实现融资收益	1 268 800	
贷：财务费用		1 268 800

本期摊销金额＝长期应收款的期初摊余成本×实际利率

＝（长期应收款期初余额－未实现融资收益期初余额）×实际利率

长期应收款（借）	长期应收款（贷）	未实现融资收益（借）	未实现融资收益（贷）
2 000	400	（2 000−400）×7.93%=126.88	400
1 600	400	（1 600−273.12）×7.93%=105.22	273.12
1 200	400	（1 200−167.90）×7.93%=81.85	167.90
800	400	（800−86.05）×7.93%=56.62	86.05
400	400	29.43	29.43
0			0

③20×6 年 12 月 31 日收取货款和增值税税额时的会计分录为：

借：银行存款　4 520 000

　贷：长期应收款　4 000 000

　　应交税费——应交增值税（销项税额）　520 000

借：未实现融资收益　1 052 200

　贷：财务费用　1 052 200

④20×7 年 12 月 31 日收取货款和增值税税额时的会计分录为：

借：银行存款　4 520 000

　贷：长期应收款　4 000 000

　　应交税费——应交增值税（销项税额）　520 000

借：未实现融资收益　818 500

　贷：财务费用　818 500

⑤20×8 年 12 月 31 日收取货款和增值税税额时的会计分录为：

借：银行存款　4 520 000

　贷：长期应收款　4 000 000

　　应交税费——应交增值税（销项税额）　520 000

借：未实现融资收益　566 200

　贷：财务费用　566 200

⑥20×9 年 12 月 31 日收取货款和增值税税额时的会计分录为：

借：银行存款　4 520 000

贷：长期应收款　　4 000 000
　　应交税费——应交增值税（销项税额）　　520 000
借：未实现融资收益　　294 300
　　贷：财务费用　　294 300

乙公司购买该设备的会计处理如下：

20×5 年 1 月 1 日的会计分录为：

借：固定资产　　16 000 000
　　未确认融资费用　　4 000 000
　　贷：长期应付款　　20 000 000

20×5 年 12 月 31 日的会计分录为：

借：长期应付款　　4 000 000
　　应交税费——应交增值税（进项税额）　　520 000
　　贷：银行存款　　4 520 000
借：财务费用　　1 268 800
　　贷：未确认融资费用　　1 268 800

【案例 3-18】客户给企业提供融资。

2×18 年 1 月 1 日，学天海公司与乙公司签订合同，向其销售一批产品。合同约定，该批产品将于 2 年之后交货。合同中包含两种可供选择的付款方式，即乙公司可以在 2 年后交付产品时支付 449.44 万元，或者在合同签订时支付 400 万元。乙公司选择在合同签订时支付货款，该批产品的控制权在交货时转移，学天海公司于 2×18 年 1 月 1 日收到乙公司支付的货款。不考虑相关税费影响。按照上述两种付款方式计算的内含利率为 6%。

要求：编制学天海公司 2×18 年 1 月 1 日、2×18 年 12 月 31 日、2×19 年 12 月 31 日的会计分录。

解析：在确定交易价格时，应当对合同承诺的对价金额进行调整，以反映该重大融资成分的影响。

（1）2×18 年 1 月 1 日收到货款。

借：银行存款　　4 000 000

未确认融资费用　　494 400

　　贷：合同负债　　4 494 400

（2）2×18年12月31日确认融资成分的影响。

借：财务费用　　（4 000 000×6%）240 000

　　贷：未确认融资费用　　240 000

（3）2×19年12月31日交付产品。

借：财务费用　　（4 240 000×6%）254 400

　　贷：未确认融资费用　　254 400

借：合同负债　　4 494 400

　　贷：主营业务收入　　4 494 400

【案例3-19】 商品房预收销售款包含的融资成分。

学天海房地产公司采用预售方式销售商品房，与自然人乙签订合同约定，乙提前五年于2×15年1月1日向学天海公司支付房款1 600万元，而学天海公司应当于2×19年12月31日向乙交付商品房。该商品房开发成本预计为1 500万元。在现销方式下，该商品房的销售价格预计为2 000万元。按照学天海公司收入确认政策，在商品房竣工验收而且交付乙之后确认收入。

假定该商品房的开发进度在5年内均匀推进，成本也均匀发生。借款费用符合资本化条件。不考虑税费等其他因素影响。

要求： 编制学天海公司销售该商品房有关的会计分录。

解析： 企业将商品转让给客户的时点与客户支付款项的时点之间的时间间隔为5年，合同承诺对价1 600万元与现销价格2 000万元之间的差额为400万元，结合市场现行利率等因素，判断本合同对价中包含重大融资成分。

假设实际利率为r，则 $1\,600 \times (1+r)^5 = 2\,000$，$r = 4.56\%$。

2×15年1月1日收取款项的会计分录如下：

借：银行存款　　16 000 000

　　未确认融资费用　　4 000 000

　　贷：合同负债　　20 000 000

2×15年12月31日分摊当年融资费用的会计分录如下：

借：开发成本　　（16 000 000×4.56%）729 600

　　贷：未确认融资费用　　729 600

合同负债的摊余成本＝1 600＋72.96＝1 672.96（万元）

确认开发成本：因为开发进度在5年内均匀推进，成本也均匀发生，采用直线法分摊开发成本。

借：开发成本　　（15 000 000÷5）3 000 000

　　贷：银行存款等　　3 000 000

2×16年12月31日分摊当年融资费用的会计分录如下：

借：开发成本　　（16 729 600×4.56%）762 900

　　贷：未确认融资费用　　762 900

合同负债的摊余成本＝1 672.96＋76.29＝1 749.25（万元）

借：开发成本　　3 000 000

　　贷：银行存款等　　3 000 000

2×17年12月31日分摊当年融资费用的会计分录如下：

借：开发成本　　（17 492 500×4.56%）797 700

　　贷：未确认融资费用　　797 700

合同负债的摊余成本＝1 749.25＋79.77＝1 829.02（万元）

借：开发成本　　3 000 000

　　贷：银行存款等　　3 000 000

2×18年12月31日分摊当年融资费用的会计分录如下：

借：开发成本　　（18 290 200×4.56%）834 000

　　贷：未确认融资费用　　834 000

合同负债的摊余成本＝1 829.02＋83.4＝1 912.42（万元）

借：开发成本　　3 000 000

　　贷：银行存款等　　3 000 000

2×19年12月31日分摊当年融资费用的会计分录如下：

借：开发成本　　875 800

　　贷：未确认融资费用　　（转销余额）875 800

未确认融资费用余额＝400－72.96－76.29－79.77－83.4＝87.58（万元）

借：开发成本　　3 000 000
　　贷：银行存款等　　3 000 000
借：开发产品　　19 000 000
　　贷：开发成本　　（转销余额）19 000 000
交房时，商品房控制权转移给客户。
借：合同负债　　（转销余额）20 000 000
　　贷：主营业务收入　　20 000 000
借：主营业务成本　　19 000 000
　　贷：开发产品　　（转销余额）19 000 000

考虑重大融资成分后，收入为2 000万元，成本为1 900万元，利润为100万元。不考虑重大融资成分的收入为1 600万元，成本为1 500万元，利润为100万元。由此可见，融资利息资本化处理时，对利润没有影响。

四、非现金对价

非现金对价，包括实物资产、无形资产、股权、客户提供的服务、以旧换新销售等。需要考虑企业收到的非现金对价如何计入交易价格。

（一）非现金对价的确认（见图3－13）

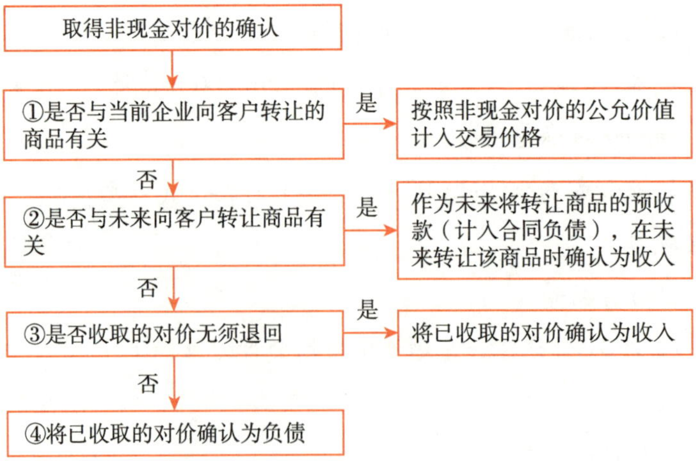

图3－13　非现金对价的确认

【释①】为什么交易价格不按照销售商品的单独售价或公允价值确定？因为第一，非现金对价的公允价值相当于是企业愿意接受的对价；第二，非现金对价的公允价值可能是交易价格扣除折扣等优惠后的价格，而单独售价是未扣除折扣等优惠后的价格；第三，非现金对价的公允价值就是企业有权收取的对价。实务中，企业对取得的非现金对价一般要进行评估，而对销售商品的公允价值不进行评估，所以非现金对价的公允价值可靠性更高。

例如，甲企业销售A商品给客户，双方约定，合同标价为200万元，客户可以用B商品和现金150万元来支付。假如B商品的公允价值不能确定，则甲企业应当按照销售A商品的单独售价确定交易价格为200万元。假如B商品的公允价值为40万元，则甲企业销售A商品的交易价格为40+150=190万元。

【释④】一般是代收资源。

（二）非现金对价的计量（见表3-16）

表3-16　　非现金对价的计量

初始计量	按照公允价值计量。如果公允价值不能可靠计量的，参照向客户转让商品的单独售价间接确定交易价格【1】
公允价值的计量日	应当是已收或应收非现金对价日与履行履约义务日两者孰早日，而不是合同开始日或者已收或应收非现金对价日【2】
外币预付对价的计量日	交易发生日，即企业因支付或收取非现金对价而导致非货币性资产或非货币性负债初始确认的日期【3】
	相关资产、费用、收入在初始确认时按照交易发生日的即期汇率折算

【释1】这是一种替代方法。非现金对价的公允价值应用CAS39的规定计量。

【释2】因为孰早日代表企业有权收取对价的日期。

【释3】交易发生日的认定，理论上有两种方法：

（1）单项交易法，是将支付或收取对价与转移商品看作同一交易的两个组成部分，因此交易发生日是以两者满足相关确认条件孰早日期为准。国际会计准则与我国会计准则均采用了这种方法。因为，第一，这种方法反映了企业无须再承担已支付或收取的预付对价的汇率变动风险。在收取预付对价后，企业有权决定是否继续持有该外币对价并承担相应的汇率变动风险，在支付预付对价后，企业也不再承担已支付对价的汇率变动风险。第二，与《CAS19——外币折算》规定保持一致，即采用历史成本计量的外币非货币性项目按照交易发生日的汇率折算。

（2）多项交易法，是将支付或收取对价与转移商品看作两项单独的交易，每一项交易都有首次符合确认标准的日期。

【案例3-20】 非现金对价公允价值的计量日。

2×21年1月1日，甲公司开始为乙公司开发网站。甲公司将该服务认定为在某一时段内履行的单项履约义务。作为开发网站的对价，甲公司可以在完成网站开发后在乙公司的网站上发布一个月的广告。甲公司仅在完成网站开发后，才有权无条件发布广告。甲公司于2×21年9月1日完成该网站开发。

要求： 甲公司取得非现金对价广告服务的公允价值计量日是1月1日还是9月1日？

解析： 观点一：以合同开始日作为计量日，即1月1日。因为，第一，这与合同交易价格其他部分的初始确定日期保持一致。第二，合同开始日非现金对价的公允价值，最能反映客户愿意用于交换商品的价值。第三，非现金对价的支付时点不应当影响所确认的收入金额，除非合同包含融资成分。

观点二：以已收或应收非现金对价日作为计量日，即9月1日，当日网站开发完成，可以确认应收的非现金对价资产或费用。因为非现金对价所产生的资产一旦确认，应当按照其他相关准则处理，不再影响收入金额。也就是说，在确认已收或应收之前的非现金对价，即在1月1日至9月1日期间该非现金对价的公允价值变动将影响收入金额。

观点三：以已收或应收非现金对价日和相关履约义务履行日孰早作为计量日。因为这样处理与其他准则的要求保持一致。例如，股份支付准则中规定，企业向非雇员的其他方发行权益工具以换取商品或服务，该商品或服务的公允价值应当在企业获得商品或服务之日计量。

参照交易日会计的基本原理，观点三比较合适。非现金对价的公允价值计量日，在会计准则中没有明确规定。根据国际会计准则理事会的决定，以后有可能单独规定。

【案例3-21】外币预付对价的计量日——一次确认收入。

2×21年1月1日，甲公司向国外客户出口一批商品。根据双方签订的合同，要求在2×21年9月1日交付商品，货款总计为100万美元。甲公司在2×21年8月1日收到货款40万美元，9月30日收到剩余货款。

美元与人民币的汇率为：8月1日为1∶1.5，8月31日为1∶1.55，9月1日为1∶1.6，9月30日为1∶1.8。不考虑税费等其他因素。

要求：编制甲公司与上述业务有关的会计分录。

解析：8月1日，按照交易发生日的即期汇率折算。

借：银行存款　　（400 000×1.5）600 000

　　贷：合同负债　　600 000

这里的合同负债属于非货币性项目，期末无须折算。

9月1日，交付商品，应当确认收入，其中，原预付对价40万美元不再折算，从合同负债直接转入收入，应收的60万美元按照交易发生日（9月1日）的即期汇率折算计入收入。

借：合同负债　　（转销余额）600 000

　　应收账款　　（600 000×1.6）960 000

　　贷：主营业务收入　　（倒挤）1 560 000

9月30日，会计分录如下：

借：银行存款　　（600 000×1.8）1 080 000

　　贷：应收账款　　（转销余额）960 000

　　　　财务费用　　（倒挤）120 000

【案例3-22】外币预付对价的计量日——多次确认收入。

2×21年1月1日，学天海公司向国外客户出口销售两种商品。3月1日交付甲商品，6月1日交付乙商品。合同约定，客户需要支付价款总额1 000万美元，其中1月31日学天海公司收取的预付对价为200万美元，剩余价款将于6月1日收到。

学天海公司将交易价格在两种商品之间分配，甲商品分配的交易价格为450万美元，乙商品分配的交易价格为550万美元。学天海公司认为，1月31日收到的预付对价与3月1日交付的甲商品相关，当甲商品交付给客户时，学天海公司具有无条件收取剩余价款250万美元的权利。

美元与人民币的汇率为：1月31日为1∶1.5，3月1日为1∶1.7，6月1日为1∶1.9。不考虑税费等其他因素。

要求：编制学天海公司与上述业务有关的会计分录。

解析：1月31日，按照交易发生日的即期汇率折算。

借：银行存款　(2 000 000×1.5) 3 000 000

　贷：合同负债——甲商品　3 000 000

这里的合同负债属于非货币性项目，期末无须折算。

3月1日，交付商品，应当确认收入，其中，原预付对价200万美元不再折算，从合同负债直接转入收入，应收的250万美元按照交易发生日（3月1日）的即期汇率折算计入收入。

借：合同负债——甲商品　（转销余额）3 000 000

　应收账款——甲商品　(2 500 000×1.7) 4 250 000

　贷：主营业务收入——甲商品　（倒挤）7 250 000

6月1日，折算货币性项目——应收账款。

借：应收账款——甲商品　[2 500 000×（1.9－1.7）] 500 000

　贷：财务费用　500 000

借：银行存款　(2 500 000×1.9) 4 750 000

　贷：应收账款——甲商品　（转销余额）4 750 000

借：银行存款　(5 500 000×1.9) 10 450 000

　贷：主营业务收入——乙商品　(5 500 000×1.9) 10 450 000

（三）非现金对价的会计处理（见表3－17）

表3－17　非现金对价的会计处理

客户投入非现金对价【1】	企业未取得控制权的不计入交易价格
	企业取得控制权的按照非现金对价处理
非现金对价的公允价值后续变动	因对价形式本身发生变动的金额不应计入交易价格【2】
	因对价形式以外的原因发生变动的金额按照可变对价处理【3】

【释 1】 企业在向客户转让商品的同时，如果客户向企业投入材料、设备或人工等非现金对价，以协助企业履行合同，企业应当评估是否取得了对这些商品的控制权。例如，建造合同中的甲供材的业务、委托加工业务，公用事业中的电力供应企业取得客户投入的设备向客户供应电力等。

【释 2】 如果因非现金对价形式本身发生变动，例如，取得的非现金对价是股票，股票本身价格发生变化，说明与履约义务无关，因此不计入交易价格，按照非现金对价产生的资产相关的准则处理。

【释 3】 如果因非现金对价形式以外的原因发生变动，例如，取得股票数量的变化，说明与履约义务有关，那么计入交易价格，按照可变对价的规定处理。

【案例 3－23】 客户投入非现金对价的处理。

甲企业销售商品给客户，单独售价为 500 万元。合同约定，由于商品比较特殊，部分原材料、设备和人工只有客户掌握，因此客户投入了这些资产和人工。由于客户投入部分的公允价值为 100 万元，因此客户只需要向甲企业支付 400 万元。

解析： 甲企业应当首先评估是否取得了客户投入资产的控制权。

（1）如果未取得控制权的，不应当考虑客户投入的价值，甲企业应当确定交易价格为 400 万元。

（2）如果甲企业取得了客户投入部分的控制权，由于客户投入部分的公允价值 100 万元应当确认为合同成本，则甲企业应当确定交易价格为 400＋100＝500 万元。

（3）如果客户投入部分的公允价值无法确定，则甲企业应当按照商品的单独售价确定交易价格为 500 万元。

【案例 3－24】 非现金对价后续价值变动的处理。

甲企业为客户生产一台专用设备。双方约定，如果甲企业能够在 30 天内交货，则客户支付 1 000 元，同时甲企业可以额外获得 100 股客户的股票作为奖励。合同开始日，该股票的价格为每股 5 元；由于缺乏执行类似合同的经验，当日，甲企业估计，该 100 股股票的公允价值计入交易价格将不满足累计已确认的收入极可能不会发生重大转回的限制条件。合同开始日之后的第25天，企业将该设备交付给客户，从而获得了100股股票，该股票在此时的价格为每股6元。假定企业将该股票作为以公允价值计量且其变动计入当期损益的金融资产。

要求：甲企业应当如何确认销售设备的收入和股票的公允价值变动。

解析：合同开始日，非现金对价100股股票的公允价值500元属于可变对价，由于不满足累计已确认的收入极可能不会发生重大转回的限制条件，不应计入交易价格。

合同开始日之后的第25天，甲企业获得了100股股票，应当确认的收入=1 000+股票因对价形式以外的原因发生的变动500=1 500元，因对价形式原因而发生的变动的100元（600-500）计入公允价值变动损益。

【案例3-25】非现金对价的处理。

甲广告公司给乙手机企业提供广告服务，根据合同约定，乙企业以自己生产的100部手机，每部市场价1万元，作为交易对价支付给甲公司。由于广告服务比较个性化，公允价值不能合理估计。甲广告公司收到手机一个月后，手机市场价格下跌到9 000元一台。

要求：（1）甲公司应当如何确认广告服务的交易价格。

（2）甲公司对于手机市场价格下跌应当如何进行会计处理。

（3）如果合同约定，乙企业购买甲广告公司的服务后，如果乙企业的营业收入比上年营业收入增长20%以上，乙企业支付100部手机作为交易对价，如果增长50%以上，乙企业支付200部手机作为交易对价。则甲公司应当如何确认广告服务的交易价格。

解析：（1）甲公司应当根据收到的非现金资产，即100部手机的公允价值100万元确认交易价格。

（2）手机市场价格下跌属于对价形式本身发生价值的波动，不计入交易价格，甲公司应当进行减值测试，确认0.1×100=10万元资产减值损失。

（3）这就是对价形式以外的原因发生变动的情形。甲公司应当按照可变对价的原则进行会计处理，按照估计的可变对价确定交易价格。

五、应付客户对价

企业有时需要向客户（或者客户的客户）支付对价，例如，企业（生产商）将商品卖给超市（客户、零售商），需要向超市支付销售返利、上架费、广告费，或者企业授予客户奖励积分、优惠券、兑换券、批量回扣等。

应付客户对价的会计原则是，企业向客户支付的款项，先判断企业是否从客户采购商品或服务，如果是，按照采购的商品或服务处理，如果否，按照销售激励冲减交易价格处理。这是 2017 版收入准则与 2006 版收入准则相比一个很大的变化。

企业在合同开始日，应当按照图 3-14 所示的逻辑判断合同中是否存在应付客户对价。

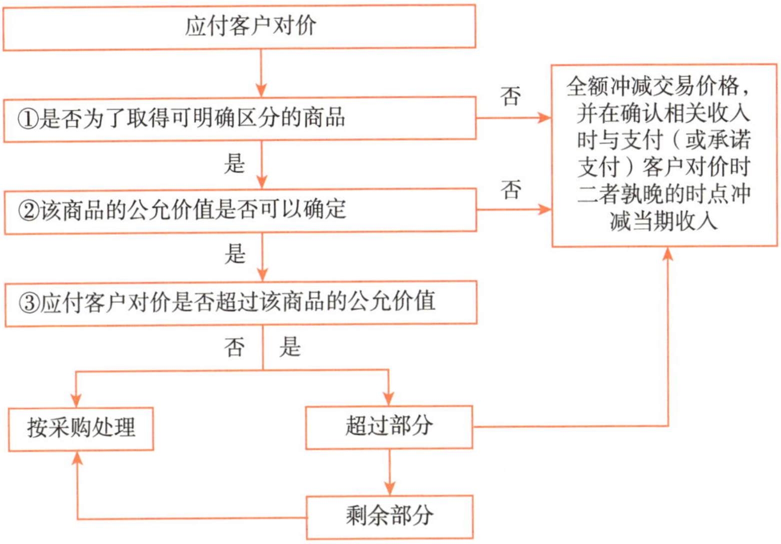

图 3-14　应付客户对价的判断逻辑

【释①】企业应当分析向客户支付对价的目的，究竟是采购商品或服务，还是给客户的让利，如果是采购可明确区分的商品，则不属于应付客户对价，按照采购交易处理；如果采购的商品或服务不可以明确区分，按照冲减交易价格处理。

承诺支付，是指有些交易，在销售量达到一定程度时承诺按照折扣价计算。

【释③】应付客户对价的确认时点：如果应付客户对价不属于可变对价，则适用应付客户对价的确认时点，如果应付客户对价属于可变对价，则适用可变对价的确认时点。

冲减交易价格的理论基础是，应付客户的对价只是收入的抵减项目，不属于费用，冲减交易价格后的净值才代表真实的交易价格。同理，发行证券时支付的证券发行费用，也不属于费用，而是作为证券初始确认金额的抵减，所以冲减发行的证券的价格。

【案例3-26】应付客户对价的处理。

甲公司按照100万元的价格销售A商品给乙公司，同时支付10万元给乙公司，双方以现金净额结算。假设有表3-18所示几种情形。

表3-18　　应对客户对价的会计处理

情形	会计处理
1. 支付10万元的目的是鼓励乙公司以后继续购买A商品	说明甲公司不是为了取得可明确区分的商品，属于给客户折扣，应当冲减交易价格，甲公司应当确认交易价格100-10=90万元 借：银行存款　900 000 　贷：主营业务收入　900 000
2. 支付10万元的目的是取得乙公司的B商品作为原材料。B商品的公允价值无法可靠确定	应当冲减交易价格，确认交易价格100-10=90万元 借：银行存款　900 000 　贷：主营业务收入　900 000
3. 支付10万元的目的是取得乙公司的B商品作为原材料。B商品的公允价值为12万元	应付客户对价10万元未超过商品的公允价值12万元，不影响交易价格 借：银行存款　900 000 　原材料　100 000 　贷：主营业务收入　1 000 000
4. 支付10万元的目的是取得乙公司的B商品作为原材料。B商品的公允价值为7万元	超过B商品公允价值7万元的部分10-7=3万元应当冲减交易价格，确认交易价格100-3=97万元 借：银行存款　900 000 　原材料　70 000 　贷：主营业务收入　970 000

【案例3-27】经销商返利。

小米集团公司公开发行CDR招股说明书（20180614）中披露，公司给予经销商一定的返利作为激励，分为表3-19所示三种。

表 3－19　三种返利类型

返利类型	含义	收入确认
提货返利	与每次提货量对应的返利	在提货对应的销售收入确认期间冲减收入
达量返利	全年采购达到一定数量的返利	公司每月按照预计的经销商全年采购量进行估计，冲减收入，年末按实际结算金额调整
库存价保	如果小米主动降价，对于经销商未销售的存货给予返利补贴	公司根据价格政策走势估计其影响金额，冲减当期收入

小米发行的 CDR 号称中国 CDR 第一股。CDR 是中国存托凭证，根据美国 ADR 设计的新型融资工具，就是将小米在境外香港已经上市的股票存入境内银行，然后在境内资本市场就可以发行 CDR 进行融资了。

报告期内，即 2015—2017 年及 2018 年一季报，公司对经销商的返利金额分别为 2.42 亿元、7.78 亿元、22.54 亿元、7.75 亿元。而小米手机每部平均价格才 1 300 元左右，出货量非常大，折算后约为 19 万部、60 万部、173 万部、60 万部。

【案例 3－28】支付客户返利与向客户提供重大权利的区别。

企业应当基于返利的形式和合同条款的约定，考虑相关条款安排是否会导致企业未来需要向客户提供可明确区分的商品或服务，在此基础上判断相关返利属于可变对价还是提供给客户的重大权利。一般而言，对基于客户采购情况等给予的现金返利，企业应当按照可变对价原则进行会计处理；对基于客户一定采购数量的实物返利或仅适用于未来采购的价格折扣，企业应当按照附有额外购买选择权的销售进行会计处理，评估该返利是否构成一项重大权利，以确定是否将其作为单项履约义务并分摊交易对价。

【案例 3－29】支付客户对价取得服务的处理。

对于企业基于自身宣传需要支付给超市等客户的推广支出，如果有明确证据表明企业向客户支付对价是为了取得明确可区分的推广服务，并且能够主导推广服务的使用（如主导商品上架区域、堆放位置，以及展示时间、频率、方式等），企业应将其作为从客户购买推广服务处理，按照支付对价中与推广服务公允价值相当的部分确认销售费用，支付对价超过推广服务公允价值的部分冲减销售收入。

【案例3－30】经销商补贴的处理。

甲公司是一家汽车生产商，通过经销商销售汽车，甲公司将其生产的汽车以买断形式销售给经销商，经销商再向最终消费者销售。为了支持经销商，甲公司对各类经销商提供形象店建设补贴和经销商培训补贴。

形象店建设补贴主要为，甲公司要求经销商按照甲公司的统一标准对4S店进行装修，包括整体装修风格、展厅布置等。4S店建成之后需要经过甲公司验收，审批合格后，甲公司将向经销商支付形象店建设补贴款100万元至150万元。

经销商培训补贴主要为，经销商有义务定期参加甲公司组织的相关培训和认证，且需要经过测评，合格之后可享受甲公司给予的培训补贴。培训补贴按照测评分数分级，分数大于90分，给予每天300元补贴；分数在80至90分之间，给予每天200元补贴；分数在70至80分之间，给予每天100元补贴。

要求：甲公司支付给经销商的形象店建设补贴和培训补贴应当冲减收入还是作为销售费用？

解析：经销商是甲公司的客户。甲公司向经销商支付的形象店建设补贴和培训补贴属于应付客户对价，应当按照应付客户对价的原则冲减销售收入。

按照2006版收入准则的规定，甲公司向经销商支付形象店建设补贴和培训补贴，计入销售费用。但是需要进一步分析该服务的公允价值是否与甲公司支付的补贴款相匹配，在实务中，此类服务的公允价值通常难以计量。2017版收入准则的规定更符合交易的商业实质。

【案例3－31】应付客户对价的处理。

学天海公司与客户签订一项向客户销售产品的一年期合同。合同约定，客户承诺一年内至少购买1 500万元产品，学天海公司须在合同开始日向客户支付150万元的不可返还款项，作为客户定制货架以适合放置学天海公司的产品向客户作出补偿。第一个月学天海公司向客户转让产品200万元，符合收入确认的条件。

不考虑税费等其他因素。

要求：计算学天海公司第一个月应当确认的收入金额。

解析：150 万元应付客户对价，抵减比例 150 ÷ 1 500 = 10%，因此，学天海公司第一个月应当确认收入 200 × (1 − 10%) = 180 万元。

第五节 分摊交易价格

合同中包含两项或多项履约义务的，企业应当在合同开始日，按照各单项履约义务所承诺商品的单独售价的相对比例，将交易价格分摊至各单项履约义务。分摊给每项履约义务的交易价格应当反映确认的收入与履约义务完成情况之间的关联性（见表 3 − 20）。

表 3 − 20　分摊交易价格

1. 分摊方法	单独售价法
2. 单独售价	是指企业向客户单独销售商品的价格
	单独售价不是商品标价，如果企业经常以打折方式销售商品，则单独售价应该是商品标价扣除折扣后的金额作为单独售价

单独售价是站在企业自身的角度来确定，而不是站在市场参与者的角度来确定的。选择单独售价时应当首先最大限度的使用可观察输入值。

为什么不是按照销售商品的公允价值比例分摊交易价格，而是按照单独售价的比例分摊交易价格？因为不论采用什么分摊基础，只是把总的交易价格分摊到各单项履约义务上去，企业最终的总收入不变，如果按照公允价值比例来分摊就过于复杂，还要估计每项履约义务的公允价值，所以简化处理。

一、单独售价的评估

单独售价的评估如图 3 − 15 所示。

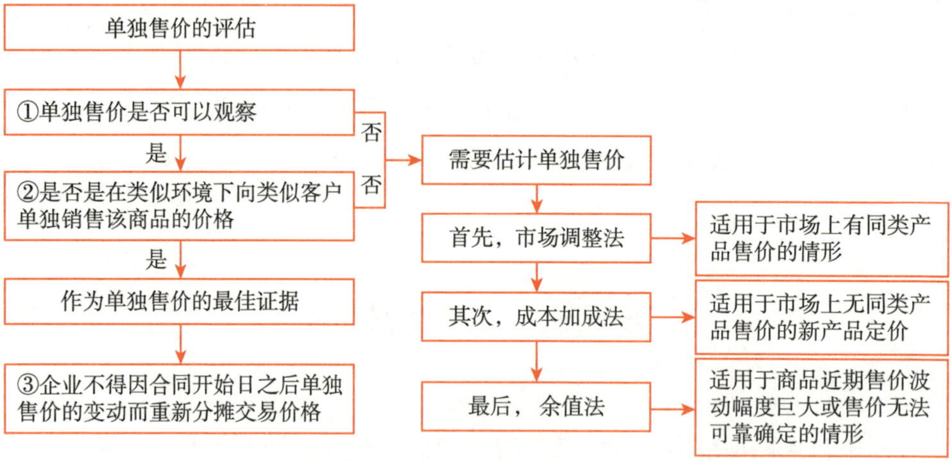

图 3－15　单独售价的评估

【释②】 为什么要规定类似环境和类似客户？因为类似环境，包括销售的区域、时间、法律环境、经济环境等，应当一致才有可比性。

类似客户，是指个人客户、团体客户等客户类型应当一致。

【释③】 为什么合同开始日之后不得重新分摊？因为防止企业单方面调整商品的单独售价，操纵不同期间的收入。

市场调整法，是指企业根据某商品或类似商品的市场售价，考虑本企业的成本和毛利等进行适当调整后的金额，确定其单独售价的方法。

成本加成法，是指企业根据某商品的预计成本加上其合理毛利后的金额，确定其单独售价的方法。

余值法，是指企业根据合同交易价格减去合同中其他商品可观察单独售价后的余额确定某商品单独售价的方法。

商品近期售价波动幅度巨大，是指售价的可变程度极高，因为无法从以往的交易或其他可观察的证据中识别具有代表性的单独售价，例如，知识产权等无形产品的价格可变程度可能极高，因为主体在向客户提供这些商品或服务时没有或者只有很少的增量成本。

售价无法可靠确定的情形，是指未曾单独销售而使售价不确定。例如，企业以 10 万元的价格向客户销售 A、B、C 三件可明确区分的商品，其中，A 商品和 B 商品经常单独对外销售，销售价格分别为 2.5 万元和 4.5 万元，C 商品一般不单独销售，企业尚未对其定价，市场上也无类似商品出售，在这种情况下，企业采用余值法估计 C 商品的单独售价为 10 - 2.5 - 4.5 = 3 万元。

由于软件产品的边际成本非常小，通常运用余值法来估计单独售价，但是，余值法是三种估价方法中最不靠谱的方法，应当最后使用。国际会计准则中只限于以上两种情形才可以使用，而中国会计准则考虑到我国市场环境和实务需要，弱化了限制，允许在更大范围内使用。

如果合同中存在两项或两项以上商品销售价格变动幅度较大或无法可靠确定时，企业可以先采用余值法估计多项销售价格变动幅度较大或无法可靠确定的商品的单独售价总和，再采用其他方法估计其中每一项销售价格变动幅度较大或无法可靠确定的商品的单独售价。

【案例 3 - 32】分摊交易价格的处理。

根据下列资料分别回答问题。

要求（1）：确定茶几和沙发的交易价格金额。

甲家具企业 3 月 15 日开展促销活动，茶几的单独售价为每个 500 元，沙发的单独售价为每个 600 元，按照 4 个沙发和 1 个茶几组合销售，售价为 2 500 元。

解析：按照单独售价法，组合中茶几的交易价格 = 2 500 × 500 ÷ (500 + 600 × 4) = 431 元，组合中沙发的交易价格 = 2 500 - 431 = 2 069 元。

要求（2）：确定茶几和沙发的交易价格金额。

乙家具企业 3 月 15 日开展促销活动，生产出新款的茶几和沙发，既可以单独销售，也可以组合销售。市场上同类的茶几的单独售价为每个 500 元，乙企业考虑到材质和工艺的差异，加价 100 元，市场上同类的沙发的单独售价为每个 600 元，乙企业考虑到材质和工艺的差异，降价 50 元。按照 4 个沙发和 1 个茶几组合销售，售价为 2 500 元。

解析：按照市场调整法，组合中茶几的交易价格 = 2 500 × 600 ÷ (600 + 550 × 4) = 536 元，组合中沙发的交易价格 = 2 500 - 536 = 1 964 元。

要求（3）：确定茶几和沙发的交易价格金额。

丙家具企业 3 月 15 日开展促销活动，生产出新款的茶几和沙发，按照 4 个沙发和 1 个茶几组合销售，售价为 2 500 元。市场上无同类的茶几和沙发。茶几的制作成本为每个500元，预计毛利200元，沙发的制作成本为每个400元，预计毛利100元。

解析：按照成本加成法，组合中茶几的交易价格 = 2 500 × 700 ÷（700 + 500 × 4）= 648元，组合中沙发的交易价格 = 2 500 − 648 = 1 852元。

要求（4）：确定茶几的交易价格金额。

丁家具企业3月15日开展促销活动，将茶几和沙发按照4个沙发和1个茶几组合销售。其中，生产出新款的茶几，市场上无同类的茶几。沙发的单独售价为每个600元，组合售价为2 500元。

解析：按照余值法，新生产的茶几的交易价格 = 组合售价2 500 − 600 × 4 = 100元。

二、分摊合同折扣

合同折扣，是指合同中各单项履约义务所承诺商品的单独售价之和高于合同交易价格的金额。例如，A商品单独售价为1 000元，B商品单独售价为1 500元，单独售价之和为2 500元，但是合同交易价格为2 000元，如何分摊合同折扣500元？

分摊的原则是，合同折扣与哪一项履约义务或商品相关就按照单独售价的比例分摊给该履约义务或商品（见图3－16）。

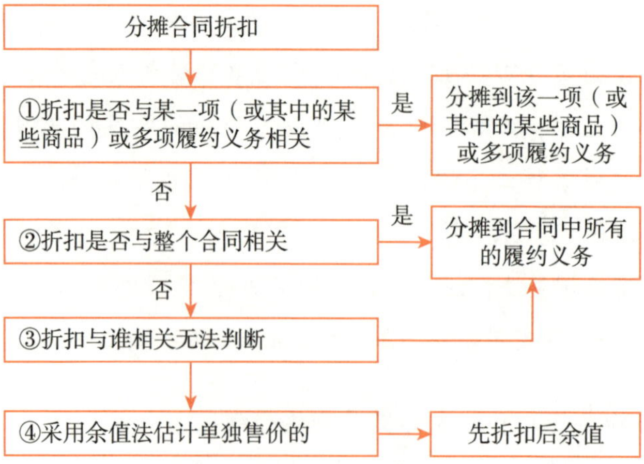

图3－16　分摊合同折扣的步骤

【释④】合同折扣仅与合同中的一项或多项（而非全部）履约义务相关，且企业采用余值法估计单独售价的，应当首先分摊合同折扣，然后再采用余值法估计单独售价。

【案例 3－33】分摊合同折扣的处理。

根据下列资料，分别回答问题。

要求（1）：如何确定 A、B、C 产品的交易价格。

甲公司与客户签订一项合同，以 100 万元的价格向客户销售 A、B、C 三种产品，A 产品单独售价为 50 万元，B 产品采用市场调整法评估的价格为 25 万元，C 产品采用成本加成法评估的价格为 75 万元。

解析：A、B、C 三种产品单独售价之和 = 50 + 25 + 75 = 150 万元，而合同总对价为 100 万元，所以，应当将折扣 50（150 − 100）万元在 A、B、C 之间按比例进行分摊，因此分摊后：A = 100 × 50 ÷ 150 = 33 万元，B = 100 × 25 ÷ 150 = 17 万元，C = 100 × 75 ÷ 150 = 50 万元。

要求（2）：如何确定 A、B、C 产品的交易价格。

乙公司与客户签订一项合同，以 100 万元的价格向客户销售 A、B、C 三种产品，A、B、C 三种产品的单独售价分别为 40 万元、55 万元、45 万元，乙公司定期将 B、C 一同以 60 万元的价格出售。

解析：A、B、C 的单独售价之和 140（40 + 55 + 45）万元，合同的折扣为 40（140 − 100）万元，而 B、C 一起出售的价格折扣 40（55 + 45 − 60）万元，所以，合同折扣应当分摊给 B 和 C，A 不需要分摊，因此，A 的交易价格就是单独售价 40 万元，B 的交易价格 = 60 × 55 ÷ 100 = 33 万元，C 的交易价格 = 60 × 45 ÷ 100 = 27 万元。

要求（3）：如何确定 D 产品的交易价格。

丙公司与客户签订一项合同，以 130 万元的价格向客户销售 A、B、C、D 四种产品，A、B、C 三种产品的单独售价分别为 40 万元、55 万元、45 万元，B、C 可观察的一同出售的价格为 60 万元，但是 D 产品的售价范围比较大，可变程度比较高，在 15 万—45 万元之间。

解析： 先折扣后余值。B、C一起出售的价格折扣40（55+45-60）万元，则D采用余值法分摊的交易价格30（130-40-60）万元，也正好在D产品的售价可变范围之内。

A分摊的交易价格=40（万元）

B分摊的交易价格=60×55÷100=33（万元）

C分摊的交易价格=60×45÷100=27（万元）

如果先采用余值法，则D分摊的交易价格-10（130-40-55-45）万元，在D产品的售价可变范围之外，明显不合理。

三、分摊可变对价

分摊的原则是，可变对价与哪一项履约义务或商品相关就按照单独售价的比例分摊给该履约义务或商品（见图3-17）。分摊的政策应当符合按照单独售价比例分摊的目标。

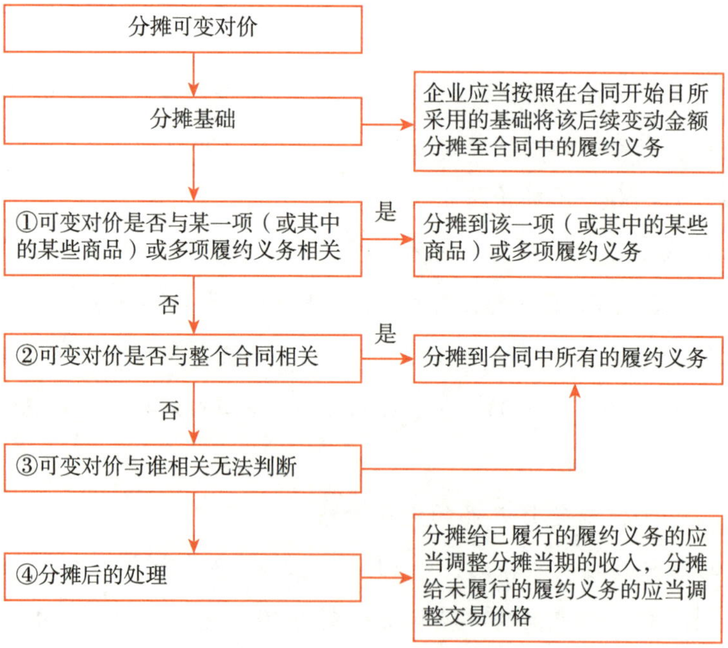

图3-17　分摊可变对价的步骤

【释①】可变对价可分摊至可明确区分的商品或服务，对于符合某一时段履行的履约义务的服务来说，可变对价可以分摊至每一天的服务，实务中一般分摊至每月进行会计处理。

【释④】为什么不是追溯调整以前期间的收入？因为可变对价的变动属于会计估计，应当采用未来适用法处理，所以不能追溯调整。

如果合同中同时涉及可变对价、合同折扣、余值法，三者之间的逻辑关系是，先分摊可变对价，再分摊合同折扣，最后采用余值法。

【案例3-34】分摊可变对价的处理。

学天海公司与客户订立一项针对两项知识产权许可证（许可证X和Y）的合同，该合同代表两项履约义务，每项履约义务均在某一时点履行。许可证Y在合同开始时转让给客户，而许可证X则在3个月后转让。

许可证X和Y的单独售价分别为800万元和1 000万元。

在第1个月，由客户销售使用了许可证Y的产品的销售所产生的特许使用费为200万元。

要求（1）：假设合同约定，针对许可证X所规定的价格为固定金额800万元，于合同开始日已经收到款项，而针对许可证Y所规定的对价则是客户销售使用了许可证Y的产品的未来销售额的3%，学天海公司估计其基于销售的特许使用费（可变对价）为1 000万元。则学天海公司应当如何确定交易价格以及确认第1个月的收入？

解析：合同开始日，由于许可证X和Y的单独售价分别为800万元和1 000万元，如果将固定对价800万元分摊给许可证X，将可变对价1 000万元分摊给许可证Y，符合按照单独售价法分摊的要求，因此，分摊给许可证X的交易价格为800万元（即固定对价全部分摊给许可证X），分摊至许可证Y的交易价格为1 000万元（即可变对价全部分摊给许可证Y）。

由于许可证X第1个月尚未转让，不应当确认收入，因此，收到的800万元应当确认为合同负债，在3个月后转让许可证X时确认收入。

由于许可证Y在合同开始日已转让给客户，因此第1个月产生的可变对价200万元全部确认为当期收入，即确认收入200万元。

综上所述，第1个月共确认收入200万元。

要求（2）：假设合同约定，针对许可证 X 所规定的价格为固定金额 300 万元，于合同开始日已经收到款项，而针对许可证 Y 所规定的对价则是客户销售使用了许可证 Y 的产品的未来销售额的 5%，学天海公司估计其基于销售的特许使用费（可变对价）为 1 500 万元。则学天海公司应当如何确定交易价格以及确认第 1 个月的收入？

解析：由于许可证 X 和 Y 的单独售价分别为 800 万元和 1 000 万元，如果将固定对价 300 万元分摊给许可证 X，将可变对价 1 500 万元分摊给许可证 Y，明显不符合按照单独售价法分摊的要求。因此，应当将固定对价和可变对价整体重新按照单独售价的比例分摊至许可证 X 和许可证 Y，分摊给许可证 X 的单独售价为 800 万元，分摊给许可证 Y 的单独售价为 1 000 万元。

由于许可证 X 第 1 个月尚未转让，因此，第 1 个月分摊至许可证 X 的金额 $(300+200)\times 800\div 1\,800=222$ 万元，确认为合同负债，在 3 个月后转让许可证 X 时确认收入。

由于许可证 Y 在合同开始日已转让给客户，因此，第 1 个月分摊至许可证 Y 的金额 $(300+200)\times 1\,000\div 1\,800=278$ 万元，确认为当期收入。

综上所述，第 1 个月共确认收入 278 万元。

四、合同变更的分摊

在合同开始后，交易价格可能由于合同变更等原因而发生变动。主体应当运用在合同开始时所采用的基础按照单独售价的比例将交易价格的后续变动分摊至合同中的履约义务。

合同变更导致交易价格发生变动的，按照合同变更的三种类型分别进行分摊，合同变更分摊的逻辑如图 3－18 所示。

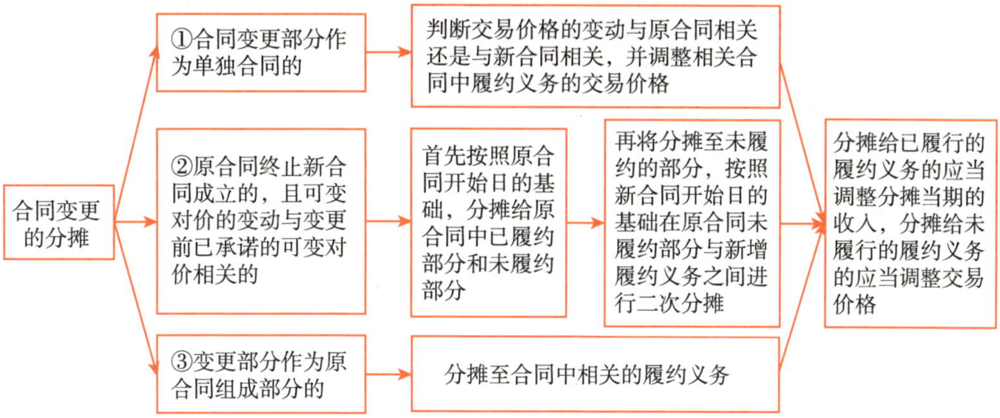

图 3－18　合同变更的三种分摊原则

【案例 3－35】分摊交易价格变动的处理。

甲公司与客户乙公司签订合同，在一年内以固定单价 100 元向乙公司交付 120 件标准配件，无折扣、折让等金额可变条款。甲公司向乙公司交付 60 件配件后，市场新出现一款竞争产品，单价为每件 65 元。为了维系客户关系，甲公司与乙公司达成协议，将剩余 60 件配件的价格降为每件 60 元，已转让的 60 件配件与未转让的 60 件配件可明确区分。假定不考虑亏损合同等其他因素。

要求：计算甲公司后交付的 60 件商品应当确认的收入金额，并说明理由。

解析：合同开始日交易价格固定，不存在可变对价，由于后来市场情况变化导致甲公司给予客户价格折让，属于合同变更导致交易价格后续变动。变更部分未增加商品，已转让的商品与未转让的商品之间可明确区分，因此，作为原合同终止及新合同订立进行会计处理，剩余 60 件配件应确认收入＝原合同剩余部分交易价格 60×100＋新合同变更部分交易价格 60×(－40)＝3 600 元。

【案例 3－36】交易价格变动二次分摊的处理。

丁公司承诺 2 月 1 日向客户转让两种售价相同的可明确区分的商品，其中产品 X 在合同开始时转让，产品 Y 在 6 月 1 日转让。客户承诺支付的对价包含固定对价 1 000 元和可变对价 200 元。合同开始日丁公司预计不确定性消除时已累计确认的收入金额极可能不会发生重大转回。

4 月 1 日合同进行了修订，要求丁公司 8 月 1 日增加向客户转让 Z 产品，合同价格增加300元，但新增的Z已承诺对价不反映其单独售价。Z产品的单独售价和X、Y相同，同时丁公司将可变对价修订为240元并将可变对价的变动纳入了交易价格，丁公司认为该可变对价的增加与合同变更前已承诺的可变对价相关。

假设以上商品的控制权均随着产品的交付而转移。

要求：考虑合同修订因素并满足确认收入的条件后，计算X、Y、Z产品分别应当确认的收入金额。（结果保留两位小数）

解析：该交易属于包含可变对价的合同变更。

（1）2月1日，由于X、Y、Z的单独售价相同，所以平均分摊交易价格，X、Y各分摊（1 000+200）÷2=600元，因此，转让X商品时确认收入600元；

（2）4月1日，合同变更后，由于新增的Z已承诺对价不反映其单独售价，已转让部分X与未转让部分Y可以明确区分，所以应当作为原合同终止和新合同订立来处理，那么分摊到新合同的对价为600+300=900元，由于Y、Z的单独售价相同，因此平均分摊交易价格，即900÷2=450元。

可变对价的后续变动增加了240-200=40元，由于与合同变更前承诺的可变对价相关，所以应当按照原合同开始日单独售价的比例为基础将40元分摊给X、Y各20元，分摊给Y的20元计入新合同的交易价格，再在Y、Z之间按照新合同单独售价的比例为基础进行二次分摊，Y、Z平均分摊20÷2=10元。因此，调整增加X商品分摊的收入20元。

X一共确认的收入=2月1日600+4月1日分摊20=620元；

（3）6月1日转让Y商品时，Y应当确认的收入=交易价格450+可变对价变动的分摊10=460元；

（4）8月1日转让Z商品时，Z应当确认的收入=交易价格450+可变对价变动的分摊10=460元。

【案例3-37】分摊交易价格的处理。

根据下列资料，分别回答问题。

要求（1）：计算学天海公司在合同续期的第3年应当确认的交易价格。

学天海公司订立一项每周为客户清洁办公场所的3年期合同，客户承诺每年支付10万元，和合同开始日每年单独售价相同。在第2年末，合同进行了修订，第3年合同收费降为8万元，同时合同续期3年，3年共收费20万元，每年平均支付。合同修订日，每年单独售价为8万元。

解析：该保洁合同属于实质上相同且转让模式相同的一系列可明确区分的服务，因此，原合同中已转让部分与未转让部分可以明确区分，但是，变更部分3年共收费20万元，未反映新增部分单独售价24万元，因此，应当作为原合同终止及新合同的订立处理。剩余4年平均每年应当确认交易价格（8+20）÷4=7万元，即合同续期的第3年应当确认的交易价格也为7万元。

要求（2）：计算合同修订日乙公司应当调整的收入金额。

乙建筑公司与客户签订一项在客户自有土地上建造办公楼的合同，已承诺对价为100万元。乙公司采用成本法计量履约进度，预计合同总成本为70万元。第1年末已发生成本42万元。第2年第1季度，双方修订合同，固定对价和预计成本分别增加了15万元和12万元。合同修订日，乙公司根据经验及拟实施的剩余工作，认为已确认的收入极可能不会发生重大转回。

解析：由于合同变更部分新增对价未反映单独售价，已转让部分与未转让部分不可以明确区分，因此变更部分作为原合同的组成部分处理。第1年末履约进度为42÷70=60%，应当确认收入100×60%=60万元，确认成本42万元。合同修订日，重新估计履约进度=42÷(70+12)=51.2%，调整累计已确认的收入为(100+15)×51.2%-60=-1.12万元。

要求（3）：计算丁公司在6月30日应当确认的第2季度收入金额。

丁公司1月1日与客户签订一项出售产品的合同，每件价格100元，如果客户在一个公历年度内购买超过1 000件，则单价追溯调整为每件90元。截至3月31日第1季度客户购买了75件，丁公司估计全年购买数量不会超过1 000件。5月1日客户收购了另一家同行业公司，扩大市场规模，截至6月30日，第2季度客户购买了500件产品。基于这一新的事实，丁公司估计客户全年购买数量会超过1 000件。

解析：该交易属于可变对价的变动，丁公司第1季度应当确认收入75×100

=7 500 元，6 月 30 日应当确认第 2 季度收入 500 × 90 − 第 1 季度调整 75 × 10 = 44 250 元。

要求（4）： 计算乙公司应当调整的收入金额，分析该金额应当计入 2 × 18 年 12 月还是 2 × 19 年 1 月并说明理由。

2 × 18 年 1 月 5 日，乙建筑公司和客户签订了一项总金额为 1 000 万元的固定造价合同，在客户自有土地上建造一幢办公楼，预计合同总成本为 700 万元，并根据成本法确定履约进度。截至 2 × 18 年 12 月 31 日，乙公司累计已发生成本 420 万元，因此，乙公司在 2 × 18 年确认收入 600 万元。2 × 19 年 1 月，合同双方同意更改该办公楼屋顶的设计，合同价格和预计总成本因此而分别增加 200 万元和 120 万元。

解析： 由于原合同已转让部分与未转让部分不可以明确区分，乙公司应当将合同变更部分作为原合同的组成部分进行会计处理。合同变更采用未来适用法处理，因此，应当调整变更当期的收入，即 2 × 19 年 1 月的收入，不应当追溯调整 2 × 18 年 12 月的收入。

合同变更后的交易价格为 1 200 万元（1 000 + 200），乙公司重新估计的履约进度为 420 ÷ (700 + 120) = 51.2%，应当调整的收入为 51.2% × 1 200 − 600 = 14.4 万元。

要求（5）：计算丙公司对每件剩余产品应当确认的交易价格金额。

丙公司承诺以每件 100 元的价格向客户销售某产品 120 件，这些产品在 6 个月内转让给客户。丙公司在对其中的 60 件转移给客户后，合同进行了修订，客户要求增加 30 件同样的产品，每件价格为 80 元。但是客户发现最初转让的 60 件产品有瑕疵，于是双方协商每件给客户补偿 15 元并从 30 件产品的价格中抵扣，因此 30 件产品的总价格为 1 500 元。剩余产品和已转让的产品可以明确区分。

解析： 由于新增加的 30 件产品的价格 80 元并未反映单独售价，已转让的产品与未转让的产品可以明确区分，应当按照原合同终止和新合同订立进行会计处理。

30 件产品的交易价格为 80 × 30 = 2 400 元，对最初转让 60 件的补偿不影响剩余产品的交易价格。2 400 − 最初转让 60 件的补偿 15 × 60 = 1 500 元。对每件剩余产品的应当确认的收入为（100×60+80×30）÷90=93.33元。

要求（6）：假设符合收入确认的其他条件，分别计算学天海公司2月、4月、10月应当确认的收入金额。

学天海公司为了鼓励学员学习，2×18年1月1日推出以下会员优惠活动：凡是付费成为学天海公司的会员，可以收看学天海课堂所有的课程，月度会员150元，季度会员402元，年度会员1 500元，会员只需要补差价就可以升级。甲学员2×18年1月1日缴纳150元，成为月度会员，2月1日补差价252元，成为季度会员，4月1日补差价1 098元成为年度会员。

解析：该会员升级业务属于合同变更，变更部分新增的对价不能反映单独售价。由于企业向客户提供的是在会员有效期内随时收看课程的服务，属于向客户转让一系列实质相同且转让模式相同的服务，因此变更前的服务与变更后的服务可以明确区分。所以按照原合同终止和新合同订立处理。

1月确认收入150元；

2月确认收入=(原合同未履约部分对价0+新增对价252)÷2=126元；

4月确认收入=(原合同未履约部分对价0+新增对价1 098)÷9=122元；

同理，10月确认收入122元。

第六节　履行履约义务时确认收入

一、控制权转移的判断

企业应当在履约义务履行完毕时（或履约过程中），即客户取得履约义务相关的商品控制权时，将分摊至该履约义务的交易价格金额确认为收入。

如果是某一时段履行的履约义务，商品控制权是在企业履行履约义务的过程中逐步转移的，应当采用时段法确认收入；如果是某一时点履行的履约义务，商品控制权是在企业履约义务完成的时点转移的，应当采用时点法确认收入。

取得相关商品控制权（见图3－19），是指客户能够主导该商品的使用并从中获得几乎全部的经济利益，也包括有能力阻止其他方主导该商品的使用并从中获得经济利益。即从客户能够拥有资产的决策权（即能够对资产说了算）和享有该资产产生的全部经济利益两个角度进行判断。

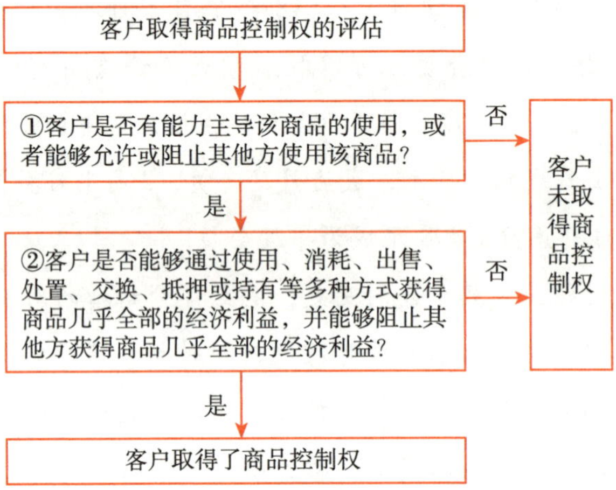

图3－19　客户取得商品控制权的评估

【释①】如果客户只能在未来的某一期间主导该商品的使用，则表明其尚未取得该商品的控制权。

为什么从客户的角度来评估控制权是否转移？因为这样可以最大限度的降低企业实施的与向客户转让商品无关的活动确认收入的风险。

现行企业会计准则中采用的控制理论基础如图3－20所示。

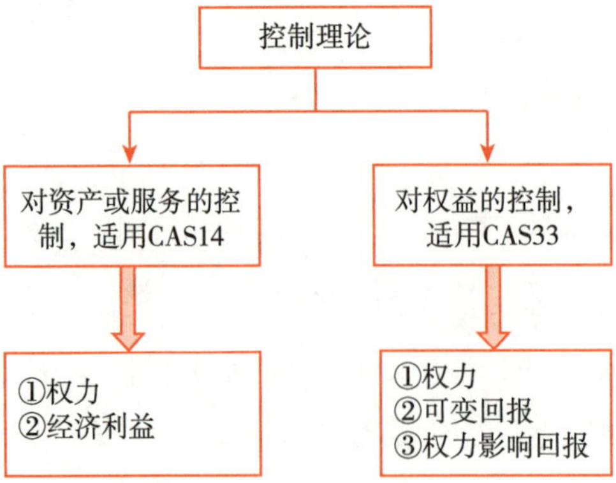

图3－20　现行企业会计准则中采用的控制理论基础

对权益的控制，是指投资方拥有对被投资方的权力，通过参与被投资方的相关活动而享有可变回报，并且有能力运用对被投资方的权力影响其回报金额。

企业处置固定资产、无形资产等其他资产，确定处置损益的时点时，也按照 CAS14 控制权转移的原则来判断。

二、履约义务的类型

企业应当在合同开始日确定履约义务的类型（见图 3－21）。

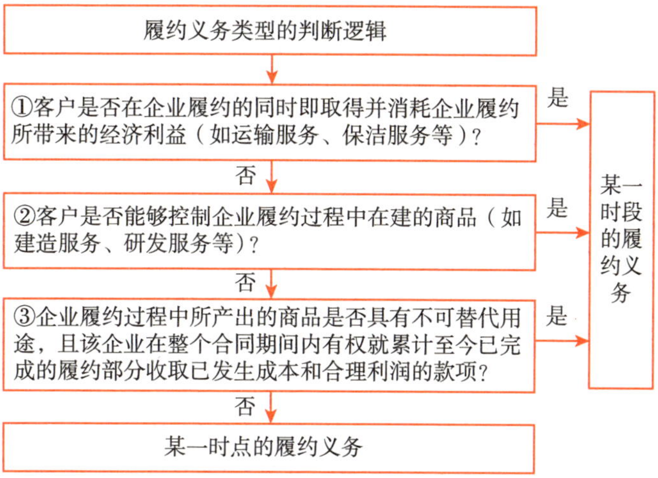

图 3－21　履约义务的类型

【释①】既然客户能够取得并消耗企业履约带来的经济利益，表明客户在企业履约的过程中控制了企业的产出，这个条件适用于很多服务合同。

有些履约义务是否符合“取得并消耗”的条件不大好判断，一般通过假定在企业履约的过程中更换为其他企业继续履行剩余履约义务，当其他企业实质上无须重新执行企业累计至今已经完成的工作时，表明客户在企业履约的同时即取得并消耗了企业履约所带来的经济利益。例如，甲运输公司与客户签订一项运输服务合同，承诺将客户的一批货物从 A 市运送到 C 市，假定该批货物在途经 B 市时，由乙运输公司接替甲公司继续提供该运输服务，由于乙公司对 A 市到 B 市之间的运输服务是无须重新执行的，表明客户在甲企业履约的同时即取得并消耗了企业履约所带来的经济利益，因此，甲企业提供的运输服务属于在某一时段内履行的履约义务。

如果合同承诺的是企业在某一期间内随时准备向客户提供商品的服务，则符合“取得并消耗”的条件，属于某一时段履行的履约义务。如果合同承诺的是企业向客户提供一定数量的商品，只要商品之间能够明确区分，则不符合“取得并消耗”的条件，属于某一时点履行的履约义务。

【释②】既然客户能够控制企业履约过程中在建的商品，说明客户在企业履约的过程中控制了企业的产出并能够取得相关的经济利益。这个条件适用于很多建造合同和研发合同。

例如，甲企业与客户签订合同，在客户拥有的土地上按照客户的设计要求为其建造厂房，客户每月末按照当月工程进度向甲企业支付工程款。如果客户终止合同，已完成建造部分的厂房归客户所有。表明客户在该厂房建造的过程中就能够控制该在建的厂房，从而获得相关的经济利益。

【释③】对于某些履约义务，在建的资产是否由客户控制可能并不明确，因此制定了第三个条件。

具有不可替代用途，评估的重点是判断企业是否具有轻易将履约的资产转为其他用途的能力，具体包括：第一，合同限制；如合同约定禁止企业将具有唯一代码标识的商品再卖给其他客户，则符合不可替代用途的条件；第二，实际可行性限制；如为客户定制生产的商品，直接卖给其他客户无法使用，或者要发生重大的返工改造成本而受到重大经济损失。如果合同限制仅是一项保护性权利，并不符合不可替代用途的条件。

合格收款权，是指在由于客户或其他方原因（而非企业自身的原因）终止合同的情况下，企业在整个合同期间任何时点都有权就累计至今已完成的履约部分收取能够补偿其已发生成本和合理利润的款项。

合格收款权的评估如表3－21所示。

表3－21　　　　合格收款权的评估

1. 符合合格收款权的条件	（1）企业在整个合同期间内任何时点都有合格收款权
	（2）该收款权具有法律约束力，是可执行的，与现有的法律环境、行业惯例等不应当冲突
2. 符合的情形	如果客户在无权终止合同时终止了合同，该合同（或其他法律）赋予主体继续向客户转让已承诺的商品或服务并要求客户支付对价的权利，即强调企业对已经履约的部分具有收款相应对价的权利，该对价包括履约成本与毛利

续表

3. 不符合的情形	（1）合同约定在客户违约时企业可以收回一定比例的违约金或保证金之类的违约赔偿安排，或者，合同列明了按合同进度付款或里程碑付款的付款安排，因为这类金额不一定等于合同售价乘以已履约部分的比例
	（2）合格收款权相应的款项能否收回，因为能否收回属于信用风险，与评估合格收款权无关。合格收款权强调权利的存在性，而不是款项能否收回的可能性或者客户是否终止合同的可能性

为什么要求不可替代用途？因为如果企业履行形成的资产可以替代，可以轻易的用于其他客户，说明客户无法控制该资产，只有符合不可替代的条件，客户才有可能取得资产的控制权。

为什么要求合格收款权？因为如果客户在企业履约的过程中取得了商品控制权，则企业应当具有收款的权利，即，转移商品控制权与收取合同对价在逻辑上应当是对应的。

不可替代用途与合格收款权两个条件都要符合，才能分类为某一时段履行的履约义务。因为两者具有内在联系，如果企业创造的资产具有不可替代用途，说明企业实际上是根据客户的指示建造资产，因此，企业将会希望在经济上受到保护，以防止出现客户终止合同造成的损失，该保护通过合格收款权来保证，这与通常情况下客户取得商品控制权的同时有付款义务的原则保持一致。因此，客户有义务就主体已经履约的部分进行付款的事实，表明客户已获得主体履约所提供的利益。

某一时段履行的履约义务的原理是企业履行履约义务并取得相应收款的权利是连续的，实务中，按照里程碑付款、分阶段收款记录表等是不符合连续性的条件，不属于某一时段履行的履约义务。

【案例3-38】判断履约义务的性质。

根据下列资料分别回答问题。

要求（1）：分析定制软件开发服务属于某一时段还是某一时点履行的履约义务？

学天海公司与乙公司签订合同，为其开发一套定制化软件系统。合同约定，为确保信息安全以及软件开发完成后能够迅速与乙公司系统对接，学天海公司需要在乙公司办公现场通过乙公司的内部模拟系统进行软件开发，开发过程中所形成的全部电脑程序、代码等应存储于乙公司的内部模拟系统中，开发人员不得将程序代码等转存至其他电脑中，开发过程中形成的程序、文档等所有权和知识产权归乙公司所有。

如果学天海公司被中途更换，其他供应商无法利用学天海公司已完成工作，而需要重新执行软件定制工作。乙公司对学天海公司开发过程中形成的代码和程序没有合理用途，乙公司并不能够利用开发过程中形成的程序、文档，并从中获取经济利益。

乙公司将组织里程碑验收和终验，并按照合同约定分阶段付款，其中预付款比例为合同价款的5%，里程碑验收时付款比例为合同价款的65%，终验阶段付款比例为合同价款的30%。如果乙公司违约，须支付合同价款10%的违约金。

解析：①如果学天海公司被中途更换，新供应商需要重新执行软件定制工作，所以乙公司在学天海公司履约的同时未取得并消耗企业软件开发过程中所带来的经济利益。

②学天海公司虽然在乙公司的办公场地的模拟系统中开发软件产品，乙公司也拥有软件开发过程中形成的所有程序、文档等所有权和知识产权，但上述安排主要是基于信息安全的考虑，乙公司并不能够合理利用开发过程中形成的程序、文档，并从中获得几乎全部的经济利益，所以乙公司不能够控制学天海公司履约过程中在建的商品。

③学天海公司履约过程中产出的商品为定制软件，具有不可替代用途，但是，乙公司按照合同约定分阶段付款的方式，不符合合格收款权的条件。

因此，该定制软件开发业务属于在某一时点履行的履约义务。

要求（2）：分析定制药品实验服务属于某一时段还是某一时点履行的履约义务？应当如何确认收入？

学天海公司为一家医药研究企业，接受B公司委托进行某项新药的药理药效研究项目，并向B公司提交一份符合国家规定的药理药效研究报告，用于B公司后续的临床医药研究。合同中明确约定，学天海公司需要每月向B公司提交实验数据或实验报告等，同时，学天海公司研究过程中所形成的任何实验数据、报告及相关知识产权等均归B公司所有，B公司有权自行处置，例如用于申请专利、发表科技论文或作为商业机密保存等，对于学天海公司在履行合同过程中形成的中间产物，其所有权均归属于B公司。

在研究项目完成之前，如果合同终止，学天海公司需要将截至目前已完成但尚未提交的所有实验成果（包括实验数据、报告、实验形成的中间产物及相关知识产权等）提交给B公司，B公司可聘请其他企业在此基础上继续完成该药理药效研究报告。

根据双方约定，B公司按照里程碑付款，即在合同签订日后十天之内，支付合同价款的30%；在学天海公司完成研究报告初稿时，支付合同价款的30%；在学天海公司完成并提交研究报告终稿时，支付剩余40%的合同价款。假定在由于B公司或其他方原因终止合同的情况下，学天海公司有权收取的款项不能补偿其累计至今已发生成本和合理利润。

解析：学天海公司的履约义务是提供定制药品实验服务，最终提交药理药效研究报告。

如果合同终止，学天海公司需要将截至目前已完成但尚未提交的所有实验成果提交给B公司，B公司可聘请其他企业在此基础上继续完成该研究报告，其他企业实质上无须重复执行学天海公司已经完成的工作，表明B公司在学天海公司履约的同时即取得并消耗了学天海公司履约所带来的经济利益。符合某一时段履行的履约义务的条件。

学天海公司在研究过程中所形成的任何实验数据、报告及知识产权等均归B公司所有，B公司有权自行处置，且学天海公司在履行合同过程中形成中间产物的所有权均归属于B公司。在研究项目完成之前，如果合同终止，学天海公司需要将截至目前已完成但尚未提交的所有试验成果提交给B公司，B公司可聘请其他企业在此基础上继续完成该药效药理研究报告。这些均表明，B公司能够控制学天海公司在履约过程中所创建的中间产物。符合某一时段履行的履约义务的条件。

由于根据客户的需要提高研发服务，符合不可替代用途，但是，合同约定的付款方式不符合合格收款权的条件。

因此，该项药理药效研究项目满足在某一时段内履行履约义务的条件，应当按照履约进度分期确认收入。

需要注意的是，不应简单按照付款里程碑作为履约进度的确定方式，因为付款里程碑不等于履约进度。

要求（3）：判断合同中包含几项履约义务？属于某一时段还是某一时点履行的履约义务？

学天海公司与乙公司签订合同，在乙公司申请首次公开发行股票时，提供包括依法对乙公司申请文件、证券发行募集文件进行核查，出具保荐意见等保荐服务。

乙公司在签订合同后支付10%保荐费，在首次公开发行股票申请被受理后再支付50%保荐费，其余40%保荐费在首次公开发行股票完成后支付，已支付的费用无须返还。如果因乙公司或其他方原因终止合同时（如乙公司首次公开发行股票申请未被受理），学天海公司无权收取剩余款项，但可就其发生的差旅费等直接费用获取补偿。

根据相关监管要求，保荐人学天海公司应当结合尽职调查过程中获得的信息对发行人乙公司进行审慎核查，对其提供的资料和披露的内容进行独立判断，保荐人的工作底稿应当独立保存至少10年，如果乙公司更换保荐机构，新的保荐机构需要重新执行原保荐机构已完成的保荐工作，并且乙公司需要重新履行申报程序。假定该合同不涵盖承销服务及上市后的持续督导等其他服务。

解析：学天海公司向乙公司提供的保荐服务中包括的各项具体服务，不可明确区分，乙公司不能从各项具体服务中单独获益，或将其与其他易于获得的资源一起使用受益。同时，各项具体服务具有高度关联性，在合同层面是不可单独区分的。因此，合同中只包含一项履约义务，即提供保荐服务。

如果乙公司在首次发行股票申请过程中更换保荐机构，新的保荐公司需要重新执行原保荐机构已完成的保荐工作，说明乙公司在学天海公司履约的同时未取得并消耗企业提供服务所带来的经济利益。

工作底稿等文件归学天海公司所有且应当独立保存至少10年，说明乙公司不能控制学天海公司正在履行的保荐服务。

学天海公司针对乙公司的具体情况提供保荐服务，该服务具有不可替代用途，但是，该合同约定的付款方式不符合合格收款权的条件。

因此，该保荐服务属于在某一时点履行的履约义务。

要求（4）：判断咨询业务属于某一时段还是某一时点履行的履约义务？

学天海公司与乙公司签订合同，针对乙公司的实际情况和面临的具体问题，为改善其业务流程提供咨询服务，并出具专业的咨询意见。双方约定，学天海公司仅需要向乙公司提交最终的咨询意见，而无须提交任何其在工作过程中编制的工作底稿和其他相关资料；在整个合同期间内，如果乙公司单方面终止合同，需要向学天海公司支付违约金，违约金的金额等于学天海公司已发生的成本加上15%的毛利率，该毛利率与学天海公司在类似合同中能够赚取的毛利率大致相同。

解析：由于学天海公司仅需要向乙公司提交最终的咨询意见，而无须提交任何其在工作过程中编制的工作底稿和其他相关资料，说明客户在学天海公司履约过程中未取得并消耗企业履约带来的经济利益，也无法控制履约的服务。

由于该咨询服务是针对乙公司的具体情况而提供的，学天海公司无法将最终的咨询意见用作其他用途，符合不可替代用途的条件；如果乙公司单方面终止合同，学天海公司可以收回已发生的成本加上15%的毛利，该毛利率与学天海公司在类似合同中能够赚取的毛利率大致相同，符合合格收款权的条件。因此，该咨询服务属于在某一时段内履行的履约义务。

要求（5）：判断船舶建造业务属于某一时段还是某一时点履行的履约义务？

学天海公司是一家造船企业，与乙公司签订了一份船舶建造合同，按照乙公司的具体要求设计和建造船舶（假设为一项履约义务）。学天海公司在自己的厂区内完成该船舶的建造，学天海公司如果将船舶出售给其他客户，需要发生重大的改造成本。双方约定，如果乙公司单方面解约，须向学天海公司支付相当于合同总价30%的违约金，且建造中的船舶归学天海公司所有。

解析：学天海公司在自己的厂区内完成该船舶的建造，说明乙公司无法在企业履约的过程中取得并消耗企业履约带来的经济利益，也无法控制在建过程中的船舶。

船舶是按照乙公司的具体要求进行设计和建造的，如果出售给其他客户需要发生重大的改造成本，符合不可替代用途的条件。但是，违约金条款不符合合格收款权的条件。

因此，该业务属于在某一时点履行的履约义务。

【案例3－39】 某一时段履行的履约义务中的可变对价。

戊公司主营业务为提供管理咨询服务，与客户B公司的控股股东签订一份服务合同。合同约定："B公司控股股东将其持有的B公司30%股份以零对价转让给戊公司，合同签订日的评估值为1 000万元，戊公司对B公司整体管理运营进行合理规划并提供日常经营管理咨询，使其在3年后达到特定经营目标，如销售额增长一倍、成本下降30%等。如约定经营目标未实现，则之前转让的30%股份再以零对价转让给B公司控股股东，同时作为补偿，B公司控股股东支付约定的固定咨询服务费100万元。如约定目标实现，戊公司已受让的30%股份无须退还，但不再收取相关服务费用。"

上述30%股权尚未正式过户，仅在约定经营目标实现时才办理过户等手续，戊公司在股权正式过户前不参与表决、不享有分红权。

合同签订日，戊公司认为很可能实现合同约定的经营目标，因此，戊公司当月按照30%股份的评估值1 000万元确认了当期收入。

要求： 判断戊公司的会计处理是否正确并说明理由。

解析： 不正确。企业向客户提供管理咨询服务，符合客户在企业履约的同时取得并消耗企业履约带来的经济利益，因此属于某一时段履约的履约义务。

合同对价包含了30%股权的可变对价，在合同开始日，将该可变对价1 000万元纳入交易价格明显不符合可变对价估计的限制条件，因此，合同开始日计入交易价格的金额为100万元，根据履约进度在未来履约的3年内分期确认为收入。

3年到期后，如果未实现经营目标，无须进行另外的会计处理；如果实现了经营目标，再以30%股权的公允价值减去已确认的收入的差额调整当期收入。

【案例3－40】 房地产开发业务履约义务类型的判断。

学天海公司与客户签订了一项不可撤销的合同，向客户销售一栋建筑物，并由学天海公司负责建造。该合同是针对建筑物整体销售。

在合同开始时，学天海公司不可撤销的向客户转让了土地的使用权，然后在土地上建造合同约定的建筑物。合同明确了该土地的价格，客户在合同签订时支付。

在合同签订前，学天海公司与客户就建筑的结构设计和规格达成了一致。在建筑物建造过程中，如果客户要求变更建筑物的结构设计和规格，则学天海公司可以根据合同约定的方法变更价格，客户根据报价决定是否进行变更。学天海公司仅在很少的情况下，可以拒绝客户的变更要求，比如当变更违反规划许可时。学天海公司仅仅在不变更将会导致不合理的成增加或者工期延误时，才能要求变更结构设计和规格，且变更需要经过客户批准。

客户在建造期间需要进行里程碑支付，但是该支付不需要与迄今为止已完成的工作相当。不考虑其他因素。

要求： 合同中包含几项履约义务？每项履约义务分别属于哪种类型？

解析： 合同中包含两项承诺：一项是转让土地使用权，另一项是提供建造服务，根据客户的要求为客户建造建筑物（代建服务）。这两项承诺在合同层面可以明确区分。因此，合同中包含两项履约义务。

企业向客户转让土地，不符合某一时段履行的履约义务的三个条件，因此，属于某一时点履行的履约义务。

企业提供的建造服务，客户通过对土地的控制，以及有能力变更在建建筑物的结构设计和规格，合同也赋予客户阻止企业或其他方主导该建筑物使用的能力，企业不能将该建筑物挪作他用或者转给其他方，因此客户有能力主导在建建筑的使用，并获得该建筑实质上几乎全部的经济利益。所以，客户能够控制在建的商品，建造服务属于某一时段履行的履约义务。

【案例 3－41】 房地产开发业务中借款费用与履约义务类型的判断。

学天海房地产公司销售自行开发的商品房，在建造之前与客户签订了销售合同。企业的合同义务是交付合同指定的商品房，在商品房建造完成之前，企业保留了该商品房有关的所有权。客户在合同开始日支付了购买价格的 10%，在建造完成后支付剩余价款。学天海公司开发商品房过程中向银行借款发生了融资利息费用。

合同约定，客户有权在建造完成之前任意取消合同。如果客户取消合同，企业有法定权利要求作出合理努力，将该商品房向第三方再销售。再销售时，企业与第三方签订了另一项新的合同，即原始合同并未由第三方接替。如果从第三方获得的再销售价格低于原始合同价格加上销售成本的合计数，客户具有法定义务向企业支付差额部分的款项。不考虑其他因素。

要求：（1）该商品房销售业务属于某一时点还是某一时段履行的履约义务？

（2）融资利息费用是资本化还是费用化处理？

解析：（1）履约义务类型的判断。

第一，商品房不符合取得并消耗的条件，因为商品房不属于立即可消耗的资产，在交付给客户之前，客观上也无法被客户立即消耗。

第二，商品房不符合客户能够控制在建商品的条件，因为客户通常无法改变在建商品房的户型结构、容积率、外立面等因素，也无法通过出售、抵押等方式处置在建的商品房，因此无法控制在建的商品房，也无法主导该商品房的使用并从中获得几乎全部的经济利益。

第三，商品房符合不可替代用途条件，因为商品房的具体位置、房号等因素在合同中明确锁定，具有合同限制，房地产企业不得将已经销售的商品房再销售给其他客户。但是，不符合合格收款权的条件。因为学天海公司只有在再销售价格低于原合同价格加上销售成本的时候，才有权向客户收取差额款项，而不是接近于已完成履约部分的售价的金额，不符合在合同存续期内任何时点均有权收取对价的条件；学天海公司自第三方收取再销售合同的对价，是与再销售合同相关，而不是与现有客户合同下的已履约付款相关。

因此，该业务属于某一时点履行的履约义务。

我国法律法规的规定不支持合格收款权，即使客户违约，也只是支付违约金，所以我国商品房一般不符合合格收款权的条件。

如果合同约定或法律法规要求，若客户违约或客户终止合同，企业有权要求客户继续履行合同，并因此有权要求客户支付对价，或者企业有权取消合同并获得在建资产及按合同对价比例收取罚款的权利，则符合合格收款权的条件。例如，在香港上市的碧桂园房地产公司在2017年中期财务报告中披露，本集团自2017年1月1日起，提前采用《香港财务报告准则第15号——收入》作为集团会计政策，同时停用原《香港会计准则第18号——收入》和《香港会计准则第11号——建造合同》。在2017年年报中披露，在考虑了新收入准则的影响后，本公司总收入增幅为 14.52%，净利润的增幅为 38.45%。在 2018 年年报中披露，在集团履约过程中所产出的商品具有不可替代用途，且本集团在整个合同期间内有就累计至今已完成的履约部分的合格收款权时，本集团按在一段时间内确认出售物业的收入，除此之外，在买家取得已完工物业控制权的时点确认收入。这类合同涉及的地区包括新加坡、马来西亚等地区，这些地区按照时段法分期确认收入。由此可见，该公司将合同分为有收款权和没有收款权的合同，有收款权的合同表明了符合某一时段履行的履约义务的第三个条件，导致收入确认的时间与 2006 版收入准则相比大大提前了。

（2）房地产企业销售商品房，如果符合某一时点履行的履约义务的条件，则融资成分产生的利息费用符合资本化条件。如果符合某一时段履行的履约义务的条件，则融资成分产生的利息费用应当费用化处理，因为某一时段履行的履约义务，意味着商品房在建造的过程中就已经向客户逐步转移了控制权，已经处于随时转让的可销售状态，这样就不符合《CAS17——借款费用》规定的资本化资产的条件，即需要相当长的时间的购建或生产活动才能达到可销售状态的要求，因此应当费用化处理。

三、收入确认的方法

收入确认的方法如图 3－22 所示。

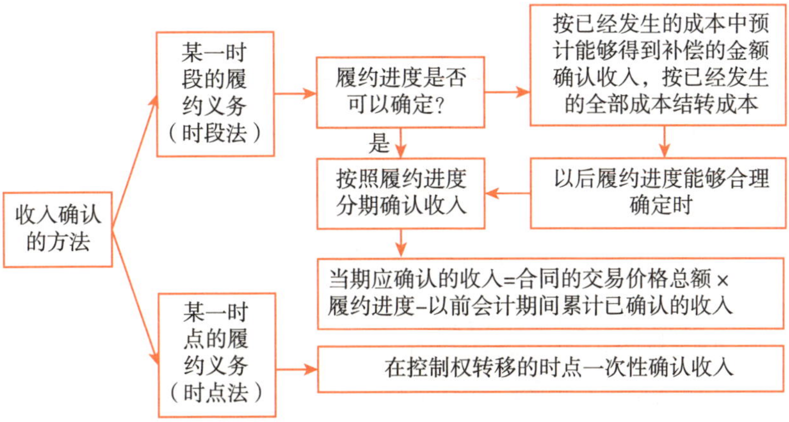

图 3－22　收入确认的方法

为什么要按照预计能够得到补偿的成本金额确认收入？因为计量履约进度的目的是反映主体履约义务的履行情况，确认一部分收入的处理能够提供反映企业履约义务正在履行的信息。

（一）计量履约进度的方法（见表3－22）

表3－22　计量履约进度的方法

评估方法	如果可以根据产出指标确定履约进度，优先采用产出法，否则采用投入法
	如果已转移给客户的商品对于客户的价值，或者企业履约发生的投入，在整个履约期间内平均发生，也可以采用直线法
可比性	企业对类似的履约义务应当采用相同的履约进度计量方法【1】 对同一项履约义务，应当自合同开始日至合同终止日采用同一种计量方法【2】
重新估计	资产负债表日或者当客观环境发生变化时，企业应当重新估计履约进度以反映履约情况的变化，并作为会计估计变更处理

【释1】为什么要采用相同的方法？因为如果采用不同的方法，将导致确认的收入不具有可比性；同时，规避了识别履约义务的要求。

【释2】企业对同一份合同中的同一项履约义务，一般履行的方法是相同的，不应当在产出法与投入法之间转换。

产出法与投入法的分析如表3－23所示。

表3－23　产出法与投入法的分析

方法	含义	指标	优点	不足
产出法	根据已转移给客户的商品对于客户的价值相对于合同总价值的比例确定履约进度	实际测量的完工进度、评估已实现的结果、已达到的里程碑、时间进度、已完工或交付的产品等产出指标	通常能够客观地反映履约进度	产出指标的信息有时可能无法直接观察获得，企业为获得这些信息需要花费很高的成本
投入法	根据企业履行履约义务的投入相对于预计总投入的比例确定履约进度	投入的材料数量、花费的人工工时、机器工时、发生的成本、时间进度等投入指标	易于操作	投入指标与企业向客户转移商品的控制权之间未必存在直接的对应关系（如浪费的材料和工时）

什么叫对于客户的价值？它既不是合同承诺的商品的市场价格或单独售价，也不是客户所预期的商品所包含的价值，而是按照履约进度已经转移给客户的这

部分价值。

例如，甲公司与客户签订合同，为该客户拥有的一条铁路更换100根铁轨，假设该合同仅包含一项在某一时段内履行的履约义务，合同价格为10万元（不含税）。截至2×18年12月31日，甲公司共更换铁轨60根，剩余部分预计在2×19年3月31日之前完成。因此，截至2×18年12月31日，甲公司按照已完成的工作量确定履约进度，按照60÷100=60%计量履约进度，就是采用产出法，应确认的收入为10万元×60%=6万元。

企业应当优先使用产出法，因为产出法是直接计量企业转移给客户的价值，能够客观地反映履约进度。但是在有些情况下，产出法可能不能如实反映企业的履约情况，例如，在报告期末，企业履约形成的在产品未包括在产出的计量中，则基于已生产数量或者已交付数量的产出法，无法如实反映企业对履约义务的履行。尤其对于一些长期的销售飞机、船舶之类的合同，由于生产周期往往跨年度，采用产出法可能不能反映企业的履约进度，这时采用投入法可能更合适。

而投入法中，有些投入指标可能与企业转移给客户的价值之间缺乏直接的对应关系。尤其采用成本法时，履约义务的成本可能发生大幅度变动，导致合同预计总成本在履约过程中无法可靠估计，这时，只能按照已发生成本确认收入，不确认毛利。企业应当根据具体实际情况，选择的计量履约进度的方法应当能够如实反映履约义务的履行进度。

为了便于实务操作，如果企业有权从客户获得的对价与累计已完成的履约行为对于客户的价值直接相对应，可以直接按照企业开具的账单确认收入。例如，企业向客户提供的按照每小时服务收取固定金额的合同，企业可以按照有权开具账单的金额确认收入。因为开具的账单代表了企业已完成的履约义务转移给客户的价值。

（二）投入法的调整

采用投入法计量履约进度时，有些已发生的投入可能并没有恰当地反映履约进度，因此需要调整，因为将这些投入计入履约进度会导致高估履约进度，从而高估收入。

投入法的调整如图3-23所示。

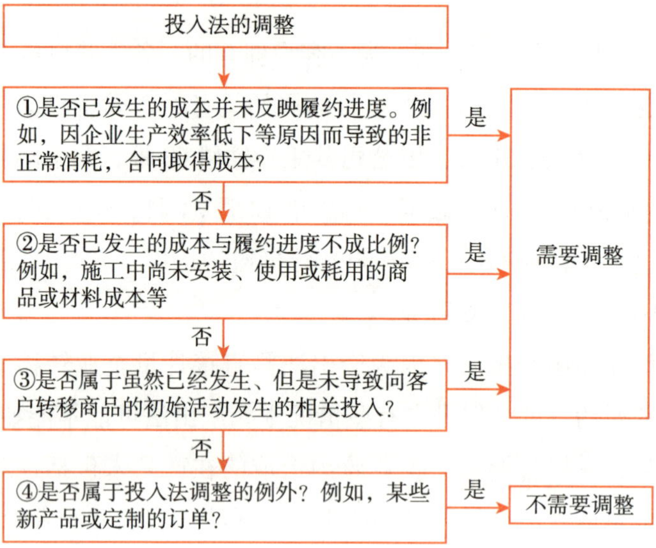

图3－23　投入法的调整

【释①】 例如，丙公司2019年与客户签订一项装修3层楼并安装新电梯的合同，总对价为500万元。丙公司预计总成本为400万元，其中电梯成本为150万元。丙公司使用投入法计量履约进度。丙公司2019年发生装修成本50万元，购买电梯成本150万元，年末电梯运至该建筑物时客户取得对电梯的控制，2020年6月才进行安装。丙公司2019年应当确认多少销售毛利？

由于电梯成本与履约进度不成比例，因此不计入履约进度。电梯按照购买成本确认转让收入。履约进度＝50÷(400－150)＝20%，确认收入＝(500－150)×20%＋150＝220万元，确认成本＝50＋150＝200万元，毛利＝220－200＝20万元。

需要注意的是，在整个建造合同履行期间，按照履约进度计量收入与成本时，都要将电梯的金额扣除后计算，然后确认当期收入与成本时再加上。

【释②】 例如，甲承包商与客户订立一项3年期合同，为客户建造一栋办公楼。该合同是一项在一段时间内履行的单一履约义务。甲公司运用投入法基于迄今为止已发生的成本相对于预计合同总成本的比例来计算合同的履约进度。在第1年年末，管理层估计合同总收入为1 000万元且总成本为800万元。迄今为止已发生的成本250万元中，有50万元包含在第1年购买的将在第2年使用的物料。该预先购买的物料属于一般性质且并非专门为合同而生产。第1年年末应当如何确认收入和成本？

所购买的50万元物料在第1年尚未使用，且其控制权并未转移给客户，应当确认为一项资产，不计入履约进度。履约进度 =（250 − 50）÷800 = 25%；确认合同收入 = 1 000 ×25% = 250 万元；确认合同成本 = 800 ×25% = 200 万元。

【释④】根据学习曲线理论，某些新产品或定制的订单可能并不需要调整，因为企业在履约的前期，由于经验不足、技术不成熟、操作不熟练等原因，可能会发生较高的成本，导致企业对于较早生产的产品确认更多的收入和成本。随着经验的不断累积，企业的生产效率逐步提高，导致企业的履约成本逐步下降，这一结果是合理的，因为这表明企业在合同早期的履约情况具有更高的价值，正如企业销售一个商品的售价会高于销售多个商品的单价。

2017 版收入准则中的投入法与 2006 版收入准则中的完工百分比法不同，原来的完工百分比法是站在企业自身的角度计量完工进度来确认收入，未站在客户角度基于转移给客户的价值计量履约进度。企业只要大量签订合同，努力干活，即使收不到钱，也能确认收入，结果造成报表中应收账款巨大，信用风险太高，虚增收入和利润，最后资金链断裂走向破产，会计信息没有如实反映企业未来现金流量包含的风险。

不管是采用产出法还是投入法，都要能够反映企业的履约进度和向客户转移商品控制权的程度，这是选择履约进度计量方法的关键。

IPO 报表审核时，发现有些企业高估履约进度，低估合同成本，导致收入前高后低，调节财务业绩。因此，证监会要求企业提供确定履约进度的外部证据，并在申报期内保持一致。

【案例 3 − 42】收入确认的方式应当反映企业销售的模式。

甲公司经营一家健身俱乐部，2 ×19 年 2 月 1 日与客户签订合同，客户支付会员费 3 600 元（不含税）成为甲公司的会员，可在未来的 12 个月内在该俱乐部健身，且没有次数的限制。

乙公司经营一家健身俱乐部，2 ×19 年 2 月 1 日与客户签订合同，客户支付会员费 3 600 元（不含税）成为乙公司的会员，可在未来的 12 个月内在该俱乐部健身 100 次。客户当年在俱乐部健身了 10 次。

要求：甲公司和乙公司当年分别应当如何确认收入。

解析：甲公司的履约义务是在 12 个月内随时为客户提供健身服务，客户在企业履约的同时即取得并消耗企业履约所带来的经济利益，因此，属于在某一时段内履行的履约义务。由于甲公司的履约义务是随时为客户提供健身服务，不论客户在某个月是否使用该服务，客户在甲公司提供的服务中获得的利益在全年是平均分布的，因此履约进度比较平均，按照时间进度采用直线法计量，当年应确认的收入为 3 600 × 11 ÷ 12 = 3 300 元。

乙公司的履约义务虽然也属于某一时段的履约义务，但是乙公司的履约义务是在 12 个月内为客户提供 100 次健身服务，即客户购买的是确定数量的服务，因此履约进度应当按照客户已使用健身服务的数量比例计量，当年应确认的收入为 3 600 × 10 ÷ 100 = 360 元。

由此可见，同样是某一时段履行的履约义务，由于履约进度的计量方法不同，导致确认的收入金额大不相同。

四、客户取得商品控制权的迹象

对于某一时点履行的履约义务，为了确定客户取得商品控制权的时点，需要关注以下迹象（见图 3 – 24）。

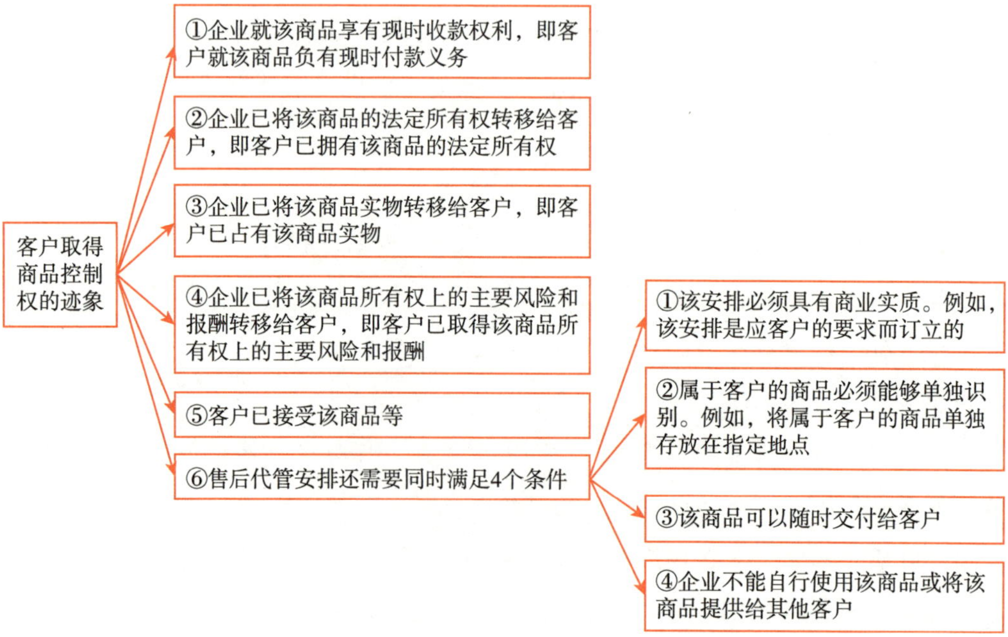

图 3 – 24　客户取得商品控制权的迹象

有迹象不等于商品控制权就转移了，还要考虑其他情况。没有哪一个迹象是决定性的，企业应当根据合同条款和交易的实质，从客户的角度进行综合判断，而不应当仅考虑企业自身的看法。

【释①】当企业就该商品享有现时收款权利时，可能表明客户已经有能力主导该商品的使用并从中获得几乎全部的经济利益。

【释②】当客户取得了商品的法定所有权时，可能表明其已经有能力主导该商品的使用并从中获得几乎全部的经济利益。如果企业仅仅是为了确保到期收回货款而保留商品的法定所有权，那么该保护性权利通常不会对客户取得商品控制权构成障碍。

【释③】客户已经占有商品实物，可能表明其有能力主导商品的使用并从中获得其几乎全部的经济利益。但是还要考虑委托代销、售后代管商品安排、签出看跌期权等客户未取得商品控制权的情形。如果主体发货给客户是为了让客户试用或评价产品，且客户并未承诺在试用期终止前支付任何对价，例如，免费试用7天、否则无条件退货的合同，这些产品在试用期终止之前控制权并未转移给客户。

【释④】企业向客户转移了商品所有权上的主要风险和报酬，可能表明客户已经有能力主导商品的使用并从中获得几乎全部经济利益。

风险，一般是指承担资产市场价格下降的损失，资产被盗、毁损的损失，资产因过时、积压等商业环境变化而产生的损失。

报酬，一般是指享有资产价值增值的权利，将资产进行处置、使用、抵押等权利。

当合同中有多项履约义务时，每项履约义务的风险和报酬应当分别评估。

【释⑤】客户验收就是接受的方式之一。如果客户没有接受，可能表明商品控制权没有转移给客户。如果客户验收只是一项例行程序，例如，对商品的重量、尺寸等简单的表面特征进行例行验收，企业能够在客户验收之前确定这些条件已经满足，则验收不会影响控制权转移时点的判断。如果是一些非标准化的定制商品，往往难以判断，企业应当在客户验收之后才能确认收入。

例如，丁电子商务网站，针对自营业务推出一项促销活动，凡是在丁网站注册的用户，注册后立即可以领取10元的代金券，购买网站商品超过100元的，该代金券可以抵扣10元现金。丁网站8月共有5万用户注册并领取代金券，9月实现商品销售100万元，其中包含代金券价值10万元。因此，丁网站8月用户注册时，虽然领取了代金券，但是商品的控制权并没有转移，不能确认收入。9月客户购买商品时，商品控制权才发生转移，按照有权收取的对价100－10＝90万元确认收入。

【释⑥】售后代管商品，是指根据合同规定，企业把商品销售给客户之后继续保管该商品实物的安排。

售后代管商品产生的原因主要是，客户可能因为缺乏足够的仓储空间或生产进度需要与销售方订立此类合同。

售后代管商品会计处理的关键是，一要判断客户是否已经取得商品控制权，实务中，越是通用的、可以和其他商品互相替换的商品，越有可能难以满足客户取得控制权的条件。二要判断代管服务是否构成单项履约义务，如果构成单项履约义务，应当将交易价格分摊至该履约义务。

【案例3－43】售后代管安排的处理。

根据下列资料，分别回答问题。

要求（1）：学天海公司对设备和零部件能否确认收入？

20×8年1月1日，学天海公司与乙公司签订合同，向其销售一台设备和专用零部件，构成两个单项履约义务，且都属于在某一时点履行的履约义务。该设备和零部件的制造期为2年。学天海公司在完成设备和零部件的生产之后，能够证明其符合合同约定的规格。

20×9年12月31日，乙公司支付了该设备和零部件的合同价款，并对其进行了验收。乙公司运走了设备，但是考虑到其自身的仓储能力有限，且其工厂紧邻学天海公司的仓库，因此要求将零部件存放于学天海公司的仓库中，并且要求学天海公司按照其指令随时安排发货。乙公司已拥有零部件的法定所有权，且这些零部件可明确识别为属于乙公司的物品。学天海公司在其仓库内的单独区域内存放这些零部件，并且应乙公司的要求可随时发货，学天海公司不能使用这些零部件，也不能将其提供给其他客户使用。

解析：能。20×9年12月31日，该设备的控制权移给乙公司。

零部件属于售后代管商品。第一，学天海公司应乙公司的要求尚未发货，乙公司已拥有零部件的法定所有权并且对其进行了验收，具有商业实质；第二，这些零部件可明确识别为属于乙公司的物品；第三，这些零部件应乙公司的要求可随时发货；第四，学天海公司不能使用这些零部件，也不能将其提供给其他客户使用。因此，满足在“售后代管商品”的安排下客户取得商品控制权的条件。因此，学天海公司应当确认销售设备和零部件的相关收入。

除销售设备和零部件之外，学天海公司还为乙公司提供了仓储保管服务，该服务与设备和零部件可明确区分，构成单项履约义务，学天海公司需要将部分交易价格分摊至该项服务，并在提供该项服务的期间确认收入。

要求（2）：A 公司销售给 B 公司的 1 万台电脑能否确认收入？

A 公司生产并销售笔记本电脑。20×7 年，A 公司与零售商 B 公司签订销售合同，向其销售 1 万台电脑。由于 B 公司的仓储能力有限，无法在 20×7 年年底之前接收该批电脑，双方约定 A 公司在 20×8 年按照 B 公司的指令按时发货，并将电脑运送至 B 公司指定的地点。20×7 年 12 月 31 日，A 公司共有上述电脑库存 1.2 万台，其中包括 1 万台将要销售给 B 公司的电脑。然而，这 1 万台电脑和其余 2 000 台电脑一起存放并统一管理，彼此之间可以互相替换。

解析：不能。第一，由于这 1 万台电脑与 A 公司的其他产品可以互相替换，且未单独存放保管，不能单独识别；第二，A 公司在向 B 公司交付这些电脑之前，能够将其提供给其他客户或者自行使用。因此，这 1 万台电脑不满足“售后代管商品”安排下客户取得商品控制权的条件，不能确认收入。

【案例 3 – 44】寄售仓的处理。

甲公司对部分客户的销售采用“寄售仓方式”。在该方式下，甲公司将商品存放在客户的仓库（有时可能存放在由客户指定的、距离客户比较近的第三方物流仓库）。

甲公司与客户签订协议，约定供货的产品、产品技术参数、供货频率结算方式、安全库存水平、领用频率、付款方式等条款。甲公司根据与客户签订的协议与客户近期下达的订单，安排生产计划发送至寄售仓，同时甲公司按照与客户签订协议保持一定水平的安全库存，以便客户随时按需按量提货，寄售仓中的商品所有权人为甲公司，客户每月按期将实际领用情况写成报告，通过信函或者电子邮件的方式通知甲公司，甲公司确认后与客户结算。主要合同条款如下：

（1）双方最终的交易数量以客户实际投入生产的产品数量为准，对于已通过客户验收入库但未由客户实际投入生产的产品，客户不承担购买的责任。

（2）甲公司发到客户的产品，自到达客户指定的接收地点或库房，客户收货后起，客户负责产品的保管，但是客户提供的保管服务不再单独向甲公司收费。

（3）客户签字或盖章确认的送货清单只作为产品到货凭证，客户未上线使用的产品，所有权归甲公司所有，产品经客户上线使用后，所有权转移至客户。

（4）甲公司可以调用寄售仓中的产品。

要求：（1）甲公司是在商品送达寄售仓的时点确认收入，还是在客户实际领用商品的时点确认收入？

（2）甲公司对客户提供的保管服务是否需要冲减收入？

解析：（1）甲公司向客户销售商品，控制权转移的时点为客户实际从仓库中领用商品的时点，因此在客户实际领用时确认收入。理由如下：

第一，对于寄售仓中的商品，送达寄售仓的时点，甲公司并没有收款权，商品法定所有权未转移，当客户实际领用商品时才接受商品。

第二，甲公司具有收回或者向其他仓库调入存货的权利，同时承担商品价格波动、非保管原因形成的损毁等风险。上述情况表明，在甲公司将商品送达仓库的时点，商品的控制权并未转移给客户。

（2）客户为甲公司提供的保管服务不需要冲减收入。因为，虽然客户提供的仓储服务属于一项可明确区分的服务，应当按照应付客户对价处理。但是，客户单独为企业提供仓储服务的目的是使用方便，而不是向甲公司提供的一项单独的服务，实务中一般未见明确约定客户收费的情形，而且，合同中企业向客户销售商品的价格从理论上讲应当已经是正常售价减去仓储费后的金额，将其直接作为交易价格是合理的。因此，即使存在服务，也无须估计服务的公允价值并按照应付客户对价的原则冲减收入。

五步法模型小结如图 3－25 所示。

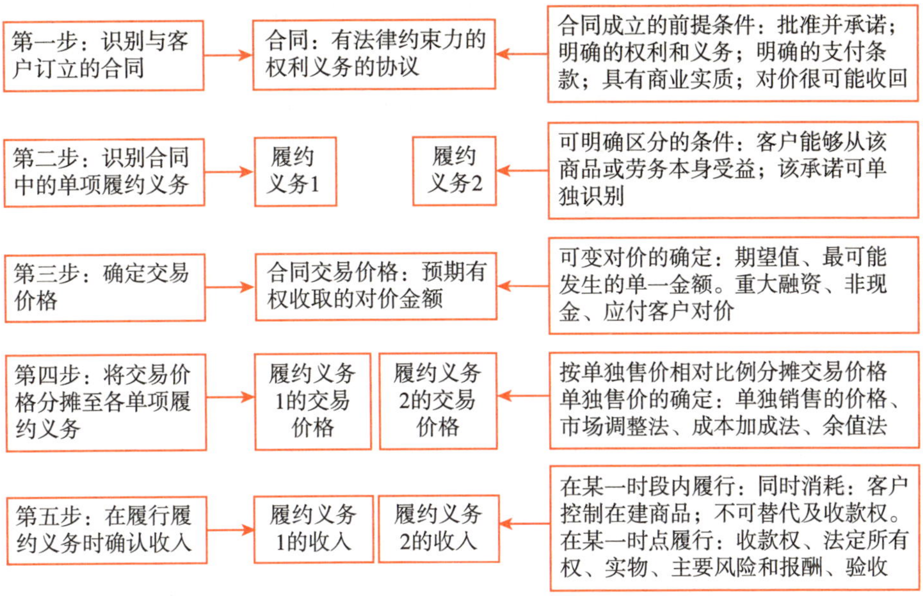

图 3－25　确认收入的五步法模型

第七节　合同成本

合同成本，是指企业取得合同与履行合同所发生的相关成本，包括合同取得成本和合同履约成本。

关于合同成本的规定，仅仅适用于 CAS14 规范的企业与客户之间签订的合同，不适用于其他准则规范的合同发生的成本，因为其他准则中有关于其成本的规定。合同成本的规定，进一步完善了原 2006 版收入准则中关于成本的规定。

一、合同取得成本

合同取得成本的初始确认如表 3－24 所示。

表 3－24　合同取得成本的初始确认

合同取得成本	是指企业取得合同发生的、预计能够收回的增量成本【1】
会计方法	简化方法：摊销期限不超过 1 年的，可以在发生时计入当期损益【2】
	一般方法：确认为一项资产——合同取得成本【3】
账务处理	发生合同取得成本时 借：合同取得成本（摊销期限超过 1 年或未采用简化处理的） 　　销售费用或管理费用（摊销期限不超过 1 年且选择简化处理的） 　　贷：银行存款
	对合同取得成本按照其相关性进行摊销时 借：销售费用等科目 　　贷：合同取得成本【4】

【释 1】增量成本，是指企业不取得合同就不会发生的成本，例如，销售佣金、销售提成、销售奖金，因现有合同续约或发生合同变更需要支付的额外佣金等。增量成本符合资产成本归集的原则，为了防止企业将应当费用化的差旅费等支出资本化，少计费用，虚增利润。

无论是否取得合同均会发生的差旅费、投标费、为准备投标资料发生的相关费用等，不符合预期可以收回的条件，应当在发生时计入当期损益，除非这些支出明确由客户承担。

【释 2】在某些情况下，企业为了确认增量成本所形成的资产而付出的成本可能会超过财务报告带来的利益，因此规定了简化方法。

【释 3】为什么一般方法下合同取得成本要确认为一项资产？因为合同取得成本表示企业为了取得合同付出的对价，这份合同未来能给企业带来经济利益，符合资产的定义，因此应当确认为一项资产，对于取得长期合同来说，未来能够给企业带来长期的经济利益，因此，应当在未来受益期内摊销。

【释 4】“合同取得成本”科目余额，反映企业尚未经转的合同取得成本。

【案例 3－45】合同取得成本的处理。

学天海公司是一家咨询公司，通过竞标赢得一个服务期为 5 年的客户，该客户每年末支付含税咨询费 1 908 000 元，增值税税率为 6%。为取得与该客户的合同，学天海公司聘请外部律师进行尽职调查支付相关费用 15 000 元，为投标而发生的差旅费 10 000 元，支付销售人员佣金 50 000 元。此外，学天海公司根据其年度销售目标、整体盈利情况及个人业绩等，向销售部门经理支付年度奖金10 000元。

要求：对学天海公司该业务进行会计处理。(计算结果保留两位小数)

解析：向销售人员支付的佣金属于取得合同发生的增量成本，应当确认为合同取得成本；聘请外部律师进行尽职调查发生的支出、为投标发生的差旅费、向销售部门经理支付的年度奖金（不能直接归属于可识别的合同）不属于增量成本，应当于发生时直接计入当期损益。

（1）支付相关费用的会计分录如下：

借：合同取得成本　　　　（销售佣金）50 000
　　管理费用　　　　（15 000＋10 000）25 000
　　销售费用　　　　（销售经理奖金）10 000
　　贷：银行存款　　　　　　　　　　　85 000

（2）每月确认服务收入，摊销合同取得成本的会计分录如下：

借：销售费用　　　　（50 000÷5÷12）833.33
　　贷：合同取得成本　　　　　　　　　833.33

借：应收账款　　　　　　　　　　159 000
　　贷：主营业务收入　　［1 908 000÷(1＋6%)÷12］150 000
　　　　应交税费——应交增值税（销项税额）　　9 000

二、合同履约成本

为什么单独规定合同履约成本？第一，为了弥补取消建造合同准则的需要；第二，随着更多的合同执行CAS14准则，对于合同成本的确认和计量需要一个统一的规则。合同履约成本的初始确认如表3－25所示。

表3－25　　　　合同履约成本的初始确认

概念	合同履约成本，是指企业为履行当前或预期取得的合同所发生的、不属于其他企业会计准则规范范围且同时满足下列三个条件的，应当作为合同履约成本确认为一项资产
	①该成本与一份当前或预期取得的合同直接相关，包括直接材料、直接人工、制造费用、明确由客户承担的成本、仅因该合同而发生的其他成本等
	②该成本增加了未来履约的资源
	③该成本预期能够收回【1】

续表

适用范围	适用于提供服务的成本、建筑安装劳务的成本、部分研发支出等
不适用情形	下列支出不适用合同成本，应当计入当期损益 ①管理费用，除非这些费用明确由客户承担 ②非正常消耗的直接材料、直接人工和制造费用（或类似费用），这些支出为履行合同发生，但未反映在合同价格中 ③与履约义务中已履行（或部分履行）部分相关的支出【2】 ④无法在尚未履行的与已履行的履约义务之间区分的相关支出【3】
账务处理	企业发生合同履约成本时 借：合同履约成本——工程施工、服务成本 　　贷：银行存款、应付职工薪酬、工程物资等科目
	对合同履约成本进行摊销时 借：主营业务成本、其他业务成本 　　贷：合同履约成本【4】

【释1】如果企业发生一项成本支出，与履行当前或预期取得的执行CAS14的客户合同无关的，则不属于合同履约成本，应当执行其他准则。

为什么不属于其他准则的范围？因为其他准则（如存货等）已经规定了成本确认的要求，为了与其他准则之间保持逻辑一致，因此无须重新规定。

为什么要同时符合3个条件？目的是确保只有符合资产定义的成本才能确认为资产，也防止企业为了平滑合同利润，通过将收入和成本平均分摊至合同存续期而递延成本。三个条件中，第一个条件要求发生的支出必须与当期或未来的合同直接相关，第二个条件要求发生的支出必须能够增加未来履行合同的资源，有的支出虽然与合同相关，但是，不能增加未来履约的资源。例如，浪费的材料，不能增加未来履约的资源；再如，购买的工程物资，在未用到在建工程之前不是合同履约成本，用到在建工程之后才属于合同履约成本。第三个条件是因为根据资产的概念，合同履约成本作为一项资产，未来应当能够收回该资产相关的经济利益，否则，应当计入当期损益。

为什么合同履约成本要确认为一项资产，而不是一次性计入损益？因为合同履约成本相当于销售商品的存货成本，是履行合同发生的成本，应当在未来商品控制权转移给客户时，即未来确认收入时，按照与收入确认相同的基础摊销计入损益，而不应当发生时一次性计入损益。

【释2】因为已履行的履约义务相关的收入和成本已经计入损益了，为了会计处理保持一致，这些已履约部分的支出也应当计入损益。

【释 3】因为无法区分的支出说明不符合资产的确认条件，因此费用化处理，计入损益。

【释 4】企业因履行合同而产生的毛利不在“合同履约成本”科目核算，本科目期末借方余额反映尚未结转的合同履约成本。

【案例 3-46】定制化研发服务的处理。

甲企业与客户签订合同，为客户研发、生产定制化产品。客户向甲企业提出产品研发需求，甲企业按照客户需求进行产品设计与研发。产品研发成功后，甲企业按合同约定采购量为客户生产定制化产品。客户真正购买的是甲企业生产的定制化产品而不是研发服务。

要求：对于履行定制化产品过程中发生的研发支出，甲企业应当如何进行会计处理？

解析：若甲企业无法控制相关研发成果，如研发成果仅可用于该合同、无法用于其他合同，应按照收入准则中合同履约成本的规定进行处理，最终计入营业成本。

若综合考虑历史经验、行业惯例、法律法规等因素后，甲企业有充分证据表明能够控制相关研发成果，并且预期能够带来经济利益流入，应按照 CAS6 的相关规定将符合条件的研发支出予以资本化，确认一项无形资产，并按照 CAS6 的相关规定进行后续摊销处理。

【案例 3-47】合同履约成本的处理。

学天海公司经营一家酒店，该酒店是学天海公司的自有资产。2×19 年 12 月学天海公司计提与酒店经营直接相关的酒店、客房以及客房内的设备家具等的折旧 120 000 元、酒店土地使用权摊销费用 65 000 元。学天海公司财务部门相关的资产折旧为 10 000 元，销售部门相关的资产折旧为 20 000 元。

经计算，当月确认房费、餐饮等服务含税收入 424 000 元，增值税税率为 6%，全部存入银行。

要求：对学天海公司 12 月的业务进行会计处理。

解析：客房服务的提供直接依赖于酒店物业（包含土地）以及客房内家具等相关资产，这些资产折旧和摊销属于合同履约成本。

财务部门和销售部门资产的折旧，与履行客房服务合同不直接相关，不属于合同履约成本，应当计入当期损益。

1. 确认资产的折旧费、摊销费的会计处理如下：

借：合同履约成本　　185 000

　　贷：累计折旧　　120 000

　　　　累计摊销　　65 000

2. 12 月确认酒店服务收入并摊销合同履约成本的会计处理如下：

借：银行存款　　424 000

　　贷：主营业务收入　　400 000

　　　　应交税费——应交增值税（销项税额）　　24 000

借：主营业务成本　　185 000

　　贷：合同履约成本　　185 000

3. 计提财务部门和销售部门的资产折旧的会计处理如下：

借：管理费用　　10 000

　　销售费用　　20 000

　　贷：累计折旧　　30 000

【案例 3－48】合同履约成本的处理。

2×19 年 1 月 1 日，学天海公司与客户签订合同，为其建造一栋办公楼，建造期为 3 年，合同总收入为 500 万元，预计合同总成本为 400 万元。假定该合同仅包含一项履约义务，且满足在某一时段内确认收入的条件。其他相关信息如表 3－26 所示。（单位：万元）

表 3－26　　办公楼其他相关信息

组成部分	履约进度	使用产出法分摊的收入	实际成本	毛利率	按履约进度计算的成本
地基	42%	210	200	4.8%	168
墙体	24%	120	100	16.7%	96
门窗	16%	80	50	37.5%	64
房顶	18%	90	50	44.4%	72
	100%	500	400	20%	400

截至2×19年12月31日，学天海公司已完成地基部分的建设，采用产出法确定的履约进度为42%，确认收入金额为210万元，实际发生的成本为200万元，按照履约进度计算的成本为168万元。

要求：地基部分应当按照200万元还是168万元确认营业成本？

解析：按照实际发生的成本200万元计入营业成本。因为地基成本并未增加未来用于履行该合同履约义务的资源，即地基的成本多少与未来履行墙体、门窗、房顶的履约义务无关，不符合合同履约成本的概念，应将其在发生时计入损益。

三、与合同成本有关的资产的后续计量

与合同成本有关的资产后续计量如表3－27所示。

表3－27　　　　与合同成本有关的资产后续计量

合同成本	包括合同取得成本、合同履约成本
摊销	应当采用与该资产相关的商品收入确认相同的基础进行摊销，计入当期损益【1】
	摊销期应当考虑整个合同存续期，即初始合同期间和续约期间 对于合同取得成本来说，如果续约合同佣金与初始合同佣金不相称的话，摊销期应当包括续约期，否则无须考虑续约期【2】
	企业应当根据向客户转让与合同资产相关的商品的预期时间变化，对资产的摊销情况进行复核并更新，以反映该预期时间的重大变化，并作为会计估计变更处理
减值	①合同成本可以单独进行减值测试的： 减值准备＝账面价值－（预期收回的剩余对价－估计将要发生的成本）【3】 借：资产减值损失 　　贷：合同履约成本减值准备/合同取得成本减值准备
	②合同成本无法单独进行减值测试的，按照《CAS8——资产减值》的相关规定构建资产组 首先确定按照其他相关企业会计准则确认的、与合同有关的其他资产的减值损失，其次确定与合同成本有关的资产的减值损失，最后各项资产按照减值后的新账面价值计入相关资产组的账面价值，按照CAS8的规定进行减值测试
减值转回	以后期间减值因素发生变化，导致合同成本价值上升的，原来计提的减值准备应当转回计入当期损益，但转回后的资产账面价值不应超过假定不计提减值准备情况下该资产在转回日的账面价值【4】

【释1】为什么采用与收入确认相同的基础摊销？因为摊销方式应当反映该资产随着控制权转移而被“耗用”的情况，从而与确认的收入相配比，提供更相关

的信息。具体分摊方法有两种：第一，按照履约义务的数量和类型分摊。如果是某一时段履行的履约义务，收入按照履约进度分期确认，那么合同成本也应当按照履约进度分期摊销计入损益，如果是某一时点履行的履约义务，收入在商品控制权转移的时点一次性确认，那么合同成本也在商品控制权转移的时点一次性计入损益。第二，根据产出法按照整个合同总的履约进度分摊。

【释2】 因为如果不相称，意味着初始合同佣金的受益期涵盖了续约期间；如果相称的话（一般续约佣金比初始佣金低一些可以理解为相称，因为取得续约合同比取得初始合同容易一些），则无须考虑续约期，因为初始合同佣金在初始合同期内摊销，续约佣金在续约期内摊销。

【释3】 预期收回的剩余对价，应当使用确定交易价格的原则，但不考虑可变对价估计限制的要求，因为基于减值测试的目的与确定交易价格的目的不同，超出可变对价估计限制的部分不一定发生减值。但是要考虑客户信用风险的影响，因为此时是进行减值测试，与确定交易价格的目的不同。

预期收回的剩余对价减去估计将要发生的成本，类似于存货的可变现净值。合同成本的减值，类似于存货的减值，因此使用“资产减值损失”科目。

【释4】 合同成本减值为什么可以转回？因为与合同成本相关的资产，性质上类似于存货，所以在中国会计准则和国际会计准则中采用与存货类似的减值方法处理，但是在美国收入准则中，不允许合同成本减值后转回。

【案例3-49】 合同履约成本的处理。

学天海公司2018年10月1日与乙公司签订合同，为其信息中心提供管理服务，期限五年（2019年1月1日至2023年12月31日止），服务费共800万元，乙公司每年末平均支付款项。

在向乙公司提供服务之前，学天海公司设计并搭建了一个信息技术平台供其内部使用，信息技术平台由相关的硬件和软件组成。学天海公司需要提供设计方案，将该信息技术平台与乙公司现有的信息系统对接，并进行相关测试。该平台并不会转让给乙公司，但是将用于向乙公司提供服务。

2018年10月1日学天海公司为该平台购入硬件72万元（可用6年），软件36万元（可用3年），在2018年10月1日至2018年12月31日请独立第三方专门开发了信息管理平台，并进行了测试、对接服务，费用 100 万元，除此之外，学天海公司专门指派两名员工，负责向乙公司提供服务，3 个月员工工资费用共 30 万元，后续由工作人员维护即可。不考虑增值税等因素。

要求：（1）编制学天海公司购买硬件和软件的会计分录。

（2）编制学天海公司开发信息管理平台和员工工资的会计分录。

（3）编制学天海公司开发平台期间对硬件和软件每月进行摊销的会计分录。

（4）编制学天海公司 2019 年第 1 季度确认收入与结转成本的会计分录。（计算结果保留两位小数）

解析：购买的硬件和软件，因为不转让给客户，属于学天海公司自己的资产，应当分别按照固定资产和无形资产。

设计服务成本和信息中心的测试成本 100 万元，与履行该合同直接相关，并且增加了未来用于履行履约义务（提供管理服务）的资源，且预期该成本可通过未来提供服务收取的对价收回，应当确认为合同履约成本。

两名员工的工资费用，虽然与向乙公司提供服务有关，但是不能增加企业未来用于履行履约义务的资源，应当于发生时计入当期损益。

（1）借：固定资产　　720 000

　　　　无形资产　　360 000

　　　　贷：银行存款　　1 080 000

（2）借：合同履约成本　　1 000 000

　　　　贷：银行存款　　1 000 000

借：主营业务成本　　300 000

　　贷：应付职工薪酬　　300 000

（3）借：合同履约成本——硬件折旧　（720 000 ÷ 6 ÷ 12）10 000

　　　　　　　　　　——软件摊销　（360 000 ÷ 3 ÷ 12）10 000

　　　　贷：累计折旧　　10 000

　　　　　　累计摊销　　10 000

（4）借：应收账款　　400 000

　　　　贷：主营业务收入　（8 000 000 ÷ 5 ÷ 4）400 000

借：主营业务成本　　113 700

贷：合同履约成本——平台开发　　　　（1 000 000 ÷ 5 ÷ 4）50 000

——硬件折旧

［（10 000 × 12 × 5 + 10 000 × 2 个月）÷ 60 个月 × 3］31 000

——软件摊销　　（360 000 ÷ 33 个月 × 3）32 700

固定资产寿命6年，超过合同5年的期限，从下月开始计提折旧，因此，平台开发期间的2个月计提的折旧和合同5年期限计提的折旧共62万元的折旧，在合同5年期限内分摊。无形资产全部摊销金额在合同期限内33个月中摊销完毕。

【案例3－50】 合同取得成本的两种分摊方法。

甲公司是一家手机销售与服务的企业，2022年9月1日与客户乙公司签订合同，向乙公司销售190台某型号手机，同时，提供2年的手机屏幕保修服务，合同总价款为100万元，款项当日收到。手机的单独售价为95万元，屏幕保修服务属于服务类质保，构成单项履约义务，但是单独售价无法直接观察，采用余值法估价，该服务的单独售价为5万元。按照甲公司规定，该合同应当向销售人员支付佣金2万元。

2022年10月1日，甲公司将手机交付客户，并向销售人员支付2万元佣金。

该批手机的生产成本为70万元，屏保服务每年的成本为1万元。不考虑税费等其他因素。

要求：（1）编制甲公司2022年9月1日与2022年10月1日的会计分录。

（2）编制甲公司2023年10月1日与2024年10月1日的会计分录。

解析： 合同中包含两项履约义务，销售手机与屏幕保修服务。其中，销售手机属于某一时点履行的履约义务，销售屏幕保修服务属于某一时段履行的履约义务。

2万元佣金属于合同取得成本。

方法一：按照履约义务的数量和类型分摊。

（1）2022年9月1日，签订合同，收取价款。

借：银行存款　　　　　　　　　　　　　　1 000 000

　　贷：合同负债　　　　　　　　　　　　　　1 000 000

借：合同取得成本——手机　　（2 × 950 000 ÷ 1 000 000）19 000

——屏保服务　（2×50 000÷1 000 000）1 000

贷：其他应付款——销售手机佣金　20 000

2022 年 10 月 1 日，交付手机，确认手机销售收入与成本，分摊手机履约义务相关的合同取得成本。

借：合同负债　950 000

贷：主营业务收入　950 000

借：主营业务成本　700 000

贷：库存商品　700 000

借：其他应付款——销售手机佣金　20 000

贷：银行存款　20 000

借：主营业务成本——销售手机佣金　19 000

贷：合同取得成本——手机　19 000

（2）2023 年 10 月 1 日，确认屏保服务的收入与成本，分摊屏保服务履约义务相关的合同取得成本。

借：合同负债　（50 000÷2）25 000

贷：主营业务收入　25 000

借：主营业务成本　10 000

贷：合同履约成本　10 000

借：主营业务成本　（1 000÷2）500

贷：合同取得成本——屏保服务　500

2024 年 10 月 1 日，分录与 2023 年 10 月 1 日相同。

方法二：根据产出法按照整个合同总的履约进度分摊。

（1）2022 年 9 月 1 日，签订合同，收取价款，分录与方法一相同。

2022 年 10 月 1 日，交付手机，合同总的履约进度 =95÷100 =95%。

确认手机销售收入与成本，分摊手机履约义务相关的合同取得成本。

借：合同负债　950 000

贷：主营业务收入　950 000

借：主营业务成本　700 000

贷：库存商品　700 000

借：其他应付款——销售手机佣金　20 000

贷：银行存款　20 000

借：主营业务成本——销售手机佣金　19 000

贷：合同取得成本——手机　19 000

（2）2023 年 10 月 1 日，合同总的履约进度 =（95 + 2.5）÷ 100 = 97.5%

确认屏保服务的收入与成本，分摊屏保服务履约义务相关的合同取得成本：

借：合同负债　（50 000 ÷ 2）25 000

贷：主营业务收入　25 000

借：主营业务成本　10 000

贷：合同履约成本　10 000

借：主营业务成本　（1 000 ÷ 2）500

贷：合同取得成本——屏保服务　500

2024 年 10 月 1 日，分录与 2023 年 10 月 1 日相同。

由此可见，两种方法下分摊合同取得成本的会计结果相同。

【案例 3 – 51】合同资产与应收账款。

某年 1 月学天海公司与客户签订一项以 1 000 万元向客户转让 A 产品和 B 产品的合同。合同约定，先交付 A 产品，3 个月后再交付 B 产品，A 产品的付款取决于 B 产品的交付。

学天海公司根据 A 产品和 B 产品的单独售价的相对比例，将 400 万元分摊至转让 A 产品的履约义务，将 600 万元分摊至转让 B 产品的履约义务。

1 月学天海公司向客户交付了 A 产品。

2 月学天海发现合同资产发生减值迹象，进行减值测试后，根据预期信用损失应当计提损失准备 10 万元。

4 月学天海公司向客户交付了 B 产品。交付后客户尚未支付款项。

要求：编制学天海公司上述业务相关的会计分录。

解析：（1）1 月转让 A 产品时，由于取得对价的权利取决于 B 产品的交付，因此期末只能列报合同资产 400 万元。

借：合同资产　　4 000 000

　　贷：主营业务收入　　4 000 000

（2）2 月计提合同资产减值准备，合同资产包括了履约风险和信用风险等其他风险（如质量保证金形成的合同资产面临质量风险），虽然减值测试采用 CAS22 规定的预计损失法，但是列报采用资产减值损失。

借：资产减值损失　　100 000

　　贷：合同资产减值准备　　100 000

（3）4 月转让 B 产品时，确认收取对价的无条件权利，期末列报应收款项 1 000 万元。

借：应收账款　　10 000 000

　　贷：合同资产　　4 000 000

　　　　主营业务收入　　6 000 000

【案例 3－52】 合同可撤销与不可撤销。

某年学天海公司 1 月 1 日订立了一项于当年 3 月 31 日向客户转让产品的可撤销合同。合同要求客户在 1 月 31 日预先支付 1 000 元的对价。客户在 3 月 1 日支付了对价。学天海公司于 3 月 31 日转让了相应的产品。

要求：（1）编制学天海公司上述业务相关的会计分录。

（2）如果将合同改为不可撤销的合同，其他条件不变。编制学天海公司上述业务相关的会计分录。

解析：（1）1 月 1 日和 1 月 31 日，由于合同可撤销，学天海公司不享有权利，也不承担义务，因此无须进行账务处理。

3 月 1 日的会计分录如下：

借：银行存款　　1 000

　　贷：合同负债　　1 000

3 月 31 日的会计分录如下：

借：合同负债　　1 000

　　贷：主营业务收入　　1 000

（2）1 月 31 日，由于合同不可撤销，学天海公司享有无条件收取对价的权利，应当确认应收款项。

借：应收账款　　1 000

　　贷：合同负债　　1 000

3 月 1 日的会计分录如下：

借：银行存款　　1 000

　　贷：应收账款　　1 000

3 月 31 日的会计分录如下：

借：合同负债　　1 000

　　贷：主营业务收入　　1 000

【案例 3 - 53】 应收款项与预计负债。

学天海公司与客户签订一项合同，以每件不含增值税 150 元的价格转让产品，增值税税率为 13%。合同约定，如果客户在一个日历年度内购买数量超过 100 万件，则产品单价追溯调整为每件 125 元。在合同开始日，学天海公司估计客户购买数量能够达到 100 万件。第 1 个月客户购买了 100 件。

要求： 学天海公司当月在资产负债表和利润表中应当如何列报？

解析： 应收账款按照合同约定的价格计量，预计负债不影响应收债权的确认。会计分录如下：

借：应收账款　　（倒挤）16 950

　　贷：主营业务收入　　（100 × 125）12 500

　　　　预计负债——应付退货款　　（100 × 25）2 500

　　　　应交税费——应交增值税（销项税额）

　　　　　　（100 × 150 × 13%）1 950

在资产负债表中，应收账款列报 16 950 元，其他流动负债列报 2 500 元，应交税费列报 1 950 元；在利润表中，营业收入列报 12 500 元。

【案例 3 - 54】 五步法模型在制造业的应用。

甲公司是一家主要生产和销售净化设备的上市公司，2 × 18 年 12 月 1 日与客户乙公司签订一项设备销售合同，合同约定：

(1) 合同总价款为300万元。

(2) 甲公司承担设备安装并负责15个月的后续技术支持工作。

(3) 乙公司于2×18年12月31日支付50%的合同价款，在2×19年1月31日前设备安装完成后支付30%的合同价款，15个月的后续技术支持工作完成后支付20%的尾款。

合同履行情况如下：

(1) 2×18年12月20日甲公司收到客户支付的150万元款项。

(2) 甲公司于2×19年1月1日交付设备并完成安装，该安装服务属于标准服务，不涉及对设备的重大修订。

(3) 2×19年1月31日收到客户支付的90万元款项。

(4) 2×20年3月31日，15个月的后续技术支持工作结束，客户于2×20年4月1日支付了尾款60万元。

甲公司的设备销售后，也经常承担安装调试和售后技术支持服务，其中，设备、安装服务、15个月的售后服务的单独售价分别为285万元、8万元、12万元。不考虑税费等其他因素。

要求：按照上述时间的先后顺序，编制甲公司有关的会计分录。

解析：五步法模型分析：

第一步，识别合同。本合同符合成立的五个条件，不涉及合同合并与合同变更问题。

第二步，识别履约义务。销售设备、提供安装服务、提供15个月的售后支持服务三项承诺，符合可明确区分原则，能够分别单独给客户带来经济利益，因此，合并中包含销售设备、提供安装服务、提供15个月的售后支持服务三项履约义务。

第三步，确定交易价格。合同没有可变对价，因此，交易价格为固定对价300万元。

第四步，分摊交易价格至履约义务。三项履约义务的单独售价之和为285+8+12=305万元，大于合同交易价格300万元，说明发生了合同折扣5万元，应当分摊给三项履约义务：

销售设备分摊后的交易价格=300×(285÷305)=280.33（万元）

安装服务分摊后的交易价格=300×(8÷305)=7.87（万元）

售后服务分摊后的交易价格 = 300 ×（12 ÷ 305）= 11.8（万元）

第五步，履行履约义务时确认收入。

销售设备，属于某一时点履行的履约义务，在控制权转移的时点确认收入。

安装服务和售后服务，属于某一时段履行的履约义务，按照履约进度分期确认收入。根据本业务的特点，可以采用直线法计量履约进度。

会计处理如下：

（1）2×18 年 12 月 20 日，收到客户支付的 150 万元。

借：银行存款　　1 500 000

　　贷：合同负债　　1 500 000

（2）2×19 年 1 月 1 日，交付设备并完成安装。

借：合同负债　　（转销余额）1 500 000

　　合同资产　　（倒挤）1 382 000

　　贷：主营业务收入——销售设备　　2 803 300

　　　　　　　　　——安装服务　　78 700

由于未到合同约定的付款时间，因此，通过“合同资产”科目核算。

（3）2×19 年 1 月 31 日，收到客户支付的 90 万元。

借：银行存款　　900 000

　　贷：合同资产　　900 000

（4）2×19 年 1 月 31 日，完成第一个月的售后技术支持服务。

借：合同资产　　7 900

　　贷：主营业务收入——售后技术支持服务　　（118 000 ÷ 15）7 900

后续 14 个月，每个月都做同样的会计分录。

（5）2×20 年 3 月 31 日，售后技术支持服务完成，取得无条件收款的权利。

借：应收账款　　600 000

　　贷：合同资产　　（转销余额）600 000

（6）2×20 年 4 月 1 日，收到客户支付的 60 万元。

借：银行存款　　600 000

　　贷：应收账款　　600 000

【案例 3 – 55】 五步法模型在房地产业的应用。

甲房地产公司 2018 年 7 月 10 日取得一栋房地产项目的预售许可证，开始预售，在 2018 年 12 月 31 日与客户乙公司签订了一份销售合同，部分条款如下：

（1）合同总价款为 360 万元，乙公司采用分期付款方式，合同签订日支付 30%，其余款项在未来的 5 年的每个年末支付 50.4 万元。

（2）工程项目竣工后需按合同指定的单元与车位交付给客户。

合同履行情况如下：

（1）该工程项目于 2019 年 12 月 4 日完成竣工结算，2019 年 12 月 31 日将指定房屋交付给客户。

（2）指定的车位于 2020 年 4 月 10 日完工，5 月 10 日交付给客户。

该房屋与车位的单独售价为 300 万元、20 万元。甲公司销售不动产适用的增值税税率为 9%，不考虑其他因素。

要求：按照上述时间的先后顺序，编制甲公司有关的会计分录。

解析：五步法模型分析：

第一步，识别合同。本合同符合成立的五个条件，房屋与车位具有共同的商业实质，可以合并为一份合同处理。

第二步，识别履约义务。虽然房屋与车位符合可明确区分原则，但是合并后合同中只包含一项履约义务。

第三步，确定交易价格。房屋与车位的单独售价之和为 300 + 20 = 320 万元，合同标价为 360 万元，客户分六次付款，跨了 5 个年度。因此，合同中包含了重大融资成分，以现销价格 320 万元确定交易价格，40 万元为融资成分。

第四步，分摊交易价格至履约义务。由于合并后合同中只有一项履约义务，因此不需要分摊交易价格。

第五步，履行履约义务时确认收入。由于销售的房屋与车位，均不符合某一时段履行的履约义务的条件，因此，按照某一时点履行的履约义务处理。

（1）2×18 年 12 月 31 日，收到客户支付的 108 万元。

借：银行存款	1 080 000	
贷：合同负债		1 080 000

（2）2×19 年 12 月 31 日，交付房屋给客户。

借：合同负债　（转销余额）1 080 000

　长期应收款　（3 600 000 × 70% − 200 000）2 320 000

　贷：主营业务收入——房屋　（3 000 000 ÷ 1.09）2 752 300

　　应交税费——应交增值税（销项税额）

　　（3 000 000 ÷ 1.09 × 9%）247 700

　　未实现融资收益　（倒挤）400 000

借：银行存款　504 000

　贷：长期应收款　504 000

（3）2 × 20 年 5 月 10 日，将车位交付给客户。

借：应收账款　200 000

　贷：主营业务收入——车位　（200 000 ÷ 1.09）183 500

　　应交税费——应交增值税（销项税额）

　　（200 000 ÷ 1.09 × 9%）16 500

（4）2 × 20 年 12 月 31 日，收取客户分期款项。

借：银行存款　504 000

　贷：应收账款　200 000

　　长期应收款　304 000

在合同开始日，使用插值法计算出实际利率为 9.99%，第一期利息费用 = （232 − 40 − 50.4）× 9.99% = 14.15 万元。

借：未实现融资收益　141 500

　贷：财务费用　141 500

以后各期利息费用按照实际利率法计算处理（略）。

（5）2 × 21 年 12 月 31 日，收取客户分期款项。

借：银行存款　504 000

　贷：长期应收款　504 000

以后各期收取款项的分录与上述分录相同（略）。

【案例 3 − 56】 五步法模型在电信行业的应用。

甲电信公司通过社区渠道网点与客户签订了如下套餐合约：

(1) 销售一部手机价款为 3 500 元。

(2) 赠送话费 720 元，分 12 个月平均返还客户。

(3) 客户未来 12 个月每月最低消费 88 元。

该手机市场价为 3 000 元。甲公司当月向渠道网点支付一次性酬金 120 元，从次月起连续支付分成酬金 12 个月，每月支付 10 元。甲公司根据组合法估计客户平均在网时间为 24 个月。不考虑税费等其他因素。计算结果保留整数。

要求：按月编制甲公司有关的会计分录。

解析：五步法模型分析：

第一步，识别合同。本合同符合成立的五个条件，不涉及合同合并与合同变更问题。

第二步，识别履约义务。合同中包括销售手机、提供通信服务两项承诺，符合可明确区分原则，能够分别单独给客户带来经济利益，因此，确认为两项履约义务。

第三步，确定交易价格。交易价格为手机对价 3 500 + 通信服务对价 (88 − 60) × 12 = 3 836 元。

第四步，分摊交易价格至履约义务。手机的单独售价为 3 000 元，通信服务的单独售价为 88 × 12 = 1 056 元，单独售价之和为 3 000 + 1 056 = 4 056 元，大于合同交易价格 3 836 元，说明发生了合同折扣，应当分摊给两项履约义务。

手机分摊后的交易价格 = 3 836 × (3 000 ÷ 4 056) = 2 837 (元)

通信服务分摊后的交易价格 = 3 836 × (1 056 ÷ 4 056) = 999 (元)

第五步，履行履约义务时确认收入。

销售手机，属于某一时点履行的履约义务，在控制权转移的时点确认收入。

通信服务，符合客户在企业履约的同时取得并消耗企业履约带来的经济利益的条件，属于某一时段履行的履约义务，按照履约进度分期确认收入。根据本业务的特点，可以采用直线法计量履约进度。

会计处理如下：

(1) 第 1 个月，收到客户支付的 3 500 元，确认销售手机的收入。

借：银行存款　　3 500

　　贷：主营业务收入——销售手机　　2 837

合同负债 （倒挤）663

确认当月通信服务的收入：

借：银行存款 （88 - 60）28

合同负债 （倒挤）55

贷：主营业务收入——通信服务 （999 ÷ 12）83

以此类推，以后每个月确认通信服务收入的分录与上述分录相同。

（2）第 1 个月，甲公司支付的社区渠道网点酬金属于合同取得成本，应当根据客户的在网时间分摊计入损益。

借：合同取得成本 240

贷：银行存款 120

合同负债 120

分摊合同取得成本：

借：销售费用 （240 ÷ 24）10

贷：合同取得成本 10

以此类推，以后每个月分摊合同取得成本的分录与上述分录相同。

（3）第 2 个月到第 11 个月。

确认当月通信服务的收入，分录与上个月相同（略）。

分摊合同取得成本，分录与上个月相同（略）。

（4）第 12 个月。

确认当月通信服务的收入：小数点四舍五入要倒挤。

借：银行存款 （88 - 60）28

合同负债 （663 - 55 × 11）58

贷：主营业务收入——通信服务 （999 - 83 × 11）86

到此为止，合同中通信服务的会计处理完毕，以后每个月根据客户实际使用情况进行会计处理。

分摊合同取得成本，分录与上个月相同，直至连续分摊 24 个月后终止（略）。

【案例 3 - 57】 五步法模型在制造业的应用。

甲公司是一家主要生产和销售净化设备的上市公司，2 × 18 年 12 月 1 日与客户乙公司签订一项设备销售合同，合同约定：

（1）合同总价款为300万元。

（2）甲公司承担设备安装并负责15个月的后续技术支持工作。

（3）乙公司于2×18年12月31日支付50%的合同价款，在2×19年1月31日前设备安装完成后支付30%的合同价款，15个月的后续技术支持工作完成后支付20%的尾款。

合同履行情况如下：

（1）2×18年12月20日甲公司收到客户支付的150万元款项。

（2）甲公司于2×19年1月1日交付设备并完成安装，该安装服务属于标准服务，不涉及对设备的重大修订。

（3）2×19年1月31日收到客户支付的90万元款项。

（4）2×20年3月31日，15个月的后续技术支持工作结束，客户于2×20年4月1日支付了尾款60万元。

甲公司的设备销售后，也经常承担安装调试和售后技术支持服务，其中，设备、安装服务、15个月的售后服务的单独售价分别为285万元、8万元、12万元。不考虑税费等其他因素。

要求：按照上述时间的先后顺序，编制甲公司有关的会计分录。

解析：五步法模型分析：

第一步，识别合同。本合同符合成立的五个条件，不涉及合同合并与合同变更问题。

第二步，识别履约义务。销售设备、提供安装服务、提供15个月的售后支持服务三项承诺，符合可明确区分原则，能够分别单独给客户带来经济利益，因此，合并中包含销售设备、提供安装服务、提供15个月的售后支持服务三项履约义务。

第三步，确定交易价格。合同没有可变对价，因此，交易价格为固定对价300万元。

第四步，分摊交易价格至履约义务。三项履约义务的单独售价之和为285+8+12=305万元，大于合同交易价格300万元，说明发生了合同折扣5万元，应当分摊给三项履约义务：

销售设备分摊后的交易价格＝300×(285÷305)＝280.33（万元）

安装服务分摊后的交易价格＝300×(8÷305)＝7.87（万元）

售后服务分摊后的交易价格＝300×(12÷305)＝11.8（万元）

第五步，履行履约义务时确认收入。

销售设备，属于某一时点履行的履约义务，在控制权转移的时点确认收入。

安装服务和售后服务，属于某一时段履行的履约义务，按照履约进度分期确认收入。根据本业务的特点，可以采用直线法计量履约进度。

会计处理如下：

(1) 2×18年12月20日，收到客户支付的150万元：

借：银行存款　　1 500 000

　　贷：合同负债　　1 500 000

(2) 2×19年1月1日，交付设备并完成安装。

借：合同负债　　（转销余额）1 500 000

　　合同资产　　（倒挤）1 382 000

　　贷：主营业务收入——销售设备　　2 803 300

　　　　　　　　　　——安装服务　　78 700

由于未到合同约定的付款时间，因此，通过"合同资产"科目核算。

(3) 2×19年1月31日，收到客户支付的90万元。

借：银行存款　　900 000

　　贷：合同资产　　900 000

(4) 2×19年1月31日，完成第一个月的售后技术支持服务。

借：合同资产　　7 900

　　贷：主营业务收入——售后技术支持服务　　(118 000÷15) 7 900

后续14个月，每个月都做同样的会计分录。

(5) 2×20年3月31日，售后技术支持服务完成，取得无条件收款的权利。

借：应收账款　　600 000

　　贷：合同资产　　（转销余额）600 000

(6) 2×20年4月1日，收到客户支付的60万元。

借：银行存款　　600 000

贷：应收账款　　600 000

【案例 3-58】五步法模型在房地产业的应用。

甲房地产公司 2018 年 7 月 10 日取得一栋房地产项目的预售许可证，开始预售，在 2018 年 12 月 31 日与客户乙公司签订了一份销售合同，部分条款如下：

(1) 合同总价款为 360 万元，乙公司采用分期付款方式，合同签订日支付 30%，其余款项在未来的 5 年的每个年末支付 50.4 万元。

(2) 工程项目竣工后需按合同指定的单元与车位交付给客户。

合同履行情况如下：

(1) 该工程项目于 2019 年 12 月 4 日完成竣工结算，2019 年 12 月 31 日将指定房屋交付给客户。

(2) 指定的车位于 2020 年 4 月 10 日完工，5 月 10 日交付给客户。

该房屋与车位的单独售价为 300 万元、20 万元。甲公司销售不动产适用的增值税税率为 9%，不考虑其他因素。

要求：按照上述时间的先后顺序，编制甲公司有关的会计分录。

解析：五步法模型分析：

第一步，识别合同。本合同符合成立的五个条件，房屋与车位具有共同的商业实质，可以合并为一份合同处理。

第二步，识别履约义务。虽然房屋与车位符合可明确区分原则，但是合并后合同中只包含一项履约义务。

第三步，确定交易价格。房屋与车位的单独售价之和为 300 + 20 = 320 万元，合同标价为 360 万元，客户分六次付款，跨了 5 个年度。因此，合同中包含了重大融资成分，以现销价格 320 万元确定交易价格，40 万元为融资成分。

第四步，分摊交易价格至履约义务。由于合并后合同中只有一项履约义务，因此不需要分摊交易价格。

第五步，履行履约义务时确认收入。由于销售的房屋与车位，均不符合某一时段履行的履约义务的条件，因此，按照某一时点履行的履约义务处理。

(1) 2×18 年 12 月 31 日，收到客户支付的 108 万元。

借：银行存款　　1 080 000

贷：合同负债　　　　　　　　　　　　　　　　　　　　　　1 080 000

(2) 2×19 年 12 月 31 日，交付房屋给客户。

借：合同负债　　　　　　　　　　　　（转销余额）1 080 000

长期应收款　　　　　（3 600 000×70% －200 000）2 320 000

贷：主营业务收入——房屋　　　　　（3 000 000÷1.09）2 752 300

应交税费——应交增值税（销项税额）

（3 000 000÷1.09×9%）247 700

未实现融资收益　　　　　　　　　　　　　（倒挤）400 000

借：银行存款　　　　　　　　　　　　　　　504 000

贷：长期应收款　　　　　　　　　　　　　　　　504 000

(3) 2×20 年 5 月 10 日，将车位交付给客户。

借：应收账款　　　　　　　　　　　　　　　200 000

贷：主营业务收入——车位　　　　　（200 000÷1.09）183 500

应交税费——应交增值税（销项税额）

（200 000÷1.09×9%）16 500

(4) 2×20 年 12 月 31 日，收取客户分期款项。

借：银行存款　　　　　　　　　　　　　　　504 000

贷：应收账款　　　　　　　　　　　　　　　　　200 000

长期应收款　　　　　　　　　　　　　　　　304 000

在合同开始日，使用插值法计算出实际利率为 9.99%，第一期利息费用 =（232－40－50.4）×9.99% =14.15 万元。

借：未实现融资收益　　　　　　　　　　　　141 500

贷：财务费用　　　　　　　　　　　　　　　　　141 500

以后各期利息费用按照实际利率法计算处理（略）。

(5) 2×21 年 12 月 31 日，收取客户分期款项。

借：银行存款　　　　　　　　　　　　　　　504 000

贷：长期应收款　　　　　　　　　　　　　　　　504 000

以后各期收取款项的分录与上述分录相同（略）。

【案例3-59】 五步法模型在电信行业的应用。

甲电信公司通过社区渠道网点与客户签订了如下套餐合约：

（1）销售一部手机价款为3 500元。

（2）赠送话费720元，分12个月平均返还客户。

（3）客户未来12个月每月最低消费88元。

该手机市场价为3 000元。甲公司当月向渠道网点支付一次性酬金120元，从次月起连续支付分成酬金12个月，每月支付10元。甲公司根据组合法估计客户平均在网时间为24个月。不考虑税费等其他因素。计算结果保留整数。

要求： 按月编制甲公司有关的会计分录。

解析： 五步法模型分析：

第一步，识别合同。本合同符合成立的五个条件，不涉及合同合并与合同变更问题。

第二步，识别履约义务。合同中包括销售手机、提供通信服务两项承诺，符合可明确区分原则，能够分别单独给客户带来经济利益，因此，确认为两项履约义务。

第三步，确定交易价格。交易价格为手机对价3 500＋通信服务对价（88－60）×12＝3 836元。

第四步，分摊交易价格至履约义务。手机的单独售价为3 000元，通信服务的单独售价为88×12＝1 056元，单独售价之和为3 000＋1 056＝4 056元，大于合同交易价格3 836元，说明发生了合同折扣，应当分摊给两项履约义务。

手机分摊后的交易价格＝3 836×(3 000÷4 056)＝2 837（元）

通信服务分摊后的交易价格＝3 836×(1 056÷4 056)＝999（元）

第五步，履行履约义务时确认收入。

销售手机，属于某一时点履行的履约义务，在控制权转移的时点确认收入。

通信服务，符合客户在企业履约的同时取得并消耗企业履约带来的经济利益的条件，属于某一时段履行的履约义务，按照履约进度分期确认收入。根据本业务的特点，可以采用直线法计量履约进度。

会计处理如下：

（1）第1个月，收到客户支付的3 500元，确认销售手机的收入。

借：银行存款　3 500

　贷：主营业务收入——销售手机　2 837

　　合同负债　（倒挤）663

确认当月通信服务的收入：

借：银行存款　（88－60）28

　合同负债　（倒挤）55

　贷：主营业务收入——通信服务　（999÷12）83

以此类推，以后每个月确认通信服务收入的分录与上述分录相同。

（2）第1个月，甲公司支付的社区渠道网点酬金属于合同取得成本，应当根据客户的在网时间分摊计入损益。

借：合同取得成本　240

　贷：银行存款　120

　　合同负债　120

分摊合同取得成本：

借：销售费用　（240÷24）10

　贷：合同取得成本　10

以此类推，以后每个月分摊合同取得成本的分录与上述分录相同。

（3）第2个月到第11个月。

确认当月通信服务的收入，分录与上个月相同（略）。

分摊合同取得成本，分录与上个月相同（略）。

（4）第12个月。

确认当月通信服务的收入：小数点四舍五入要倒挤。

借：银行存款　（88－60）28

　合同负债　（663－55×11）58

　贷：主营业务收入——通信服务　（999－83×11）86

到此为止，合同中通信服务的会计处理完毕，以后每个月根据客户实际使用情况进行会计处理。

分摊合同取得成本，分录与上个月相同，直至连续分摊24个月后终止（略）。

第八节　特殊销售交易的会计处理

一、附有销售退回条款的销售（退货权）

退货权，可能会在合同中明确约定，也有可能是隐含的（即企业在销售过程中向客户作出的声明或承诺、法律法规的要求、以往的习惯做法等），其会计处理如表 3－28 所示。

表 3－28　　退货权的会计处理

不属于退货权	客户可以将质量有瑕疵的商品退回以换取正常的商品，或者以一项商品换取类型、质量、状况及价格均相同的另一项商品的，属于换货（保修），应当按照质保的规定处理
退货权的处理	退货率可以估计的，按照预期有权收取的对价确认收入，并确认一项退款负债和退货权资产 借：银行存款/应收账款等 　　贷：主营业务收入（有权收取的对价－退款负债＋收取的退货费）【1】 　　　　预计负债——应付退货款（退款负债－收取的退货费）【2】 　　　　应交税费——应交增值税（销项税额） 借：应收退货成本（预期退货的账面价值－预计发生的退货成本－退回商品的价值减损）【3】 　　主营业务成本（倒挤） 　　存货跌价准备（若有） 　　贷：库存商品（转销余额）
	退货率不可以估计的，先确认发出商品，等到退货率可以估计时再按照可以估计的方法确认收入，若退货率一直无法估计，则退货期满时再确认收入
复核	每个资产负债表日应当重新估计未来销售退回情况，并对预计负债与应收退货成本资产进行重新计量，同时调整收入与成本，并作为会计估计变更进行处理

【释 1】企业预计因退货向客户收取的退货费，也属于企业因销售商品有权向客户收取的对价的一部分，所以计入营业收入。据此推理出，企业的退款负债也应当以扣除退货费后的金额计量，因为退货费的金额无须退给客户，不形成企业的负债。

【释 2】预计负债是退款负债，不包含增值税销项税额。企业在计量收入时应当按照可变对价的原则扣除退款负债，因此这部分预计退回的款项不属于企业有权收取的对价，估计交易价格和确认收入时应当扣除。

【释3】应收退货成本是退货权资产，该科目核算销售商品时预期将退回商品的账面价值，扣除收回该商品预计发生的成本（包括退回商品的价值减损）后的余额。这部分成本是未来可能收回的成本，要从营业成本中扣除，与确认收入的逻辑保持一致，即预计退回的部分既不确认收入也不确认成本。

为什么应收退货成本要扣除收回该商品预计发生的成本、退回商品的价值减损？因为根据资产的概念，应收退货成本应当反映预计收回的价值，而预计退货成本、退回商品的减值是无法收回的，不应当确认为资产的一部分。

退回商品的价值减损，是指预计退货的商品如果发生减值迹象，应当单独进行减值测试，减值金额应当抵减应收退货成本。

由于预计退货的商品已经转移给客户，因此不属于存货，而是形成了一项退货权资产，期末根据流动性在“其他流动资产”或“其他非流动资产”项目列报。期末，退货权资产与退款负债应当分别以总额列报，不得以净额列报，以提供更大的透明度，并有利于对退货权资产进行减值测试。

退货费，企业收取的退货费，相当于扣减了部分退款的金额，因此计入交易价格。同理，预计发生的退货成本（如退货包运费），应当抵减可收回的退货权资产的账面价值。

为什么退货义务不作为一项单独的履约义务处理？从概念上，附带退货权的合同至少包含两项履约义务，一项是向客户转让商品的义务，另一项是接受客户退货的义务（即提供退货权服务）。但是，如果作为单项履约义务，就需要估计退货服务的单独售价，从而分摊交易价格，而在实务中很多情况下，预计退货的数量仅仅占总销售数量很小的比例，且退货期通常比较短（大多数在30天以内），退货权服务往往没有可观察的数据，因此，估计退货权服务的单独售价比较复杂而且成本较高，产生的信息有用性较低，准则采取简化方法，不作为单项履约义务处理。

【案例3-60】退货权的处理。

学天海健身器材销售公司为增值税一般纳税人，适用的增值税税率为13%。某年1月1日向乙公司销售5 000件健身器材，商品控制权随之转移。单位销售价格为500元，单位成本为400元，开出的增值税专用发票上注明的销售价款为250万元，增值税税额为32.5万元。协议约定，乙公司应于当年2月1日之前支付货款，在6月30日之前有权退还健身器材。假定根据过去的经验，估计该批健身器材退货率约为20%；健身器材发出时纳税义务已经发生；实际发生销售退回时取得税务机关开具的红字增值税专用发票。

要求：(1) 假设实际退货数量为1 000件，编制学天海公司有关销售的会计分录。

(2) 假设实际退货数量为800件，编制学天海公司有关销售的会计分录。

(3) 假设实际退货数量为1 200件，编制学天海公司有关销售的会计分录。

(4) 假设实际退货数量为0件，编制学天海公司有关销售的会计分录。

(5) 假定无法根据过去的经验估计退货率，其他条件不变，编制学天海公司有关销售的会计分录。

解析：(1) 1月1日确认收入和成本。

借：应收账款　2 825 000

　贷：主营业务收入　(2 500 000 × 80%) 2 000 000

　　预计负债——应付退货款　(2 500 000 × 20%) 500 000

　　应交税费——应交增值税（销项税额）　325 000

借：主营业务成本　（倒挤）1 600 000

　应收退货成本　(50 000 000 × 0.04 × 20%) 400 000

　贷：库存商品　2 000 000

2月1日前收到货款。

借：银行存款　2 825 000

　贷：应收账款　2 825 000

6月30日发生销售退回，实际退货量为1 000件，款项已经支付。

借：应交税费——应交增值税（销项税额）

　(5 000 000 × 0.1 × 13%) 65 000

　预计负债　（转销余额）500 000

　贷：银行存款　(500 000 × 0.1 × 113%) 565 000

借：库存商品　(10 000 000 × 0.04) 400 000

　贷：应收退货成本　（转销余额）400 000

(2) 如果实际退货量为800件。

借：应交税费——应交增值税（销项税额）

　(5 000 000 × 0.08 × 13%) 52 000

预计负债　（转销余额）500 000

贷：银行存款　（5 000 000×0.08×113%）452 000

主营业务收入　（5 000 000×0.02）（补记收入）100 000

借：库存商品　（4 000 000×0.08）320 000

主营业务成本　（4 000 000×0.02）（补记成本）80 000

贷：应收退货成本　（转销余额）400 000

（3）如果实际退货量为1 200件。

借：应交税费——应交增值税（销项税额）

（5 000 000×0.12×13%）78 000

主营业务收入　（5 000 000×0.02）（冲减收入）100 000

预计负债　（转销余额）500 000

贷：银行存款　（500 000×0.12×113%）678 000

借：库存商品　（4 000 000×0.12）480 000

贷：主营业务成本　（4 000 000×0.02）（冲减成本）80 000

应收退货成本　（转销余额）400 000

（4）如果实际退货数量为0。

借：预计负债　（转销余额）500 000

贷：主营业务收入　（5 000 000×0.1）（补记收入）500 000

借：主营业务成本　（4 000 000×0.1）（补记成本）400 000

贷：应收退货成本　（转销余额）400 000

（5）无法估计退货率的会计处理。

1月1日发出健身器材时。

借：发出商品　2 000 000

贷：库存商品　2 000 000

“发出商品”科目，核算的是暂时不符合收入确认条件的已发出商品，与退货权无关。因此企业没有形成退货权资产，不能确认应收退货成本。

借：应收账款　325 000

贷：应交税费——应交增值税（销项税额）　325 000

2月1日前收到货款。

借：银行存款　　2 825 000

　　贷：合同负债　　2 500 000

　　　　应收账款　　（转销余额）325 000

6 月 30 日退货期满如果没有发生退货。

借：合同负债　　（转销余额）2 500 000

　　贷：主营业务收入　　2 500 000

借：主营业务成本　　2 000 000

　　贷：发出商品　　（转销余额）2 000 000

6 月 30 日退货期满，如果发生 2 000 件退货。

借：合同负债　　（转销余额）2 500 000

　　应交税费——应交增值税（销项税额）

　　　　（5 000 000×0.2×13%）130 000

　　贷：主营业务收入　　（5 000 000×0.3）1 500 000

　　　　银行存款　　（5 000 000×0.2×113%）1 130 000

借：主营业务成本　　（4 000 000×0.3）1 200 000

　　库存商品　　（4 000 000×0.2）800 000

　　贷：发出商品　　（转销余额）2 000 000

【案例 3-61】涉及退货费的会计处理。

要求（1）：编制学天海公司的会计分录。

学天海公司向家具店销售 10 张餐桌，假设餐桌的控制权同时转移，每张餐桌的价格为 1 000 元，成本为 750 元，款项已收到。根据合同约定，家具店有权在收到餐桌的 30 天内退货，但是需要向学天海公司支付 10% 的退货费（即每张餐桌的退货费为 100 元），该退货费为重新入库费。根据历史经验，学天海公司预计的退货率为 10%，且退货过程中，学天海公司预计对每张退回的餐桌再销售时进行重新包装的成本为每张 50 元。退货期满时客户退回了 1 张餐桌。不考虑增值税和所得税等其他因素。

解析：

借：银行存款　　10 000

贷：主营业务收入　　（1 000×10×90%＋退货费收入100）9 100

　　预计负债——应付退货款（1 000×10×10%－退货费100）900

借：主营业务成本　　（7 500×90%＋重新包装成本50）6 800

　　应收退货成本　　（7500×10%－重新包装成本50）700

　　贷：库存商品　　（750×10）7 500

借：预计负债——应付退货款　　900

　　贷：银行存款　　900

借：库存商品　　（倒挤）750

　　贷：应收退货成本　　700

　　　　银行存款　　（重新包装成本）50

要求（2）：编制学天海公司对该销售业务有关的会计分录。

学天海公司与客户签订一项合同，向客户销售100件产品，每件价格100元，符合收入确认条件，款项已收到。学天海公司允许客户在30天内退回任何未使用的产品并获得全额退款，同时由学天海公司承担每件商品退回时的运费10元。每件产品成本为60元。学天海公司采用预期价值法估计97件产品在不确定性消除时，已确认的累计金额极可能不会发生重大转回。估计退回的产品可以按照高于成本的价格重新出售。不考虑增值税和所得税等其他因素。

解析：

借：银行存款　　10 000

　　贷：主营业务收入（有权收取的对价10 000－退款负债300）9 700

　　　　预计负债——应付退货款　　（退款负债）300

借：应收退货成本

　　（预期退回商品账面价值180－收回时预计成本30）150

　　主营业务成本　　（倒挤）5 850

　　贷：库存商品　　6 000

企业所得税法规定应全额确认收入，与会计确认收入不同，形成暂时性差异，产生递延所得税（略）。

【案例3-62】 包含重大融资成分情况下无法估计退货率的会计处理。

学天海公司2×18年10月1日与客户签订合同，向其销售A产品。客户在合同开始日即取得了A产品的控制权，并在2×18年12月31日之前有权退货。由于A产品是最新推出的产品，学天海公司尚无有关该产品退货率的历史数据，也没有其他可以参考的市场信息。

该合同对价为12 100万元，根据合同约定，客户应于2×20年12月31日付款。

A产品在合同开始日的现销价格为10 000万元，假定应收款项在合同开始日和退货期满日的公允价值无重大差异。A产品的成本为8 000万元。退货期满后，未发生退货。不考虑增值税和所得税等其他因素。

要求： 分析说明学天海公司的会计处理，并编制2×18年10月1日、2×18年12月31日、2×19年12月31日、2×20年12月31日有关的会计分录。

解析： (1) 2×18年10月1日不确认收入，因为无法预计退货的可能性，不符合将可变对价计入交易价格的限制要求。

借：发出商品　　80 000 000

　　贷：库存商品　　80 000 000

(2) 2×18年12月31日退货期满时确认收入。该合同存在重大融资成分，计算实际利率，$10\ 000\times(1+r)^2=12\ 100$，采用插值法，计算得出 $r=10\%$。

借：长期应收款　　121 000 000

　　贷：主营业务收入　　（现销价格）100 000 000

　　　　未实现融资收益　　（倒挤）21 000 000

借：主营业务成本　　80 000 000

　　贷：发出商品　　80 000 000

(3) 2×19年12月31日分摊融资收益。

借：未实现融资收益　　(100 000 000×10%) 10 000 000

　　贷：财务费用　　10 000 000

(4) 2×20年12月31日分摊融资收益、收取款项。

借：未实现融资收益　　(110 000 000×10%) 11 000 000

　　贷：财务费用　　11 000 000

借：银行存款　　121 000 000

贷：长期应收款　　121 000 000

【案例3－63】 销售退回涉及税费的会计处理。

学天海公司通过网络平台销售自产办公桌，适用的增值税税率为13%，适用的企业所得税税率为25%，实行7天无理由退货，15天无理由换货政策，根据历史经验统计，年平均退货率达到10%，退货中有10%不能再次销售，换货率达到1%，客户承担邮费。

2×19年12月21日销售形成的应收款项为2 260万元，成本为1 500万元，其中3天为邮寄时间，7天为无理由退货期，在资产负债表日退货均未收到。

2×20年1月10日之前，共发生退货金额为113万元，并开具红字增值税专用发票。

本资料考虑增值税和所得税的会计处理。

要求： 编制学天海公司2×19年12月21日和2×20年1月10日退货期满时的会计分录。

解析：（1）2×19年12月21日发生销售时，预计退回的商品中，10%不能再次销售的部分计入营业成本；1%换货的部分无须进行单独的账务处理，实际收到换货的商品后，若需要维修的，发生的维修成本计入存货成本，若不需要维修的转入库存商品。

借：应收账款　　22 600 000

　　贷：应交税费——应交增值税（销项税额）

　　　　（22 600 000 ÷ 1.13 × 13%）　2 600 000

　　　　预计负债——应付退货款（22 600 000 ÷ 1.13 × 10%）　2 000 000

　　　　主营业务收入　　（倒挤）18 000 000

借：主营业务成本　　（倒挤）13 650 000

　　应收退货成本　　（15 000 000 × 10% × 90%）1 350 000

　　贷：库存商品　　15 000 000

借：递延所得税资产　　［（2 000 000 － 1 350 000）× 25%］162 500

　　贷：所得税费用　　162 500

（2）2×20年1月10日退货期满。

借：预计负债　（转销余额）2 000 000

　　应交税费——应交增值税（销项税额）

　　　　（113 ÷ 1.13 × 13%）130 000

　　贷：应收账款　1 130 000

　　　　主营业务收入　（倒挤）1 000 000

借：库存商品　（15 000 000 × 113 ÷ 22 600 000 × 90%）675 000

　　主营业务成本　（倒挤）675 000

　　贷：应收退货成本　（转销余额）1 350 000

借：所得税费用　162 500

　　贷：递延所得税资产　162 500

【案例 3-64】 销售折让与销售退回的会计处理。

学天海公司为一般纳税人，增值税税率为 13%，某年 3 月现金销售学习机 4 000 万元，根据历史经验统计，预计退货率为 5%。某些产品可能有瑕疵，虽然客户不会退货但是需要给予客户价格折让的比例为：外观小瑕疵的概率为 1%，折让比例为 10%，外观比较大的瑕疵的概率为 3%，折让比例为 20%，稍微影响使用的概率为 2%，折让比例为 50%。

4 月实际发生折让退款 30 万元，退货 50 万元；5 月实际发生折让退款 20 万元，退货 60 万元，其余商品不会再发生折让退款或退货。

以上金额均为含增值税价格，不考虑所得税和成本等其他因素。（计算结果保留整数）

要求：（1）编制 3 月与收入相关的分录。

（2）编制 4 月与收入相关的分录。

（3）编制 5 月与收入相关的分录。

（4）假设 5 月实际发生折让退款 100 万元，退货 150 万元，其他条件不变。编制 5 月与收入相关的分录。

解析：本案例既有销售退回又有价格折让退款。

折让部分的期望值 = 1% × 10% + 3% × 20% + 2% × 50% = 1.7%

（1）3月的会计分录如下：

借：银行存款　　40 000 000

　　贷：主营业务收入　　（倒挤）33 060 000

　　　　应交税费——应交增值税（销项税额）

　　　　　　（40 000 000 ÷ 1. 13 × 13%） 4 600 000

　　　　预计负债——退货　　（40 000 000 ÷ 1. 13 × 5%） 1 770 000

　　　　　　　　——销售折让

　　　　　　（40 000 000 ÷ 1. 13 × 95% × 1. 7%） 570 000

（2）4月的会计分录如下：

借：应交税费——应交增值税（销项税额）

　　　　（300 000 ÷ 1. 13 × 13%） 30 000

　　预计负债——销售折让　　（300 000 ÷ 1. 13） 270 000

　　贷：银行存款　　300 000

借：应交税费——应交增值税（销项税额）

　　　　（500 000 ÷ 1. 13 × 13%） 60 000

　　预计负债——退货　　（500 000 ÷ 1. 13） 440 000

　　贷：银行存款　　500 000

（3）5月的会计分录如下：

借：应交税费——应交增值税（销项税额）

　　　　（200 000 ÷ 1. 13 × 13%） 20 000

　　预计负债——销售折让　（转销余额 570 000 － 270 000） 300 000

　　贷：银行存款　　200 000

　　　　主营业务收入　　（倒挤） 120 000

借：应交税费——应交增值税（销项税额）

　　　　（600 000 ÷ 1. 13 × 13%） 70 000

　　预计负债——退货　（转销余额 1 770 000 － 440 000） 1 330 000

　　贷：银行存款　　600 000

　　　　主营业务收入　　（倒挤） 800 000

(4) 折让退款超过原来估计的数，也就是原来折让比例估计少了，直接冲减当期收入。

借：应交税费——应交增值税（销项税额）

（1 000 000 ÷ 1. 13 × 13%） 120 000

　　预计负债——销售折让 （转销余额 570 000 − 270 000） 300 000

　　主营业务收入 （倒挤） 580 000

　　贷：银行存款 1 000 000

借：应交税费——应交增值税（销项税额）

（600 000 ÷ 1. 13 × 13%） 170 000

　　预计负债——退货 （转销余额 1 770 000 − 440 000） 1 330 000

　　贷：银行存款 1 500 000

二、附有质量保证条款的销售（质保）

大多数销售商品的合同都包含质保，如电子产品、汽车、不动产等，并且不同产品、不同企业、不同法律环境下的质保性质可能存在差别。

企业向客户销售商品的同时提供的质保包括两种类型，一是保证类质保（即法定质保），这种质保一般根据法律规定或行业惯例，保证销售的商品符合合格的质量要求，应当按照《CAS13——或有事项》的规定处理，因为商品的质量如果有瑕疵，说明在销售就存在瑕疵，因此，这类质保属于销售商品履约义务的一部分，不构成客户单独购买的一项服务，不作为一项履约义务处理。二是服务类质保，这种质保属于企业在销售商品之外给客户提供了一种单独的服务，企业承担了服务相关的履约义务，应当确认为单项履约义务，从而将交易价格分摊至该项履约义务处理。

附有质量保证条款的销售如图 3 − 26 所示。

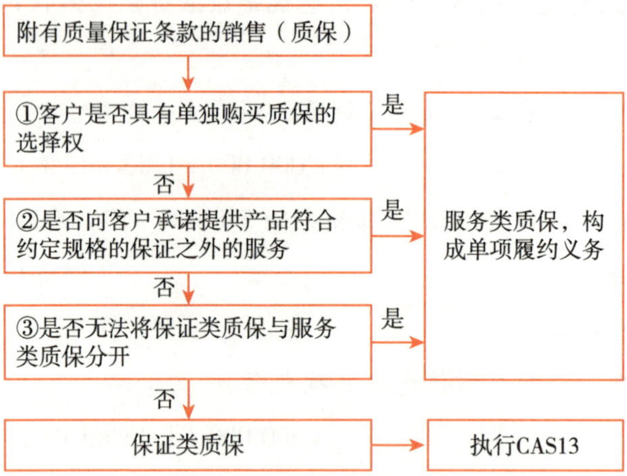

图3-26　附有质量保证条款的销售

【释①】如果客户可以选择单独购买，表明质保构成一项可以明确区分的服务。

【释②】企业是否向客户承诺提供产品符合约定规格的保证之外的服务，一般从以下几个因素进行判断。

第一，法律要求，通常属于保证类质保，例如，根据产品责任法律等规定，企业对销售的商品向客户应当提供相应的法律保证，目的是保护客户，以免其购买瑕疵或缺陷商品，因此，客户并未取得单独的服务，不构成单项履约义务。如果企业以后修正商品瑕疵发生后续维修或更换的成本费用，属于原来销售商品的追加成本，这些成本与过去销售商品的履约义务相关，应当按照 CAS13 的规定确认销售费用和预计负债（即质保负债）。

类似地，法律规定企业在产品给客户造成损害或损失的情况下支付赔偿，目的也是保护客户，也不构成履约义务。

第二，企业提供质保的期限越长，越有可能构成单项履约义务。

第三，企业承诺履行任务的性质，例如，企业负责运输被客户退回的瑕疵商品（即包邮），该运输服务属于过去转让商品履约义务的一部分，不属于单独转让给客户的一项服务，因此不构成单项履约义务。

【释③】如果无法区分则合并为一项履约义务处理，这样处理可以确保企业在向客户转让商品时不会高估收入，同时有利于简化实务操作。

一般来说，除了法律规定的质保（即保证类质保）之外，都属于服务类质保。服务类质保还可能符合归类为保险合同的标准，但是，只有直接由第三方签发的质保才应作为保险合同按照《CAS25——保险合同》进行会计处理。

【案例3-65】保证类质保不构成单项履约义务。

产品制造商甲公司向其客户销售商品的同时购买产品的质保，该质保保证产品符合约定规格，而且自购买日起，一年内能够按照承诺运行。合同同时为客户提供了获得最多20小时有关如何操作产品的培训服务的权利，该权利不收取额外费用。

甲公司定期单独出售未附加培训服务的产品。

要求：合同中包含几项履约义务？

解析：合同中包含三项承诺：销售产品、提供培训服务、提供质保。

销售产品，甲公司定期单独出售，说明客户可以从单独使用产品中获益，该产品本身可以明确区分。由于甲公司并未将产品与培训服务进行整合，产品也不会导致对培训服务作出重大修订或定制，产品与培训服务并非高度关联，说明销售产品的承诺与合同中其他承诺在合同层面可以明确区分。因此，销售产品的承诺构成单项履约义务。

提供培训服务，由于客户可以将培训服务和甲公司已提供的产品一起使用中获益，表明培训服务本身可以明确区分。由于培训服务与产品未进行整合，未发生重大修订，不存在高度关联，说明培训服务的承诺与合同中其他承诺在合同层面可以明确区分。因此，提供培训服务的承诺构成单项履约义务。

提供质保，并未导致向客户转让商品或服务，属于保证类质保，不构成单项履约义务。

所以，合同中包含两项履约义务，即销售产品、提供培训服务。

【案例3-66】终身保修服务。

甲箱包公司为销售的产品提供终身保修。如果客户的箱包损坏，甲公司将负责免费修理。

要求：该终身保修是否构成一项履约义务？

解析：判断是否构成单项履约义务的关键是，质保是否向客户提供了一项单独的服务，需要考虑以下因素：

（1）质保是否为法律要求。由于没有法律要求，企业对产品的整个使用寿命保修，表明该终身保修可能向客户提供了一项单独的服务。

（2）质保涵盖期间的长度。由于保修期为箱包的整个使用寿命，表明该终身保修可能向客户提供了一项单独的服务。

（3）企业承诺履行的任务的性质。由于企业承诺的任务的性质，不仅包括修理不符合承诺规格的箱包，还包括修理客户使用过程中损坏的箱包，因此超过了箱包符合约定规格的范围，表明该终身保修可能向客户提供了一项单独的服务。

因此，该终身保修向客户提供了一项单独的服务，构成单项履约义务。

【案例3－67】质保服务。

甲公司与客户签订合同，销售一部手机。该手机自售出起1年内如果发生质量问题，甲公司负责提供质量保证服务。在此期间内，由于客户使用不当原因造成的产品故障（如手机进水），甲公司也免费提供维修服务。该维修服务不能单独购买。

要求：合同中包含几项承诺和几项履约义务？

解析：甲公司的承诺包括3项：销售手机、提供质量保证服务以及维修服务。

合同中的履约义务有2项：

（1）销售手机和质量保证服务构成单项履约义务。因为质量保证服务属于保证类质保，不构成单项履约义务。

（2）免费维修服务属于服务类质保，是企业向客户提供的法定质保之外的单独服务，尽管没有单独销售，但该服务与手机可明确区分，应该作为单项履约义务。

【案例3－68】质保的处理。

学天海钟表公司适用企业所得税税率为25%。某年销售一块手表，销售价格9 000元，根据行业惯例给客户提供全国联保2年，另外，该企业为了促销，给客户延长了质保3年，同时，客户又购买了延保1年，支付了延保费200元。

学天海公司正常的产品售后费用为销售额的5%。不考虑增值税等其他因素。

要求： 编制学天海公司当年销售手表、全国联保、延长质保业务相关的会计分录。

解析：（1）2年全国联保属于保证类质保，不构成单项履约义务。

借：销售费用——全国联保　　（9 000×5%）450

　　贷：预计负债　　450

借：递延所得税资产　　（450×25%）112.5

　　贷：所得税费用　　112.5

预计负债在客户实际发生维修时或2年质保期满时转销。

（2）延长的3年质保属于服务类质保，构成单项履约义务。

借：银行存款　　9 000

　　贷：主营业务收入　　[9 000×9 000÷(9 000+200×3年)] 8 437.5

　　　　合同负债　　[9 000×600÷(9 000+200×3年)] 562.5

这562.5元在客户购买后的第3年到第5年分期确认收入，不需要确认递延所得税，因为企业所得税也按照权责发生制确认收入，不存在税会差异。

（3）客户单独购买的1年延保属于服务类质保，构成单项履约义务。

借：银行存款　　200

　　贷：合同负债　　200

这200元在客户购买后的第6年确认收入，不需要确认递延所得税，原理同上。

三、主要责任人和代理人的判断

如果一项销售交易中，涉及第三方向客户提供商品，例如，百货商场、电商平台、运输服务、网络游戏、工程建造、中介行业等业务，以及很多的提货单、仓单、出库单等提货权，企业应当确定合同中承诺的履约义务的性质，根据其在向客户转让商品前是否拥有对该商品的控制权，来判断其从事交易时的身份是主要责任人还是代理人（见表3-29）。

表 3－29　　　　主要负责人和代理人的会计处理

判断原则	企业在向客户转让商品前能够控制该商品的，该企业为主要责任人，否则为代理人
主要责任人	应当按照已收或应收对价总额确认收入（即总额法）
代理人	应当按照预期有权收取的佣金或手续费的金额确认收入，该金额应当按照已收或应收对价总额扣除应支付给其他相关方的价款后的净额，或者按照既定的佣金金额或比例等确定（即净额法）

为什么要区分主要责任人和代理人？因为两者确认的收入金额显著不同，对财务报表的影响比较大。例如，甲网络平台年销售商品收入总额 1 000 亿元，净额为 100 亿元，固定资产为 100 亿元，如果按照总额法计算固定资产周转率则为 1 000/100＝10，如果按照净额法计算固定资产周转率则为 100/100＝1，相差 10 倍。由此可见，对资产周转率等营运能力指标影响比较大，从而影响报表使用者对企业财务状况和财务业绩的评价，尽管对利润没有影响。

主要责任人和代理人的判断如图 3－27 所示。

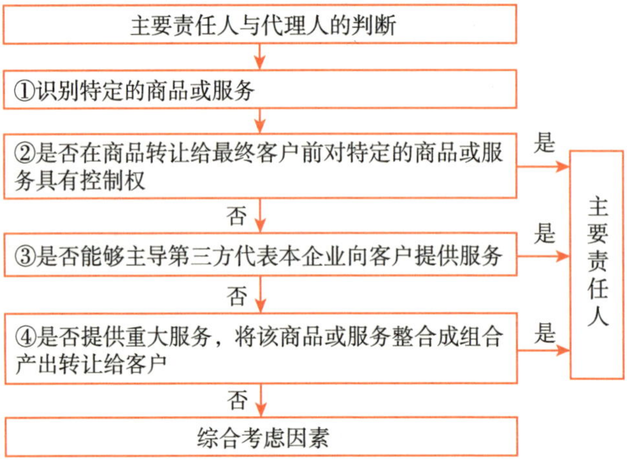

图 3－27　主要责任人与代理人的判断

【释①】为什么识别特定商品或服务，而不是识别单项履约义务？因为对于代理人来说，采用单项履约义务的概念容易产生混淆，代理人的履约义务是安排主要责任人和客户之间达成交易，发挥中介的作用，提供代理服务，向最终客户转让商品不是代理人的履约义务。

识别合同中主体的承诺（即履约义务）的性质是确定主体作为主要责任人还

是代理人的基础。因为主要责任人的履约义务是向客户转让自身已经控制的商品，所以，按照有权收取的对价总额确认收入。而代理人的履约义务是安排主要责任人和客户之间达成交易，提供代理服务，商品在转让给客户之前是不受代理人控制的，代理服务的履约义务对应的交易价格是提供代理服务有权收取的净额，所以，按照净额确认收入。

【释②】如果企业向客户提供商品之前，只是暂时性的取得商品的法定所有权，则企业并不一定控制该商品。

【释③】例如，企业能够主导第三方（分包商、其他服务提供商等）将委托代销的商品退回或者将其销售给其他方（如其他经销商）。

【释④】因为企业只有控制从第三方取得的商品，才能将其作为组合产出的投入，才能够将这些投入加工整合为合同约定的组合产出转让给客户。

综合考虑时，主要根据“谁对客户承担责任”“谁承担存货的风险”“谁决定与客户的交易价格”这三个因素来判断。不考虑代理费的形式是按照差价收取还是按照百分比收取，也不考虑由谁承担客户款项是否能够收回的信用风险等其他因素。

主要责任人与代理人判断的综合考虑如表 3 – 30 所示。

表 3 – 30　　　　主要责任人与代理人判断的综合考虑

如果客户认为企业是首要责任人【1】	企业很可能是主要责任人
如果企业承担了存货风险	
如果企业具有自主定价权【2】	
如果代理人支付了代理商品的押金	并不表明其承担对这些商品无条件付款的义务
主要责任人可以指定其他供应商给客户提供售后服务【3】	这并不影响主要责任人身份的判断
当合同中包含多项商品时【4】	对于某些商品而言，企业可能是主要责任人，而对于其他商品而言，企业可能是代理人

【释 1】企业应当从客户的角度进行评估。例如，客户认为谁对商品的质量或性能负责、谁负责提供售后服务、谁负责解决客户投诉等。

【释 2】在某些情况下，代理人可能在主要责任人规定的某一价格范围内，拥有一定程度的定价权，以便吸引更多的客户，但这并不表明其身份是主要责任人，代理人只是放弃了一部分自己应当赚取的佣金或手续费而已。

【释3】例如，甲公司与客户订立一份具有独特规格设备的合同，甲公司和客户制定设备的规格，并由甲公司与其供应商进行沟通来制造设备。甲公司同时安排供应商直接向客户交付设备，并商定给供应商支付的价格。甲公司与客户商定设备的销售价格，付款期限为30天。甲公司的利润是基于与客户商定的售价与向供应商支付的价格之间的差额。合同约定，客户根据供应商提供的质保，就设备的缺陷要求供应商作出修正。但是甲公司需要对因设备规格错误导致的修正承担责任。

（1）评估特定的商品或服务。合同中的特定商品为甲公司承诺向客户提供由其设计的定制设备。

（2）控制权的评估。尽管甲公司将设备的制造分包给供应商，但设备的设计和制造是高度关联，不可明确区分的，因此合同中只包含一项单项履约义务。虽然供应商向客户直接交付该设备，但是供应商并没有能力主导其使用，因为供应商无权将该设备转让给其他客户。甲公司对合同的整体管理负责，例如，确保制造服务符合定制规格，提供了重大服务将设计和制造整合为客户定制的组合产出，即该定制设备。甲公司有责任向供应商传达定制规格的要求，并对此承担责任。甲公司还通过有权向客户收取对价，获得了该设备的剩余经济利益。所以，甲公司在向客户转让前控制了该设备，是主要责任人。

【释4】例如，甲公司是一家猎头公司，帮助客户更加有效地进行招聘工作。甲公司自己履行一系列服务，比如面试应聘者，以及相关背景调查。

作为客户合同的组成部分，客户同意购买第三方数据提供商乙公司对潜在应聘者相关信息的数据库使用许可。客户直接与乙公司签订许可合同。乙公司与客户商定许可的价格，并负责提供相关技术支持，并对客户可能停用服务或其他技术问题提供咨询。

甲公司为乙公司安排向客户出售该许可，代表乙公司向客户收取许可对价，并作为向客户开具账单的一部分。招聘服务和数据库访问许可是可以明确区分的。

（1）评估特定的商品或服务。合同中的特定商品为招聘服务和第三方数据库访问许可。

（2）控制权的评估。甲公司对提供的招聘服务具有控制权。

对于数据库访问服务，甲公司没有责任履行提供数据库访问服务的承诺，因为客户直接与第三方数据库提供商乙公司签订许可合同，乙公司对数据库访问的可接受性负责，例如，提供技术支持以及服务咨询。由于甲公司并未在客户与乙公司签订合同之前，自行购买或者承诺购买该数据库的访问权，因此，甲公司也没有能力主导数据库许可的使用，未承担存货风险。甲公司并不具有数据库访问权的自主定价权，因为乙公司直接和客户商定数据库访问许可的价格。因此甲公司并未在数据库访问权转让给客户之前取得数据库的控制权。

综上分析，甲公司对于招聘服务属于主要责任人，对于数据库访问服务属于代理人。

以上综合考虑的迹象，主要是考虑到有些情况下控制权的评估比较困难，因此，这些迹象应该与控制权的评估一起进行，而不是作为评估的第二步骤单独进行评估。如果这些迹象表明主体取得控制权，说明主体在商品或服务转移给客户前已经取得了控制权。

【案例3－69】主要责任人与代理人的判断。

根据下列资料，分别回答问题。

要求（1）：分析甲公司是主要责任人还是代理人？甲公司应当如何确认收入？并说明理由。

甲公司对外提供劳务派遣服务，并根据服务内容和具体业务量收取项目服务费。劳务派遣服务的显著特征在于，劳动力的雇佣和劳动的消耗与使用是分离的。劳务派遣服务中一般包括派遣机构、劳动者以及用工单位三方。

甲公司所提供的劳务派遣具体模式为：

派遣机构与劳动者订立劳动合同，经用工单位面试通过后，劳动者作为派遣人员向用工单位给付劳务；派遣机构与用工单位就劳务服务签订服务合同，对服务标准、服务要求、服务收费标准进行约定，并对派遣人员的劳动成果负责。

派遣单位需要按条件向用工单位派遣员工，且对所派遣员工提供的服务是否满足用工单位的标准承担责任；如用工单位认为派遣人员不能满足服务标准，则派遣机构有义务更换派遣人员。

费用给付方面，用工单位按月向派遣机构支付派遣员工相关工资、社会保险以及劳务/项目服务费，派遣机构无论是否从用工单位收到与服务相关的费用，均须按照约定向派遣人员发放工资、缴纳社保。

解析：甲公司是主要责任人，应当按照总额法确认收入。因为甲公司对劳务派遣承担了主要责任。理由如下：

派遣机构甲公司与劳动者签署劳动合同，说明甲公司在选择劳动者方面具有完全的自主权。甲公司负有派遣劳动者的合同义务，如果派遣人员不能满足用工单位的要求，需要无条件为用工单位派遣满足其要求的劳动者，并就派遣人员的劳动成果向用工单位承担违约责任。

劳务费用给付方面，甲公司无论是否从用工单位收到与服务相关的费用，均须按照约定向派遣人员发放工资、缴纳社保，表明承担了相应的风险。

要求（2）：分析乙公司是主要责任人还是代理人？乙公司应当如何确认收入？并说明理由。

乙公司是一家物流公司，由于自身运输能力有限，大部分物流环节的服务及装卸等由乙公司另外委托承运人完成。具体安排如下：

①乙公司与客户签署合同，约定乙公司为客户提供的服务范畴，客户负责货物运输过程中的保险，乙公司负责保证客户的全部货物安全、准时、顺利地运抵目的地。

②乙公司与客户商定服务价格，另外与承运人、港口等确定运输服务、装卸服务价格，从中赚取差价；乙公司自行选择承运人；货物损失的证据、与港口关系的调节、督促承运人及时顺利地安排运输等工作，均由乙公司自行负责。

③由于乙公司的原因导致的货物毁损、压车损失、运输时间延迟，均由乙公司自行负责。

④承运人、港口等外部单位提供相关服务后，不论乙公司是否可以自客户取得相关金额，均必须向其支付相关劳务金额。

解析：乙公司是主要责任人，应当按照总额法确认收入。理由：虽然乙公司未实际提供运输服务，但是承担了包括运输服务在内的一揽子物流服务相关的主要风险和报酬，是主要责任人。

要求（3）：丙公司能否将支付给理财顾问的金额与从保险公司取得的佣金收入相抵销？

丙公司与一家保险公司签订一项合同，合同规定其可就代保险公司销售的每一份保单收取佣金。丙公司与独立理财顾问订立合同以销售这些保单，并同意与理财顾问平分所取得的佣金。丙公司为理财顾问提供办公设施和场地。保险公司知悉丙公司与理财顾问之间的这一安排，但其仅与丙公司有合约关系，并且由丙公司负责向保险公司提供服务。保险公司向丙公司支付全额佣金，而丙公司随后将一半佣金支付给销售保单的理财顾问。

解析：不能。丙公司是向保险公司提供销售保单服务的主要责任人，而非理财顾问的代理人。因此，丙公司应当按照总额法确认收入，支付给理财顾问的金额作为成本处理。

要求（4）：丁公司应当确认的收入金额是多少万元？

丁公司为国外的一家C公司实施咨询服务，收费为100万元。C公司扣留丁公司收费的20%作为当地预扣所得税，并代丁公司将该金额交给当地政府，将余下80%的款项即80万元支付给丁公司。两国之间并无签订税收协定，且丁公司无须在C公司所在国报备纳税申报表。丁公司完全知晓并同意C公司所在国将预扣20%的所得税。

解析：丁公司是向C公司提供咨询服务的主要责任人，应当按照总额法确认100万元的收入，同时确认20万元的所得税费用。C公司仅作为代理人代表丁公司缴纳所得税。

【案例3－70】主要责任人与代理人的判断。

根据下列资料，分别回答问题。

要求（1）：A公司向B公司销售零部件应当按照总额法还是净额法确认收入？

A公司为B公司生产加工空调配件，主要材料为B公司提供的毛坯件。A公司向B公司采购毛坯件后，按照B公司的设计、技术和精度要求，通过其自有的机器设备进行加工生产，再将加工后的零部件销售给B公司。具体交易安排如下：

①A 公司与 B 公司签订购销合同，并开具发票，B 公司将毛胚件以买断的形式销售给 A 公司，A 公司进行加工生产后，形成零部件产成品销售给 B 公司。

②B 公司不参与 A 公司的实际生产过程，但要求 A 公司按照 B 公司的设计要求生产产品。

③双方约定，按毛坯件成本加加工费的模式进行定价结算，加工费与成本有一定比例关系。

④A 公司向 B 公司采购的毛坯件，由于数量有限，实际上只用于加工生产 B 公司的产品，未做其他用途；A 公司生产加工的产成品只能销售给 B 公司，不允许向第三方销售。

⑤A 公司对收到的毛坯件承担保管责任，如果在生产过程中，由于 A 公司的原因导致毛坯件发生损坏或丢失，A 公司须承担相应责任。

解析：A 公司应当按净额确认收入。因为 A 公司没有取得毛坯件的控制权。该交易的实质是 A 公司为 B 公司提供受托加工服务。A 公司只能将取得的毛坯件用于按照 B 公司的要求为其加工的零部件，加工好的零部件也只能销售给 B 公司，而不能用于其他用途。从定价方式看，A 公司向 B 公司销售的零部件价格按照毛坯件成本加加工费的方式确定，A 公司并不承担毛坯件价格波动的风险和收益。A 公司承担毛坯件的保管风险，不是毛坯件的存货风险。

要求（2）：分析甲公司和乙公司是主要责任人还是代理人？分别应当如何确认收入？并说明理由。

甲公司是一家经营高端品牌的百货公司，采用与品牌服装供应商合作的经营模式。某高端品牌供应商乙公司在甲公司指定区域设立专柜（或专卖店）提供约定品牌商品，并委派营业员销售商品，假定本案例不包含租赁。

乙公司负责专柜内的商品保管、出售、调配或下架，承担丢失和毁损风险，拥有未售商品的所有权。乙公司负责实际定价销售，甲公司负责对百货公司内销售的商品统一收款，开具发票。甲公司将收到客户款项扣除 10% 后支付给乙公司。

甲公司通过各种促销活动以提高百货公司的总体业绩。促销活动分为甲公司主导的促销活动和乙公司自行打折活动。甲公司主导的相关促销活动费用，有些由甲公司自行承担，有些由甲公司与乙公司共同承担。乙公司自行开展的打折活动需要获得甲公司同意，甲公司会要求其打折的幅度和范围符合甲公司的定位，例如打折幅度不能过大，保证不打折的新品的比例不能过低等。

如果须办理退换货的，甲公司可自行决定为客户办理退换货、赔偿等事项，之后可向乙公司追偿。假定客户丙购买商品，向甲公司支付价款 1 000 元，甲公司扣除 100 元后支付给乙公司 900 元。假定不考虑其他因素。

解析：在商品控制权转移给客户之前，乙公司能够主导商品的使用，如出售、调配或下架，并从中获得其几乎全部的经济利益，因此拥有对商品的控制权，是主要责任人，应当在客户取得商品控制权时按照总额确认收入 1 000 元。

甲公司在商品转移给客户之前，不能自行把这些商品用于其他用途，也不能禁止乙公司把商品用于其他用途，因此，没有获得对该商品的控制权，只是负责协助乙公司进行商品销售，是代理人，在客户取得商品控制权时按照净额确认收入 100 元。

另外需要说明的是，本例中存在与控制权相关的三个迹象：一是从客户的角度，甲公司承担退换货和赔偿的主要责任；二是乙公司承担了该商品的存货风险；三是销售商品价格主要是由供应商乙公司确定，但甲公司对于商品的定价权有一定的影响力。这三个迹象并不能明确区分主要责任人和代理人，仅仅作为支持对控制权的评估，而不能取代控制权的评估，更不能凌驾于控制权评估之上。

要求（3）：分析甲公司是主要责任人还是代理人？并说明理由。

甲公司是一家经营高端品牌的百货公司，采用自主选择品牌直营模式。甲公司根据品牌定位，挑选某高端品牌乙公司作为其供应商之一，乙公司提供约定品牌商品，并与其他品牌同类商品统一摆放在甲公司指定位置。

甲公司委派营业员销售该品牌商品，并负责专柜内的商品保管、出售、调配或下架，承担丢失和毁损风险，拥有未售商品的所有权。甲公司对百货公司内商品统一定价，统一收款。如果须办理退换货的，甲公司可自行决定为客户办理退换货、赔偿等事项，如属商品质量问题，可向乙公司追偿。假定不考虑其他因素。

解析：在商品控制权转移给客户之前，甲公司能够主导商品的使用，如出售、调配或下架，并从中获得其几乎全部的经济利益，拥有商品的控制权，是主要责任人。

要求（4）：分析甲公司是主要责任人还是代理人？并说明理由。甲公司和乙公司分别应当如何确认收入？

甲公司是一家知名服装品牌生产零售商，拥有数百家直营连锁店。小型服装生产商乙公司向甲公司供应服装，乙公司将按照甲公司选定“供货清单”的要求将商品发送到甲公司指定的直营门店。商品收到后，甲公司组织验货，按照“供货清单”核对商品，确保没有短溢、货不对板等情形。假定此时商品控制权转移给了甲公司。

甲公司将从乙公司采购的服装与其自产的服装一起管理并负责实际销售，其商标为甲公司商标，对外宣传为联名款。甲乙双方协商确定吊牌价，甲公司在吊牌价7折以上可自行对外销售并制定相应的促销策略，7折以下须得到乙公司的许可。甲乙双方根据销售收入每月五五分成。如果商品自上架陈列30日仍未售出，甲公司有权将未出售的商品全部退回给乙公司，但在甲公司决定将商品退回前，乙公司不得取回、调换或移送商品。如果须办理退换货的，甲公司可自行决定为客户办理退换货、赔偿等事项，之后可向乙公司追偿。假定不考虑其他因素。

解析：在商品控制权转移给客户之前，甲公司能够主导商品的使用，如出售、调配或下架，并从中获得其几乎全部的经济利益，因此拥有商品的控制权，是主要责任人，应当按照总额法确认收入。

乙公司将商品发送到甲公司指定的直营门店并经甲公司验收后确认销售收入。由于30日未售出的商品或消费者退回的商品，甲公司有权退回给乙公司或向乙公司追偿，乙公司应当按照附有销售退回条款的销售进行会计处理。

要求（5）：贸易公司应该采用总额法还是净额法确认收入？

甲上市公司的子公司为一家贸易公司，从事贵金属大宗商品贸易业务，产品是存放于仓储公司的标准产品，通常先与客户签订销售合同，然后再与供应商签订采购合同。贸易公司依据签订的销售合同，以传真件、邮件形式向仓储公司出具提货单，由仓储公司过户或者使用数字证书在其网上的仓储服务平台中自行过户，取得仓储公司出具的过户单据后，贸易公司与客户依据合同约定价格或依据市场行情协商确认结算价，并开具发票。

贸易公司与供应商和客户不存在关联关系，贸易公司与其签订的购货合同与销货合同，除价格条款以外，在产品种类、定价方式、货物数量及保管上基本相同。货物的交割均以仓单过户为标准，且客户与供应商之间的交割日期几乎在同一日期。贸易公司与客户和供应商分别以货币资金结算，一般在货物交割不久后取得或开具发票。

解析：采用总额法。因为贸易公司与客户和供应商单独签订合同，就货物质量向客户承担责任，贸易公司承诺向客户提供代表提货权的仓单，表明商品转让给客户之前，贸易公司先控制了该商品，然后转让商品，虽然控制商品时间很短。很难仅依据毛利较低、购货合同与销货合同数量相同、与客户和供应商交割时间几乎一致等条件，否认贸易公司在向客户转让商品之前取得控制权。

从客户的角度看，贸易公司承担提供商品的主要责任。

以销定采、零存货是贸易公司的内部管理手段，也是当前技术条件下企业降低成本的先进管理方法，不能将其作为判断总额法和净额法的依据。

【案例3-71】主要责任人与代理人的会计处理。

学天海公司委托乙公司销售某商品1 000件，商品已经发出，每件成本为70元。合同约定乙公司应按每件100元对外销售，学天海公司按不含增值税的销售价格的10%向乙公司支付手续费。除非这些商品在乙公司存放期间内由于乙公司的责任发生毁损或丢失，否则在商品对外销售之前，乙公司没有义务向学天海公司支付货款。乙公司不承担包销责任，没有售出的商品须退回给学天海公司，同时，学天海公司也有权要求收回商品或将其销售给其他的客户。

当年乙公司对外实际销售1 000件，款项已经收到，乙公司向学天海公司开具代销清单并支付货款。不考虑其他因素。

要求：分别对学天海公司和乙公司进行会计处理。

解析：在商品控制权转移给最终客户之前，学天海公司拥有商品的控制权。

因此，学天海公司是主要责任人，乙公司是代理人。

学天海公司的账务处理如下：

（1）发出商品的会计分录为：

借：发出商品——乙公司　　70 000

　　贷：库存商品　　70 000

（2）收到代销清单的会计分录为：

借：应收账款——乙公司　　100 000

　　贷：主营业务收入　　100 000

借：主营业务成本　　70 000

　　贷：发出商品——乙公司　　70 000

借：销售费用——代销手续费　　10 000

　　贷：应收账款——乙公司　　10 000

（3）收到乙公司支付的货款的会计分录为：

借：银行存款　　90 000

　　贷：应收账款——乙公司　　90 000

乙公司的账务处理如下：

（1）收到商品的会计分录为：

借：受托代销商品——学天海公司　　100 000

　　贷：受托代销商品款——学天海公司　　100 000

（2）对外销售的会计分录为：

借：银行存款　　100 000

　　贷：受托代销商品——学天海公司　　100 000

（3）开出代销清单的会计分录为：

借：受托代销商品款——学天海公司　　100 000

　　贷：应付账款——学天海公司　　100 000

（4）支付货款并计算代销手续费的会计分录为：

借：应付账款——学天海公司　　100 000

　　贷：银行存款　　90 000

　　　　其他业务收入——代销手续费　　10 000

四、附有客户额外购买选择权的销售（续约选择权）

有些销售合同中，企业除了销售商品给客户以外，还授予客户以后期间以折扣或免费的方式来购买商品的选择权，也叫续约选择权。这些选择权应当考虑如何进行会计处理。

（一）续约选择权的概念（见表3-31）

表3-31　　续约选择权的概念

续约选择权的形式	包括销售激励、客户奖励积分、折扣券、购物券等，表明企业承担了或有义务，该义务是否履行取决于客户是否行使选择权
销售要约	在未达成承诺之前，不构成履约义务
可变对价	表明企业承担了确定的义务，只是该义务的金额可变

为什么要考虑续约选择权？因为如果不考虑选择权，会导致会计信息不能如实反映主体的财务业绩，误导报表使用者。

例如，甲企业第一年销售收入10亿元，同时在合同中与客户约定，如果客户第二年继续购买同样的商品，按照8折优惠，以扩大企业的销售和竞争力。这个优惠承诺就构成续约选择权。如果不考虑选择权，甲企业第一年确认收入10亿元，第二年卖同样多的商品只确认收入8亿元，在成本费用不变的情况下，利润比第一年下降了2亿元，从而误导报表使用者以为甲企业的盈利能力下降了，而实际情况是，甲企业通过薄利多销的政策，扩大了销售，在同行业中市场份额扩大，企业的竞争力增加，盈利能力没有发生变化。因此，考虑续约选择权后，第一年就不能确认10亿元收入，要将续约选择权这部分价值分摊到第二年中确认收入，从而利润表中两年确认的收入保持平衡，这样的财务报告才能反映甲企业真实的盈利能力。

由此可见，续约选择权表明，客户支付的对价中包含了续约选择权的价值。这种权利需要判断是否构成一项重大权利。

判断续约选择权是否构成重大权利时，应当比较包含续约选择权的合同对价与不包含续约选择权的合同对价之间的差异是否显著，并结合差异的性质、累计权利的影响等因素综合判断。

授予客户额外购买选择权的逻辑如图 3－28 所示。

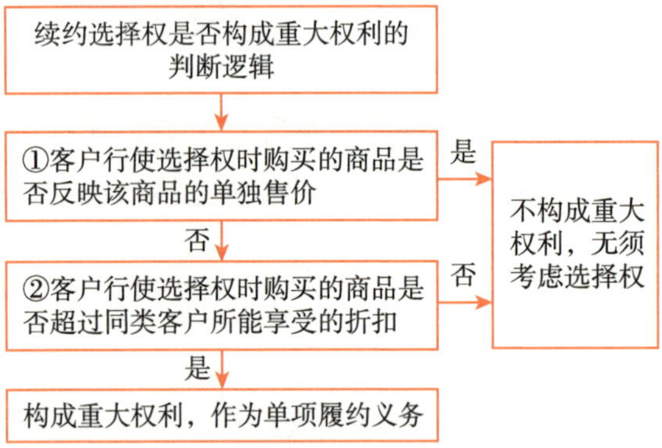

图 3－28　授予客户额外购买选择权的逻辑

例如，企业实施一项奖励积分计划，客户每消费 10 元便可获得 1 个积分，每个积分的单独售价为 0.1 元，相对于消费金额而言并不重大，但是该积分可累积使用，用于换取企业销售的产品。客户通常能够累积足够的积分来免费换取产品，从而与没有积分的情况下购买产品需要支付的对价形成显著差异，这表明该积分向客户提供了重大权利。

再如，乙电信公司与客户签订了一项合同，向客户提供一部手机和为期两年的月度网络服务。网络服务包括每月最多 1 000 分钟通话时间和 1 500 条短信，按月收取固定费用，客户可以选择在任何月份购买额外的通话时间和短信的费用，且其价格与单独售价相同。因为额外的通话时间和短信的价格反映了这些服务的单独售价，说明乙公司并没有授予客户重大权利。

如果构成重大权利，则这部分价值实质上是客户对未来购买商品进行的预付，企业应当将续约选择权作为一项单独的履约义务，估计其单独售价，将合同总的交易价格分摊给销售的商品与续约选择权，续约选择权分摊的交易价格，在未来客户行使选择权取得商品时或者续约选择权失效时才能确认收入；如果不构成重大权利，则无须进行单独的会计处理。

【案例 3－72】续约选择权与销售要约的判断。

甲公司是一家优秀的咨询公司，只雇佣行业内最好的专业人士，通常向客户收取每小时 1 000 元的咨询服务费。乙公司是一家经营连锁面包店的公司。甲公司和乙公司存在长期合作关系。在上一份合同到期后，乙公司要求包括甲公司在内的其他几家咨询公司向其提交一份新的长期框架协议。甲公司与乙公司原先的任何合同均未包含重大权利。

甲公司向乙公司提交了一份未指定咨询服务具体金额的框架协议，单价为每小时800元，虽然甲公司过去向乙公司提供咨询服务的价格为每小时1 000元。在整个安排存续期内，甲公司每次与乙公司签订一项咨询项目合同时，每次的服务范围单独商谈，但价格均以每小时800元计价。

乙公司随后与甲公司签订了一项特定项目的咨询服务合同A，合同期为框架协议下的未来六个月，甲公司将提供每小时800元的咨询服务。

要求：甲公司的框架协议是否包含一项重大权利？

解析：不包含。第一，甲公司的框架协议仅仅是一项销售要约，目的是获得与乙公司未来的合同，不构成履约义务。第二，在框架协议下，第一份合同每小时费用为800元，以后如果签署第二份合同，每小时费用也是800元，说明未授予客户重大权利。所以，框架协议中不包含重大权利。

（二）续约选择权构成单项履约义务的会计处理（见图3－29）

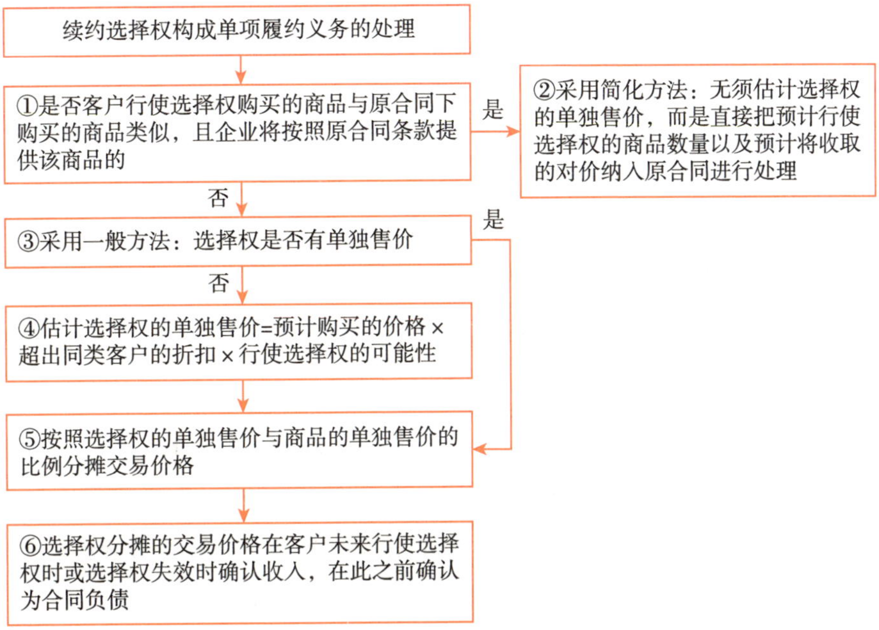

图3－29　选择权的会计处理

【释②】续约选择权实质上属于实物期权，相当于企业授予客户一项未来可以购买商品或服务的期权，理论上应当按照期权定价模型来估价，但是这类期权估值的困难较大，因此准则提供了简化方法。

例如，企业与客户签订为期一年的合同，以每件 2 000 元的价格向客户销售产品，数量不限，客户可以选择在合同到期时以与原合同相同的条款续约 1 年，这款产品通常每年提价 20%。由于行使续约选择权的客户可以按原合同价格（低于当年的市场价格）购买产品，该续约选择权向客户提供了重大权利，且符合简化处理的条件。因此，企业无须将原合同的交易价格分摊至该续约选择权，而可以直接按照每件 2 000 元的价格确认原合同和续约部分的销售收入，相当于无须考虑续约选择权。

注意简化处理的适用条件，必须是按照原合同条款（按照原合同价格）提供与原合同类似的商品，表明续约选择权产生的履约义务与原合同履约义务实质上相同，否则只能采用一般方法。

【案例 3－73】某一时点履行的履约义务采用续约选择权的简化方法。

学天海公司与 10 位客户签订了出售某种设备的合同，对每个客户以 5 000 元单价销售该设备一台。10 份合同合计交易金额为 5 万元，款项已经收到。同时，客户可以选择在未来第 2 年内，再以同等价格购买同型号设备一台。

学天海公司的这款产品通常每年提价 10%，并预计下个月进行调价。根据历史经验，学天海公司预计有 80% 的客户可能会继续购买。

第 2 年，80% 的客户按照原价 5 000 元购买了该设备，款项已经收到。

不考虑增值税等其他因素。计算结果保留整数。

要求：（1）采用一般方法编制学天海公司第 1 年和第 2 年销售业务有关的会计分录。

（2）采用简化方法编制学天海公司第 1 年和第 2 年销售业务有关的会计分录。

解析：（1）由于预计有 80% 的客户可能会继续购买，而且每年提价 10%，说明续约选择权构成重大权利，应当作为单项履约义务，分摊交易价格。

续约选择权的单独售价估计为 5 000 × 10% × 80% = 400 元。

第 1 年的会计分录如下：

借：银行存款　　50 000

　贷：主营业务收入　　（5 000 ÷ 5 400 × 50 000）46 296

　　合同负债　　（400 ÷ 5 400 × 50 000）3 704

第 2 年的会计分录如下：

借：银行存款　　（5 000 × 10 × 80%）40 000

　合同负债　　（转销余额）3 704

　贷：主营业务收入　　（倒挤）43 704

（2）由于客户行使选择权购买的商品与原合同下购买的商品类似，且企业将按照原合同条款提供该商品，符合采用简化方法的条件。因此，无须估计选择权的单独售价，而是直接把预计行使选择权的商品数量以及预计将收取的对价纳入原合同进行处理。

第 1 年的会计分录如下：

借：银行存款　　50 000

　贷：主营业务收入　　50 000

第 2 年的会计分录如下：

借：银行存款　　（5 000 × 10 × 80%）40 000

　贷：主营业务收入　　40 000

两种方法累计的收入金额相同。

【案例 3－74】 某一时段履行的履约义务采用续约选择权的简化方法。

2 × 18 年 1 月 1 日学天海公司推出一项新的服务业务。为推广该业务，合同约定，每份合同的价格均为 10 000 元，学天海公司与 100 位客户签订为期一年的服务合同。学天海公司在 2 × 19 年和 2 × 20 年将对该项服务的价格分别提高至每年 30 000 元和 50 000 元。2 × 18 年年末及其后，没有续约但之后又向学天海公司购买该项服务的客户以及新客户都将适用当年涨价后的价格。

如果客户在 2 × 18 年 1 月 1 日再立即支付 10 000 元，则有权在 2 × 18 年年末选择以同样的价格续约一年，选择在 2 × 18 年年末续约的客户，还有权在 2 × 19 年年末选择以同样的价格再续约一年并在 2 × 19 年年末立即支付 10 000 元。

合同开始日即 2 × 18 年 1 月 1 日，学天海公司估计有 90% 的客户（即 90 位客户）会在 2 × 18 年年末选择续约，其中又有 90% 的客户（即 81 位客户）会在2×19年年末再次选择续约。2×18年至2×20年的合同预计成本分别为6 000元、7 500元和10 000元。假定学天海公司提供该服务属于在一段时间内履行的履约义务，并按照成本法确定履约进度，客户实际选择续约的情况与学天海公司的估计一致。不考虑增值税等其他因素。计算结果保留整数。

要求： 分别作出学天海公司2×18年1月1日、2×18年12月31日、2×19年12月31日、2×20年12月31日有关的会计分录。

解析： 由于客户行使续约选择权购买的商品与原合同下购买的商品类似，且企业将按照原合同条款提供该商品，符合采用简化方法的条件。因此，无须估计选择权的单独售价，而是直接把预计行使选择权的商品数量以及预计将收取的对价纳入原合同进行处理。

在合同开始日，总交易价格为（10 000＋10 000×90%＋10 000×81%）×100＝2 710 000元。

（1）2×18年1月1日的会计分录如下：

借：银行存款　　（100×10 000＋100×10 000×90%）1 900 000

　　贷：合同负债　　1 900 000

（2）2×18年12月31日：采用成本法确定履约进度，预计合同总成本＝（6 000×100%＋7 500×90%＋10 000×81%）×100＝2 085 000元

2×18年合同履约进度＝6 000×100÷2 085 000＝600 000÷2 085 000＝28.78%

借：合同负债　　779 938

　　贷：主营业务收入　　（2 710 000×28.78%）779 938

借：主营业务成本　　600 000

　　贷：合同履约成本　　600 000

（3）2×19年12月31日，2019年合同履约进度＝（6 000＋7 500×90%）×100÷2 085 000＝1 275 000÷2 085 000＝61.15%。

借：银行存款　　（100×10 000×81%）810 000

　　贷：合同负债　　810 000

借：合同负债　　877 227

　　贷：主营业务收入　　[2 710 000×61.15%－779 938] 877 227

借：主营业务成本　　（7 500×90%×100）675 000

贷：合同履约成本　　675 000

为了避免小数点四舍五入的误差，直接根据当期发生的履约成本来确认营业成本。

（4）2×20 年 12 月 31 日，每份合同的履约进度为 100%。

借：合同负债　　（转销余额）1 052 835

　　贷：主营业务收入　　1 052 835

借：主营业务成本　　（10 000×81%×100）810 000

　　贷：合同履约成本　　810 000

【案例 3－75】续约选择权的计量。

甲公司与客户签订了一项以 100 元出售 A 产品的合同，同时向客户提供一张 40% 的折扣券，可以用于未来 30 天内不超过 100 元的任何购买。甲公司为了季节性促销，计划在未来 30 天内针对所有销售提供 10% 的折扣，该折扣不得与 40% 的折扣同时使用。甲公司估计客户兑现折扣券的可能性为 80% 且每位客户将平均购买 50 元的额外产品。

要求：计算甲公司转让 A 产品时应当确认的收入金额。

解析：由于所有客户均能享受 10% 的折扣，所以超过同类客户的折扣＝40%－10%＝30%，该重大权利的单独售价＝额外购买价 50×增量折扣 30%×可能性 80%＝12 元。

将交易价格 100 元分摊至 A 产品的金额＝100×100÷（100＋12）＝89 元，即转让时应当确认的收入为 89 元，分摊至折扣券的金额＝100×12÷（100＋12）＝11 元，这部分先计入合同负债，未来在客户兑现折扣券时或者折扣券到期时确认收入。

（三）奖励积分的会计处理

企业授予客户构成重大权利的奖励积分的会计处理如表 3－32 所示。

表 3－32　企业授予客户构成重大权利的奖励积分的会计处理

分摊商品和预计使用的积分的交易价格	借：银行存款 　贷：主营业务收入［交易价格×商品单独售价÷（商品单独售价＋积分单独售价）］ 　　合同负债［交易价格×积分单独售价÷（商品单独售价＋积分单独售价）］ 　　应交税费——应交增值税（销项税额） 奖励积分形成的负债，未来要交付的是商品，所以合同负债不是金融负债

续表

客户以后使用积分时	授予企业自身归集对价（如超市授予客户积分兑换自己的商品） 借：合同负债［合同负债余额×（本期已使用积分÷预计使用的总积分）］ 　　贷：主营业务收入
	如果授予企业代表第三方归集对价（如超市授予客户积分兑换餐厅用餐服务），将本期使用的积分部分对应的合同负债与应支付给第三方的价款之间的差额确认为收入 借：合同负债［合同负债余额×（本期已使用积分/预计使用的总积分）］ 　　贷：主营业务收入（倒挤差额） 　　　　其他应付款（支付第三方的金额） 此笔分录表示合同负债重分类为金融负债
使用积分变动	以后期间，如果估计客户预计使用的总积分有所变化，按照会计估计变更处理，只需要调整当期和以后期间客户使用积分的比例，不需要重新分摊积分形成的合同负债初始金额
积分有效期满时	借：合同负债（转销余额） 　　贷：主营业务收入

【案例3－76】奖励积分的计量。

学天海公司有一项客户忠诚度积分计划，客户每支出1元将获得1个积分，授予客户的积分永久有效。客户在未来购买学天海公司产品时可使用10个积分来抵扣1元的价格。在报告期内，客户按100 000元的价格（其反映产品的单独售价）购买产品并获得100 000个可抵扣未来购买的积分，产品控制权已经全部转移给客户。学天海公司预计将有95 000个积分被兑现。

第1年年末，有20 000个积分被兑现，学天海公司继续预计总共将有95 000个积分被兑现。

第2年年末，2年后共有50 000个积分被兑现，学天海公司重新评估预计总共将有70 000个积分被兑现。

第3年年末，3年后共有55 000个积分被兑现，学天海公司继续预计总共将有70 000个积分被兑现。

第4年年末，并无任何进一步的积分被兑现，学天海公司断定客户兑现任何剩余积分的可能性极低。

要求：(1) 第1年应当确认的收入金额是多少？第1年年末有关未兑现积分的合同负债的余额是多少？

（2）第 2 年应当确认的收入金额是多少？第 2 年年末有关未兑现积分的合同负债的余额是多少？

（3）第 3 年应当确认的收入金额是多少？第 3 年年末有关未兑现积分的合同负债的余额是多少？

（4）第 4 年应当确认的收入金额是多少？第 4 年年末有关未兑现积分的合同负债的余额是多少？

解析：（1）在合同开始时，对 100 000 元的交易价格作出如下分摊：

产品 = 100 000 × 单独售价 100 000 ÷ 109 500 = 91 324（元）

积分 = 100 000 × 单独售价 9 500 ÷ 109 500 = 8 676（元）

第 1 年应当确认的收入 = 91 324 + 积分 20 000 ÷ 95 000 × 8 676 = 91 324 + 1 827 = 93 151 元；

第 1 年年末有关未兑现积分的合同负债余额为 8 676 − 1 827 = 6 849 元。

（2）第 2 年应当确认的收入 = 50 000 ÷ 70 000 × 8 676 − 1 827 = 4 370 元；

第 2 年年末有关未兑现积分的合同负债余额为 6 849 − 4 370 = 2 479 元。

（3）第 3 年应当确认的收入 = 55 000 ÷ 70 000 × 8 676 − 1 827 − 4 370 = 620 元；

第 3 年年末有关未兑现积分的合同负债余额为 2 479 − 620 = 1 859 元。

（4）由于断定客户兑现任何剩余积分的可能性极低，已收取的对价也无须退回，所以应当将剩余合同负债余额全部确认为收入。

第 4 年应当确认的收入为 1 859 元，第 4 年年末有关未兑现积分的合同负债余额为 0。

【案例 3－77】 奖励积分的计量。

丙公司制订一项客户忠诚度计划，客户每购买 10 元产品即被授予 1 个积分，每个积分在未来购买丙公司产品时按照 1 元兑现。报告期内，客户购买了 10 万元产品，获得了 10 000 个积分。丙公司预计将有 9 500 个积分被兑现。在第一个报告期末，有 4 500 个积分被兑现，丙公司继续预计将共有 9 500 个积分被兑现。第二个报告期末，累计有 8 500 个积分被兑现，丙公司更新了被兑现积分的估计，预计将有 9 700 个积分被兑现。

要求：计算丙公司第二个报告期应当确认的积分收入金额。

解析：由于积分给客户提供了重大权利，所以积分的承诺应当确认为单项履约义务。积分的公允价值为9 500元，所以：

交易价格分摊到产品的金额＝100 000×100 000÷（100 000＋9 500）

＝91 324（元）

交易价格分摊到积分的金额＝100 000×9 500÷（100 000＋9 500）＝8 676（元）

所以，第一个报告期末应当确认积分产生的收入＝8 676×4 500÷9 500＝4 110元。

未兑现的积分确认合同负债＝8 676－4 110＝4 566（元）

第二个报告期末，应当确认的积分收入＝8 676×8 500÷9 700－4 110＝3 493元。

合同负债余额＝8 676－4 110－3 493＝1 073（元）

【案例3－78】奖励积分的处理。

学天海公司为小规模纳税人，增值税征收率为3%，销售奶茶第1杯10.3元，如果继续购买第2杯一模一样的奶茶可以按7折购买，根据历史经验统计，60%的人会选择继续购买第2杯。

要求：分别编制销售第1杯和销售第2杯时相关的会计分录。

解析：第2杯隐含了第1杯的续约选择权，由于续约时第2杯不是按照原价购买，不符合简化方法的条件，需要采用一般方法估计续约选择权的单独售价。

估计续约选择权的单独售价＝额外购买商品的价格10.3×70%×超出同类客户的折扣30%×额外购买的可能性60%÷1.03＝1.26（元）

销售第1杯时的会计分录如下：

借：银行存款　　10.3

　贷：应交税费——应交增值税　　（10.3÷1.03×3%）0.3

　　　主营业务收入　　［10×10÷（10＋1.26）］8.88

　　　合同负债　　（倒挤）1.12

销售第2杯的会计分录如下：

借：银行存款　　（10.3×70%）7.21

　　合同负债　　（转销余额）1.12

　贷：应交税费——应交增值税　　（7.21÷1.03×3%）0.21

　　　主营业务收入　　（倒挤）8.12

五、授予客户知识产权许可（许可证）

授予知识产权许可，是指企业授予客户对企业拥有的知识产权享有相应权利。常见的知识产权包括软件和技术、影视和音乐等的版权、特许经营权以及专利权、商标权等。

这里销售的知识产权是指企业的日常经营活动的产出，不同于企业非日常活动之销售无形资产。

为什么销售知识产权比较特殊？第一，有些知识产权与相关的商品一起卖，因此，需要判断知识产权是否构成单项履约义务；第二，如果构成单项履约义务，需要判断履约义务的类型，而知识产权履约义务类型的判断条件与其他商品或服务履约义务类型的判断条件不同。

（一）判断授予客户的知识产权许可（许可证）是否构成单项履约义务（见图 3－30）

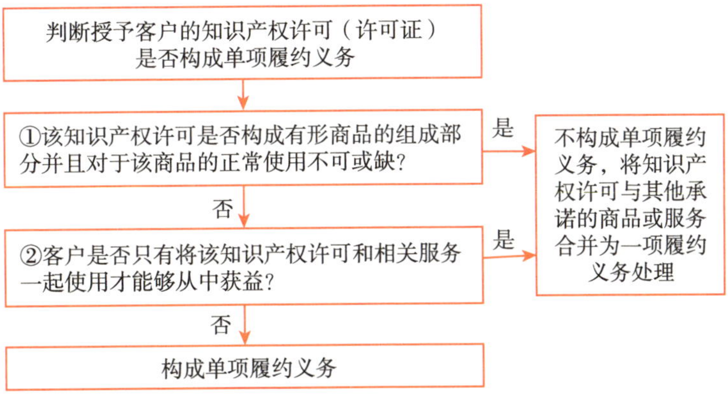

图 3－30　授予客户的知识产权许可构成单项履约义务的判断

【释①】例如，企业向客户销售设备和相关软件，该软件内嵌于设备之中，该设备必须安装了该软件之后才能正常使用。

【释②】例如，客户取得授权许可，但是只有通过企业提供的在线服务才能访问相关内容。

（二）判断授予客户知识产权许可（许可证）履约义务的类型（见图3－31）

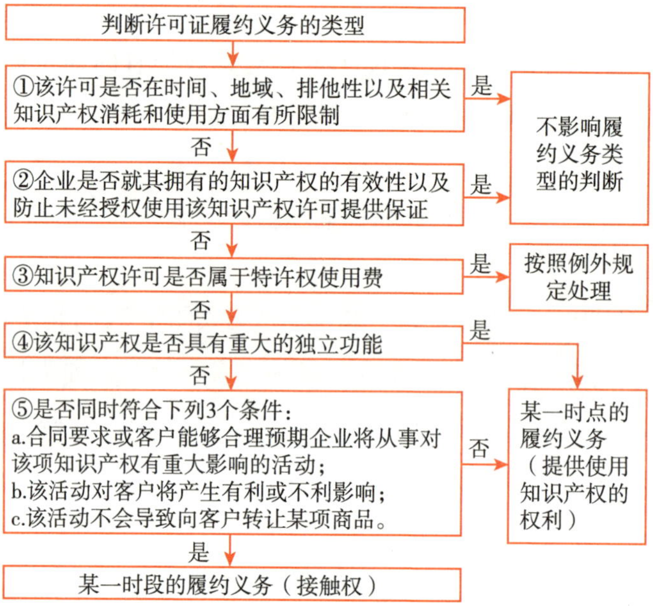

图3－31　授予客户知识产权许可履约义务的类型判断

【释①】因为这些限制界定了已承诺的知识产权的属性，并不能界定履约义务的类型。

【释②】保护知识产权的承诺不构成履约义务，因为保证是为了保护企业知识产权资产的价值，符合向客户转让的要求，与履约义务的类型无关。

【释③】特许权使用费的例外规定见图3－32。

为什么对特许权使用费要例外规定？因为按照客户使用知识产权后产生的实际销售或使用情况（如客户销售额或生产量的一定比例）收取的特许权使用费，产生的不确定性过高，无论如何估计，都会因后续实际销售或使用情况的变化，不符合可变对价的限制的条件，而且，后续变化与企业的履约义务无关，因此，产生的会计信息不具有相关性，即使企业在合同开始日将知识产权控制权转移给客户，也应当在孰晚时点确认收入。

为什么与知识产权相关的部分要占主导地位？因为如果与知识产权相关的部分不占主导地位，说明知识产权对整个交易的影响并不重大，应当按照一般规定处理，即在商品控制权转移的时点确认收入。

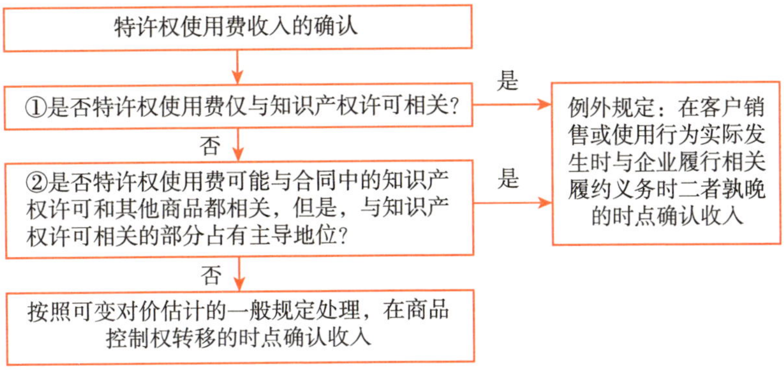

图 3－32　特许权使用费的例外规定

【释④】例如，软件、生物合成物、药物配方、已完成的媒体内容（如电影、电视节目、音乐录音）版权等，这些知识产权绝大部分的经济利益来源于该独立功能，客户从该项知识产权中获得的利益可能不受企业从事的相关活动的重大影响，除非这些活动显著改变了该项知识产权的形式或者功能。

这个规定改变了 2006 版 CAS14 中关于知识产权的收入确认方法，如果属于在某一时点履行的履约义务，不管知识产权授予客户使用几年，都一次性确认收入。而 2006 版 CAS14 规定，按照授予客户知识产权的使用年限分期确认收入。例如，卖软件给客户，软件的使用期限为 5 年，会计上就分 5 年确认收入，但是，卖商品给客户，商品的使用寿命也是 5 年，客户通过在这 5 年主导商品的使用才能获得几乎全部的经济利益，但是并没有按照 5 年分期确认收入，明显不合理。

【释⑤】判断知识产权履约义务的类型，需要分析企业承诺的性质，是向客户提供接触权还是使用权。

重大影响的活动，例如，根据企业的商业惯例、已公布的政策或声明，企业将会继续从事知识产权的市场推广、提升品牌价值、继续开发知识产权或者能够影响知识产权价值的日常活动，这些活动将改变知识产权的形式或功能，从而影响客户从知识产权中获得经济利益的能力。若主体与客户之间存在，与客户享有知识产权相关的共享经济利益（如基于销售的特许使用费），则也可能表明客户可合理预期主体将继续实施这类活动。因此，在这种情况下，客户无法在授予知识产权的时点主导知识产权的使用并获得几乎所有的经济利益，无法控制知识产权，客户实质上将在整个知识产权有效期内使用最新形式的知识产权。反之，如果知识产权不会发生变化，客户才有能够在授予知识产权的时点主导知识产权的使用并获得几乎所有的经济利益，才能控制知识产权。

如果这些活动能够对客户产生影响，说明客户从知识产权中获得的经济利益受到了限制，因此，客户在取得知识产权的时点并没有取得控制权。如果这些活动对客户不产生影响，说明主体仅仅是改变自己的资产（即基础知识产权），不会影响客户所控制的知识产权的内容。

如果这些活动没有导致向客户转让其他商品，则在评估授予知识产权履约义务的类型时才需要考虑这些活动的影响，如果这些活动导致了向客户转让了其他商品，则应当作为单项履约义务来处理，与评估授予知识产权履约义务的类型就无关了。

在满足这三个条件的情况下，企业的相关活动将显著改变知识产权的形态或功能，客户实质上从知识产权中获得的经济利益依赖于企业从事的相关活动，说明企业向客户转让知识产权的时点，客户并未主导知识产权的使用并从中获得几乎全部的经济利益，并未取得知识产权的控制权，客户将在主体履约的同时（即提供获取其知识产权的权利）取得并消耗主体履约行为提供的经济利益，因此，主体向客户提供的是接触权（相当于卖服务），客户在许可期内持续取得控制权，应当作为在某一时段内履行的履约义务处理。

否则，企业向客户提供的是使用权（相当于卖商品），这意味着客户能够在知识产权转让的时点主导知识产权的使用并获得几乎所有的经济利益，能够控制知识产权，因此作为在某一时点履行的履约义务处理，企业应当在客户取得控制权的的时点确认收入，不得在客户能够使用知识产权并从中获利的时点之前确认收入，因为知识产权许可载体的实物交付，并不必然导致商品控制权的转移。例如，有的软件许可证通过密码即可使用，则企业不得在客户使用密码之前确认收入，即使许可证已经交付给客户。再如，企业在向客户（如播放平台）交付影视剧母带时，若双方在合同中对影视剧初始播放时间等进行限制性约定，导致客户尚不能主导母带的使用（如播放该影视剧）以获得经济利益，则企业不应在母带交付时确认影视剧版权许可收入。

【案例3-79】 许可证的判断。

软件开发商甲公司与客户乙公司订立一项合同，约定转让软件许可、实施安装服务、并在两年期间内提供未明确规定的软件更新和技术支持服务（通过在线和电话方式）。甲公司单独出售许可、安装服务和技术支持。安装服务的目的是使甲公司的软件与客户使用的其他软件应用程序相对接。安装服务通常由其他企业执行，并且不会对软件作出重大修订。该软件在没有更新和技术支持的情况下，仍然可以正常运行。

要求：（1）该合同中包含几项履约义务？

（2）包含转让知识产权许可的履约义务属于某一时点还是某一时段履行的履约义务？

解析：（1）合同中包括转让软件许可、安装服务、软件更新、技术支持四项承诺。

第一，乙公司能够从单独使用各项商品和服务，或将其与可易于获得的其他商品和服务一起使用中获益，符合承诺的商品或服务本身可以明确区分的条件。甲公司尽管将软件整合到乙公司的系统中，但是安装服务能够从其他方获得。软件更新并不显著影响乙公司在软件许可期内对软件许可的使用及受益的能力。没有任何一项承诺的商品或服务对其他承诺中的商品或服务整合为组合产出、重大修改、高度关联或高度依赖。说明四项承诺在合同层面可以明确区分。

因此，合同中包括转让软件许可、安装服务、软件更新、技术支持四项履约义务。

（2）该软件在不进行更新或者进一步技术支持的情况下，仍然具有独立功能。客户从该软件获得利益的能力，并非依赖于甲公司的持续活动。因此，转让知识产权许可属于某一时点履行的履约义务。

【案例3-80】 许可证的判断。

甲公司与客户订立了一份有关某项商品的设计和生产流程的知识产权许可的合同，有效期为三年。合同同时规定，客户将获得甲公司可能开发的针对新的设计或生产流程的任何知识产权的更新。相关更新对于客户从该软件获取利益是必要的，因为客户经营所处行业的技术更新十分迅速。

要求：（1）合同中包含几项履约义务？

（2）分别属于某一时点还是某一时段履行的履约义务？

解析：（1）第一，合同中有转让知识产权许可与更新两项承诺。因为客户在不获得更新的情况下，也可以单独使用知识产权许可，客户可以将更新与知识产权许可结合使用中获得利益，这些表明两项承诺本身可以明确区分。第二，由于客户单独从知识产权许可中获取的利益是有限的，更新对于客户来说是必要的，因此合同中承诺的性质，实际上是将知识产权许可与更新作为一项组合产出的投入转让给客户，表明两项承诺在合同层面是不可明确区分的。所以，合同中只包含一项履约义务。

（2）由于甲公司的履约义务是授予客户知识产权许可并提供更新，合同要求或客户能够合理预期企业将从事对该项知识产权有重大影响的活动；该活动对客户将产生有利或不利影响；该活动不会导致向客户转让商品。符合某一时段履行的履约义务的三个条件。所以，该履约义务属于在某一时段内履行的履约义务。

【案例 3－81】许可证的判断。

下列分别属于某一时点还是某一时段履行的履约义务？

（1）甲公司是一家设计制作连环漫画的公司。甲公司授权乙公司可在 4 年内使用其 3 部连环漫画中的角色形象和名称。甲公司的每部连环漫画都有相应的主要角色。但是，甲公司会定期创造新的角色，且角色的形象也会随时演变。

乙公司是一家大型游轮的运营商，乙公司可以不同的方式（如展览或演出）使用这些漫画中的角色。合同要求乙公司必须使用最新的角色形象。在授权期内，甲公司每年向乙公司收取 1 000 万元。甲公司除了授予知识产权许可外不存在其他履约义务。

解析：该知识产权属于某一时段履行的履约义务。因为，第一，乙公司合理预期（根据甲公司以往的习惯做法）甲公司将实施对该知识产权许可产生重大影响的活动，包括创作新的角色及出版包含这些角色的连环漫画等；第二，这些活动直接对乙公司产生的有利或不利影响，因为合同要求乙公司必须使用甲公司创作的最新角色，这些角色塑造得成功与否，会直接对乙公司产生有利或不利的影响；第三，这些活动发生时并没有导致向乙公司转让任何商品或服务。

另外，由于合同规定乙公司在一段固定期间内可无限制地使用其取得授权许可的角色，说明履约义务平均发生，因此，甲公司按照时间进度采用直线法确定履约进度可能是最恰当的方法。

（2）甲公司是一家著名的足球俱乐部。甲公司授权乙公司在其设计生产的服装、帽子、水杯以及毛巾等产品上使用甲公司球队的名称和图标，授权期间为2年。合同约定，甲公司收取的合同对价由两部分组成：一是200万元固定金额的使用费；二是按照乙公司销售上述商品所取得销售额的5%计算的提成。乙公司预期甲公司会继续参加当地顶级联赛，并取得优异的成绩。

解析：该知识产权属于某一时段履行的履约义务。第一，乙公司能够合理预期甲公司将继续参加比赛，甲公司的成绩将会对其品牌（包括名称和图标等）的价值产生重大影响；第二，该品牌价值可能会进一步影响乙公司产品的销量，对乙公司产生重大有利或不利影响；第三，甲公司从事的上述活动并未向乙公司转让商品。

另外，由于合同规定乙公司在合同期间内可无限制地使用甲公司球队的名称和图标，说明履约义务平均发生，因此，甲公司按照时间进度采用直线法确定履约进度可能是最恰当的方法，即收取的200万元固定金额的使用费应当在2年内平均确认收入，按照销售额的5%计算的提成应当在乙公司的销售发生时确认收入。

（3）甲音乐唱片公司将其拥有的一首经典民歌的版权授予乙公司，并约定乙公司在两年内有权在国内所有商业渠道（包括电视、广播和网络广告等）使用该经典民歌。因提供该版权许可，甲公司每月收取1 000元的固定对价。除该版权之外，甲公司无须提供任何其他的商品。该合同不可撤销。

解析：该知识产权属于某一时点履行的履约义务。因为乙公司没有合理预期甲公司从事该版权相关的后续活动，该版权也具有重大的独立功能（民歌的录音可直接用于播放），乙公司主要通过该重大独立功能获利。该交易类似于分期收款销售商品。

另外，由于甲公司履约的时间与客户付款时间（2年内每月支付）之间间隔较长，甲公司需要判断该项合同中是否存在重大的融资成分，并进行相应的会计处理。

【案例3－82】许可证的处理。

丙公司是一家生产通信设备的公司。20×7年1月1日，丙公司与己公司签订专利许可合同，许可己公司在5年内使用自己的专利技术生产A产品。根据合同的约定，丙公司每年向己公司收取由两部分金额组成的专利技术许可费：一是固定金额200万元，于每年末收取；二是按照己公司A产品销售额的2%计算的提成，于第2年初收取。根据以往年度的经验和做法，丙公司可合理预期不会实施对该专利技术产生重大影响的活动。

20×7年12月31日，丙公司收到己公司支付的固定金额专利技术许可费200万元。20×7年度，己公司销售A产品80 000万元。

不考虑货币时间价值，不考虑税费及其他因素。

要求：判断丙公司授予知识产权许可属于在某一时段内履行的履约义务还是属于在某一时点履行的履约义务并说明理由。说明丙公司按照己公司A产品销售额的2%收取的提成应于何时确认收入。编制丙公司20×7年度与收入确认相关的会计分录。

解析：授予知识产权许可是属于在某一时点履行的履约义务。理由：授予知识产权许可同时满足下列条件时，应当作为在某一时段内行履行的履约义务确认相关收入。否则，应当作为在某一时点履行的履约义务确认相关收入：

合同要求或客户能够合理预期企业将从事对该项知识产权有重大影响的活动；该活动对客户将产生有利或不利影响；该活动不会导致向客户转让商品。由于丙公司合理预期不会实施对许可己公司使用的专利技术产生重大影响的活动，授予的专利技术属于在某一时点履行的履约义务。

企业向客户授予知识产权许可，并约定按客户实际销售或使用情况收取特许权使用费的，应在下列两项孰晚的时点确认收入：一是客户后续销售或使用行为实际发生；二是企业履行相关履约义务。丙公司按照己公司A产品销售的2%收取的提成应于每年末确认收入。

每年固定的200万元应当一次性确认收入。

借：应收账款　　10 000 000

　　贷：其他业务收入（或营业收入）　　10 000 000

借：银行存款　　2 000 000

贷：应收账款　　2 000 000

借：应收账款　　16 000 000

贷：其他业务收入（或营业收入）（800 000 000×2%）16 000 000

【案例3-83】许可证的处理。

学天海公司发生的下列业务中，分别说明下列处理是否正确并说明理由。

（1）为了发展业务，和代理商甲公司签订合同，合同约定，甲公司全权代理学天海公司在某市的视频课程销售权，支付品牌使用费为10万元，代理期限为1年，在签订合同时支付。同时，甲公司每销售一门视频课程，直接向学员收款并向学员承担产品质量保证义务，甲公司按照销售价格的10%获得代理分成，剩余的90%支付给学天海公司。学天海公司应当将10万元品牌使用费作为某一时点的履约义务确认收入，将学员付费的金额作为某一时段的履约义务确认收入，将10%的代理分成确认为销售费用。

解析：不正确。学员是甲公司的客户，甲公司就是学天海公司的客户。在该业务中，甲公司是主要责任人，收款的100%是收入，支付给学天海的90%是成本。学天海公司应当将10万元品牌使用费作为某一时段的履约义务分期确认收入，将课程产品作为某一时点的履约义务，按照90%金额一次性确认收入，10%的代理分成不需要核算。

（2）销售视频课程给学员，视频课程采用密码加密的方式提供，只要学员按照每门课程的售价付费后，就可以取得课程密码收看课程，课程长期有效，不需要提供后续服务。则学天海公司应当将该交易作为某一时段的履约义务来确认收入。

解析：不正确。由于不需要提供后续服务，不符合某一时段的履约义务的条件，应当作为某一时点的履约义务，在客户使用密码收看课程的时点确认收入。

（3）为了扩大销售影响力，专门投入80万元制作了《我是会计》动画片，在全国各个代理商的店铺里循环播放，则学天海公司应当将80万元确认为一项资产。

解析：不正确。影视作品投资支出应当根据影视作品制作的目的和盈利模式确定会计处理方式。该动画片的目的是促进相关产品的销售，应当视为一种营销手段，80万元应当比照广告费支出（销售费用）计入当期损益。由于未来给企业带来的经济利益的可能性和金额有很大的不确定性，不符合资产确认条件。

（4）为了解决学员学习收入准则比较难的问题，专门投入30万元制作了“收入专题讲座”视频课程，该讲座单独售价500元。学天海公司应当将30万元确认为一项费用，每次销售时将500元按照某一时点的履约义务确认为收入。

解析：不正确。该课程实质上具有作为影视产品独立盈利的能力，符合资产的定义，对30万元制作支出应当资本化处理，确认为存货，实现销售收入时进行摊销，结转为销售成本。

【案例3－84】许可证的处理。

学天海公司与甲公司及乙公司三方签署了知识产权许可及再许可协议，该知识产权许可后不需要再提供后续服务。甲公司将日常活动产出的、自主研发的、账面成本为300万元的一项知识产权，许可给学天海公司独家使用，期限20年，使用费为3 000万元，在此期间，甲公司除了自己外不得再许可其他方再使用该知识产权，但授权学天海公司再许可给乙公司使用，期限20年，使用费为2 000万元。上述款项签订合同后均一次性支付完毕。

在合同有效期内，如果甲公司在该知识产权基础上研发的后续技术，应当继续独家许可给学天海公司独家使用，并由学天海公司再许可给乙公司使用，但是费用另行商定。

学天海公司与乙公司购买该知识产权许可后用于本企业商品的生产使用。

不考虑货币时间价值等其他因素。

要求：分别说明下列说法是否正确并说明理由。

（1）甲公司收取的3 000万元，应当按20年分期确认收入。

解析：不正确。这个业务的实质是，甲公司将知识产权许可给学天海公司后，不存在需要继续履约的义务，属于某一时点的履约义务，应当一次性按照3 000万元确认收入。学天海公司付出3 000－2 000＝1 000万元的代价购买了一项无形资产，乙公司付出2 000万元的代价购买了一项无形资产。

（2）学天海公司支付的3 000万元应当确认为长期待摊费用，收取的2 000万元应当确认为其他业务收入。

解析：不正确。三方协议应当将其作为一个整体看待才能反映交易的经济实质。学天海公司应当按照3 000 - 2 000 = 1 000万元确认一项取得的无形资产，不应当确认长期待摊费用与其他业务收入。

（3）甲公司后续研发的技术属于授予客户学天海公司额外购买选择权，并构成一项重大权利。

解析：不正确。甲公司后续研发的技术不构成一项重大权利，因为甲公司没有义务必须继续研发，合同约定的条款只是表明，如果甲公司研发出来新技术应当独家许可给学天海公司，如果没研发出来，也不需要承担任何赔偿责任，如果构成重大权利的话，那么意味着甲公司必须继续研发，否则承担相关责任。

（4）甲公司应当将该知识产权的账面成本300万元按20年分期转入损益。

解析：不正确。合同成本应当采用与合同收入相同的基础确认，甲公司一次性确认3 000万元的收入，成本300万元也应当一次性结转计入损益。

六、售后回购

售后回购，是指企业销售商品的同时承诺或有权选择日后再将该商品购回的销售方式。被购回的商品包括原销售给客户的商品、与该商品几乎相同的商品，或者以该商品作为组成部分的其他商品（见图3 - 33）。

在售后回购交易中，销售商品与回购商品的权利与义务是具有关联性的，因此，应当根据“一揽子交易”的原则来判断。由于企业存在回购的权利或义务，有可能导致商品控制权没有真正转移给客户，从而不能确认收入；而且，回购价与售价金额大小不同，可能构成融资交易或租赁交易；如果商品控制权转移给客户了，客户持有的回售权还有可能形成附有销售退回条款的交易。

如果销售商品与回购商品的权利和义务没有关联性，则不属于售后回购交易，应当作为两项交易分别处理。

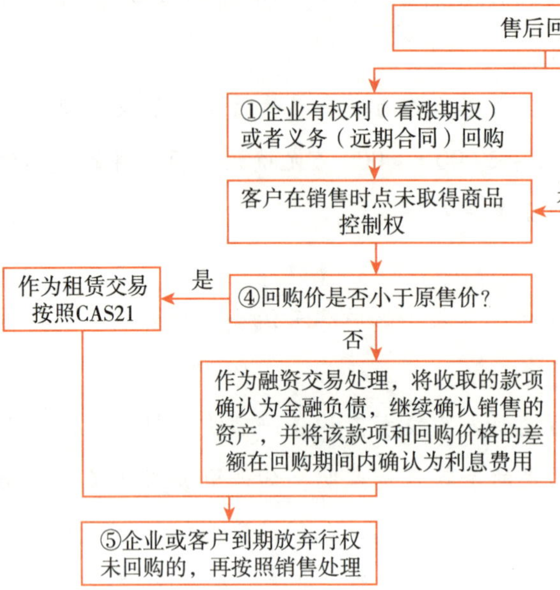

图3－33　售后回购的判断

【释①】企业有权利或义务回购，说明客户主导商品的使用并从中获得几乎全部经济利益的能力受到限制，客户无法用尽、消耗或处置该商品。因为回购权利存在本身就限制了客户控制资产的能力。在合同开始日，企业无须考虑回购权利被行使的可能性。因为对客户来说，承担了回售商品的义务，从而导致无法取得商品的控制权。

【释③】基于理性经济假设，当回购价格明显高于该资产回购时的市场价值时，通常表明客户有行权的重大经济动因，因为如果客户不行使回售选择权会遭受经济损失。

如果客户没有行权的重大经济动因，则客户取得了商品的控制权；对企业来说，销售交易附带了退货权。

如果客户具有行权的重大经济动因，则客户没有取得商品控制权。

【释④】为什么不考虑回购价等于原售价的情形？因为实务中，企业不大可能与客户签订这样的协议，这样的协议对企业没有价值，没有商业合理性，因此，无须规定此种情形。

如果构成租赁交易，对出租人来说属于哪种租赁类型？一般划分为经营租赁。因为承租人（客户）支付一定的租金获得一定年限的资产使用权，租赁期满，出租人通过回购收回资产，如果构成融资租赁的话，不如直接按照分期收款销售交易签署合同来的简便易行，因此，融资租赁不具有商业合理性。

例如，甲公司向乙公司销售一台设备，销售价格为200万元，同时双方约定2年之后，甲公司将以120万元的价格回购该设备。由于甲公司负有在两年后回购该设备的义务，因此，乙公司并未取得该设备的控制权。该交易的实质是乙公司支付了80万元（200－120）的对价取得了该设备2年的使用权。甲公司应当作为租赁交易进行会计处理，收取的80万元作为租金收入处理。

假定甲公司不是以120万元，而是以250万元的价格回购该设备。该交易的实质是甲公司以该设备作为质押取得了200万元的借款，2年后归还本息合计250万元。甲公司不应当终止确认该设备，应当按照融资交易处理，在收到客户款项时确认金融负债200万元，并将该款项和回购价格250万元的差额50万元在回购期间内确认为利息费用。

假设乙公司2年后有权要求甲公司以120万元的价格回购该设备。假定不考虑时间价值的影响。甲公司预计该设备在回购时的市场价值将远低于120万元。由于甲公司预计该设备在回购时的市场价值将远低于120万元，因此乙公司有重大的经济动因要求甲公司回购该设备。因此，甲公司应当作为租赁交易进行会计处理。

【案例3－85】售后回租的处理。

甲公司是一家设备制造企业，2×18年6月30日向乙公司销售一批生产设备，销售价格为110万元，该设备的成本为80万元。同时，双方约定2年之后即2×20年6月30日，甲公司将以80万元的价格回购该批设备。当月设备已交付给乙公司。

2×20年6月30日甲公司按约定回购了设备，并支付80万元回购价款。

假设该批设备使用寿命为8年，预计净残值率为10%，按直线法计提折旧。不考虑税费、货币时间价值等其他因素。

要求：（1）分别编制甲公司和乙公司的会计分录。

（2）甲公司回购设备后应当如何进行后续会计处理。

解析：由于甲公司负有回购义务，因此乙公司并没有取得设备的控制权。该交易的实质是，乙公司支付30万元作为对价取得设备两年的使用权，因此应当作为租赁交易进行会计处理。

（1）甲公司的账务处理如下：

2×18年6月30日收到款项：

借：银行存款　　1 100 000

　　贷：预收账款　　（租赁款）300 000

　　　　长期应付款　　（回购价）800 000

租赁交易的预收租金不通过“合同负债”科目核算，因为执行CAS21而不是CAS14。需要返还的融资款80万元不属于预收的租金，属于往来款，因此不计入“预收账款”科目，通过“长期应付款”科目核算。

将库存商品转入固定资产：

借：固定资产——经营租赁资产　　800 000

　　贷：库存商品　　800 000

2×18年12月31日确认半年的租赁收入：

借：预收账款　　（300 000÷2÷2）75 000

　　贷：其他业务收入　　75 000

计提折旧：

借：其他业务成本　　[800 000×(1－10%)÷2÷2] 45 000

　　贷：累计折旧　　45 000

2×19年12月31日确认租赁收入：

借：预收账款　　（300 000÷2）150 000

　　贷：其他业务收入　　150 000

计提折旧：

借：其他业务成本　　[800 000×(1－10%)÷2] 90 000

　　贷：累计折旧　　90 000

2×20年6月30日确认半年的租赁收入：

借：预收账款　　（300 000÷2÷2）75 000

　　贷：其他业务收入　　75 000

计提折旧：

借：其他业务成本　　　　[800 000×(1－10%)÷2÷2] 45 000

　　贷：累计折旧　　　　　　　　　　　　　　　　45 000

回购设备：

借：长期应付款　　　　　　　　　　　　800 000

　　贷：银行存款　　　　　　　　　　　　　　800 000

乙公司的账务处理如下（根据 CAS21 的规定进行会计处理）：

2×18 年 6 月支付款项：

借：使用权资产　　　　　　　　　　　　300 000

　　长期应收款　　　　　　　　　　　　800 000

　　贷：银行存款　　　　　　　　　　　　　1 100 000

2×18 年 12 月 31 日计提半年的折旧：

借：制造费用　　　　　　　　[300 000÷2÷2] 75 000

　　贷：使用权资产累计折旧　　　　　　　　　　75 000

2×19 年 12 月 31 日计提折旧：

借：制造费用　　　　　　　　　[300 000÷2] 150 000

　　贷：使用权资产累计折旧　　　　　　　　　　150 000

2×20 年 6 月 30 日计提半年的折旧：

借：制造费用　　　　　　　　[300 000÷2÷2] 75 000

　　贷：使用权资产累计折旧　　　　　　　　　　75 000

回购设备：

借：银行存款　　　　　　　　　　　　800 000

　　贷：长期应收款　　　　　　　　　　　　800 000

（2）甲公司回购设备以后有两种情形：

第一，如果打算继续用于出租，则无须进行额外的会计处理，将其继续保留在固定资产即可。以后处置时按照处置固定资产处理，相关的资产处置损益作为非经常性损益列报。

第二，如果打算对外出售，而且能够证明其管理该设备的常规业务模式是以出售为最终目的，则可以将该设备从固定资产转为库存商品，出售时处置收入确认为营业收入，可以作为经常性损益列报。

【拓展1】 假设将上述案例中条件改为：2年后乙公司有权要求甲公司以80万元的价格回购该批设备，甲公司预计，该批设备回购时的市场价格为60万元，其他条件不变。分别编制甲公司和乙公司的会计分录。

解析： 乙公司持有看跌期权，而且回购价80万元大于回购时的市场价格60万元，因此乙公司具有行使回购权的重大经济动因。该交易的实质是，乙公司支付30万元作为对价取得设备两年的使用权，因此应当作为租赁交易进行会计处理，与上述案例的处理相同。

【拓展2】 假设将上述案例中条件改为：2年后甲公司将以130万元的价格回购该批设备，其他条件不变。分别编制甲公司和乙公司的会计分录。

解析： 由于甲公司负有回购义务，因此乙公司并没有取得设备的控制权。该交易的实质是，甲公司以该设备作为抵押，向乙公司取得110万元借款，借款期限为2年，售价110万元与回购价130万元之间的差额20万元属于借款利息，应当作为融资交易进行会计处理。

甲公司的账务处理如下：

2×18年6月30日收到款项、发出设备：

借：银行存款　　1 100 000

　　贷：长期应付款——本金　　（回购价）1 100 000

借：发出商品　　800 000

　　贷：库存商品　　800 000

2×18年12月31日确认半年的融资利息费用：

借：财务费用　　（200 000÷2÷2）50 000

　　贷：长期应付款——利息　　50 000

如果考虑货币时间价值，甲公司应当在合同开始日计算实际利率，按照实际利率法确认每期的利息费用（略）。

2×19年12月31日确认融资利息费用：

借：财务费用　　（200 000÷2）100 000

　　贷：长期应付款——利息　　100 000

2×20年6月30日确认半年的融资利息费用：

借：财务费用　　（200 000÷2÷2）50 000

贷：长期应付款——利息　　50 000

回购设备：

借：长期应付款——本金　　1 100 000

——利息　　200 000

贷：银行存款　　1 300 000

借：库存商品　　800 000

贷：发出商品　　800 000

乙公司：该设备只是抵押物，不是乙公司的资产，乙公司无须核算该设备。

2×18 年 6 月 30 日支付款项：

借：长期应收款——本金　　1 100 000

贷：银行存款　　1 100 000

2×18 年 12 月 31 日计提半年的融资利息收入：

借：长期应收款——利息　　[200 000 ÷ 2 ÷ 2] 50 000

贷：财务费用　　50 000

如果考虑货币时间价值，乙公司应当在合同开始日计算实际利率，按照实际利率法确认每期的利息收益（略）。

2×19 年 12 月 31 日计提融资利息收入：

借：长期应收款——利息　　[200 000 ÷ 2] 100 000

贷：财务费用　　100 000

2×20 年 6 月 30 日计提半年的融资利息收入：

借：长期应收款——利息　　[200 000 ÷ 2 ÷ 2] 50 000

贷：财务费用　　50 000

回购设备的会计分录如下：

借：银行存款　　1 300 000

贷：长期应收款——本金　　1 100 000

——利息　　200 000

【拓展 3】假设将上述案例中条件改为：两年后乙公司有权要求甲公司以 130 万元的价格回购该批设备，甲公司预计，该批设备回购时的市场价格为 60 万元，其他条件不变。分别编制甲公司和乙公司的会计分录。

解析：乙公司持有看跌期权，而且回购价130万元大于回购时的市场价格60万元，因此乙公司具有行使回购权的重大经济动因。该交易的实质是，甲公司以该设备作为抵押，向乙公司取得110万元借款，借款期限为2年，售价与回购价之间的差额20万元属于借款利息，因此应当作为融资交易进行会计处理，具体处理与【拓展2】相同。

【拓展4】假设将上述案例中条件改为：两年后乙公司有权要求甲公司回购该批设备，回购价按照回购时的市场价格计算。甲公司根据过去的经验，估计乙公司可能要求甲公司回购20%的设备。

2×20年6月30日，乙公司发现，由于市场情况变化，只需要90%的设备即可满足生产需要，剩余的10%设备如果全部投入使用，生产的产品将会形成库存积压，暂时难以对外销售，因此，乙公司要求甲公司回购10%，甲公司回购款项10万元已经支付。

乙公司购买该设备后作为生产用固定资产，折旧率与甲公司相同，其他条件不变。

要求：分别编制甲公司和乙公司的会计分录。（计算结果以万元为单位保留两位小数）

解析：由于回购价按照回购时的市场价格计算，因此乙公司没有行使回购权的重大经济动因。该交易的实质是附有销售退回条款的交易。估计回购的20%即为退货率，这部分在商品控制权转移时暂不得确认收入。

甲公司的账务处理如下：

2×18年6月30日收到款项：

借：银行存款　　1 100 000

　　贷：主营业务收入　　（1 100 000×80%）880 000

　　　　预计负债——应付退货款　　（1 100 000×20%）220 000

借：主营业务成本　　（800 000×80%）640 000

　　应收退货成本　　（800 000×20%）160 000

　　贷：库存商品　　800 000

2×20年6月30日回购时：

借：预计负债——应付退货款　　（转销余额）220 000

　　贷：银行存款　　100 000

主营业务收入　　（倒挤）120 000

借：主营业务成本　　（倒挤）80 000

库存商品　　（800 000×10%）80 000

贷：应收退货成本　　（转销余额）160 000

乙公司的账务处理如下：

2×18 年 6 月 30 日支付款项：

借：固定资产　　1 100 000

贷：银行存款　　1 100 000

2×18 年 12 月 31 日计提半年的折旧：

借：制造费用　　[1 100 000×(1−10%)÷8÷2] 61 900

贷：累计折旧　　61 900

2×19 年 12 月 31 日计提折旧：

借：制造费用　　[1 100 000×(1−10%)÷8] 123 800

贷：累计折旧　　123 800

2×20 年 6 月 30 日计提半年的折旧：

借：制造费用　　[1 100 000×(1−10%)÷8÷2] 61 900

贷：累计折旧　　61 900

回购的设备按照固定资产处置处理：

借：固定资产清理　　85 200

累计折旧　　[(61 900+123 800+61 900)×10%] 24 800

贷：固定资产　　（1 100 000×10%）110 000

借：银行存款　　100 000

贷：固定资产清理　　（转销余额）85 200

资产处置损益　　（倒挤）14 800

购入后已经计提折旧的固定资产，之后发生销售退回的，视同固定资产处置处理。因为企业固定资产正常使用，计提的折旧计入存货成本以后，如果再冲回前期已经计提的折旧，将不能如实反映前期固定资产耗用的客观情况，也影响了所生产的产品成本的准确性。

【拓展5】假设将上述案例中条件改为：甲公司有权在两年后按照 80 万元回购该

设备。甲公司在合同开始日预计两年后会回购该设备，2×19 年 12 月 31 日甲公司依然预计一年后会回购该设备，但是在 2×20 年 6 月 30 日合同期满日，由于甲公司的经营情况发生变化，决定不再回购该设备。分别编制甲公司和乙公司的会计分录。

解析：（1）甲公司：由于预计两年后会行使回购权，回购价 80 万元低于售价 110 万元，因此属于租赁交易，按照 CAS21 的规定处理。

2×18 年 6 月 30 日收到款项。

借：银行存款　　1 100 000

　　贷：预收账款　　（租赁款）300 000

　　　　长期应付款　　（回购价）800 000

将库存商品转入固定资产：

借：固定资产——经营租赁资产　　800 000

　　贷：库存商品　　800 000

2×18 年 12 月 31 日确认半年的租赁收入：

借：预收账款　　（300 000 ÷ 2 ÷ 2）75 000

　　贷：其他业务收入　　75 000

计提折旧：

借：其他业务成本　　［800 000 ×（1 − 10%）÷ 2 ÷ 2］45 000

　　贷：累计折旧　　45 000

2×19 年 12 月 31 日确认租赁收入：

借：预收账款　　（300 000 ÷ 2）150 000

　　贷：其他业务收入　　150 000

计提折旧：

借：其他业务成本　　［800 000 ×（1 − 10%）÷ 2］90 000

　　贷：累计折旧　　90 000

2×20 年 6 月 30 日，由于甲公司决定不再行使回购权，因此终止租赁交易，后续按照销售交易处理（相当于先租后卖）。

借：预收账款　　（300 000 ÷ 2 ÷ 2）75 000

　　贷：其他业务收入　　75 000

计提折旧：

借：其他业务成本　　[800 000 × (1 − 10%) ÷ 2 ÷ 2] 45 000
　　贷：累计折旧　　45 000
借：长期应付款　　800 000
　　贷：主营业务收入　　800 000
借：主营业务成本　　(800 000 − 45 000 − 9 000 − 45 000) 620 000
　　累计折旧　　(45 000 + 90 000 + 45 000) 180 000
　　贷：固定资产——经营租赁资产　　800 000

乙公司：按照租赁交易根据 CAS21 的规定进行处理。

2×18 年 6 月 30 日支付款项：

借：使用权资产　　300 000
　　长期应收款　　800 000
　　贷：银行存款　　1 100 000

2×18 年 12 月 31 日计提半年的折旧：

借：制造费用　　[300 000 ÷ 2 ÷ 2] 75 000
　　贷：使用权资产累计折旧　　75 000

2×19 年 12 月 31 日计提折旧：

借：制造费用　　[300 000 ÷ 2] 150 000
　　贷：使用权资产累计折旧　　150 000

2×20 年 6 月 30 日，计提半年的折旧：

借：制造费用　　[300 000 ÷ 2 ÷ 2] 75 000
　　贷：使用权资产累计折旧　　75 000

在甲公司决定放弃回购权时终止租赁交易，后续按照采购固定资产处理：

借：使用权资产累计折旧　　300 000
　　贷：使用权资产　　300 000
借：固定资产　　800 000
　　贷：长期应收款　　800 000

【拓展 6】假设将上述案例中条件改为：甲公司有权在两年后按照 130 万元回购该设备。甲公司在合同开始日预计两年后会回购该设备，2×19 年 12 月 31 日甲公司依然预计一年后会回购该设备，但是在 2×20 年 6 月 30 日合同期满日，由于甲公司的经营情况发生变化，决定不再回购该设备。分别编制甲公司和乙公司的会计分录。

解析：（1）甲公司：由于预计两年后会行使回购权，回购价 130 万元高于售价 110 万元，实质上是融资交易，甲公司以该设备作为抵押，向乙公司取得 110 万元借款，借款期限为 2 年，售价 110 万元与回购价 130 万元之间的差额 20 万元属于借款利息。

2×18 年 6 月 30 日收到款项、发出设备：

借：银行存款　　1 100 000

　　贷：长期应付款——本金　　（回购价）1 100 000

借：发出商品　　800 000

　　贷：库存商品　　800 000

2×18 年 12 月 31 日确认半年的融资利息费用：

借：财务费用　　（200 000 ÷ 2 ÷ 2）50 000

　　贷：长期应付款——利息　　50 000

2×19 年 12 月 31 日确认融资利息费用：

借：财务费用　　（200 000 ÷ 2）100 000

　　贷：长期应付款——利息　　100 000

2×20 年 6 月 30 日，确认半年的融资利息费用：

借：财务费用　　（200 000 ÷ 2 ÷ 2）50 000

　　贷：长期应付款——利息　　50 000

由于甲公司决定不再行使回购权，因此按照销售交易处理（相当于先抵押再处置）：

借：长期应付款——本金　　1 100 000

　　　　　　　——利息　　200 000

　　贷：主营业务收入　　1 300 000

借：主营业务成本　　800 000

　　贷：发出商品　　800 000

乙公司：该设备只是抵押物，不是乙公司的资产，乙公司无须核算该设备。

2×18 年 6 月 30 日支付款项：

借：长期应收款——本金　　1 100 000

　　贷：银行存款　　1 100 000

2×18 年 12 月 31 日计提半年的融资利息收入：

借：长期应收款——利息　　[200 000÷2÷2] 50 000

　　贷：财务费用　　50 000

2×19 年 12 月 31 日计提融资利息收入：

借：长期应收款——利息　　[200 000÷2] 100 000

　　贷：财务费用　　100 000

2×20 年 6 月 30 日计提半年的融资利息收入：

借：长期应收款——利息　　[200 000÷2÷2] 50 000

　　贷：财务费用　　50 000

在甲公司放弃回购权时按照采购设备处理：

借：固定资产　　1 300 000

　　贷：长期应收款——本金　　1 100 000

　　　　　　　　——利息　　200 000

【案例 3-86】售后租回的处理。

学天海珠宝公司 2×18 年 1 月 1 日开展了一个珠宝定期回购交易，客户购买产品满 180 天可以按照原售价的 105% 回售，满一年按照原售价的 110% 回售，满两年按照原售价的 120% 回售，市场利率为 5%，客户在合同期满后 7 日内向公司申请回售，回购时要求商品包装完整、无破损、无划痕，不影响二次销售。如果客户未能在规定期限内申请办理，视为放弃权利。

2×18 年 1 月公司定期回购交易收到款项 2 000 万元。满 180 天后没有客户选择回售。

2×19 年 1 月 1 日至 1 月 7 日，有原收款额 100 万元的客户选择回售。

2×20 年 1 月 1 日至 1 月 7 日，有原收款额 900 万元的客户选择回售。

不考虑增值税等其他因素。

要求：(1) 编制学天海公司 2×18 年 1 月有关的会计分录。

(2) 编制学天海公司 2×19 年 1 月有关的会计分录。

(3) 编制学天海公司 2×20 年 1 月有关的会计分录。

(4) 如果客户购买产品满 180 天可以按照原售价的 101% 回售，满一年按照原售价的102%回售，满两年按照原售价的104%回售，根据历史经验统计，预计客户要求回售的比例不超过10%，2×19年1月1日至1月7日，有原收款额100万元的客户选择回售，2×20年1月1日至1月7日，有原收款额110万元的客户选择回售，其他条件不变。编制相关的会计分录。

解析：本合同属于客户拥有回售的权利，应当进一步判断客户是否具有要求回售的重大经济动因，如果客户行使回售权，年收益率为10%，大于市场利率5%，所以，客户具有要求回售的重大经济动因。由于回售价格高于原销售价格，应当确认为融资交易，在收到客户款项时确认金融负债，并将该款项和回购价格的差额在回购期间内确认为利息费用。

（1）2×18年1月的会计分录如下：

借：银行存款　　20 000 000

　贷：其他应付款　　20 000 000

（2）2×19年1月的会计分录如下：

借：其他应付款　　1 000 000

　财务费用　　（1 000 000×10%）100 000

　贷：银行存款　　（1 000 000×110%）1 100 000

（3）2×20年1月的会计分录如下：

借：其他应付款　　9 000 000

　财务费用　　（9 000 000×20%）1 800 000

　贷：银行存款　　（9 000 000×120%）10 800 000

借：其他应付款　　（转销余额）10 000 000

　贷：主营业务收入　　10 000 000

（4）如果客户行使回售权，年收益率为2%，低于市场利率5%，所以，客户不具有要求回售的重大经济动因，应当按照附有销售退回条款的规定来处理。

2×18年1月的会计分录如下：

借：银行存款　　20 000 000

　贷：预计负债　　（20 000 000×10%）2 000 000

　　主营业务收入　　（倒挤）18 000 000

2×19 年 1 月的会计分录如下：

借：财务费用　　（1 000 000×2%）20 000

　　预计负债　　（倒挤）1 000 000

　　贷：银行存款　　（1 000 000×102%）1 020 000

2×20 年 1 月的会计分录如下：

借：财务费用　　（1 100 000×4%）44 000

　　主营业务收入　　（倒挤）100 000

　　预计负债　　（转销余额）1 000 000

　　贷：银行存款　　（1 100 000×104%）1 144 000

七、客户未行使的权利（预收款）

客户未行使的权利，是指客户先将款项支付给企业，从而获得一项未来可以从企业取得商品或服务的权利。例如，企业向客户销售的购物卡、储值卡、礼品卡、虚拟货币等见图 3－34。

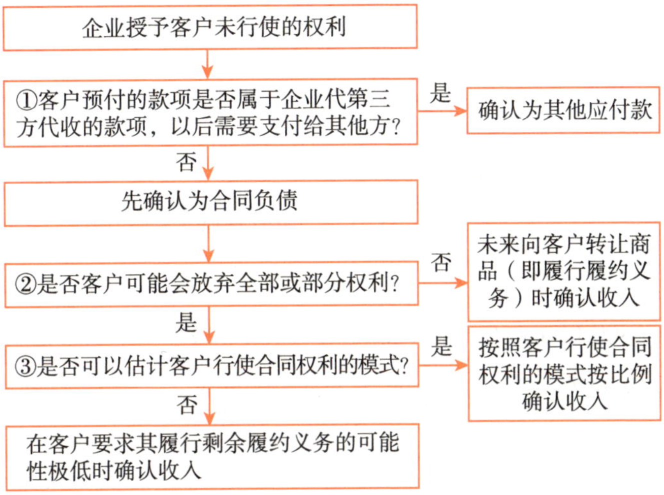

图 3－34　企业授予客户未行使的权利的判断

【释①】代收款项不属于交易价格，确认为负债。

【释②】例如，客户放弃储值卡的使用等。

【释③】估计客户未使用的权利时，应用可变对价的原则进行估计，同时要符合可变对价的限制条件。根据客户行使权利的模式按比例确认收入，与授予客户积分时，按照客户预计使用的积分比例确认收入的计算思路相同。

【案例3-87】 客户未行使权利的处理。

甲公司经营连锁食品店，为增值税一般纳税人，适用的增值税税率为13%，某年向客户销售了5 000张储值卡，每张卡的面值为200元，总额为1 000 000元。在客户使用该储值卡消费时发生增值税纳税义务。客户可在甲公司经营的任何一家门店使用该储值卡购买食品。根据历史经验，甲公司预期客户购买的储值卡中将有大约相当于储值卡面值金额5%（即50 000元）的部分不会被消费。

截至当年年末，客户使用该储值卡消费的金额为400 000元。

要求： 编制甲公司销售储值卡和年末确认收入相关的会计分录。（计算结果保留整数）

解析：（1）销售储值卡的会计分录如下：

借：库存现金　　1 000 000

　　贷：合同负债　　（倒挤）884 956

　　　　应交税费——待转销项税额（1 000 000÷1.13×13%）115 044

（2）年末的会计分录如下：

借：合同负债　　372 613

　　应交税费——待转销项税额

　　　　（115 044×400 000÷1 000 000）46 018

　　贷：主营业务收入

　　　　[（400 000+50 000×400 000÷950 000）÷（1+13%）] 372 613

　　　　应交税费——应交增值税（销项税额）　　46 018

【案例3-88】 剩余履约义务的处理。

甲公司经营一家连锁商场，适用的增值税税率为13%。2×21年1月1日向客户老张销售了一张面值11 300元的储值卡，客户可以在甲公司经营的任何一家连锁商场进行购物消费。

2×21年12月31日，客户突遭车祸意外死亡，此时，该储值卡已经消费9 040

元。假设储值卡在消费时产生增值税纳税义务。不考虑其他因素。

要求：（1）如果储值卡只限本人使用，不得继承或赠与。编制甲公司年初与年末相关的会计分录。

（2）如果储值卡可以继承或赠与，由老张的儿子小张以后继续消费。编制甲公司年初与年末相关的会计分录。

解析：（1）2×21 年 1 月 1 日销售储值卡：

借：库存现金　　11 300

　贷：合同负债　　（11 300/1.13）10 000

　　应交税费——待转销项税额　　（10 000×13%）1 300

2×21 年 12 月 31 日，根据消费金额确认收入：

借：合同负债　　8 000

　应交税费——待转销项税额　　1 040

　贷：主营业务收入　　（9 040/1.13）8 000

　　应交税费——应交增值税（销项税额）　　（8 000×13%）1 040

储值卡的余额要求甲公司履行剩余履约义务的可能性极低，应当将合同负债余额转入收入：

借：合同负债　　（转销余额）2 000

　应交税费——待转销项税额　　（转销余额）260

　贷：主营业务收入　　[（11 300－9 040）/1.13] 2 000

　　应交税费——应交增值税（销项税额）　　（2 000×13%）260

（2）如果储值卡可以继承或赠与，2×21 年 1 月 1 日、2×21 年 12 月 31 日的会计分录与（1）相同，但是，由于不符合甲公司履行剩余履约义务的可能性极低的条件，合同负债的余额不得转入收入。

八、初始费

初始费，是指在合同开始时企业向客户收取的无须退回的款项，通常包括入会费、初装费、开通费、准备费、先期费用等（见图 3－35）。

企业收取初始费的目的是，企业在合同开始日（或邻近合同开始日），通常需要开展一些初始活动为履行合同进行准备，如一些行政管理性质的准备工作，为了补偿这些活动的成本。

企业收取的无须退回的初始费应当计入交易价格，其会计逻辑如图 3 - 35 所示。

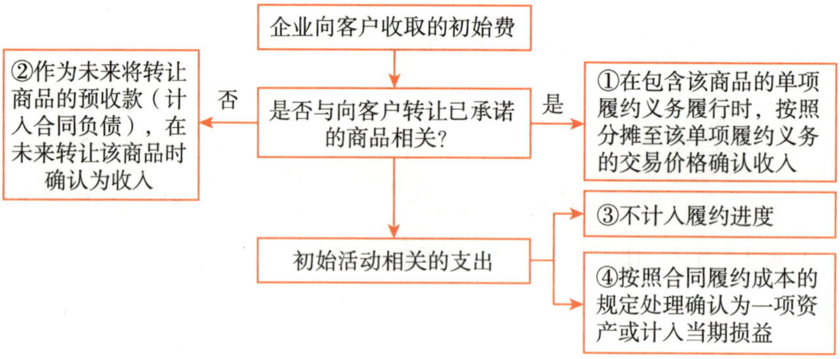

图 3 - 35　企业向客户收取初始费的逻辑

【释②】企业收取的初始费，如果与当期履行的合同无关，说明实质是客户购买未来商品所支付对价的一部分，因为客户交钱的目的就是要购买企业提供的商品，因此，在收取的当期不应当确认收入，应当在未来履行与初始费相关的履约义务时确认收入。这个规定改变了 2006 版收入准则下收到初始费就可以确认收入的做法。

【释③】企业发生的初始活动支出，虽然与未来履行合同有关，但是不符合履约义务的概念，不需要转移给客户，因此，这些支出并不反映企业向客户转让商品的进度，在确定履约进度时，不应当考虑这些支出。

【释④】初始费支出形成的合同履约成本，在未来多长的期限内摊销？主要取决于初始费是否向客户提供了未来合同续签相关的实质性权利。如果不构成实质性权利，则在现有的合同期内摊销；如果构成实质性权利，则在客户现有合同期和预计未来续约的合同期内摊销。因为续约时，客户很可能无须再支付一笔初始费给企业了。续约的合同期长短需要企业根据历史经验、同行业数据等信息进行会计估计。

会员费是一种典型的初始费，其会计处理如表 3 - 33 所示。

表 3-33　　会员费的会计处理

情形	会员费的会计处理
只取得入会资格，以后消费按照单独售价支付	与转让未来承诺的商品或服务有关，在会员有效期内分摊确认收入
现在消费可以享受折扣或免费	与转让已承诺的商品或服务有关，在转让该商品或包含该商品的履约义务完成时按照分摊的交易价格确认收入
以后消费可以享受折扣或免费	与转让未来承诺的商品或服务有关，在未来转让商品时确认收入

【案例 3-89】初始费的处理。

根据下列资料，分别回答问题。

要求（1）：甲公司收取的 50 元入会费应当如何确认收入。

甲公司经营一家会员制健身俱乐部，与客户签订了为期 2 年的合同，向客户收取俱乐部的年费 2 000 元，另外还收取了 50 元的入会费，客户入会之后可以随时在该俱乐部健身。甲公司收取的入会费用于补偿俱乐部为客户进行注册登记、准备会籍资料以及制作会员卡等初始活动所花费的成本。以上入会费和年费均无须返还。

解析：甲公司承诺的服务是向客户提供健身服务。初始活动并未向客户提供所承诺的服务，只是一些内部行政管理性质的工作，即 50 元入会费并没有向客户提供健身服务，入会费实质上是客户为健身服务所支付的对价的一部分，应当作为健身服务的预收款，与收取的年费一起在 2 年内分摊确认为收入。

要求（2）：该启动费应当如何进行会计处理？

乙公司与客户签订合同，一次性收取客户 50 元的启动费，同意客户以每月 100 元的价格获得乙公司的服务。客户没有义务继续购买每月的服务，乙公司也未承诺在未来几个月对服务收费维持在某一个特定的价格水平。乙公司收取的启动费只代表客户在乙公司注册登记，注册客户的服务活动并未导致向客户转让商品或服务，该启动费不可返还。假设乙公司的客户平均经济寿命为 2 年。

解析：收取的启动费实质属于客户支付的预付款项，应当在承诺期内（即未来 2 年内）分摊确认收入。

要求（3）：丙企业如何核算合同成立日之前发生的前期活动的收入与成本？

丙企业是一家生产制造商，与客户签订长期合同，生产高度定制的产品。客户每30天发布一个新的采购订单，该订单是不可撤销的。一旦收到订单，丙企业有权就所有在产品要求客户付款。丙企业根据客户的预期需求预先组装一部分基础产品，在客户发出采购订单时，丙企业已经有一些在产品甚至部分产成品。假设每件定制产品均属于某一时段履行的履约义务，因为定制产品具有不可替代用途，而且丙企业在收到订单后有合格收款权。

解析：①成本的处理。因为丙企业与客户签订了长期合同，如果前期活动发生的成本与迄今为止已履约进度或者已转让给客户的商品或服务有关，则作为履行预期合同的成本进行资本化，确认合同履约成本，并在客户发出订单日立即确认为费用（营业成本）。但是，某些成本可能不符合资本化的条件，例如，合同未明确向客户收取的一般费用和行政费用，或者履行合同而浪费的材料、人工、其他资源的成本，这些成本没有反映在合同价款中，应当在发生时费用化处理。

②收入的处理。丙企业在客户发出订单之前，不应当确认收入，因为未取得有权收取对价的权利。在客户发出订单时，应当根据累计的履约进度确认收入。这种累计追加法最符合收入确认的核心原则，即企业确认收入的方式应当反映向客户转让商品或服务的模式，确认的金额应当反映企业预计因交付这些商品或服务而有权获得的对价。

要求（4）：判断丁企业招聘工人、购置缝纫机是否构成单项履约义务？当月是否应当确认收入？

丁玩具企业为了在圣诞节之前，完成向客户交付的10万个玩具狗的订单，总金额500万元，同时承诺，前期生产500个玩具样品送给客户，因此丁企业新招了30个工人，添置了30台缝纫机，新产生了成本费用20万元。当月丁企业将500个玩具样品完成送给了客户，但10万个玩具狗尚未生产。

解析：招聘工人、购置缝纫机不构成单项履约义务，因为招聘工人、购置缝纫机属于初始活动，不属于合同中承诺的转让给客户的商品，所以不属于单项履约义务。500个玩具样品和10万个玩具狗属于转让给客户的商品，属于某一时点履行的履约义务。

当月应当按照控制权已经转移的 500 个数量确认收入，500 万 ×500 ÷ (100 000 +500) =2.49 万元确认收入。

九、建造合同

建造合同的会计处理如表 3 - 34 所示。

表 3 - 34　　　　建造合同的账务处理

确认时点	建造合同的账务处理
登记发生的合同成本	借：合同履约成本 　贷：原材料/应付职工薪酬/机械作业等【1】
登记与客户的结算	借：应收账款 　贷：合同结算——价款结算【2】
实际收取价款	借：银行存款 　贷：应收账款
期末根据履约进度确认收入和费用	借：合同结算——收入结转 　贷：主营业务收入 借：主营业务成本 　贷：合同履约成本 如果合同发生亏损，确认合同预计损失 借：主营业务成本 　贷：预计负债［(预计总成本 - 总收入) × (1 - 已履约进度)］【3】
完工时转销预计负债	借：预计负债（转销余额） 　贷：主营业务成本【4】

【释 1】如果企业在建造过程中发生了借款费用，也应当计入“合同履约成本”科目。原来的“工程施工”科目不再使用。

【释 2】“合同结算”科目，核算同一合同下，属于在某一时段内履行的履约义务，涉及与客户结算对价的合同资产或合同负债，设置“合同结算——价款结算”科目反映定期与客户进行结算的金额，设置“合同结算——收入结转”科目反映按履约进度结转的收入金额。

【释 3】为什么亏损合同形成的损失要计入预计负债？因为亏损合同应当执行 CAS13 的规定确认预计负债，由于该亏损是履行客户合同发生的，因此，计入营业成本。而2006版建造合同准则规定，亏损合同按照资产减值的规定处理，将预计亏损确认了存货跌价准备，但是很多建造合同，由于客户控制了在建商品，企业是无法控制在建商品的。因此，被客户控制的工程施工是不符合资产的定义的，从而按照资产减值的规定进行处理是不合适的。

【释4】为什么完工时要转销预计负债并冲减主营业务成本？因为完工时，原来预计的合同亏损已经通过营业收入与营业成本反映了，如果不转销主营业务成本，将导致利润表中重复确认合同亏损金额。同时，不确定性消除了，应当终止确认预计负债。

【案例3－90】建造合同的处理。

甲建筑公司与其客户签订一项总金额为580万元的固定造价合同，该合同不可撤销。甲公司负责工程的施工及全面管理，客户按照第三方工程监理公司确认的工程完工量，每年与甲公司结算一次。该工程已于2×18年2月开工，预计2×21年6月完工；预计可能发生的工程总成本为550万元。

到2×19年年底，由于材料价格上涨等因素，甲公司将预计工程总成本调整为600万元。

2×20年年末根据工程最新情况将预计工程总成本调整为610万元。

假定该建造工程整体构成单项履约义务，并属于在某一时段内履行的履约义务，该公司采用成本法确定履约进度。该合同的其他有关资料如表3－35所示。(单位：万元)

表3－35　　建造合同的相关资料

项目	2×18年	2×19年	2×20年	2×21年	2×22年
年末累计实际发生成本	154	300	488	610	
年末预计完成合同尚需发生成本	396	300	122		
本期结算合同价款	174	196	180	30	
本期实际收到价款	170	190	30		30

按照合同约定，工程质保金30万元须等到客户于2×22年底保证期结束且未发生重大质量问题方能收款。上述价款均为不含税价款，不考虑相关税费等其他因素的影响。

要求：编制甲公司上述业务相关的会计分录。

解析：（1）2×18 年账务处理如下：

①实际发生合同成本。

借：合同履约成本　　1 540 000

　　贷：原材料、应付职工薪酬等　　1 540 000

②确认当年的收入并结转成本。

履约进度 = 154 ÷（154 + 396）= 28%

合同收入 = 580 × 28% = 162.4（万元）

借：合同结算——收入结转　　1 624 000

　　贷：主营业务收入　　1 624 000

借：主营业务成本　　1 540 000

　　贷：合同履约成本　　1 540 000

③结算合同价款。

借：应收账款　　1 740 000

　　贷：合同结算——价款结算　　1 740 000

④实际收到合同价款。

借：银行存款　　1 700 000

　　贷：应收账款　　1 700 000

2×18 年 12 月 31 日，"合同结算"科目的余额为贷方 11.6 万元（174 - 162.4），表明甲公司已经与客户结算但尚未履行履约义务的金额为 11.6 万元，由于甲公司预计该部分履约义务将在 2×19 年内完成，因此，应在资产负债表中作为合同负债列示。

（2）2×19 年的账务处理如下：

①实际发生合同成本。

借：合同履约成本　　（3 000 000 - 1 540 000）1 460 000

　　贷：原材料、应付职工薪酬等　　1 460 000

②确认当年的收入并结转成本，同时，确认合同预计损失。

履约进度 = 300 ÷（300 + 300）= 50%

合同收入 = 580 × 50% - 162.4 = 127.6（万元）

借：合同结算——收入结转　　1 276 000

　　贷：主营业务收入　　1 276 000

借：主营业务成本　　1 460 000

　　贷：合同履约成本　　1 460 000

合同预计损失 =(600 - 580) ×(1 - 50%) =10 (万元)

借：主营业务成本　　100 000

　　贷：预计负债　　100 000

在 2×19 年年底，由于该合同预计总成本（600 万元）大于合同总收入（580 万元），预计发生损失总额为 20 万元，由于其中 20 万元 ×50% =10 万元已经反映在损益中，因此应将未履约部分的预计损失 10 万元确认为预计负债。

③结算合同价款。

借：应收账款　　1 960 000

　　贷：合同结算——价款结算　　1 960 000

④实际收到合同价款。

借：银行存款　　1 900 000

　　贷：应收账款　　1 900 000

2×19 年 12 月 31 日，“合同结算”科目的余额为贷方 80 万元（11.6 +196 - 127.6），表明甲公司已经与客户结算但尚未履行履约义务的金额为 80 万元，由于甲公司预计该部分履约义务将在 2×20 年内完成，因此，应在资产负债表中作为合同负债列示。

（3）2×20 年的账务处理如下：

①实际发生的合同成本。

借：合同履约成本　　(4 880 000 - 3 000 000) 1 880 000

　　贷：原材料、应付职工薪酬等　　1 880 000

②确认当年的合同收入并结转成本，同时调整合同预计损失。

履约进度 =488 ÷(488 +122) =80%

合同收入 =580 ×80% - 162.4 - 127.6 =174 (万元)

借：合同结算——收入结转　　1 740 000

　　贷：主营业务收入　　1 740 000

借：主营业务成本　　　　1 880 000

　　贷：合同履约成本　　　　1 880 000

合同预计损失 =（610 − 580）×（1 − 80%）− 10 = −4（万元）

借：预计负债　　　　40 000

　　贷：主营业务成本　　　　40 000

在 2×20 年年底，由于该合同预计总成本（610 万元）大于合同总收入（580 万元），预计发生损失总额为 30 万元，由于其中 30 万元 ×80% =24 万元已经反映在损益中，因此预计负债的余额应为 30 万元 −24 万元 =6 万元，反映未履约部分将发生的预计损失，因此转回预计负债 4 万元。

③结算合同价款。

借：应收账款　　　　1 800 000

　　贷：合同结算——价款结算　　　　1 800 000

④实际收到合同价款。

借：银行存款　　　　1 900 000

　　贷：应收账款　　　　1 900 000

2×20 年 12 月 31 日，“合同结算”科目的余额为贷方 86 万元（80 + 180 − 174），表明甲公司已经与客户结算但尚未履行履约义务的金额为 86 万元，由于该部分履约义务将在 2×21 年 6 月底前完成，因此，应在资产负债表中作为合同负债列示。

（4）2×21 年 1—6 月的账务处理如下：

①实际发生合同成本。

借：合同履约成本　　　　（6 100 000 − 4 880 000）1 220 000

　　贷：原材料、应付职工薪酬等　　　　1 220 000

②确认当期的合同收入并结转成本，结转已计提的合同损失。

由于合同已经完工，履约进度为 100%；

2×21 年 1—6 月确认的合同收入 =580 ×100% −162.4 −127.6 −174 =116（万元）

借：合同结算——收入结转　　　　1 160 000

　　贷：主营业务收入　　　　1 160 000

借：主营业务成本　　　　1 220 000

　　贷：合同履约成本　　　　1 220 000

借：预计负债　　　　（转销余额）60 000

　　贷：主营业务成本　　　　60 000

2×21年6月30日，“合同结算”科目的余额为借方116－上期末贷方余额86＝30万元，是工程质保金，须等到客户于2×22年年底保质期结束且未发生重大质量问题后方能收款，应当资产负债表中作为合同资产列示。

（5）2×22年的账务处理：

①保质期结束且未发生重大质量问题。

借：应收账款　　　　300 000

　　贷：合同结算　　　　（转销余额）300 000

②实际收到合同价款。

借：银行存款　　　　300 000

　　贷：应收账款　　　　300 000

十、PPP项目合同的会计处理

在公共服务领域推广运用PPP模式，引入社会力量参与公共服务供给，提升公共服务的供给质量和效率。2013年年底，我国借鉴国际经验，自上而下系统推进PPP改革，PPP已成为公共服务的重要供给方式，项目覆盖十九个行业，中国已成为全球最大的PPP市场。

PPP项目涉及复杂的合同关系和多种运作方式，正确地核算和反映PPP项目各方主体的权利和义务，规范PPP模式形成的政府资产和相关净资产或负债的会计处理非常重要。PPP不仅涉及基础设施的设计、融资、建设、拥有、运营等多个环节，还涉及有关风险、收益在公共部门与私人部门之间的分担及共享等问题，这些环节和问题的叠加使得PPP业务的会计处理更为复杂。以前在国家层面缺乏统一的关于PPP业务会计处理的规范，PPP业务核算混乱。

从国外政府会计改革实践情况来看，很多国家很早就针对PPP业务政府方的会计处理制定了相关的会计准则。国际公共部门会计准则理事会（IPSASB）也于2012年制定发布了《国际公共部门会计准则第32号——服务特许权协议：授予方》（以下简称“IPSAS32”），就PPP业务授予方的会计处理提供了处理原则。

在 PPP 项目中，相关各方围绕 PPP 项目合作会订立一系列合同来确立和调整彼此之间的权利义务关系，共同构成 PPP 项目的合同体系，因此很难通过一项会计准则来规定所有与 PPP 项目有关的经济业务和事项的会计处理。由于 PPP 项目合同是整个 PPP 合同体系的基础和核心，涉及其他准则规定的执行其他相关准则，保持会计体系整体上逻辑一致。

政府方在 PPP 项目资产运营期满移交之前确认资产，是否与企业方确认对应的无形资产或金融资产造成重复确认资产，这是 PPP 项目最基本最核心的会计处理原则，也是国际通行的关于服务特许权协议的会计处理方法。按照会计原理，资产确认的关键在于会计主体是否能够“控制”该项经济资源，在 PPP 项目合同中，相关基础设施满足“双控制”条件的，应当由政府方来确认，而社会资本方按照“镜像互补”原则确认对应的无形资产或金融资产，从形式上看两方都确认了资产，但两种资产性质不同，实质上是政府方与社会资本方因 PPP 业务发生了非货币性资产交换而导致的会计结果。

对于 PPP 项目合同，社会资本方（即企业）执行《CASIA 企业会计准则解释第 14 号》（企业会计准则解释公告 Interpretation announcement）的规定，政府方执行《政府会计准则第 10 号政府和社会资本合作项目合同》的规定，自 2021 年 1 月 1 日起执行。

1. PPP 项目的概念（见表 3－36）

表 3－36　　PPP 项目的概念

PPP 项目合同	是指社会资本方与政府方依法依规就 PPP 项目合作所订立的合同
社会资本方	是指与政府方签署 PPP 项目合同的社会资本或项目公司
政府方	是指政府授权或指定的 PPP 项目实施机构。通常为政府有关职能部门或事业单位
PPP 项目资产	是指 PPP 项目合同中确定的用来提供公共产品和服务的资产 PPP 项目资产有以下两方面来源： （1）由社会资本方投资建造或者从第三方购买，或者是社会资本方的现有资产 （2）政府方现有资产，或者对政府方现有资产进行改建、扩建

2. 适用范围（见表3－37）

表3－37　　　　PPP项目合同的条件

PPP项目合同应当同时符合下列两个条件	
双特征	社会资本方在合同约定的运营期间内代表政府方使用PPP项目资产提供公共产品和服务【1】
	社会资本方在合同约定的期间内就其提供的公共产品和服务获得补偿【2】
双控制	政府方控制或管制社会资本方使用PPP项目资产必须提供的公共产品和服务的类型、对象和价格【3】
	PPP项目合同终止时，政府方通过所有权、收益权或其他形式控制PPP项目资产的重大剩余权益【4】

【释1】“合同约定的运营期间”，指的是社会资本方对PPP项目资产的使用期或运营期，通常在PPP项目合同中有明确约定。

“社会资本方代表政府方使用PPP项目资产提供公共产品和服务”，指的是根据合同约定或政府方授权，社会资本方享有建设、运营、管理、维护本项目设施等权利，同时承担代表政府方提供公共产品和服务的义务。

特征一强调社会资本化应当是代表政府方，而不是代表自己提供公共产品和服务。如建设—移交（BT）。

再如，租赁，政府方作为出租人的租赁合同，因承租方虽然可能使用项目资产提供公共产品和服务，但并非代表政府方来提供，不符合特征一的规定。

【释2】特征二强调社会资本方提供的公共产品和服务应当是有偿的，是获得回报的，而不是无偿的。例如，政府方作为接受捐赠方的无偿捐赠合同，因捐赠方未获得补偿，不满足特征二的规定。

【释3】“控制”，指的是政府方通过具有法律效力的合同条款等方式，有权决定社会资本方提供的公共产品和服务的类型、对象和价格。通常情况下，政府方和社会资本方在PPP项目合同中应当明确规定社会资本方提供的公共产品和服务的类型、对象和价格。

“管制”，是指社会资本方提供的公共产品和服务的类型、对象和价格，虽未在PPP项目合同中进行明确规定，但受有关法律法规或监管部门规章制度的约束。

如果定价的基础或框架受到监管约束，政府方对价格的“控制或管制”不需要完全控制价格，这种情况仍然符合控制标准。如果设定政府调价机制，进行调价前应当经过政府方审核同意，即满足控制标准一的价格控制要求。如果项目合同条款给予社会资本方自主定价权，但约定政府方有权参与分享 PPP 项目资产的超额收益部分，则仍然满足控制标准一中的价格控制要求。

【释 4】强调政府方应当控制项目资产，例如，采用建设—拥有—运营（BOO）方式的合同，社会资本方拥有项目资产所有权，且政府方未控制项目资产的重大剩余权益，不满足“双控制”标准。

再如，转让—拥有—运营（TOO）等方式运作的 PPP 项目合同，政府方将项目资产所有权有偿转让给社会资本方，并由社会资本方负责运营和维护，政府方未控制项目资产的重大剩余权益，不满足“双控制”标准。

通常情况下，采用建设—运营—移交（BOT）、转让—运营—移交（TOT）、改建—运营—移交（ROT）方式运作的 PPP 项目合同，满足上述条件。

除上述情况外，不同时符合本解释“双特征”和“双控制”的 PPP 项目合同，社会资本方应当根据其业务性质按照相关会计准则进行会计处理。例如，PPP 项目合同中有关政府方或社会资本方对项目公司的直接投资，适用投资相关的准则。

“双控制”标准的应用如表 3-38 所示。

表 3-38　　　　“双控制”标准的应用

更新改造时	在合同约定的运营期间，对不可分离的项目资产进行更新改造的（包括更换部分设施设备），应当将更新改造前后的项目资产视为一个整体来考虑。如果政府方控制了更新改造后项目资产的重大剩余权益，则项目合同仍然适用本规定
部分受控时	项目资产部分受政府方控制的，分为以下两种情况 ①项目资产在功能设置和空间分布上可分割且能独立运营的，应当单独进行分析。如果政府方不能控制该部分资产，则该部分资产不适用本规定 ②使用 PPP 项目资产提供不受政府方控制的辅助性服务，并不减损政府方对 PPP 项目资产的控制，在应用“双控制”标准时不应当考虑该项服务
运营期为全部寿命时	对于运营期占项目资产全部使用寿命的项目合同，即使项目合同结束时项目资产不存在重大剩余权益，如果该项目合同满足前述“双控制”标准中的控制标准一，则仍然适用本规定

项目合同适用范围的逻辑如图 3－36 所示。

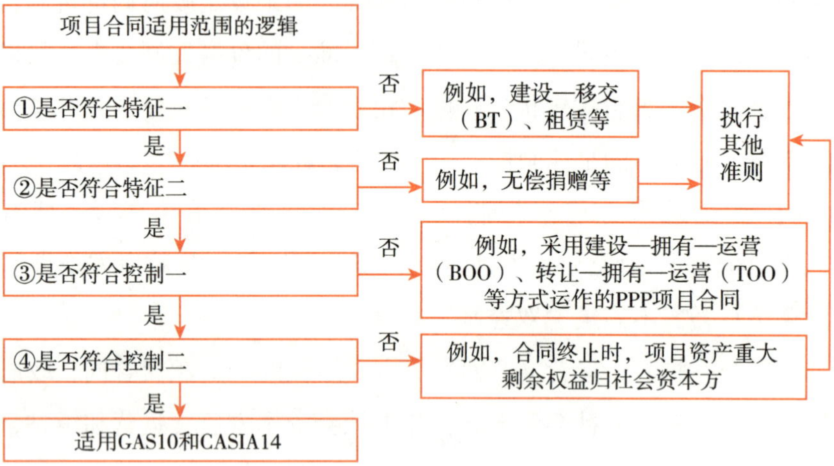

图 3－36　项目合同适用范围的逻辑

（一）PPP 项目合同社会资本方的会计处理

1. PPP 项目建造期间的会计处理（见表 3－39）

表 3－39　　　　PPP 项目建造期间的会计处理

事项	社会资本方的会计处理
社会资本方提供多项服务（如既提供 PPP 项目资产建造服务又提供建成后的运营服务、维护服务）的	应当按照《CAS14——收入》的规定，识别合同中的单项履约义务并分摊交易价格
社会资本方提供建造服务（含建设和改扩建，下同）或发包给其他方的	应当按照《CAS14——收入》确定其身份是主要责任人还是代理人并进行会计处理，同时确认合同资产 如果社会资本方是主要责任人的，无论是否直接提供建造服务，均应当按照总额法确认建造服务收入
在 PPP 项目资产的建造过程中发生借款费用的【1】	应当按《CAS17——借款费用》的规定处理
社会资本方自政府方取得其他资产，该资产构成政府方应付合同对价的一部分的	应当按照《CAS14——收入》的规定进行会计处理，不作为政府补助
PPP 项目资产建造完成的	不得将 PPP 项目资产确认为固定资产

【释1】如果采用无形资产模式，借款费用资本化的金额先计入合同资产，在PPP项目资产达到预定可使用状态时转入无形资产。

如果采用金融资产模式，借款费用是不符合CAS17规定的资本化条件的资产的，因为金融资产取得时就达到了预定可销售状态。

2. PPP项目运营期间的会计处理（见表3-40）

PPP项目本身是政府方的一种融资行为，根据政府方与社会资本方的结算方式不同，分为三种模式：一是无形资产模式，二是金融资产模式，三是混合模式。

对于无形资产模式，由于直接估计无形资产的公允价值比较困难，一般采用建造服务的单独售价间接确定无形资产的公允价值。

对于未来收取对价的金融资产部分，一般应当考虑重大融资成分的影响。

表3-40　　　　　　　PPP项目运营期间的会计处理

事项	社会资本方的会计处理
PPP项目资产达到预定可使用状态后，社会资本方在项目运营期间，有权向获取公共产品和服务的对象收取费用的	收费金额不确定的，该权利不构成一项无条件收取现金的权利，应当将PPP项目资产的对价金额或确认的建造收入金额确认为无形资产，并按照直线法摊销，同时，按照《CAS14——收入》确认与运营服务相关的收入。即无形资产模式
	收费金额是可确定金额的现金（或其他金融资产）的，应当在拥有收取该对价的权利时确认为应收款项，并按照《CAS22——金融工具确认和计量》的规定进行会计处理。运营期间取得的收费冲减应收款项。即金融资产模式
	有权收取的金额超过可确定金额的，应当将超过有权收取可确定金额的现金（或其他金融资产）的差额，确认为无形资产。即混合模式
为使PPP项目资产保持一定的服务能力或在移交给政府方之前保持一定的使用状态，社会资本方提供特定的维护服务（如重铺高速公路路面）的	该服务是合同明确约定的，表明社会资本方提供了一项单独的服务，构成单项履约义务，应当分摊交易价格
	该服务不是合同或法律法规明确约定的，表明服务不构成单项履约义务，应当将预计发生的支出，按照《CAS13——或有事项》的规定进行会计处理

3. PPP项目的披露与新旧衔接（见表3-41）

表3-41　　PPP项目的披露与新旧衔接

披露	PPP项目合同的相关信息，包括：PPP项目合同的概括性介绍；PPP项目合同中可能影响未来现金流量金额、时间和风险的相关重要条款；社会资本方对PPP项目资产享有的相关权利（包括使用、收益、续约或终止选择权等）和承担的相关义务（包括投融资、购买或建造、运营、移交等）；本期PPP项目合同的变更情况；PPP项目合同的分类方式等
	社会资本方除应当按照相关企业会计准则对PPP项目合同进行披露外，还应当披露相关收入、资产等确认和计量方法；相关合同资产、应收款项、无形资产的金额等会计信息
	有多个PPP项目合同的，可以分别披露，也可以合并披露
新旧衔接	2020年12月31日前开始实施且至本解释施行日尚未完成的有关PPP项目合同，未按照以上规定进行会计处理的，应当进行追溯调整；追溯调整不切实可行的，应当从可追溯调整的最早期间期初开始应用本解释
	社会资本方应当将执行本解释的累计影响数，调整本解释施行日当年年初留存收益及财务报表其他相关项目金额，对可比期间信息不予调整
	符合本解释“双特征”和“双控制”但未纳入全国PPP综合信息平台项目库的特许经营项目协议，应当按照本解释进行会计处理和追溯调整
	《企业会计准则解释第2号》中关于“五、企业采用建设经营移交方式（BOT）参与公共基础设施建设业务应当如何处理”的内容同时废止

【案例3-91】PPP项目无形资产模式的处理。

甲市政府决定采用PPP方式筹建一条高速公路，社会资本方经确定为学天海公司。PPP项目协议约定如下：

（1）整个PPP项目期间为10年，其中高速公路需要在2年内完工，完工后，学天海公司应当按照政府约定的标准运营并维护高速公路8年。

（2）作为学天海公司修建高速公路的对价，高速公路建成后，也即从第3年至第10年，允许学天海公司收取高速公路过路费（享有高速公路经营权），政府方无须再另行支付任何对价，也无须对将来能够收取的过路费兜底。

学天海公司估计第3年至第10年，每年可收取200万元的过路费（假设每年车流量稳定）。

为确保高速公路移交给政府时满足特定的标准，学天海公司根据以往经验估计，很可能在PPP项目期间的第8年年末，需要将高速公路路面重铺。

乙商业银行为本PPP项目提供的融资服务如下：乙银行将提供一揽子授信协议，确保学天海公司建设、运营高速公路的所有支出都可以通过乙银行贷款解决，贷款年利率为6.7%。同时，如果学天海公司账面存在富余货币资金的，应当优先用于偿还乙银行的贷款本息，直至还清。学天海公司决定优先使用乙银行提供的贷款。假设建造期间的贷款利息支出满足借款费用资本化条件。

学天海公司预计本项目建造期间为两年，每年完工程度均为50%，每年预计发生成本为500万元。高速公路运营期间为8年，每年预计发生成本为10万元。高速公路路面重铺预计发生成本为100万元。学天海公司按照成本加成法，估计建造服务预计单独售价为1 050万元。

假设本案例中相关现金流量均发生在期末，折现率（即市场利率）为6%。相关的成本均以银行存款支付。该合同满足PPP项目合同规定的双特征和双控制条件。不考虑税费等其他因素，计算结果保留整数。

要求：（1）分别编制学天海公司每年有关的会计分录。

（2）计算学天海公司该项目累计确认的营业收入金额、累计结转的营业成本金额、累计财务费用金额和累计的利润金额。

解析：（1）由于本项目未来收取的价款是不确定的，因此属于无形资产模式。由于建造服务收取的非现金对价公允价值不能合理估计，采用建造服务的单独售价1 050万元间接确定无形资产的公允价值。

本合同共包含两项履约义务，分别是建造服务和运营服务，路面重铺服务不是合同约定的履约义务，属于或有事项，不构成单项履约义务，应当确认预计负债，并计入各期损益。

将第8年年末路面重铺的100万元平摊至每年，100 ÷ 6 = 16.66万元≈17万元（取整数），则：

第3年年末确认预计负债 $=17\div(1+6\%)^5=13$（万元）

第4年年末确认预计负债 $=17\div(1+6\%)^4=13$ 万元，货币时间价值影响 $13\times6\%=1$ 万元。

第5年年末确认预计负债 $=17\div(1+6\%)^3=14$ 万元，货币时间价值影响 $(13+13+1)\times6\%=2$ 万元。

第6年年末确认预计负债 $=17\div(1+6\%)^2=15$ 万元，货币时间价值影响 $(13+13+14+1+2)\times6\%=3$ 万元。

第7年年末确认预计负债 $=17\div(1+6\%)^1=16$ 万元，货币时间价值影响

$(13+13+14+15+1+2+3)\times 6\%=4$ 万元。

第 8 年年末确认预计负债 $=17\div(1+6\%)^{0}=17$ 万元，货币时间价值影响（倒挤）$=100-13-13-1-14-2-15-3-16-4-17=2$ 万元。

第 1 年的账务处理如下：

确认银行借款：

借：银行存款　　5 000 000

　　贷：长期借款　　5 000 000

确认合同履约成本：

借：合同履约成本　　5 000 000

　　贷：银行存款　　5 000 000

期末确认建造服务收入与成本：

借：合同资产　　（10 500 000×50%）5 250 000

　　贷：主营业务收入　　5 250 000

借：主营业务成本　　5 000 000

　　贷：合同履约成本　　5 000 000

第 2 年的账务处理如下：

确认银行借款：

借：银行存款　　5 000 000

　　贷：长期借款　　5 000 000

确认合同履约成本：

借：合同履约成本　　5 000 000

　　贷：银行存款　　5 000 000

确认银行借款利息费用：

借：PPP 借款支出　　（5 000 000×6.7%）340 000

　　贷：长期借款　　340 000

期末确认建造服务收入与成本：

借：合同资产　　（10 500 000×50%）5 250 000

　　贷：主营业务收入　　5 250 000

借：主营业务成本　　5 000 000

贷：合同履约成本　　5 000 000

期末，建造服务完成，PPP 项目资产达到预定可使用状态，确认无形资产。

借：无形资产　　（5 250 000 + 5 250 000 + 340 000）10 840 000

贷：合同资产　　（转销余额）10 500 000

PPP 借款支出　　（转销余额）340 000

期末，长期借款余额为 500 + 34 + 500 = 1 034 万元。

第 3 年的账务处理如下：

确认运营收入：

借：银行存款　　2 000 000

贷：主营业务收入　　2 000 000

支付运营成本：

借：合同履约成本　　100 000

贷：银行存款　　100 000

确认运营成本：

借：主营业务成本　　（倒挤）1 450 000

贷：累计摊销　　（10 840 000 ÷ 8）1 350 000

合同履约成本　　100 000

账面富余货币资金偿还银行借款：

借：长期借款　　1 900 000

贷：银行存款　　1 900 000

确认银行借款利息费用：

借：财务费用　　（10 340 000 × 6.7%）690 000

贷：长期借款　　690 000

期末重铺路面预计负债：

借：主营业务成本　　130 000

贷：预计负债　　130 000

期末，长期借款余额 = 1 034 − 190 + 69 = 913 万元。

第 4 年的账务处理如下：

确认运营收入：

借：银行存款　　2 000 000

　　贷：主营业务收入　　2 000 000

支付运营成本：

借：合同履约成本　　100 000

　　贷：银行存款　　100 000

确认运营成本：

借：主营业务成本　　（倒挤）1 450 000

　　贷：累计摊销　　（10 840 000 ÷ 8）1 350 000

　　　　合同履约成本　　100 000

账面富余货币资金偿还银行借款：

借：长期借款　　1 900 000

　　贷：银行存款　　1 900 000

确认银行借款利息费用：

借：财务费用　　（9 130 000 × 6.7%）610 000

　　贷：长期借款　　610 000

期末重铺路面预计负债：

借：主营业务成本　　130 000

　　财务费用　　10 000

　　贷：预计负债　　140 000

期末，长期借款余额 = 913 − 190 + 61 = 784 万元。

第 5 年的账务处理如下：

确认运营收入：

借：银行存款　　2 000 000

　　贷：主营业务收入　　2 000 000

支付运营成本：

借：合同履约成本　　100 000

　　贷：银行存款　　100 000

确认运营成本：

借：主营业务成本　　（倒挤）1 450 000

贷：累计摊销　　(10 840 000 ÷ 8) 1 350 000

　　合同履约成本　　100 000

账面富余货币资金偿还银行借款：

借：长期借款　　1 900 000

　贷：银行存款　　1 900 000

确认银行借款利息费用：

借：财务费用　　(7 840 000 × 6.7%) 530 000

　贷：长期借款　　530 000

期末重铺路面预计负债：

借：主营业务成本　　140 000

　　财务费用　　20 000

　贷：预计负债　　160 000

期末，长期借款余额 = 784 − 190 + 53 = 647 万元。

第 6 年的账务处理如下：

确认运营收入：

借：银行存款　　2 000 000

　贷：主营业务收入　　2 000 000

支付运营成本：

借：合同履约成本　　100 000

　贷：银行存款　　100 000

确认运营成本：

借：主营业务成本　　(倒挤) 1 450 000

　贷：累计摊销　　(10 840 000 ÷ 8) 1 350 000

　　合同履约成本　　100 000

账面富余货币资金偿还银行借款：

借：长期借款　　1 900 000

　贷：银行存款　　1 900 000

确认银行借款利息费用：

借：财务费用　　(6 470 000 × 6.7%) 430 000

贷：长期借款　　430 000

期末重铺路面预计负债：

借：主营业务成本　　150 000

财务费用　　30 000

贷：预计负债　　180 000

期末，长期借款余额 =647 - 190 + 43 =500 万元。

第 7 年的账务处理如下：

确认运营收入：

借：银行存款　　2 000 000

贷：主营业务收入　　2 000 000

支付运营成本：

借：合同履约成本　　100 000

贷：银行存款　　100 000

确认运营成本：

借：主营业务成本　　（倒挤）1 450 000

贷：累计摊销　　（10 840 000 ÷8）1 350 000

合同履约成本　　100 000

账面富余货币资金偿还银行借款：

借：长期借款　　1 900 000

贷：银行存款　　1 900 000

确认银行借款利息费用：

借：财务费用　　（5 000 000 ×6.7%）340 000

贷：长期借款　　340 000

期末重铺路面预计负债：

借：主营业务成本　　160 000

财务费用　　40 000

贷：预计负债　　200 000

期末，长期借款余额 =500 - 190 + 34 =344 万元。

第 8 年的账务处理如下：

确认运营收入：

借：银行存款 2 000 000

　　贷：主营业务收入 2 000 000

支付运营成本：

借：合同履约成本 100 000

　　贷：银行存款 100 000

确认运营成本：

借：主营业务成本 （倒挤）1 450 000

　　贷：累计摊销 （10 840 000 ÷ 8）1 350 000

　　　　合同履约成本 100 000

期末重铺路面预计负债：

借：主营业务成本 170 000

　　财务费用 20 000

　　贷：预计负债 190 000

借：合同履约成本 1 000 000

　　贷：银行存款 1 000 000

借：预计负债 （转销余额）1 000 000

　　贷：合同履约成本 1 000 000

账面富余货币资金偿还银行借款：

借：长期借款 900 000

　　贷：银行存款 （2 000 000 − 1 100 000）900 000

确认银行借款利息费用：

借：财务费用 （3 440 000 × 6.7%）230 000

　　贷：长期借款 230 000

期末，长期借款余额 = 344 − 90 + 23 = 277 万元。

第 9 年的账务处理如下：

确认运营收入：

借：银行存款 2 000 000

　　贷：主营业务收入 2 000 000

支付运营成本：

借：合同履约成本　　100 000

　　贷：银行存款　　100 000

确认运营成本：

借：主营业务成本　　（倒挤）1 450 000

　　贷：累计摊销　　（10 840 000 ÷ 8）1 350 000

　　　　合同履约成本　　100 000

账面富余货币资金偿还银行借款：

借：长期借款　　1 900 000

　　贷：银行存款　　1 900 000

确认银行借款利息费用：

借：财务费用　　（2 770 000 × 6.7%）190 000

　　贷：长期借款　　190 000

期末，长期借款余额 = 277 − 190 + 19 = 106 万元。

第 10 年的账务处理如下：

确认运营收入：

借：银行存款　　2 000 000

　　贷：主营业务收入　　2 000 000

支付运营成本：

借：合同履约成本　　100 000

　　贷：银行存款　　100 000

确认运营成本：

借：主营业务成本　　（倒挤）1 450 000

　　贷：累计摊销　　（10 840 000 ÷ 8）1 350 000

　　　　合同履约成本　　100 000

确认银行借款利息费用：

借：财务费用　　（1 060 000 × 6.7%）70 000

　　贷：长期借款　　70 000

账面富余货币资金偿还银行借款：

借：长期借款　　1 130 000

　　贷：银行存款　　1 130 000

期末，长期借款余额＝106＋7－113＝0 万元。

（2）累计确认的营业收入＝建造服务 1 050＋运营服务 200×8＝2 650（万元）

累计结转的营业成本＝建造成本 1 000＋无形资产成本摊销 1 084＋运营成本 10×8＋重铺路面成本 88＝2 252（万元）

累计财务费用＝费用化利息 309＋预计负债利息 12＝321（万元）

累计的利润＝货币资金结余＝累计现金流入（200×8）－累计现金流出（建造服务 1 000＋运营服务 10×8＋重铺路面 100）－累计贷款利息 343（资本化利息 34＋费用化利息 309）＝77（万元）

【案例 3－92】 PPP 项目金融资产模式的处理。

甲市政府决定采用 PPP 方式筹建一条高速公路，社会资本方经确定为学天海公司。PPP 项目协议约定如下：

（1）整个 PPP 项目期间为 10 年，其中高速公路需要在 2 年内完工，完工后，学天海公司应当按照政府约定的标准运营并维护高速公路 8 年。

（2）为确保高速公路移交给政府时满足特定的标准，学天海公司应当在 PPP 项目期间的第 8 年末，将高速公路路面重铺。

（3）政府方在高速公路建成后，也即从第 3 年至第 10 年，应当每年末支付给学天海公司 200 万元。

乙商业银行为本 PPP 项目提供的融资服务如下：乙银行将提供一揽子授信协议，确保学天海公司建设、运营高速公路的所有支出都可以通过乙银行贷款解决，贷款年利率为 6.7%。同时，如果学天海公司账面存在富余货币资金的，应当优先用于偿还乙银行的贷款本息，直至还清。学天海公司决定优先使用乙银行提供的贷款。

学天海公司预计本项目建造期间为两年，每年完工程度均为 50%，每年预计发生成本为 500 万元。高速公路运营期间为 8 年，每年预计发生成本为 10 万元。高速公路路面重铺预计发生成本为 100 万元。学天海公司按照成本加成法，估计建造服务预计单独售价为 1 050 万元，估计运营服务预计单独售价为每年 12 万元，估计路面重铺服务预计单独售价为 110 万元。

假设本案例中相关现金流量均发生在期末。相关的成本均以银行存款支付。该合同满足 PPP 项目合同规定的双特征和双控制条件。不考虑税费等其他因素，计算结果保留整数。

要求：（1）分别编制学天海公司每年有关的会计分录。

（2）计算学天海公司该项目累计确认的营业收入金额、累计结转的营业成本金额和累计的利润金额。

解析：（1）由于本项目未来收取的价款金额是确定的，即 $200\times8=1\ 600$ 万元，因此本项目属于金融资产模式。

由于合同中明确约定，在第 8 年年末将高速公路路面重铺，因此本合同共包含三项履约义务，分别是建造服务，运营服务，路面重铺服务。

由于政府方分 8 年支付交易对价，学天海公司实际上给政府方提供了重大融资利益，因此合同中包含重大融资成分，现销价格与合同对价名义金额的差额为融资成分。

融资成分 $=1\ 600-(1\ 050+12\times8+110)=344$ 万元；

假设实际利率为 r，$525\times(P/A,r,2)+12\times(P/A,r,8)\times(P/F,r,2)+110\times(P/F,r,8)=200\times(P/A,r,8)\times(P/F,r,2)$，$r=6.18\%$。

第 1 年的账务处理如下：

确认银行借款：

借：银行存款	5 000 000	
贷：长期借款		5 000 000

确认合同履约成本：

借：合同履约成本	5 000 000	
贷：银行存款		5 000 000

期末确认建造服务收入与成本：

借：合同资产　　（10 500 000×50%）	5 250 000	
贷：主营业务收入		5 250 000
借：主营业务成本	5 000 000	
贷：合同履约成本		5 000 000

由于第 1 年年末才发生建造成本现金流出，因此第 1 年不确认融资成分的利息收入。

第 2 年的账务处理如下：

确认银行借款：

借：银行存款　　5 000 000

　　贷：长期借款　　5 000 000

确认合同履约成本：

借：合同履约成本　　5 000 000

　　贷：银行存款　　5 000 000

确认融资成分利息收入：

借：合同资产　　320 000

　　贷：财务费用　　（5 250 000 × 6.18%）320 000

确认银行借款利息费用：

借：财务费用　　（5 000 000 × 6.7%）340 000

　　贷：长期借款　　340 000

期末确认建造服务收入与成本：

借：合同资产　　（10 500 000 × 50%）5 250 000

　　贷：主营业务收入　　5 250 000

借：主营业务成本　　5 000 000

　　贷：合同履约成本　　5 000 000

期末长期借款余额为 500 + 34 + 500 = 1 034 万元。合同资产余额为 525 + 32 + 525 = 1 082 万元。

第 3 年的账务处理如下：

企业拥有向政府方收取款项的权利时：

借：应收账款　　2 000 000

　　贷：合同资产　　2 000 000

借：银行存款　　2 000 000

　　贷：应收账款　　2 000 000

支付运营成本：

借：合同履约成本　　100 000
　　贷：银行存款　　100 000

确认融资成分利息收入：

借：合同资产　　670 000
　　贷：财务费用　　（10 820 000 × 6.18%）670 000

账面富余货币资金偿还银行借款：

借：长期借款　　1 900 000
　　贷：银行存款　　1 900 000

期末确认运营服务收入与成本：

借：合同资产　　120 000
　　贷：主营业务收入　　120 000

借：主营业务成本　　100 000
　　贷：合同履约成本　　100 000

确认银行借款利息费用：

借：财务费用　　（10 340 000 × 6.7%）690 000
　　贷：长期借款　　690 000

期末，合同资产余额 = 1 082 − 200 + 67 + 12 = 961 万元，长期借款余额 = 1 034 − 190 + 69 = 913 万元。

第 4 年的账务处理如下：

企业拥有向政府方收取款项的权利时：

借：应收账款　　2 000 000
　　贷：合同资产　　2 000 000

借：银行存款　　2 000 000
　　贷：应收账款　　2 000 000

支付运营成本：

借：合同履约成本　　100 000
　　贷：银行存款　　100 000

确认融资成分利息收入：

借：合同资产　　590 000

　　贷：财务费用　　（9 610 000 ×6.18%）590 000

期末确认运营服务收入与成本：

借：合同资产　　（倒挤）120 000

　　贷：主营业务收入　　120 000

借：主营业务成本　　100 000

　　贷：合同履约成本　　100 000

账面富余货币资金偿还银行借款：

借：长期借款　　1 900 000

　　贷：银行存款　　1 900 000

确认银行借款利息费用：

借：财务费用　　（9 130 000 ×6.7%）610 000

　　贷：长期借款　　610 000

期末，合同资产余额 =961 －200 +59 +12 =832 万元，长期借款余额 =913 －190 +61 =784 万元。

以后各年以此类推。

第 8 年：重铺路面：

借：合同资产　　1 100 000

　　贷：主营业务收入　　1 100 000

借：合同履约成本　　1 000 000

　　贷：原材料、应付职工薪酬等　　1 000 000

借：主营业务成本　　1 000 000

　　贷：合同履约成本　　1 000 000

（2）累计确认的营业收入 = 建造服务 1 050 + 运营服务 12 ×8 + 重铺路面 110
=1 256（万元）

累计结转的营业成本 = 建造服务 1 000 + 运营服务 10 ×8 + 重铺路面 100
=1 180（万元）

累计的利润 = 货币资金结余 = 累计现金流入（200 ×8）－累计现金流出（营业成本 1 180 + 累计贷款利息 343）=77（万元）

【案例3-93】 PPP项目混合模式的处理。

甲市政府决定采用PPP方式筹建一条高速公路，社会资本方经确定为学天海公司。PPP项目协议约定如下：

（1）整个PPP项目期间为10年，其中高速公路需要在2年内完工，完工后，学天海公司应当按照政府约定的标准运营并维护高速公路8年。

（2）作为学天海公司修建高速公路的对价，高速公路建成后，也即从第3年至第10年，允许学天海公司收取高速公路过路费（享有高速公路经营权），同时，政府方保证学天海公司每年收取的过路费不低于117万元，如果低于117万元，政府方将通过货币资金进行差额补足。学天海公司估计第3年至第10年，每年可收取200万元的过路费（假设每年车流量稳定）。

为确保高速公路移交给政府时满足特定的标准，学天海公司根据以往经验估计，很可能在PPP项目期间的第8年末，需要将高速公路路面重铺。

乙商业银行为本PPP项目提供的融资服务如下：乙银行将提供一揽子授信协议，确保学天海公司建设、运营高速公路的所有支出都可以通过乙银行贷款解决，贷款年利率为6.7%。同时，如果学天海公司账面存在富余货币资金的，应当优先用于偿还乙银行的贷款本息，直至还清。学天海公司决定优先使用乙银行提供的贷款。假设建造期间的贷款利息支出满足借款费用资本化条件。

学天海公司预计本项目建造期间为两年，每年完工程度均为50%，每年预计发生成本为500万元。高速公路运营期间为8年，每年预计发生成本为10万元。高速公路路面重铺预计发生成本为100万元。学天海公司按照成本加成法，估计建造服务预计单独售价为1 050万元。PPP项目的内含报酬率为6.18%。

假设本案例中相关现金流量均发生在期末。相关的成本均以银行存款支付。该合同满足PPP项目合同规定的双特征和双控制条件。不考虑税费等其他因素，计算结果保留整数。

要求：（1）分别编制学天海公司每年有关的会计分录。

（2）计算学天海公司该项目累计确认的营业收入金额、累计结转的营业成本金额、累计财务费用金额和累计的利润金额。

解析：（1）虽然本项目未来收取的价款是不确定的，但是政府方保底每年不低于117万元，因此本项目属于混合模式，应当先将确定收取的金额确认为金融资产，再将超出金融资产的差额确认为无形资产。

本合同共包含两项履约义务，分别是建造服务和运营服务，路面重铺服务不是合同约定的履约义务，属于或有事项，不构成单项履约义务，应当确认预计负债，并计入各期损益。

将第8年年末路面重铺的100万元平摊至每年，$100\div6=16.66$ 万元≈17万元（取整数），则：

第3年年末确认预计负债 $=17\div(1+6\%)^5=13$（万元）；

第4年年末确认预计负债 $=17\div(1+6\%)^4=13$ 万元，货币时间价值影响 $13\times6.18\%=1$（万元）。

第5年年末确认预计负债 $=17\div(1+6\%)^3=14$ 万元，货币时间价值影响 $(13+13+1)\times6.18\%=2$（万元）。

第6年年末确认预计负债 $=17\div(1+6\%)^2=15$ 万元，货币时间价值影响 $(13+13+14+1+2)\times6.18\%=3$（万元）。

第7年年末确认预计负债 $=17\div(1+6\%)^1=16$ 万元，货币时间价值影响 $(13+13+14+15+1+2+3)\times6.18\%=4$（万元）。

第8年年末确认预计负债 $=17\div(1+6\%)^0=17$ 万元，货币时间价值影响（倒挤）$=100-13-13-1-14-2-15-3-16-4-17=2$ 万元。

由于PPP项目建造服务的单独售价估计为1 050万元，包括金融资产对价和无形资产对价之和。假设Y属于金融资产对价，将金融资产的对价折现到第1年年末：

$Y\div2+(Y\div2)\times(P/F,6.18\%,1)=117\times(P/A,6.18\%,8)\times(P/F,6.18\%,1)=679$，$Y=700$；因此，金融资产对价为700万元，无形资产对价为 $1\ 050-700=350$ 万元。

第1年的账务处理如下：

确认银行借款：

借：银行存款　　5 000 000

　　贷：长期借款　　5 000 000

确认合同履约成本：

借：合同履约成本　　5 000 000

贷：银行存款　　5 000 000

期末确认建造服务收入与成本：

借：合同资产　　（10 500 000×50%）5 250 000

贷：主营业务收入　　5 250 000

借：主营业务成本　　5 000 000

贷：合同履约成本　　5 000 000

第 2 年的账务处理如下：

确认银行借款：

借：银行存款　　5 000 000

贷：长期借款　　5 000 000

确认合同履约成本：

借：合同履约成本　　5 000 000

贷：银行存款　　5 000 000

确认第 1 年金融资产融资成分利息收益：

借：合同资产　　220 000

贷：财务费用　　（3 500 000×6.18%）220 000

期末确认建造服务收入与成本：

借：合同资产　　（10 500 000×50%）5 250 000

贷：主营业务收入　　5 250 000

借：主营业务成本　　5 000 000

贷：合同履约成本　　5 000 000

确认银行借款利息费用：只有无形资产融资成分的利息可以资本化，金融资产融资成分的利息只能费用化。

借：PPP 借款支出

（无形资产部分 3 500 000÷10 500 000×340 000）110 000

财务费用

（金融资产部分 7 000 000÷10 500 000×340 000）230 000

贷：长期借款　　（5 000 000×6.7%）340 000

期末，建造服务完成，PPP 项目资产达到预定可使用状态，确认无形资产，但是金融资产部分应当在未来每年年末取得收款权利时再确认：

借：无形资产　（倒挤）3 610 000

　贷：合同资产　（无形资产部分）3 500 000

　　PPP借款支出　（转销余额）110 000

期末，长期借款余额为500+34+500=1 034万元。合同资产余额为525+22+525-350=722万元，全部为金融资产部分。

第3年的账务处理如下：

确认融资成分利息收益：

借：合同资产　450 000

　贷：财务费用　（7 220 000×6.18%）450 000

支付运营成本：

借：合同履约成本　100 000

　贷：银行存款　100 000

确认运营服务收入和运营成本：金融资产部分不确认收入和成本，只是收回款项。

借：应收账款　1 170 000

　贷：合同资产　1 170 000

借：银行存款　2 000 000

　贷：应收账款　（金融资产部分）1 170 000

　　主营业务收入　（无形资产部分）830 000

借：主营业务成本　（倒挤）550 000

　贷：累计摊销　（3 610 000÷8）450 000

　　合同履约成本　100 000

账面富余货币资金偿还银行借款：

借：长期借款　1 900 000

　贷：银行存款　1 900 000

确认银行借款利息费用：

借：财务费用　（10 340 000×6.7%）690 000

　贷：长期借款　690 000

期末重铺路面预计负债：

借：主营业务成本　　130 000

　　贷：预计负债　　130 000

期末，合同资产余额 =722 +45 -117 =650 万元；长期借款余额 =1 034 -190 +69 =913 万元。

第 4 年的账务处理如下：

确认融资成分利息收益：

借：合同资产　　400 000

　　贷：财务费用　　（6 500 000 ×6.18%） 400 000

支付运营成本：

借：合同履约成本　　100 000

　　贷：银行存款　　100 000

确认运营服务收入与运营成本：

借：应收账款　　1 170 000

　　贷：合同资产　　1 170 000

借：银行存款　　2 000 000

　　贷：主营业务收入　　（无形资产部分） 830 000

　　　　应收账款　　（金融资产部分） 1 170 000

借：主营业务成本　　（倒挤） 550 000

　　贷：累计摊销　　（3 610 000 ÷8） 450 000

　　　　合同履约成本　　100 000

账面富余货币资金偿还银行借款：

借：长期借款　　1 900 000

　　贷：银行存款　　1 900 000

确认银行借款利息费用：

借：财务费用　　（9 130 000 ×6.7%） 610 000

　　贷：长期借款　　610 000

期末重铺路面预计负债：

借：主营业务成本　　130 000

　　财务费用　　　　　　　　　　　　　　　　　　　10 000

　　贷：预计负债　　　　　　　　　　　　　　　　　　　140 000

期末，合同资产余额 = 650 - 117 + 40 = 573 万元；长期借款余额 = 913 - 190 + 61 = 784 万元。

（2）累计确认的营业收入 = 建造服务 1 050 + 运营服务收入 83 × 8
= 1 714（万元）

累计结转的营业成本 = 建造服务成本 1 000 + 运营成本 55 × 8 + 重铺路面成本 88 = 1 528（万元）

累计财务费用 = 贷款费用化利息 330 + 预计负债利息 12 - 融资成分利息收益 237 = 105（万元）

累计的利润 = 货币资金结余 = 累计现金流入（200 × 8）- 累计现金流出（建造成本 1 000 + 运营成本 10 × 8 + 重铺路面成本 100 + 累计贷款利息 343）= 77（万元）

【案例 3 - 94】PPP 项目混合模式的处理。

甲公司在境外某地从事各类公路的投资建设和运营业务。2 × 21 年 1 月，甲公司与当地政府签订 PPP 项目合同，条款如下：

（1）甲公司作为社会资本方负责当地某段高速公路的建设、运营和维护，PPP 项目合同期间为 10 年，其中项目建设期为 2 年、运营期为 8 年。

（2）运营期间甲公司有权向通行车辆收取通行费。由于该条高速公路尚未全线贯通，对车流量可能有一定的不利影响，为保证甲公司的投资回报，政府方保证甲公司在运营期间收到的金额不少于 5 600 万元，以及按 6% 年利率确定的利息金额以补偿甲公司取得收益的货币时间价值。

（3）运营期满后，甲公司将 PPP 项目资产无偿移交给政府方。

甲公司的履约义务包括提供道路建造、运营服务，假设上述服务均构成单项履约义务，均满足在某一时段确认收入的条件，且甲公司从事 PPP 项目的身份为主要责任人。甲公司预计运营期间每年收取的通行费用是 1 600 万元。甲公司采用成本加成法确定各单项履约义务的单独售价，考虑市场情况、行业平均毛利水平等因素之后，估计建造的合理毛利率为 5%。预计提供建造服务每年的成本为 4 000 万元，预计提供运营服务的成本为每年 80 万元。

甲公司从事该PPP项目的资金全部来源于银行借款，借款年利率为6.7%。

假设合同期间各年的现金流均在年末发生，该合同满足PPP项目合同规定的双特征和双控制条件。不考虑其他因素和相关税费。结算结果保留整数。

要求： 编制甲公司2×21—2×23年相关的会计分录。（计算结果以万元为单位保留整数）

解析： 甲公司有权收取的对价包括两部分：一是自政府方收取5 600万元现金的收款权利；二是在运营期间向通行车辆收取通行费的权利。由于确认的建造收入金额超过有权收取可确定金额的现金，因此属于混合模式。

甲公司建造服务在建造期间每年确认收入金额为4 000×(1+5%)=4 200万元，两年合计金额为8 400万元，甲公司在确认建造收入的同时确认合同资产，其中，未来确定能收回的金额5 600万元确认为应收款项，剩余8 400－5 600=2 800万元确认为无形资产（见表3－42）。

甲公司提供建造服务取得对价中对应应收款项的部分包含重大融资成分，应当考虑货币时间价值的影响。由于现金流假设都在年末发生，第1年不考虑融资成分的影响，在建造期间第2年应确认的利息收入为第1年的金融资产2 800×6%（实际利率）=168万元。因此，在建造期结束时，合同资产为5 600+168=5 768万元，应当在未来每年末取得收款权利时确认为应收款项。

表3－42　　　　建造服务收入的计算过程

年份	建造服务收入	合同资产分摊	
		应收款项	无形资产
2×21	4 200	2 800	1 400
2×22	4 200	2 800	1 400
合计	8 400	5 600	2 800
分摊比例		67%	33%

运营期间甲公司收到的通行费需要在应收款项和无形资产之间进行分摊，其中分摊至应收款项的部分，视为应收款项的收回，每年分摊金额=5 768/(P/A,6%,8)=929万元，分摊至无形资产的部分，确认为运营服务收入，每年分摊金额=1 600－929=671万元。

（1）2×21年的账务处理如下：

确认建造服务收入和成本：

借：合同资产　　　　42 000 000

　　贷：主营业务收入　　　　42 000 000

借：合同履约成本　　　　40 000 000

　　贷：原材料、应付职工薪酬等　　　　40 000 000

借：主营业务成本　　　　40 000 000

　　贷：合同履约成本　　　　40 000 000

借：银行存款　　　　40 000 000

　　贷：长期借款　　　　40 000 000

（2）2×22 年的账务处理如下：

确认建造服务收入和成本：

借：合同资产　　　　42 000 000

　　贷：主营业务收入　　　　42 000 000

借：合同履约成本　　　　40 000 000

　　贷：原材料、应付职工薪酬等　　　　40 000 000

借：主营业务成本　　　　40 000 000

　　贷：合同履约成本　　　　40 000 000

借：银行存款　　　　40 000 000

　　贷：长期借款　　　　40 000 000

确认融资成分的影响：该合同资产通过以后每年收回金融资产时收回。

借：合同资产　　　　（28 000 000×6%）1 680 000

　　贷：财务费用　　　　1 680 000

确认借款费用：只有第一年末的借款在第二年产生利息费用，其中，对应无形资产的部分才能资本化，对应金融资产的部分费用化。

借：PPP 借款支出　　　　（40 000 000×6.7%×33%）880 000

　　财务费用　　　　（40 000 000×6.7%×67%）1 800 000

　　贷：长期借款——利息费用　　　　2 680 000

在 PPP 项目资产达到预定可使用状态时：

借：无形资产　　　　28 880 000

　　贷：合同资产　　　　（转销无形资产对价）28 000 000

PPP借款支出　　（转销余额）880 000

期末，合同资产余额为4 200+4 200+168−2 800=5 768万元，全部为金融资产部分。

（3）2×23年的账务处理如下：

每年取得无条件收款权利时：

借：应收账款　　9 290 000

　　贷：合同资产　　9 290 000

借：银行存款　　9 290 000

　　贷：应收账款　　9 290 000

确认融资成分的影响：

借：合同资产　　（57 680 000×6%）3 460 000

　　贷：财务费用　　3 460 000

确认运营服务收入和成本：

借：银行存款　　6 710 000

　　贷：主营业务收入　　6 710 000

借：合同履约成本　　800 000

　　贷：原材料、应付职工薪酬等　　800 000

借：主营业务成本　　4 410 000

　　贷：合同履约成本　　800 000

　　　　累计摊销　　（28 880 000÷8）3 610 000

期末，合同资产余额为5 768−929+346=5 185万元。

2×24年及以后账务处理以此类推。

（二）PPP项目合同政府方的会计处理

政府方的会计处理执行GAS10。

1. PPP项目资产的确认（见表3−43）

表3−43　　PPP项目资产的确认

同时满足以下条件	与该资产相关的服务潜力很可能实现或者经济利益很可能流入
	该资产的成本或者价值能够可靠地计量

续表

分别确认	PPP 项目资产的各组成部分具有不同使用年限或者以不同方式提供公共产品和服务的，应当分别将各组成部分确认为一个单项 PPP 项目资产
确认时点	由社会资本方投资建造或从第三方购买形成的 PPP 项目资产，政府方应当在 PPP 项目资产验收合格交付使用时予以确认
	使用社会资本方现有资产形成的 PPP 项目资产，政府方应当在 PPP 项目开始运营日予以确认
	政府方使用其现有资产形成 PPP 项目资产的，应当在 PPP 项目开始运营日将其现有资产重分类为 PPP 项目资产
	社会资本方对政府方现有资产进行改建、扩建形成的 PPP 项目资产，政府方应当在 PPP 项目资产验收合格交付使用时予以确认，同时终止确认现有资产
后续支出	在 PPP 项目资产运营过程中，为增加 PPP 项目资产的使用效能或延长其使用年限而发生的改建、扩建等后续支出，满足确认条件的，政府方应当计入 PPP 项目资产的成本
	为维护 PPP 项目资产的正常使用而发生的日常维修、养护等后续支出，不计入 PPP 项目资产的成本
重分类	PPP 项目合同终止时，PPP 项目资产按规定移交至政府方的，政府方应当根据 PPP 项目资产的性质和用途，将其重分类为公共基础设施等资产

2. PPP 项目资产的初始计量（见表 3－44）

表 3－44　　PPP 项目资产的初始计量

计量原则	一般应当按照成本进行初始计量；按规定需要进行资产评估的，应当按照评估价值进行初始计量
社会资本方建造的资产	社会资本方投资建造或从第三方购买形成的 PPP 项目资产，其成本包括该项资产至验收合格交付使用前所发生的全部必要支出
	已交付使用但尚未办理竣工财务决算手续的 PPP 项目资产，应当按照估计价值入账，待办理竣工财务决算后再按照实际成本调整原来的暂估价值
社会资本方现有的资产	使用社会资本方现有资产形成的 PPP 项目资产，其成本按规定以该项资产的评估价值确定
政府方现有的资产	政府方使用其现有资产形成的 PPP 项目资产，其成本按照 PPP 项目开始运营日该资产的账面价值确定；按照相关规定对现有资产进行资产评估的，其成本按照评估价值确定，资产评估价值与评估前资产账面价值的差额计入当期收入或当期费用

续表

改扩建资产	社会资本方对政府方现有资产进行改建、扩建形成的 PPP 项目资产，其成本按照该资产改建、扩建前的账面价值加上改建、扩建发生的支出，再扣除该资产被替换部分账面价值后的金额确定

3. PPP 项目资产的后续计量（见表 3－45）

表 3－45　　PPP 项目资产的后续计量

合同终止时	PPP 项目合同终止时，PPP 项目资产按规定移交至政府方并进行资产评估的，政府方应当以评估价值作为重分类后资产的入账价值，评估价值与 PPP 项目资产账面价值的差额计入当期收入或当期费用；政府方按规定无须对移交的 PPP 项目资产进行资产评估的，应当以 PPP 项目资产的账面价值作为重分类后资产的入账价值
其他	除以上规定外，政府方应当参照《政府会计准则第 3 号——固定资产》《政府会计准则第 5 号——公共基础设施》等，对 PPP 项目资产进行后续计量

4. PPP 项目净资产的确认和计量（见表 3－46）

表 3－46　　PPP 项目净资产的确认和计量

使用现有资产的	政府方使用其现有资产形成 PPP 项目资产的，在初始确认 PPP 项目资产时，应当同时终止确认现有资产，不确认 PPP 项目净资产
	社会资本方对政府方现有资产进行改建、扩建形成 PPP 项目资产的，政府方应当仅按照 PPP 项目资产初始入账金额与政府方现有资产账面价值的差额确认 PPP 项目净资产
同时确认	政府方在确认 PPP 项目资产时，应当同时确认一项 PPP 项目净资产，PPP 项目净资产的初始入账金额与 PPP 项目资产的初始入账金额相等
改扩建的	在 PPP 项目运营过程中，政府方因 PPP 项目资产改建、扩建等后续支出增加 PPP 项目资产成本的，同时增加 PPP 项目净资产的账面余额
负债的确认【1】	按照 PPP 项目合同约定，政府方承担向社会资本方支付款项的义务的，相关义务应当按照《政府会计准则第 8 号——负债》有关规定进行会计处理，会计处理结果不影响 PPP 项目资产及净资产的账面价值
	如果不需要确认负债的，应当在支付款项时计入当期费用
	如果需要确认负债的，应当同时确认当期费用；在以后期间支付款项时，相应冲减负债的账面余额
收到款项的	在 PPP 项目合同约定的期间内，政府方从社会资本方收到款项的，应当按规定作应缴款项处理或计入当期收入

续表

计提折旧（摊销）	在 PPP 项目运营期间内，按月对该 PPP 项目资产计提折旧（摊销）的，应当于计提折旧（摊销）时冲减 PPP 项目净资产的账面余额
	政府方初始确认的 PPP 项目净资产金额等于 PPP 项目资产初始入账金额的，应当按照计提的 PPP 项目资产折旧（摊销）金额，等额冲减 PPP 项目净资产的账面余额
	政府方初始确认的 PPP 项目净资产金额小于 PPP 项目资产初始入账金额的，应当按照计提的 PPP 项目资产折旧（摊销）金额的相应比例（即 PPP 项目净资产初始入账金额占 PPP 项目资产初始入账金额的比例），冲减 PPP 项目净资产的账面余额；当期计提的折旧（摊销）金额与所冲减的 PPP 项目净资产金额的差额，应当计入当期费用
合同终止	PPP 项目合同终止时，政府方应当将尚未冲减完的 PPP 项目净资产账面余额转入累计盈余

【释 1】按照我国 PPP 有关规章制度规定，规范的 PPP 项目应建立按效付费机制，不得通过降低考核标准等方式，提前锁定、固化政府支出责任。因此，本准则中“政府方承担的向社会资本方支付款项的义务”，是指在项目运营期的每一个会计期间内，当社会资本方提供的公共产品或服务满足合同约定的绩效考核要求时，政府方根据合同约定按期应向社会资本方进行补偿的义务。对于这种义务的会计处理，分为以下两种情况：

（1）政府方在义务发生的当期及时向社会资本方支付款项的，在支付款项时确认当期费用，同时在预算会计中确认预算支出。

（2）政府方在义务发生的当期未及时向社会资本方支付款项的，应当按照应付未付的金额确认当期费用和负债（应付账款等）；在后续实际支付款项时冲减负债的账面余额，同时在预算会计中确认预算支出。

对于 PPP 项目合同中政府承担的法律风险、政策风险以及因政府方原因导致项目合同终止的违约风险等，不属于政府方应承担的现时义务，不满足负债的确认条件。但是，当相关事项发生，政府方承担的潜在义务转化为现时义务，满足预计负债的确认条件时，政府方应当按照其他政府会计准则制度的相关规定进行会计处理。

这种会计处理方法，不同于 IPSAS32 中根据不同付费方式分别确认金融负债或（和）递延收益的规定，具有典型的中国特色。主要考虑以下两个方面原因：一是根据政府债务管理的有关文件精神和现行 PPP 管理制度规定，地方政府不得对社会资本方承诺保底收益、固定回报等，必须依据绩效考核情况支付政府付费，因此，政府方在初始确认 PPP 项目资产时不应存在国际准则中所谓的“无条件支付款项的义务”，即依法依规签订的 PPP 项目合同不会也不应增加政府债务；二是在有关 PPP 项目合同中，政府方对社会资本方的一系列付费，其实质是购买社会资本方提供的公共产品和服务，政府方在初始确认 PPP 项目资产的同时，很难从对社会资本方的付款义务中拆分出与 PPP 项目资产成本相关的金额，因此也不符合政府负债的确认条件。

5. 应增设的会计科目（见表 3－47）

表 3－47　　PPP 项目合同应增设的会计科目

PPP 项目资产	核算按照本准则规定确认的 PPP 项目资产，并按照资产类别、项目等进行明细核算
	期末借方余额，反映 PPP 项目资产的账面余额
PPP 项目资产累计折旧（摊销）	核算按照本准则规定计提的 PPP 项目资产累计折旧（摊销），并按照资产类别、项目等进行明细核算
	期末贷方余额，反映政府方计提的 PPP 项目资产折旧（摊销）的累计数
PPP 项目净资产	核算按照本准则规定所确认的 PPP 项目净资产
	期末贷方余额，反映 PPP 项目净资产的账面余额

6. 主要账务处理

（1）PPP 项目资产取得时的账务处理（见表 3－48）

表 3－48　　PPP 项目资产取得时的账务处理

社会资本方投资建造形成的 PPP 项目资产，政府方应当在资产验收合格交付使用时，按照确定的成本（包括该项资产自建造开始至验收合格交付使用前所发生的全部必要支出）【1】	借：PPP 项目资产 　贷：PPP 项目净资产
社会资本方从第三方购买形成的 PPP 项目资产，政府方应当在资产验收合格交付使用时，按照确定的成本（包括该项资产的购买价款、相关税费以及验收合格交付使用前发生的可归属于该项资产的运输费、装卸费、安装费和专业人员服务费等）	借：PPP 项目资产 　贷：PPP 项目净资产

续表

使用社会资本方现有资产形成的 PPP 项目资产，政府方应当在 PPP 项目开始运营日，按照该项资产的评估价值	借：PPP 项目资产 　贷：PPP 项目净资产
使用政府方现有资产形成的 PPP 项目资产，政府方应当在 PPP 项目开始运营日，按照该资产的账面价值或评估价值	借：PPP 项目资产（账面价值或评估价值） 　公共基础设施累计折旧（摊销） 　其他费用（评估差额） 　贷：公共基础设施 　　其他收入（评估差额）
社会资本方对政府方原有资产进行改建、扩建形成的 PPP 项目资产，政府方应当在资产验收合格交付使用时	借：PPP 项目资产（资产改建、扩建前的账面价值加上改建、扩建发生的支出，再扣除资产被替换部分账面价值） 　公共基础设施累计折旧（摊销） 　贷：公共基础设施 　　PPP 项目净资产（倒挤）

【释 1】对于已交付使用但尚未办理竣工财务决算手续的 PPP 项目资产，政府方应当按暂估价值入账，待办理竣工财务决算后，政府方应当按照实际成本与暂估价值的差额，调整“PPP 项目资产”科目与“PPP 项目净资产”科目的金额。

（2）PPP 项目资产在项目运营期间的账务处理（见表 3-49）

表 3-49　　PPP 项目资产在项目运营期间的账务处理

对于为维护 PPP 项目资产的正常使用而发生的日常维修、养护等后续支出，不计入 PPP 项目资产的成本	
对于为增加 PPP 项目资产的使用效能或延长其使用年限而发生的大修、改建、扩建等后续支出，政府方应当在资产验收合格交付使用时，按照相关支出扣除资产被替换部分账面价值的差额	借：PPP 项目资产 　贷：PPP 项目净资产
初始确认的 PPP 项目净资产金额等于 PPP 项目资产初始入账金额的，按月计提 PPP 项目资产折旧（摊销）时，应当按照计提的 PPP 项目资产折旧（摊销）金额【1】	借：PPP 项目净资产 　贷：PPP 项目资产累计折旧（摊销）
初始确认的 PPP 项目净资产金额小于 PPP 项目资产初始入账金额的，按月计提 PPP 项目资产折旧（摊销）时，应当按照计提的 PPP 项目资产折旧（摊销）金额的相应比例（即 PPP 项目净资产初始入账金额占 PPP 项目资产初始入账金额的比例）	借：PPP 项目净资产 　业务活动费用等 　贷：PPP 项目资产累计折旧（摊销）

【释1】 在PPP项目运营期间，政府方应当按月对PPP项目资产计提折旧（摊销），但社会资本方持续进行良好维护使得其性能得到永久维护的PPP项目资产除外。对于作为PPP项目资产单独计价入账的土地使用权，政府方应当按照其他政府会计准则制度的规定进行摊销。

（3）PPP项目合同终止时的账务处理（见表3－50）

表3－50　　PPP项目合同终止时的账务处理

PPP项目资产按规定移交至政府方的，政府方应当根据PPP项目资产的性质和用途，按移交日PPP项目资产的账面价值或评估价值，将其重分类为公共基础设施等资产	借：公共基础设施等（账面价值或评估价值） 　　PPP项目资产累计折旧（摊销） 　　其他费用（评估差额） 　　贷：PPP项目资产 　　　　其他收入（评估差额）
将尚未冲减完的PPP项目净资产账面余额转入累计盈余	借：PPP项目净资产（转销余额） 　　贷：累计盈余

第九节　综合案例

【案例3－95】 分别判断下列公司的会计处理是否正确并说明理由。

（1）甲航空公司将收取客户的航班改签手续费，计入收取当期的收入。

解析： 错误。改签属于对原合同的变更，应当先计入合同负债，然后在甲公司将改签后实际承运的履约义务完成时才能确认收入。

（2）乙航空公司将收取的客户超期票证价款，在票证期限过期时一次性确认收入。超期票证，是指旅客购票后未按照票面记载的日期享受运输服务，但有权利在未来一定时期内使用该客票要求航空公司提供运输服务。

解析： 错误。超期票证属于客户未行使的权利，应当在价款无须退回且客户放弃权利时确认收入，或者，根据预计客户不会行使的票证金额，在未来期间按照客户放弃合同权利的比例确认收入。

（3）丙航空公司因航班延误或取消而向客户支付的赔偿款，按照营业外支出处理。该赔偿金额由相关法律规定，与客户支付的航班费用无关。

解析：错误。因为航空公司向客户支付的赔偿款，属于因未能按承诺向客户提供运输服务而产生的赔偿，与向客户转让商品或服务相关，从而构成企业预期有权收取的对价的一部分，因此属于可变对价，也属于应付客户款项，应当冲减收入。法律规定的金额并不影响企业确定交易价格。这个交易的性质与CAS13中规定的或有事项产生的应付款不同，或有事项产生的应付款是因已经转让给客户的商品或服务，给客户造成的损害或损失的赔偿。

客户领取赔偿款之后，可以选择退票，则航空公司会退机票款，也可以选择等待航空公司安排乘坐下一趟航班，则不退机票款。

【案例3-96】分别判断下列公司的会计处理是否正确并说明理由。

（1）甲公司前期按照销售合同暂定价格确认收入，本期依据同类产品的审定价，判断尚未完成审价工作的产品后续审定价很可能低于暂定价，从而对该产品相关应收账款按照暂定价与同类产品审定价之间的差价计提信用减值损失。

解析：错误。合同价格先暂定，以后调整，属于可变对价情形，甲公司应在每一资产负债表日重新估计可变对价金额，对于后续可变对价的变动额应调整当期收入和应收账款。而计提信用减值损失的原因只能是客户信用风险显著增加。

（2）乙公司从事游戏产品推广业务，并通过渠道分销商将游戏产品销售至游戏用户。乙公司作为主要责任人，按照已收或应收对价总额确认收入，将支付给渠道分销商的款项作为合同履约成本并摊销计入营业成本。

解析：错误。乙公司支付给渠道分销商的款项，属于为取得合同发生的增量成本，应当作为合同取得成本并摊销计入销售费用。而合同履约成本是乙公司为了履行与游戏用户之间的游戏合同而发生的成本，支付给渠道分销商的款项并未增加企业未来用于履行履约义务的资源，不是合同履约成本。

（3）丁物流公司与客户签订的合同中约定，在给客户提供运输服务的同时，还一并提供装卸、包装、仓储服务，因此，丁公司将收取客户的价款都按照运输服务确认收入。

解析：错误。运输服务与装卸服务、包装服务、仓储服务属于合同承诺的不同的服务，构成不同的履约义务，应当分摊交易价格，在完成每一项履约义务时分别确认收入。

（4）C酒店有限公司向客户提供客房服务，收取的房费包含了早餐服务，由于有些客户不吃早餐，酒店也不退还相应的早餐费用，因此，该酒店将收取的价款全部按照客房服务确认了收入。

解析：错误。客房服务与早餐服务属于两项履约义务，应当分摊交易价格，分别在完成履约义务时，或者无须履行履约义务且对价无须退回时确认收入。

（5）D房地产公司在销售房地产的同时向客户赠送一年的物业管理服务，该公司将其作为一项履约义务，在房地产控制权转移给客户的时点一并确认了收入。

解析：错误。第一，销售的房地产与物业管理服务这两项承诺之间是可以明确区分的，客户是可以分别获得经济利益的；第二，这两项承诺在合同层面也是可以明确区分的，企业不需要将其进行整合或重大修改，也不存在高度关联性；第三，提供物业管理服务不属于法定质保。因此，销售房地产与物业管理服务属于两项履约义务，应当分摊交易价格，在分别完成每一项履约义务时确认相应的收入。

（6）E上市公司根据与供应商签订的合同，将从供应商取得的按照存货采购金额一定比例结算的返利等确认为收入。

解析：不正确。供应商不是企业的客户，企业并未向供应商销售商品或服务，不应当确认收入。从供应商取得的采购返利实质是存货购买价款的调整，应冲减存货成本或营业成本。

（7）F上市公司在销售新能源汽车时，新能源汽车补贴政策要求部分类型新能源汽车累计行驶里程达到规定公里数才能取得补贴资金，该公司全额确认收入（包括政府补贴款）。对于已经发出、但尚未满足收入确认条件的车辆，未计提存货跌价准备。

解析：不正确。企业应当根据政府补贴政策规定的条件，来判断能否确认政府补助以及何时确认政府补助。

由于合同中规定，新能源汽车累计行驶里程达到规定公里数才能取得补贴资金，因此应当根据该条件判断商品销售价款收回的可能性，在符合该条件之前，企业未取得收取政府补助的权利，不应当确认收入。

对于尚未满足收入确认条件的车辆，依然属于企业的存货，企业应当结合以往卖出车辆的行驶数据、买方实际运营能力、信誉状况，以及销售合同条款中有关车辆所有权、无法获得补贴款时对客户的追偿权等约定，结合车辆的损耗情况以及买方的还款能力等因素，估计相关存货的可变现净值，相应计提存货跌价准备。

(8) G上市公司将预计无法从客户收回的全部或部分应收账款全部计提了坏账准备。

解析：不正确。要区分无法收回款项的原因：

①如果是因所销售的商品本身未达到合同要求，或者是向客户提供了折扣等原因导致客户无须支付部分款项，应当作为合同对价的调整，冲减收入。

②如果是由于客户的信用风险导致款项很可能无法收回，则应当对该应收账款进行减值测试，并根据减值测试的结果计提坏账准备。

(9) H上市公司按照"三去一降一补"政策关闭退出部分矿井或其他落后产能，并将减量的产能指标进行公开交易，取得的价款作为当期收入。

解析：不正确。产能指标不属于企业日常活动的产出，不应当确认为收入。应当根据交易实质的不同分别处理：

①如果交易实质类似于转让无形资产的，应当计入资产处置收益。

②如果取得的价款是源于政府的特定政策的，应当计入其他收益。

【案例3-97】初始费。

甲公司经营一家酒店，为增值税一般纳税人，适用增值税税率为6%，业务模式实行客户分级制管理模式，客户缴纳238元办理金卡一张，住宿享受门市价8折优惠，还可以冲抵88元住宿费，缴纳100元办理银卡一张，住宿享受门市价9折优惠，此卡长期有效，一经办理，不予退还。

根据金卡会员历史入住数据统计，金卡会员的粘性入住周期为3年，第一年为40%，第二年为30%，第三年为30%。

当月有一位客户办理了一张金卡，并在第一年使用了金卡冲抵了88元住宿费。

要求：编制甲公司当月、第1年和第2年关于收入确认的会计分录。（计算结果保留两位小数）

解析：该初始费与向客户转让未来的商品或服务相关的，应当作为未来将转让商品的预收款，在未来转让商品或服务时确认为收入。

（1）当月收款时

借：银行存款　　238

　　贷：应交税费——应交增值税（销项税额）　　[（238－88）÷1.06×6%] 8.49

　　　　应交税费——待转销项税额　　（88÷1.06×6%）4.98

　　　　合同负债　　（倒挤）224.53

（2）第1年的会计分录

借：合同负债　　（88－4.98）83.02

　　应交税费——待转销项税额　　4.98

　　贷：应交税费——应交增值税（销项税额）　　4.98

　　　　主营业务收入　　（倒挤）83.02

借：合同负债　　[（224.53－83.02）×40%] 56.6

　　贷：主营业务收入　　56.6

（3）第2年的会计分录

借：合同负债　　[（224.53－83.02）×30%] 42.45

　　贷：主营业务收入　　42.45

第3年和第2年的处理一样。

【案例3－98】知识产权许可。

学天海公司为增值税一般纳税人，适用的增值税税率为13%。该公司开发了教学管理软件系统，以加密狗的形式对外销售，每只狗售价3 729元，其中硬件价格占1%。税法规定，嵌入式软件可以享受增值税税负超过3%的部分即征即退的优惠政策。

客户未激活前均可以退货，根据历史经验统计，退货率为1%。

2×18年8月销售了3 729万元，客户当月激活了80%。销售后每年向客户收取维护费120万元，但第1年免维护费。维护时间从客户激活加密狗开始计算。

要求：（1）编制学天海公司2×18年8月销售时的会计分录。

（2）计算2×18年度应当确认的收入金额。

（3）假设不考虑剩余20%未激活的情况，计算2×19年度应当确认的收入金额。（计算结果保留两位小数）

解析：第一步，识别合同。本业务只涉及一份合同。

第二步，识别合同中的履约义务。销售加密狗包含软件使用费和维护服务属于两项履约义务。

第三步，确定交易价格。即扣除增值税后的金额计入交易价格。

第四步，分摊交易价格。先把预计退货的1%分摊后确认预计负债，再分摊剩余99%中的20%未激活的部分确认合同负债，剩余已激活的80%再分摊给软件和维护费两项履约义务，最后，将软件的交易价格再分摊给1%给硬件，分摊99%给软件。

第五步，在完成履约义务时确认收入。判断履约义务的类型。对于软件使用费，销售的加密狗相当于专利技术，客户购买了以后就可以使用这个教学管理软件系统，不需要企业继续从事对知识产权有重大影响的活动，所以按照某一时点的履约义务一次性确认收入，对于维护费，需要企业继续从事维护活动，所以属于某一时段的履约义务，应当分期确认收入。

（1）不含税销售价格＝3 729÷（1＋13%）＝3 300（万元），分摊思路如图3－37所示。

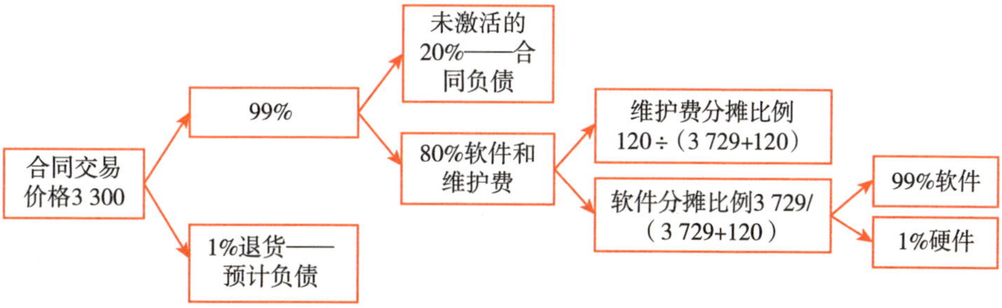

图3－37　分摊思路

借：银行存款　　37 290 000

贷：应交税费——应交增值税（销项税额）

（33 000 000 × 13%）4 290 000

预计负债——应付退货款　　（33 000 000 × 1%）330 000

合同负债——20%未激活款项

（33 000 000 × 99% × 20%）6 534 000

——维护费

[（33 000 000 × 99% × 80%）× 1 200 000 ÷

（37 290 000 + 1 200 000）] 814 800

主营业务收入——软件

[（33 000 000 × 99% × 80%）× 37 290 000 ÷

（37 290 000 + 1 200 000）× 99%] 25 068 000

——硬件

[（33 000 000 × 99% × 80%）× 37 290 000 ÷

（37 290 000 + 1 200 000）× 1%] 253 200

【注】 主营业务收入——软件，由于小数点四舍五入调整为 2 506.80 万元。

借：合同负债——维护费　　（814 800 × 5 ÷ 12）339 500

贷：主营业务收入——维护费　　339 500

（2）2 × 18 年应当确认的收入 = 2 506.8 + 25.32 + 33.95 = 2 566.07（万元）

（3）2 × 19 年应当确认的收入 = 81.48 × 7 ÷ 12 + 120 × 5 ÷ 12 × 80% ÷（1 + 13%）= 82.93（万元）

【案例 3-99】 知识产权许可。

甲公司与非关联方乙公司投资设立合营企业学天海公司，持股比例各占 50%。2 × 20 年 12 月 31 日双方约定对学天海公司同比例增资，同时，甲公司和学天海公司签订技术转让协议，该协议内容如下：

①甲公司以授权许可的方式向学天海公司转让发动机生产技术，学天海公司享有在中国境内生产和销售以该技术生产的发动机的独占权。协议期限为 10 年。该技术在甲公司的账面价值为 1.2 亿元。

②学天海公司支付技术转让价款的对价分为两部分：一是1亿元作为甲公司的增资；二是5 000万元以提成费的形式支付给甲公司，即学天海公司生产的合同产品，按照2 000元/台支付提成费给甲公司，如果协议期满之前，累计支付的提成费总额达到5 000万元则不再支付，如果协议期满时累计支付的提成费总额未达到5 000万元，学天海公司也不再支付。

③学天海公司根据市场需求自主决定是否生产合同产品。如果协议被提前终止，则提成费仅按照实际生产的合同产品为基础支付，即使提成费总额未完成。

④合同产品试生产期内，甲公司应向学天海公司提供无偿技术援助及对学天海公司有关人员进行培训（培训协议另行签订，单独收费）；甲公司即使不提供技术援助，学天海公司也能完成技术的转化和应用。

⑤经双方认可的授权技术许可的价值为1.5亿元，包括技术援助的公允价值100万元，但不包括培训服务。上述评估与评估师采用的假设一致。

⑥学天海公司预计在合同期内，支付的提成费很可能达到5 000万元。甲公司预计在合同期内，授权的提成费很可能达到5 000万元，但是符合极可能不会发生重大转回的金额为2 000万元。

⑦2×21年学天海公司生产的合同产品为2万台。

⑧不考虑未来支付的提成费的货币时间价值的影响。

要求：(1) 编制学天海公司接受甲公司投资的会计分录。

(2) 编制学天海公司2×21年与该知识产权许可相关的会计分录。

(3) 编制甲公司用无形资产对学天海公司投资的会计分录。

(4) 编制甲公司2×21年与该知识产权许可相关的会计分录。

解析：(1) 根据《CAS6——无形资产》和《CAS13——或有事项》的规定，由于学天海公司预计在合同期内支付的提成费很可能达到5 000万元，应当包含在无形资产的初始确认金额中。

借：无形资产　　150 000 000

　　贷：实收资本　　100 000 000

　　　　预计负债　　50 000 000

(2) 支付提成费的会计分录为：

借：预计负债　　40 000 000

贷：银行存款　　（支付提成费时）40 000 000

摊销无形资产的会计分录为：

借：制造费用　　（150 000 000 ÷ 10）15 000 000

贷：累计摊销　　15 000 000

（3）甲公司授权技术许可合同包含三个单项履约义务：一是转让技术，交易价格为14 900万元；二是无偿技术援助，交易价格为100万元；三是培训服务，交易价格未确定，暂不考虑会计处理。

合同对价包括固定对价1亿元和可变对价5 000万元，但是只有2 000万元符合可变对价估计的限制条件，所以，计入交易价格的金额为12 000万元。对无偿技术援助应当确认一项负债，待实际提供技术援助服务时转销。

借：长期股权投资　　100 000 000

应收账款　　20 000 000

资产处置损益　　（倒挤）1 000 000

贷：无形资产　　（转销余额）120 000 000

合同负债　　（无偿技术援助）1 000 000

（4）收取提成费时的会计分录为：

借：银行存款　　40 000 000

贷：应收账款　　（转销余额）20 000 000

资产处置损益　　（倒挤）20 000 000

【案例3－100】 分摊合同折扣。

2×20年1月1日，甲公司与客户乙公司签订合同，在一年内以固定单价100元向乙公司交付120件标准配件。甲公司以往的习惯做法表明，在该商品出现瑕疵时，将根据商品的具体瑕疵情况给予客户价格折让，企业综合考虑相关因素后认为会向客户提供一定的价格折让。合同开始日，甲公司估计将提供300元价格折让。

2×20年1月30日，甲公司向乙公司交付60件配件，收到款项6 000元存入银行，假定乙公司已取得60件配件的控制权。

2×20年1月31日，乙公司发现配件存在质量瑕疵，需要返工，甲公司返工处理后，乙公司对返工后的配件表示满意。甲公司对存在质量瑕疵配件提供的返工服务是为了保证销售的配件符合既定标准，属于法定质保，不构成单项履约义务，甲公司已根据《CAS13——或有事项》的规定对相关的质保义务进行了会计处理。

2×20 年 1 月 31 日，为了维系客户关系，甲公司按以往的习惯做法主动提出对合同中 120 件配件给予每件 3 元的价格折让，共计 360 元（包含上述 300 元价格折让）。甲公司与乙公司达成协议，通过调整剩余 60 件配件价格的形式提供价格折让，即将待交付的 60 件配件的单价调整为 94 元。

2×20 年 3 月 31 日，甲公司转移了剩余 60 件配件的控制权，收到款项 5 640 元存入银行。

要求：编制甲公司确认收入相关的会计分录，并说明理由。

解析：（1）2×20 年 1 月 30 日，甲公司销售的配件属于某一时点履行的履约义务。

借：银行存款　　6 000
　　贷：主营业务收入　　（100×60－300×60÷120）5 850
　　　　合同负债　　（300×60÷120）150

（2）2×20 年 1 月 31 日，预计的 300 元价格折让属于可变对价，因此 360 元折让属于可变对价的变动，不属于合同变更。由于该折让与整个合同相关，应当分摊至合同中的各项履约义务。

借：主营业务收入　　（60×60÷120）30
　　贷：合同负债　　30

（3）2×20 年 3 月 31 日

借：银行存款　　5 640
　　合同负债　　（150＋30）180
　　贷：主营业务收入　　（100×60－360×60÷120）5 820

【案例 3－101】可变对价。

甲公司与乙公司签订合同，为其提供电力能源节约设备及安装服务，不参与乙公司电力能源供应的运营和管理，也不提供其他服务，但是需要根据法定要求提供质量保证，该合同仅包含一项履约义务。

在设备安装完成投入运营后，乙公司向甲公司支付固定价款5 000万元（等于甲公司对于设备生产安装的实际成本），5 000万元固定价款付清后，设备所有权移交给乙公司。在设备投入运营后的4年内，乙公司于每年结束后，按电力能源实际节约费用的20%支付给甲公司。甲公司估计未来4年共能收回1 000万元，假设该估计符合可变对价的限制条件。

合同履行后，第1年按电力能源实际节约费用的20%实际收回260万元，预计未来3年还能收回700万元。

第2年按电力能源实际节约费用的20%实际收回270万元，预计未来2年还能收回400万元。

第3年按电力能源实际节约费用的20%实际收回220万元，预计未来1年还能收回210万元。

第4年按电力能源实际节约费用的20%实际收回200万元。

假定不考虑税费等其他因素。

要求：（1）判断该业务属于某一时段还是某一时点履行的履约义务，并说明理由。

（2）编制甲公司确认收入和未来收款相关的会计分录。

解析：（1）甲公司的履约义务是提供设备及安装服务，设备交付给客户后不需要提供后续服务，因此，不符合某一时段履行的履约义务的条件，属于某一时点履行的履约义务，应当在商品控制权转移时点确认收入。

（2）该合同的对价包括5 000万元的固定价格以及1 000万元的可变对价。每年年末对可变对价估计金额的变动应当调整当期收入。

商品控制权转移时的会计分录为：

借：银行存款	50 000 000	
应收账款	10 000 000	
贷：主营业务收入		60 000 000

第1年的会计分录为：

借：银行存款	2 600 000	
贷：应收账款		2 600 000

应收账款余额为1 000－260＝740万元，预计未来收回700万元，属于可变

对价的后续变动，应当调整当期收入。

借：主营业务收入　　　　（7 400 000 - 7 000 000）400 000

　　贷：应收账款　　　　400 000

第 2 年的会计分录为：

借：银行存款　　　　2 700 000

　　贷：应收账款　　　　2 700 000

应收账款余额为 700 - 270 = 430 万元，预计未来收回 400 万元。

借：主营业务收入　　　　（4 300 000 - 4 000 000）300 000

　　贷：应收账款　　　　300 000

第 3 年的会计分录为：

借：银行存款　　　　2 200 000

　　贷：应收账款　　　　2 200 000

应收账款余额为 400 - 220 = 180 万元，预计未来收回 210 万元。

借：应收账款　　　　（2 100 000 - 1 800 000）300 000

　　贷：主营业务收入　　　　300 000

第 4 年的会计分录为：

借：银行存款　　　　2 000 000

　　主营业务收入　　　　（倒挤）100 000

　　贷：应收账款　　　　（转销余额）2 100 000

【案例 3 - 102】客户未行使权利。

学天海公司经营一家电商平台，平台商家自行负责商品的采购、定价、发货以及售后服务，学天海公司仅提供平台供商家与消费者进行交易并负责协助商家和消费者结算货款，学天海公司按照货款的 5% 向商家收取佣金。

某年 2 月 1 日，学天海公司向平台的消费者销售了 1 000 张不可退的电子购物卡，每张卡的面值为 1 000 元，总额 100 万元。当月消费者持卡购买商品使用了 60 万元。根据历史经验，学天海公司预期客户购买的储值卡中将有大约相当于储值卡面值金额 5%（5 万元）的部分不会被消费，这部分也不会支付给商家。

假设学天海公司月末与商家进行结算。不考虑相关税费的影响。（计算结果

以万元为单位保留两位小数）

要求：（1）编制学天海公司当月销售电子购物卡和消费者购买商品相关的会计分录。

（2）编制商家当月与电子购物卡和消费者购买商品相关的会计分录。

解析：（1）学天海公司在商品买卖交易中为代理人，因此，销售电子购物卡收取的款项100万元中，仅佣金部分100×5%＝5万元代表未来作为代理人向商家提供代理服务的对价，应当确认合同负债。

对于5%预计不会消费的部分，由于不会支付给商家，属于交易价格的一部分，应当确认合同负债。

对于其余部分100－5－5＝90万元，属于为代商家收取的款项，不属于履行合同的对价，作为其他应付款，待未来消费者消费时支付给相应的商家。

2月1日销售电子购物卡时的会计分录如下：

借：银行存款　　1 000 000

　　贷：合同负债　　100 000

　　　　其他应付款　　900 000

当月消费者购买商品时的会计分录如下：

借：合同负债　　（60×5%＋预计不会消费的5×60÷95）61 600

　　贷：主营业务收入　　61 600

期末合同负债余额＝10－6.16＝3.84万元，属于未来提供代理服务的对价。

与商家结算时的会计分录如下：

借：其他应付款　　（600 000×95%）570 000

　　贷：银行存款　　570 000

（2）商家是商品的主要责任人，应当按照因转让商品而有权收取的对价确认收入。

销售电子购物卡时，商家既没有履行转让商品的义务，也没有取得合同对价的权利，因此，无须进行会计处理。

当月消费者购买商品时的会计分录如下：

借：应收账款　　（600 000×95%）570 000

　　贷：主营业务收入　　570 000

与平台结算时的会计分录如下：

借：银行存款　　570 000

　　贷：应收账款　　570 000

【案例 3－103】分摊交易价格后续变动。

要求：分别计算甲公司 5 月应当确认的收入金额，并说明理由。

甲公司与客户乙公司签订合同，为其提供广告投放服务，广告投放时间为某年 1 月 1 日至 6 月 30 日，投放渠道为一个灯箱，合同金额为 60 万元。合同中无折扣、折让等金额可变条款，也未约定投放效果标准，且根据甲公司已公开宣布的政策、特定声明或者以往的习惯做法等相关事实和情况表明，甲公司不会提供价格折让等安排。双方约定，1 月至 6 月乙公司于每月月底支付 10 万元。广告投放内容由乙公司决定，对于甲公司而言，该广告投放为一系列实质相同且转让模式相同的、可明确区分的商品。假设甲公司为提供广告服务而占用的灯箱不构成租赁。均不考虑税费等其他因素。

广告投放以后，由于出现外部突发原因，周边人流量骤减，乙公司对广告投放效果不满意。3 月 31 日，甲公司与乙公司达成了广告投放服务补充协议，且双方已批准执行，假定分以下三种情形。

情形一：对后续广告服务打 5 折处理，即 4 月至 6 月客户于每月月底支付 5 万元。

解析：根据合同条款和合同开始日的相关事实和情况表明，合同中不存在可变对价，对于 3 月 31 日的补充协议，三种情形均属于合同变更引起的后续交易价格的变动。

对于情形一，合同变更减少了合同价款，且合同变更日已提供的广告服务与未提供的广告服务之间可明确区分，所以甲公司应当将合同变更作为原合同终止及新合同订立进行会计处理。新合同的服务时间为 4 月 1 日至 6 月 30 日，交易价格为原合同未履约部分 30 万元＋合同变更中减少的对价（－15）万元＝15 万元，因此，5 月应当确认收入 15÷3＝5 万元。

情形二：增加广告投放时间，即合同期限延长至 8 月 31 日，但合同总价 60 万元不变，客户于 4 月至 8 月每月月底支付 6 万元。

解析：对于情形二，合同变更增加的广告投放时间本身可明确区分，没有新增合同价款，所以甲公司应当将合同变更作为原合同终止及新合同订立进行会计处理。新合同的服务时间为4月1日至8月31日，交易价格为原合同未履约部分30万元＋合同变更中增加的对价0元＝30万元，因此，5月应当确认收入30÷5＝6万元。

情形三：增加广告投放媒体，即从4月1日起至6月30日止，甲公司为乙公司提供两个灯箱来投放广告，在新增的灯箱上提供的广告服务本身是可明确区分的，合同总价60万元和付款情况不变。

解析：对于情形三，合同变更新增的灯箱上提供的广告服务本身是可明确区分的，因此合同变更增加了可明确区分的广告投放服务，但是没有新增合同价款，甲公司应当将合同变更作为原合同终止及新合同订立进行会计处理。新合同（两个灯箱）的服务时间为4月1日至6月30日，交易价格为原合同未履约部分30万元＋合同变更中增加的对价0元＝30万元，因此，5月应当确认两个灯箱的收入30÷3＝10万元。另外，由于增加了一个灯箱的广告服务，导致合同履约成本增加了一倍。

【案例3－104】识别履约义务。

甲乙双方签订了电视剧片尾广告制作、鸣谢广告发布协议，乙方为影视传媒公司。协议的主要条款如下：

①甲方委托乙方进行电视剧片尾广告制作、片尾鸣谢广告发布事宜。发布片尾广告的电视剧为《X》《Y》《Z》3部。

②制作：乙方按照甲方要求在甲方提供素材的基础上制作企业形象广告；乙方制作的广告必须得到甲方的书面同意，甲方有权提出修改意见，在不违反法律的前提下，乙方无条件按照甲方的意见修改；乙方对不符合法律法规的广告内容和形式也可以要求甲方修改。

③合同总金额：广告制作费50万元，片尾鸣谢广告费用为每部电视剧100万元，总金额350万元。

④付款方式：合同签订一个月内支付10%；广告制作完成支付10%；3部电视剧全部制作完成并开始发行的前3天支付剩余80%。

⑤甲方权利义务：甲方对广告的素材和内容的合法性、真实性、有效性负责；按时足额支付费用。

⑥乙方权利义务：按照合同规定的服务内容和标准提供服务；有权审查甲方广告的内容和表现形式，对于不合法的内容和表现形式有权要求甲方修改，如甲方不修改可拒绝发布广告；有权要求甲方按时足额支付费用。

⑦违约责任：如任何一方违约，应向对方支付合同总金额的10%作为违约金，并赔偿对方由此造成的所有损失。

要求：（1）该合同中包含几项履约义务？

（2）各项履约义务应当在一段时间内确认，还是某一个时点确认？说明理由。

解析：（1）乙方（影视传媒公司）对甲方的承诺包括4项：制作广告，在3部电视剧的片尾发布广告。这几项承诺是广告服务本身可以明确区分；不需要乙方提供重大的整合服务将其形成组合产出，彼此之间不存在重大修改和定制，也不具有高度关联性，乙方可以仅提供制作广告的服务，也可以仅提供发布广告的服务（如使用其他第三方制作完成的广告直接在片尾发布），也可以仅在其中一部片尾发布广告，不在其他两部电视剧发布广告（反之亦然），说明这些承诺在合同层面也可以明确区分，因此，本合同存在4项履约义务：制作广告、在电视连续剧《X》《Y》《Z》片尾分别发布广告。

（2）广告制作服务：第一，贴片广告往往时间较短，制作周期也较短，在广告制作过程中甲方无法获得并消耗乙方提供的服务；第二，在制作过程中甲方不会控制制作中的广告，合同中约定的“乙方制作的广告必须得到甲方的书面同意，甲方有权提出修改意见”主要是指广告制作完成后甲方对广告的验收；第三，尽管为甲方制作的展示甲方企业形象的广告具有不可替代性，但是从合同的“付款方式”和“违约责任”表明乙方不能在整个合同期间内有权就累计至今已完成的履约部分收取款项。因此，属于在某一时点履行的履约义务，应当在所制作的广告得到甲方书面同意后一次性确认收入的实现。

广告发布服务：第一，对于甲方（客户）来说，只有在广告对外播映后才能取得并消耗企业履约带来的经济利益，不满足“客户在企业履约的同时即取得并消耗企业履约所带来的经济利益”的条件；第二，甲方并不能控制和主导广告发布过程，不满足“客户能够控制企业履约过程中在建的商品”的条件；第三，广告发布内容是根据客户的需要发布的，满足“企业履约过程中所产出的商品具有不可替代用途”的条件，但是从合同的“付款方式”和“违约责任”来看，不符合乙方在整个合同期间内有权就累计至今已完成的履约部分收取款项的条件。因此，属于在某一时点履行的履约义务，应当在影视剧上映播出之时确认收入实现。

【案例3-105】电商平台优惠券的处理。

学天海公司为一家电商平台，商家（供应商）在平台上销售商品，自行定价，直接发货给买家，并自行负责售后服务，学天海公司代为收取款项。学天海公司通过向商家收取平台服务费赚取收入，服务费比例为交易金额的5%，学天海公司将代收款项扣除服务费后支付给平台商家。

学天海公司为了推广自己的平台，向买家发放优惠券100万元。当月买家（消费者）购买了300万元商品，使用优惠券后可减免20万元，即只须向平台支付280万元，而学天海公司需要扣除平台服务费15万元后，最终支付给商家285万元。通常情况下学天海公司赚取的手续费高于优惠券金额，有些情况下手续费也可能会低于优惠券金额。该优惠券金额由学天海公司自己承担，商家不承担。不考虑相关税费的影响。

要求：（1）判断学天海公司提供给买家的优惠券应当冲减收入还是作为销售费用核算？

（2）编制学天海公司相关的会计分录。

（3）编制商家相关的会计分录。

解析：（1）作为销售费用。第一，学天海公司向商家提供交易平台服务，并向商家收取平台服务费，因此，商家为学天海公司的客户。第二，对于平台销售的商品，学天海公司是代理人，商家是主要责任人。第三，买家并未购买学天海公司提供的平台中介服务，买家不是学天海公司的客户，因此，学天海公司向买家提供的优惠券不属于应付客户对价，不应当冲减收入。第四，学天海公司向买家提供优惠券的目的是提高平台的知名度，增加平台的流量，属于宣传推广行为，应将优惠券金额20万元确认为销售费用，从商家获得的平台服务费15万元应当确认为收入。

（2）学天海公司的会计处理

向买家发放优惠券时，既没有承担履约义务，也没有取得合同对价的权利，因此，无须进行会计处理。

买家购买商品时的会计分录为：

借：银行存款	2 800 000	
销售费用	200 000	
贷：其他应付款		2 850 000
主营业务收入		150 000

与商家结算时的会计分录为：

借：其他应付款	2 850 000	
贷：银行存款		2 850 000

（3）商家的会计处理。商家是主要责任人，应当按照300万元确认收入，支付的平台服务费15万元确认为销售费用。

平台向买家发放优惠券时，商家既没有承担转让商品的义务，也没有取得合同对价的权利，因此，无须进行会计处理。

买家购买商品时的会计分录为：

借：应收账款	2 850 000	
销售费用	150 000	
贷：主营业务收入		3 000 000

与平台结算时的会计分录为：

借：银行存款	2 850 000	
贷：应收账款		2 850 000

【案例3-106】电商平台导流的处理。

随着电子商务多年的发展，通过在线商品的推广以促进销售的导流公司应运而生。导流公司的合作方通常为各知名电商平台，包括天猫、淘宝、京东、苏宁易购、苹果中国官方商城等。导流公司会与众多营销或电商平台签订协议，为平台上的商家提供导流服务。在业务模式上，商家向电商平台提交推广需求，电商平台将推广需求推送至导流公司，导流公司根据该推广需求设计自身的推广计划、创建在线链接对最终消费者进行营销推广。有意向的最终消费者通过点击导流公司的链接定位到该商家的商品线上销售界面并最终完成交易。交易完成后，商家将全额佣金支付给电商平台，电商平台扣除一定比例的软件服务费后将剩余款项支付给导流公司。

在该业务模式下，电商平台制定统一的导流推广规范，导流公司必须先登记注册为电商平台认证的合格导流商，电商平台根据众多不同导流公司推广渠道的类型、流量质量等因素确定是否与该导流公司合作，并统一设定商家支付给导流公司佣金比例的上下限。如果商家与导流公司针对导流服务质量产生的纠纷，一般也交由电商平台先进行统一协调和处理。

在法律形式上，电商平台与商家和导流公司分别签订协议，为双方的导流服务事项提供相关软件服务，但该协议为电商平台标准格式条款协议，电商平台提供给商家的格式条款与提供给导流公司的格式条款一致，导流公司在与电商平台签订的协议上能明确看到商家的权利与义务，商家与电商平台签订的协议上也能明确看到导流公司的权利与义务，且协议上均明确注明，商家无须承担软件服务费，而导流公司则需基于商家支付佣金的一定比例承担软件服务费。因此，商家和导流公司均明确知晓，软件服务费全部由导流公司承担。

甲电商平台为建立统一的平台形象，统一为平台上的商家进行电子营销管理，商家在该电商平台进行推广商品，导流公司的返佣金比例为30%，即当商品销售后，商家将支付商品售价的30%作为其推广成本，电商平台基于上述30%返佣金的10%收取软件服务费。

当月乙商家通过导流公司的推广销售商品100万元，商品成功交易后，最终消费者通过平台的支付渠道支付100万元，电商平台将其中的70万元（100－100×30%）支付给商家，并扣除3万元（100×30%×10%）的软件使用费之后，将剩余的27万元（100×30%－3）支付给导流公司。不考虑税费等其他因素。

要求：（1）判断对于导流公司而言，电商平台扣除的软件服务费3万元应作为收入抵减还是应作为成本费用列示？请说明理由，并编制相关的会计分录。

（2）编制平台相关的会计分录。

（3）编制商家相关的会计分录。

解析：（1）导流过程也为电商平台带来更多的用户流量，为商家带来了商品销售。在该业务模式下，商家和电商平台实质上共同构成了导流公司的客户，导流公司实质上同时为商家和电商平台提供了导流服务。另外，软件服务和导流服务无法明确区分，因此，导流公司支付给电商平台的 3 万元未取得可明确区分的商品或服务，该软件使用费的经济实质是应付客户对价，应当抵减收入，即导流公司应当按照 27 万元的净额确认收入。

客户购买商品时的会计分录为：

借：应收账款　　270 000

　　贷：主营业务收入　　（净额）270 000

与平台结算时的会计分录为：

借：银行存款　　270 000

　　贷：应收账款　　270 000

(2) 电商平台的会计分录。平台是销售商品的代理人，按照净额确认收入。

客户购买商品时的会计分录为：

借：银行存款　　1 000 000

　　贷：其他应付款——商家　　700 000

　　　　　　　　——导流公司　　270 000

　　　　主营业务收入　　（净额）30 000

与导流公司结算时的会计分录为：

借：其他应付款——导流公司　　270 000

　　贷：银行存款　　270 000

与商家结算时的会计分录为：

借：其他应付款——商家　　700 000

　　贷：银行存款　　700 000

(3) 商家的会计分录。商家是销售商品的主要责任人，按照总额确认收入。

客户购买商品时的会计分录为：

借：应收账款　　700 000

　　销售费用　　300 000

　　贷：主营业务收入　　（总额）1 000 000

与平台结算时的会计分录为：

借：银行存款　　700 000
　　贷：应收账款　　700 000

【案例 3－107】 电商平台返点积分的处理。

某电商平台中有若干入驻商家，商家为商品销售的主要责任人，电商平台向商家提供了销售的平台，提供第三方收款等一系列管理服务，并收取销售价款10%的服务费。

电商平台发起了一份会员积分计划，强制要求商家参与会员积分计划，关于会员积分的政策、积分使用、积分兑换、积分有效期等规则均由电商平台制订。凡是在电商平台的商家购物的消费者，其账户中都会获得购物金额0.1%的返点，其可用于在平台任何商家以后消费金额的抵减。商家的任何一笔销售，须向消费者支付0.1%的购物返点，该购物返点由电商平台负责管理，结算时从应支付给商家的款项中扣除，放入消费者的账户。

同时，商家要接受消费者支付的其账户的返点，抵减购买价款，然后该返点在与电商平台结算时，将获得现金支付。电商平台并不要求消费积分的使用商家与给予返点积分的商家一致。各商家无法区分其支付的返点积分最终是否消耗，消耗的产品金额、失效情况，对商家支付给电商平台的积分，电商平台也不予以返还。

当月平台向A客户销售商品1 000万元。向B客户销售商品1 000万元并收到B客户价值3万元的积分返点抵扣价款。

当月商家与平台结算时，结合积分返点形成的应收账款和应付账款，最终以净额结算。

假设当月未发生其他业务。授予客户的积分预计全部使用。不考虑税费等其他因素。

要求：（1）编制商家有关的会计分录。

（2）编制平台有关的会计分录。

解析：（1）商家为销售商品的主要责任人，按照总额确认收入，平台为代理人，按照净额确认收入。商家每一笔销售均向客户提供奖励积分，同时还承担积分的兑换者。可以将这两部分分别讨论。

作为积分的提供者，商家授予客户积分，形成一项重大权利，同时也属于应付客户对价，应该从收入中扣减。由于商家无法区分其支付的返点积分最终是否消耗，对商家支付给电商平台的积分，电商平台也不予以返还，因此不符合交易价格的概念，商家对于积分，与平台存在结算关系，应当通过往来（应付账款）核算。

作为积分的兑换者，客户购买商品时使用积分抵减价款，商家应当通过往来（应收账款）核算。

A 客户购买商品时的会计分录为：

借：应收账款——平台　　9 000 000
　　销售费用　　1 000 000
　　贷：主营业务收入　　（总额）9 990 000
　　　　应付账款——积分　　10 000

B 客户购买商品时的会计分录为：

借：应收账款——平台　　8 970 000
　　销售费用　　1 000 000
　　应收账款——积分　　30 000
　　贷：主营业务收入　　（总额）9 990 000
　　　　应付账款——积分　　10 000

月末与电商平台结算时的会计分录为：

借：银行存款　　17 980 000
　　应付账款——积分　　（转销余额）20 000
　　贷：应收账款——平台　　（转销余额）17 970 000
　　　　　　　　——积分　　（转销余额）30 000

（2）平台会计分录。积分对于平台来说，积分不需要支付给商家，以后老客户可以使用积分抵扣价款，因此，通过往来核算。

A 客户购买商品时的会计分录为：

借：银行存款　　10 000 000
　　贷：其他应付款——商家　　8 990 000
　　　　　　　　　——积分　　10 000

主营业务收入　　（净额）1 000 000

B客户购买商品时的会计分录为：

借：银行存款　　9 970 000

其他应付款——积分　　30 000

贷：其他应付款——商家　　8 990 000

——积分　　10 000

主营业务收入　　（净额）1 000 000

月末与商家结算时的会计分录为：

借：其他应付款——商家　　（转销余额）17 980 000

贷：银行存款　　17 980 000

积分形成的其他应付款余额保留，留待客户以后购买商品时处理。

【案例3－108】 在线教育产品促销的处理。

学天海教育平台销售在线课程，价格为1万元100节课，每节课半小时，上课方式为一对一（一位老师给一位学员在线授课）。假设每节课的成本仅为支付给授课老师的薪酬60元。

某年年初平台搞促销活动，对于该教育平台的老学员，如果成功介绍一名新学员购买价格为1万元100节课的课程，在新学员购买课程并已过退费期时，老学员可以获赠10节课程。每节课的单独售价均为100元。当年共有老学员成功介绍1万名新学员购买了课程。

假设教育平台提供的在线课程属于某一时段履行的履约义务，课程有效期为两年，履约进度比较平均。企业不选择简化方法。不考虑相关税费。

要求：（1）编制当年新学员购买课程与结转成本有关的会计分录。

（2）对于当年赠送老学员的10节课，编制有关的会计分录。

解析：（1）新学员购买课程时的会计分录如下：

借：银行存款　　10 000

贷：合同负债　　10 000

年末按照履约进度确认收入的会计分录如下：

借：合同负债　　（10 000÷2）5 000

贷：主营业务收入　　5 000

结转成本，每节课的职工薪酬成本为 60 ÷ 100 = 60%。

借：主营业务成本　　（5 000 × 60%）3 000

贷：应付职工薪酬　　3 000

（2）赠送老学员的 10 节课，这部分成本属于平台为取得新学员的合同而发生的增量成本，应当确认为合同取得成本。

借：合同取得成本　　（10 节课 × 100 元）1 000

贷：合同负债　　1 000

老学员使用赠课时，按照视同销售确认收入结转成本。

借：合同负债　　（1 000 ÷ 2）500

贷：主营业务收入　　500

借：主营业务成本　　（500 × 60%）300

贷：应付职工薪酬　　300

【案例 3 - 109】 提名费的会计处理。

乙汽车零部件企业向一家从未合作过的 A 整车厂支付一笔金额为 5 万元提名费，为其正在开发的新产品提供专用部件。只有新产品开发流程取得成功时，乙企业才能获得新产品销售订单。

另外，乙汽车零部件企业还向目前正在合作的另一家 B 整车厂支付了 20 万元的提名费，向其提供新车型的专用零件。同时，双方签订了一项长期框架协议，约定未来购买零部件的数量和价格。

要求： 这两笔提名费如何进行会计处理？

解析： 乙企业与 A 整车厂并未签订任何合同，支付的 5 万元提名费，只有开发流程取得成功时，汽车零部件企业才能获得新产品销售订单。由于开发流程取得成功具有很大的不确定性，因此，不符合资本化条件，应当费用化处理，在支付时一次性计入损益（销售费用）。

乙企业与 B 整车厂多年来一直存在合作关系，双方签订了长期框架协议，约定未来购买零部件的数量和价格，乙企业对合作的结果能作出可靠的预测，支付给 B 整车厂的 20 万元提名费，符合资本化条件，应当资本化处理（合同取得成本），在未来采购发生时作为应付客户对价，以冲减交易价格的方式予以摊销。

【案例 3－110】 客户未行使权利。

甲公司经营一家连锁超市，为增值税一般纳税人，甲公司销售的商品适用不同的增值税税率，如零食等适用税率为13%，粮食等适用税率为9%等。

某年，甲公司向客户销售了5 000张不可退的储值卡，每张卡的面值为200元，总额为100万元。客户可在甲公司经营的任意一家门店使用该等储值卡进行消费。该储值卡在客户使用消费时发生增值税纳税义务。根据历史经验，甲公司预期客户购买的储值卡金额将全部被消费。

要求： 甲公司对不同增值税率的情形如何处理？

解析： 甲公司销售储值卡收取的款项100万元，其中，商品价款部分代表甲公司承担的未来向客户转让商品的履约义务，应当确认合同负债，增值税部分属于代收款项，因不符合合同负债的定义，不应确认为合同负债。

甲公司应根据历史经验（如以往年度类似业务的综合税率等）估计客户使用该类储值卡购买不同税率商品的情况，将估计的储值卡款项中的增值税部分确认为“应交税费——待转销项税额”，将剩余的商品价款部分确认为“合同负债”。

以后实际消费情况与预计不同时，根据实际情况进行调整。在每个资产负债表日根据最新信息对合同负债和应交税费的金额进行重新估计。

【案例 3－111】 主要责任人与代理人。

A公司为上市公司，主要从事外贸进出口贸易，其中自营进出口贸易收入占总收入的2/3，代理进出口、转口贸易收入占总收入的1/3。

A公司在核算代理进出口、转口贸易业务时，将从客户收取的全部款项和支出的全部款项（包括上述业务中所涉及的进出口商品的采购价款及相关税费）分别按全额确认为收入和成本，但公司代理的进出口商品价值并未计入资产负债表内的存货项目。

从事代理进出口、转口业务时，代理方A公司通常与委托方进行权利和义务约定，签署代理协议。委托方自行指定国外供应商，并与国外供应商商定进口合同各项条款，并对国外供应商的资信及其履行对外合同负全部责任。进口合同签署后，委托方作为实际进口方，承担所有进口合同中商品品质、数量、技术指标方面的风险。委托方承担因自身原因、政策和汇率风险等致使合同不能履行或不能全部履行的责任。代理方A公司则根据委托方拟定的进口合同条款，以A公司名义与国外供应商签订进口合同。A公司办理有关进口手续。代理进口过程中的一切税费由委托方承担，如须A公司代为缴纳的，须由委托方提前汇入A公司指定账户。

假定B公司委托A公司进口某商品，并签署代理协议，A公司开展该项代理进口业务的基本操作流程如下。

1. 合同生效后，B公司安排A公司签署进口合同。

2. B公司向A公司支付开立信用证所需保证金，A公司收到保证金并经B公司书面确认后，根据进口合同的要求从银行开出信用证，保证金利息归B公司所有。

3. 进口商品装运后，B公司安排海运保险事宜，保险受益人为A公司。

4. A公司收到国外供应商的付款通知后，经B公司书面同意后，A公司垫付货款。

5. A公司收取国外供应商的全套单据包括提货单，商品到港后，A公司持提货单和报关单等资料办理报关手续，相关费用由B公司承担。

6. 报关完成后，A公司向B公司发出付款通知单，包括购销汇凭证等。

7. B公司收到A公司的付款通知单后，将进口商品的货款及其税费、支付给A公司的代理佣金等，扣除已支付的保证金后全额折合成人民币支付给A公司。

8. A公司收到货款后，向B公司发送进口商品，代理进出口合同履行完毕。

要求：（1）A公司代理进出口业务的收入应按总额确认还是净额确认？

（2）A公司应在何时确认代理进出口业务收入？

（3）委托代理合同中的商品是否应计入A公司期末存货？

解析：（1）A公司的日常活动是根据代理协议为委托人提供代理服务以赚取代理佣金，而并非自身进行进出口贸易买卖商品以赚取商品差价而获利，A公司在从事代理进出口业务中的身份为代理人，应按净额法确认代理进出口业务的收入。

（2）A 公司应在与 B 公司的代理协议履行完毕时确认代理佣金收入。

（3）A 公司作为代理人，在正常情况下对购入的代理货物不需要在资产负债表中确认为存货。

【案例 3－112】 提货权的处理。

A 公司是生产大闸蟹的公司，发行面值 1 000 元的提货券，按照 8 折卖给 B 公司，提货券代表的物权、风险和报酬随之转移，B 公司购买后将提货券赠送给 C 个人，C 取得提货券后按照面值的 5 折卖给专门回收提货券的 D 公司，D 公司将提货券按照 6 折又卖回给 A 公司。

要求： 分别分析 A 公司、B 公司、D 公司如何确认收入。

解析： 1. A 公司的交易有两种类型：

（1）销售提货券代表的物权，属于销售商品的交易，应当执行 CAS14，按照预计客户提货的比例确认合同负债，等客户提货时确认收入。

（2）回收提货券的交易，属于金融工具，应当执行 CAS22，按照预计回收的比例确认金融负债，等回收时，将确认的金融负债和回收支付的金额之间的差额确认投资收益。

2. B 公司取得提货券，可能有三种情形：

（1）如果 B 公司的目的是提货并准备以后自己销售，应当执行《CAS1——存货》和 CAS14，先确认预付账款，提货后确认存货。

（2）如果 B 公司的目的是对外赠送，并没有实际提货，应当确认为一项费用；这是本案例中的情形。

（3）如果 B 公司的目的是转售提货券赚取差价，应当执行 CAS22，确认为一项金融资产，转售时差额确认投资收益。

3. D 公司的交易实质就是买卖提货券，应当执行 CAS22，购买提货券时应当确认为金融资产，卖回给 A 公司时，收取的价款与金融资产账面价值的差额确认投资收益。

【案例 3－113】 根据下列资料，分别回答问题。

要求（1）： A 公司在确认营业收入时是否包含残靶部分的价格？

A公司主要从事研发、生产高纯稀有金属靶材，该材料应用于高端液晶面板的生产。按照行业惯例，A公司与客户B公司签订金属靶材销售合同约定，经B公司正常溅射使用后，金属靶材的相应残靶应退回给A公司。

溅射工艺是以一定能量的粒子轰击固体表面，使固体近表面的原子或分子获得足够大的能量而最终逸出固体表面的工艺。溅射属于物理过程，对金属靶材的化学成分并无影响，经过B公司溅射使用后，金属靶材表面的稀有金属被利用，减少了原金属靶材重量，剩余的残靶中稀有金属的单位纯度并未发生变化，因此，残靶的再利用价值较高。B公司生产工艺成熟，对金属靶材的利用率相对稳定，残靶重量可以通过历史数据合理予以估计。B公司为保证其生产的高端液晶面板的产品质量，在金属靶材被溅射利用到一定比例后就废弃不用。在通常情况下，A公司在金属靶材销售实现后6个月内能够收回相应残靶。

残靶的利用方式有两种，一是参照当期金属原粉价格直接销售给C公司等材料企业，二是由A公司进行深度清洗、高温加热等深加工后形成成品金属靶材，再销售给B公司等高端液晶面板生产企业。与金属原粉投入生产线相比，回收的残靶无须经过筛粉、过滤、成型、烧结等生产工序，从残靶到成品金属靶材的半生产流程与金属原粉到产成品的全生产流程相比，生产成本会有所降低，因此，A公司基本采用深加工的方式，较少对外销售收回的残靶。

合同约定的靶材销售价格，系基于完整靶材的市场价格扣除预计可收回残靶部分价格后的金额确定。

解析：不包含。因为残靶部分虽然实物形态整体转移到B公司，但残靶部分只能退给A公司，B公司没有支配使用的权利，残靶部分控制权没有转移给B公司，因此残靶部分没有实现销售，而且合同约定的销售价格，系基于完整靶材的市场价格扣除预计可收回残靶的价值后的金额确定。因此，金属靶材的销售收入和成本结转均对应于不包含残靶部分收入和成本。

【拓展】假设合同中约定交易价格为整个靶材的价格，B公司在未来靶材溅射使用之后，可以将残靶根据残存比例对应原合同价格出售给A公司或者按照市场价格出售给其他公司。在这种情形下，A公司该如何确认收入？

解析：按照附有销售退回条款的销售规定确认收入。即A公司应当在客户取得商品控制权时，估计预期将退回的残靶部分的金额，按照总金额减去预期退回部分的金额确认收入，预期将退还的金额确认为预计负债。同时，按照预期将退回残靶转让时的账面价值，扣除收回该残靶预计发生的成本（包括退回商品的价值减损）后的余额，确认为应收退货成本，按照完整靶材的账面价值，扣除应收退货成本后的余额结转成本。

要求（2）：支付给球会会员的赔偿金是否应该一并计入“资产处置收益”？

A公司经营一家高尔夫球会，并拥有一个高尔夫球场的土地使用权（无形资产）以及高尔夫球场上的建筑物（固定资产）的所有权。此高尔夫球会实行会员制，依据A公司与会员签订的合同，会员在缴纳一定的会员费后，就拥有在未来一定期间内无偿使用高尔夫球场的权利。如果因为A公司的原因导致会员在约定期间内无法使用该高尔夫球场，A公司应承担相应的赔偿责任。

2×17年年初，股东打算改变A公司的经营方向，计划关闭高尔夫球会并转让此高尔夫球场的土地使用权及其地上建筑物。2×17年年末，该高尔夫球场的土地使用权及其地上建筑物（处置前账面价值约1亿元）已经转让给第三方，转让价格约5亿元，同时，由于公司关闭了高尔夫球场，A公司预计将支付给高尔夫球会会员的赔偿金约2亿元。

解析：否。企业改变经营方向，关闭高尔夫球会，属于企业重组交易。企业向高尔夫球场会员预计支付的约2亿元赔偿金，属于与重组直接相关的支出，应当确认为营业外支出和重组义务产生的预计负债，不属于资产处置费用。

要求（3）：甲公司应当如何确定销售A商品确认的收入金额？

甲公司通过代理商乙公司向最终客户销售A商品，甲公司是主要责任人，乙公司是代理人。根据合同约定，甲公司根据乙公司的销量，按照每件100元的固定单价和乙公司进行结算，并按该价格向乙公司开具增值税发票。甲公司制定的A商品对最终客户销售时的指导价格为不超过每件120元，乙公司对外销售时可根据当时市场情况和自身销售策略，向最终客户提供一定的折扣。根据历史经验，乙公司向最终客户销售A商品时，收取的价格在每件100元至120元之间，乙公司按照其向最终客户收取的实际价格向最终客户开具增值税发票。乙公司向甲公司支付的价格始终为每件100元。甲公司不知道乙公司向最终客户销售时收取的价格。上述价格均不包含增值税。

解析： 甲公司作为主要责任人，应当按照因销售A商品而有权从其客户（最终用户）收取的对价总额确认收入，同时将支付给乙公司的佣金确认为费用。

但是，实务中，由于乙公司可以在一定程度上决定对最终客户的销售价格，甲公司无法获知最终销售价格，因此，应当按照可变对价的会计原则，估计乙公司向最终客户销售的价格。如果无法可靠估计的，也可以按照结算价每件100元确定交易价格。

【案例3-114】 分别根据下列资料回答问题。

要求（1）： 游戏开发商与社交平台分别是主要责任人还是代理人？

游戏开发商与社交平台联合运营其开发的一款游戏。社交平台的用户登录平台后，在平台建立游戏区域可以选择游戏，成为游戏的玩家。对于由开发商提供给用户的相关服务和应用程序，社交平台有运营责任。任何用户和开发商间关于该应用的争端应由用户和开发商解决，且与社交平台无关。

用户对社交平台没有求偿权；游戏开发商的名字和用户支持热线将出现在游戏中；游戏的数据保存在的游戏开发商的服务器上，开发商负责运营和维护游戏及后续的客户服务，并拥有游戏的知识产权；社交平台不能修改游戏；玩家在平台购买平台币后，可转换为该游戏的游戏币，在游戏中购买道具，游戏道具的价格由开发商确定。平台币一经购买将不能兑换为现金，平台币可以转换为游戏币，游戏币不能兑换为平台币。平台根据每个期间兑换为游戏币的金额的30%分得游戏的收入，其余70%由游戏开发商享有。

社交平台除了提供游戏平台服务外，还提供其他社交服务，因此平台币的销售价格基本固定，打折销售平台币的情况较少。有时会有少量的推广，打折销售平台币，由平台承担全部的折扣额。

游戏开发商的主要职责：购买或租用IT基础设施和服务器容量；提供进入游戏的渠道并管理玩家游戏体验；提供游戏币和游戏虚拟道具；跟踪游戏虚拟道具的使用、消耗、维护玩家的游戏账户；雇用人员来提供全天候支持用户的客服中心或在线帮助。

社交平台的主要职责：提供对社交平台和移动端平台的访问并管理用户的平

台经验；维护属于社交平台和移动端平台的用户信息和用户账户；在社交平台上销售社交平台币；跟踪平台币的使用、余额和普通用户活动；对社交平台和移动端平台提供客户支持。

解析：企业在判断主要责任人还是代理人时，应当根据其承诺的性质，也就是履约义务的性质，确定企业在某项交易中的身份是主要责任人还是代理人。在确定企业承诺的性质时，企业应当首先识别向客户提供的特定商品。然后，企业应当评估特定商品在转让给客户之前，企业是否控制该商品。企业在将特定商品转让给客户之前控制该商品的，表明企业的承诺是自行向客户提供该商品，或委托另一方（包括分包商）代其提供该商品，因此，企业为主要责任人；相反，企业在特定商品转让给客户之前不控制该商品的，表明企业的承诺是安排他人向客户提供该商品，是为他人提供协助，因此，企业为代理人。

游戏开发商是主要责任人，因为，第一，游戏开发商向客户提供的特定商品是游戏体验服务，开发商同时兼具运营商的身份，提供该商品的主要表现为：购买或租用IT基础设施和服务器容量；提供进入游戏的渠道并管理玩家游戏体验；提供游戏币和游戏虚拟道具；跟踪游戏虚拟道具的使用、消耗，维护玩家的游戏账户；雇用人员来提供全天候支持用户的客服中心或在线帮助。这些职责都是由游戏开发商承担的；第二，从客户的角度看，游戏开发商承担了提供服务的主要责任，对游戏的质量、性能负责，提供售后服务、解决客户投诉；第三，游戏中虚拟道具等游戏定价是由开发商兼运营商决定的，社交平台销售的是平台币，有时会有少量的推广，打折销售平台币，由平台承担全部的折扣额。游戏开发商有可能与社交平台根据平台币的销售价格，决定游戏币和平台币的兑换比例，以及对游戏内的虚拟物品进行定价，但是该定价不会偏离游戏的正常定价，因而主要是开发商有权决定商品的价格。

社交平台是代理人，原因有两点，第一，提供的服务主要是客户游戏的入口以及为游戏开发商带来客户，其履约义务是安排开发商向客户销售游戏产品提供协助；第二，该游戏版权属于开发商，社交平台没有支付任何与版权相关的费用，即没有购买该游戏，因此没有控制游戏商品或服务，不承担存货风险。

要求（2）：游戏开发商与平台分别应当按照总额法还是净额法确认收入？

游戏开发商开发了一款游戏并与游戏平台合作，由平台独家代理该游戏在海外发布。开发商和游戏平台合作协议中约定相互的权利义务如下：开发商授权平台在某些特定的国家区域内独家代理游戏的运营工作，在这些国家内游戏数据保存在其平台自有或租用的服务器上。

对于游戏币和游戏道具的销售价格，由平台根据所在国家的情况提出建议，开发商同意后执行；开发商和平台按照30∶70的比例对收到的游戏币销售款予以分成。

未经开发商同意，平台不能修改、更名、增加、删除、反编译网络游戏；开发商有权按照合同的约定监督平台在授权代理范围内从事运营活动。开发商如有对游戏的更新程序或补丁程序，应及时通知平台，平台有权利免费获取这些更新程序和补丁程序。开发商应协助平台在代理区域内办理审批、备案、登记等手续。

平台应按照合同约定的时间和方式向开发商支付约定的费用。

平台于授权代理期限内按约定履行运营、维护网络游戏义务，如在代理区域内代理、运营网络游戏需要政府审批、备案、登记等手续，平台应负责办理并承担相应费用；平台承诺公开测试以后提供优质客户服务，并承担由此产生的全部费用；平台应在代理地域范围内负责对网络游戏进行宣传、推广，并负担因宣传、推广网络游戏而产生的各项费用。

每个月，平台以网络游戏用户充值收入为计算标准，计算开发商的分成成本，并寄送账单。开发商核对数据确认无误后，会在账单上盖章确认并开具发票给平台，平台根据发票支付开发商。

解析：游戏开发商应当按照净额法确认收入，因为游戏开发商承担了游戏开发的责任，不承担运营的责任，开发商获得的收入对应的履约义务是授权其游戏版权给平台，因此，游戏开发商不是主要责任人。

平台应该按总额法确认收入，因为游戏平台承担了运营的责任和义务，向客户提供游戏体验的是平台，主要表现为购买或租用IT基础设施和服务器，于授权代理期限内按约定履行运营、维护网络游戏义务，负责办理授权区域内代理、运营网络游戏并承担相应费用、提供优质客户服务，并承担由此产生的全部费用；在代理地域范围内负责对网络游戏进行宣传推广，并负担因宣传、推广网络游戏而产生的各项费用，就游戏运营而言，承担主要责任，因此是主要责任人。平台作为运营商获得收入是其运营游戏所得，获得版权许可是其运营游戏的一项成本。

【案例3－115】分别根据下列资料回答问题。

要求（1）：对于甲、乙地块，学天海公司应如何确认收入？

学天海公司与当地土地储备中心签订协议，受托负责对土地储备中心拥有的若干地块进行土地一级开发，令其达到“七通一平”的建设用地出让条件。

甲地块：收益为土地开发总成本的10%，连同所发生的成本费用与土地储备中心按季度结算。

乙地块：收益分为保底收益和收益分成两部分。保底收益为该合同项下土地开发总成本的10%，连同所发生的成本费用与土地储备中心按季度结算；收益分成为土地储备中心出让该地块所获净收益的50%，在土地使用权出让后结算。

解析：土地一级开发项目往往开发时间长、占用资金量大，其会计处理结果对公司的经营成果和财务状况的影响较大。虽然土地一级开发项目的具体合同条款不尽相同，但总体而言，大致可以归类为保底收益、或有分成或者两者兼而有之的模式。保底收益多为依据经核定的开发成本采用成本加成法计算收益。或有分成则多约定为按照政府取得的土地使用权出让净收益的一定比例进行分成。

由于甲地块属于固定收益率的合同，并且按季结算，交易价格的确定较为容易。

乙地块的合同中存在可变对价，可以综合考虑所在地区的土地出让价格、出让条件、土地交易活跃程度等各种相关因素确定乙地块可变对价的最佳估计数。

甲地块和乙地块的协议中都只包含单一履约义务，且该履约义务符合“客户能够控制企业履约过程中在建的商品”，因此，土地一级开发属于在某一时段内履行的履约义务，应当按照履约进度确认收入，但是履约进度不能合理确定的除外。

【拓展】如果甲地块不是定期结算，而是在土地使用权出让时方予结算，且土地储备中心明确以该土地使用权出让款项作为向学天海公司支付的资金来源（别无其他资金来源）时，以上结论是否发生变化？

解析：如果综合考虑该土地上是否存在实质性障碍、是否列入年度土地使用权出让计划、定价是否合理、该区域土地交易是否活跃等一系列因素后，认为服务对价很可能收回，应当按照可变对价的原则确定交易价格，然后按照履约进度分期确认收入。上述结论一般不发生变化。

要求（2）：学天海公司如何对回迁房销售进行会计处理？

学天海公司是一家房地产开发企业，通过招拍挂方式取得当地政府出让的土地使用权，土地占用面积为5万平方米，规划建筑面积为10万平方米。土地出让合同约定土地出让价款为4亿元，且该出让宗地须配建2万平方米的住宅用于安置被搬迁的居民，并约定以低于同类可售商品房公允价值的固定价格售予回迁业主或其他指定方。

学天海公司在预售时与回迁业主或其他指定方按照土地出让合同中约定的销售价格签订商品房买卖合同，并按合同所载销售价格收取销售房款并开具发票。根据合同约定，回迁房销售均价为1 000元/平方米；购买土地使用权时的同类可售商品房市场均价为10 000元/平方米；回迁业主签订回迁房销售合同并交付价款时，同类可售商品房市场均价为12 000元/平方米。除土地使用权成本外，建造成本为2 000元/平方米。假设回迁房土地的公允价值不能合理估计。回迁房建造服务的合理毛利率为10%。

解析：根据回迁房与商品房的经济实质是否一致，分别进行处理。

（1）如果回迁房的经济实质与商品房销售类似，回迁人可选择的房屋类型、配建标准、择房条件等与商品房无差异，如未指定回迁户只能购买特定的楼或楼层、特定的户型或面积，回迁楼的建造标准也与其他商品房类似，则其经济实质是回迁户以原自住的土地和房屋换取商品房，并以1 000元/平方米支付补价，该补价占整个资产交换金额的比例较小，且换入资产与换出资产在风险、时间、金额、未来现金流等方面不同，应作为具有商业实质的非货币性资产交换处理。换入回迁户原自住的土地和房屋属于非现金对价，由于其公允价值不能合理估计，可以采用商品房的单独售价确定交易价格。

回迁房部分确认营业收入2亿元（1万元/平方米×2万平方米）。

相应结转营业成本1.56亿元（7 800元/平方米×2万平方米）。

单位成本＝购买土地的成本4亿元/10万平方米＋回迁房折算的成本1 800元/平方米＋建造成本2 000元/平方米＝7 800元/平方米；

回迁房折算的成本＝配建的回迁房于取得土地使用权时的公允价值扣除收到的补价（10 000×20 000－1 000×20 000）÷10万平方米＝1 800元/平方米。

（2）在回迁房的经济实质与商品房销售存在显著差距的情况下，可视具体情况的不同进行会计处理。

①如果房地产企业配建回迁房的目的并非销售回迁房并获取利润而是为了取得土地使用权而承担的义务，回迁房的销售对象、价格、交付时间等相关活动于取得土地使用权时均已被约定，企业并未主导或参与回迁房的销售活动。该情况下签订回迁房买卖合同的回迁业主并非是房地产企业的“客户”，回迁房不确认收入，企业配建回迁房的成本扣除收到的补价，计入土地成本。

回迁房单位成本＝(土地成本4 000＋建造成本2 000)－补价1 000＝5 000元/平方米，合计1（5 000×20 000）亿元作为取得商品房成本的一部分，于商品房确认收入时结转至营业成本。

②如果建设回迁房的活动实质上是由政府委托房地产企业去进行，价格和面积都是执行此前政府与回迁户达成的补偿标准，房地产企业并没有实际的定价权。建造回迁房的土地是单独划定的，政府已指定用途，指定建造标准，房地产企业对于建设完成的回迁房没有所有权和处置权，说明回迁房的建设并非企业自主开发销售房地产，而是受政府委托建造。该交易的实质是企业以提供回迁房部分的建造服务和现金对价换取商品房部分的土地使用权。对于回迁房所对应的土地使用权，企业从未享有其风险和报酬，未取得其控制权，在回迁房的安排中，企业仅仅是提供了建造相关的服务，应确认相关的建造收入，回迁房不承担土地成本。由于回迁房土地的公允价值不能合理估计，可以用建造服务的单独售价确定交易价格。

每平方米的建造收入为2 000×(1＋合理毛利率10%)＝2 200元。

应确认建造收入4 400（2 200×20 000）万元，建造成本4 000（2 000×20 000）万元。

4 400－补价2 000＝2 400万元作为建设其他商品房的土地成本。

【案例 3 - 116】分别根据下列资料回答问题。

要求（1）：卖方信贷模式下，附有回购义务情形下资产销售方学天海公司的收入如何确认？

学天海公司与其客户 B 公司签订 EPC 总承包合同，即学天海公司受 B 公司委托，按照合同约定对光伏太阳能电站进行设计、采购、施工、试运行进行承包，电站验收合格后转让给 B 公司。假定该合同仅包含一项履约义务，且不满足在一段时间内确认收入的条件。

由于光伏电站的资金需求较大，B 公司于电站移交时支付全部款项存在困难。学天海公司为减少应收款项、加速资金回笼，决定改为通过融资租赁销售模式实施该项目。由学天海公司、B 公司以及融资租赁公司签署补充协议，约定学天海公司将光伏太阳能电站建成后销售给融资租赁公司，再由融资租赁公司向 B 公司提供融资租赁服务。同时，学天海公司和融资租赁公司签订回购担保协议，如果 B 公司不能按期支付融资租赁款，学天海公司需要按约定条件回购该电站项目。

解析：近年来，资本市场出现了较多创新型的经营模式和盈利模式，较传统模式而言，创新模式下的经营活动更为特殊和复杂，在收入确认方面需要充分了解业务模式，进而判断收入确认条件是否得到满足。

第一，交易实质分析。在法律形式上，融资租赁公司是购买方和出租方，B 公司是资产使用方和承租方，但是在交易实质上，融资租赁公司在该业务中仅是为 B 公司提供融资安排，B 公司是该光伏电站真正的购买方，是学天海公司的客户。

第二，收入确认条件分析。学天海公司需要首先评估客户 B 公司（资产使用方）的信用风险，以判断向客户转让商品而有权取得的对价是否很可能收回，即客户是否很可能按合同约定向融资租赁公司支付融资租赁款。在卖方信贷销售模式下，销售时面临未来代偿、无法追偿的风险，至于能否确认收入，在实务中应当根据客户信用风险、承担回购担保责任的重大程度等情况予以判断。

如果基于历史交易信息，企业对资产使用方的信用状况存在一定的了解和判断，则应根据客户（资产使用方）历史和当前信用状况，判断与商品相关的主要风险和报酬对外转移的程度，综合考虑首付比例、贷款年限与机械使用寿命、产品市场价格走势、客户信用、购买目的等因素，从而判断是否能够确认收入。

如果面临的都是新客户且并无历史信息或其他充分信用证据的情况下，如果买卖双方向融资租赁公司提供担保，但担保物仅为标的资产本身，在未来客户（资产使用方）无法及时付款时出售方还须回购标的资产，从收入确认的角度考虑，标的资产的风险报酬是否转移值得怀疑；如果在标的资产抵押的基础上增加了其他担保，如对后续期间回款存在其他支持或担保物，则有可能一定程度上已转移标的资产相应的风险和报酬。

如果企业经评估后，认为向客户销售商品的合同价款很可能收回，企业承担回购担保责任的风险较低，属于某一时点履行的履约义务，则在将商品的控制权转移给客户时确认收入。如果企业认为可以确认收入，应提供相应支持性证据并予以充分披露，如客户（资产使用方）现金流、信用状况如何、是否存在保证及时回款措施、是否存在标的资产之外的担保物且能在一定的基础上覆盖标的资产的风险等。

如果公司认为向客户转让商品而有权收取的对价不是很可能收回，则只有在不再负有向客户转让商品的剩余义务，且已向客户收取的对价无须退回时，才能将已收取的对价确认为收入。

第三，回购义务分析。回购担保协议如果构成财务担保合同，应根据同业经验及回购条款导致可能承担的回购损失进行合理估计，按照 CAS22 准则确定的损失准备金额以及该财务担保合同初始确认金额，扣除按照收入准则确定的累计摊销额后的余额孰高确认预计负债。

要求（2）：学天海公司应当适用 CAS21 还是 CAS14 确认收入？

学天海公司与客户签订租赁合同，向客户提供设备租赁服务，同时签订补充协议，约定租赁期结束后将设备销售给客户，该设备的预计使用寿命为 8 年。

协议约定：客户将设备用于隧道工程施工，租期一般 6—12 个月，合同总租金为设备价款 70% 以上。设备运抵现场后，客户按照设备价款 30%—40% 预付 3—6 个月的租金，剩余租金在剩余租赁期间内分月付清。客户在付款期内未按约定付清全部租金，公司有权解除合同并收回设备。租赁期满后，客户以设备的销售价格扣除已支付租金后余值购买租赁设备，全部价款支付完毕，设备所有权转让给客户。

解析：适用 CAS14 确认收入。尽管该交易的法律形式是租赁合同，但是从该交易的安排来看，该交易主要目的是销售商品，租金仅是分期收款的一种方式。设备的预计使用寿命为 8 年，6—12 个月收取设备价款的 70% 作为租金，明显不是常规租赁交易下租金的公允价值。按照实质重于形式的原则，作为分期收款销售商品处理更能反映交易的本质。

企业应当在客户取得相关商品控制权时，按照有权收取的对价确认收入。另外，如果该安排中存在重大融资成分，应当对交易价格进行调整，分别确认销售商品收入与融资收益。

要求（3）：学天海公司应该按照 CAS21 还是按照 CAS14 确认收入？

学天海节能服务公司（乙方）为其客户（甲方）在原有电制冷加锅炉的基础上增加水源热泵以及蓄冷蓄热技术，建设科技创业园区水源热泵水蓄冷（热）中央空调系统。

乙方以合同能源管理模式提供节能系统并负责技术服务。乙方的设计和建设方案须经甲方批准。项目建成后，由乙方负责项目的运行管理，乙方以能源收费方式回收投资和获得合理利润，并拥有项目所有权。乙方获得全部合同款项后，将项目所有权转移给甲方，并由甲方享有项目转移后的全部收益。

项目建设期为 5 个月，甲方收到乙方验收申请后 1 个月内完成竣工考核验收。验收通过后，甲方于 30 个工作日内出具竣工验收证明文件。

合同签订后 15 日内，甲方向乙方支付第一笔设备投资款是 500 万元；制冷主机到货并安装完毕后，甲方向乙方支付第二笔设备投资款是 700 万元；机房安装调试完毕后，甲方向乙方支付第三笔设备投资款是 400 万元；正式运行之日起 15 日内支付第四笔设备投资款是 300 万元；余下设备投资款由甲方分 15 年按月支付，自甲方收到乙方第一次供冷时提交竣工考核申请之日起，甲方于每月 10 日前向乙方支付当月的固定设备投资款 33.5 万元，180 个月付清，合计 6 030 万元，占总设备投资款的 76.04%。

乙方为本项目能源站提供 15 年（相当于项目设备的预计使用寿命）的运行维护，每年运营费用 300 万元。自正式运行之日起，甲方于每月 10 日前向乙方支付当月能源站运营费用，180 个月付清。

乙方负责项目资金筹集、项目施工、设备及材料采购、安装与调试、配合甲方建设，按期完成项目建设。项目竣工验收后，整个项目运行权由乙方负责。在甲方未付清全款之前，项目的所有权属于乙方；甲方按合同约定给付乙方全款后，乙方即与甲方办理项目所有权移交手续，甲方取得项目的所有权。

解析：执行CAS14收入进行会计处理。

虽然合同规定在建设和运营期内，项目的资产所有权归属于乙方，并由乙方负责项目资产的实际运营和维护管理。但是，乙方是在甲方原有电制冷加锅炉的基础上增加水源热泵以及蓄冷蓄热技术，为甲方建设水源热泵水蓄冷（热）中央空调系统，因此设备整体是建在甲方的生产线上，与甲方的生产工艺和需求相匹配的；并且，该节能系统的设计和建造方案须经甲方批准，甲乙双方已就固定的设备价款达成了支付安排，且项目建成后，由甲方进行验收，并出具验收证明；此外，整个空调系统安装在甲方，归甲方使用，设备在整个使用寿命期内的实际产出都归甲方享有，乙方进行运营和维护管理是由甲方向其支付固定报酬。因此，节能系统相关资产的风险和报酬实质上在设计、建造及运营阶段一直归属于甲方。所以，不构成租赁。在租赁交易中，租赁资产是由出租方提供给承租方使用的。

综合看来，整个项目大致可分为两部分，其中一部分是乙方为甲方建设了一系列设备，由于设备造价较高，因此采用分期付款的方式结算；而另一部分是由于乙方掌握着设备的相关技术，因此设备建成后，由乙方为甲方提供运营服务，并单独收取运营服务费。该交易实质是，乙方为甲方提供建造服务和运营服务，因此，应当执行CAS14确认收入。

具体收入确认的判断如下：

（1）识别履约义务。建造服务和运营服务属于可单独区分的承诺，属于两项单独的履约义务。

（2）将交易价格按照建造活动和运营服务的单独售价的相对比例，分摊至合同中的两项履约义务。在确定交易价格时，应当考虑合同对价中是否存在重大融资成分。

（3）提供的建造服务，乙方需要根据具体条件审慎判断建造活动所属履约义务的类型，然后按照履约进度或商品控制权转移的时点确认收入。

（4）提供的运营维护服务，符合“客户在企业履约的同时即取得并消耗企业履约所带来的经济利益”的条件，属于在某一时段内履行的履约义务，在运营期内按照履约进度确认收入。

第十节　列　报

一、列示

（一）收入列报项目的相关概念（见表3－51）

表3－51　收入列报项目的相关概念

1. 合同资产	是指企业已向客户转让商品而有权收取对价的权利，且该权利取决于时间流逝之外的其他因素【1】
2. 合同负债	是指企业已收或应收客户对价而应向客户转让商品的义务
3. 应收款项	是企业拥有的、无条件（即仅取决于时间流逝）向客户收取对价的权利【2】
4. 列示要求	企业应当根据其履行履约义务与客户付款之间的关系，在资产负债表中分别列示合同资产或合同负债【3】
	对于同一合同下的合同资产和合同负债应当以净额列示，因为在资产负债表中按净额对剩余权利和义务进行会计处理及列报，最能反映同一项合同下企业履行履约义务与客户付款之间相辅相成的关系
	不同合同下的合同资产和合同负债应当以总额列示，不能互相抵销
	应收账款与合同负债不得抵销【4】

【释1】合同资产不是一项完整的无条件收款权，该权利还取决于合同约定的其他条件（例如，A履约义务的对价需要在履行完B履约义务后才能获得），因此，合同资产除信用风险之外，还承担履约风险。

合同资产的金额可能包含增值税。合同资产属于货币性项目，如果产生的是外币现金流量的，期末应当确认汇兑损益。

但是，合同负债是不含增值税的，因为合同负债代表企业尚未履行的履约义务。

【释2】应收款项是完整的收款权利，仅承担信用风险。

区分合同资产与应收款项十分重要，因为这为财务报表使用者提供了关于与主体合同权利相关的风险的信息。

在附有销售退回条款的合同中，未来返还合同对价的潜在义务并不会影响企业收取对价总额的现时权利。因此，企业仍然应当确认一项应收款项，同时将预计未来需要返还的部分确认为一项预计负债。企业是否向客户开具发票，与企业是否具有收款权利无关。如果合同约定，客户应当在企业交付商品前一个月支付价款，则企业在支付到期日就拥有获得对价的无条件权利，这时应当在确认应收款项的同时确认合同负债，等到商品控制权转移给客户时才能确认收入。

【释3】因为任何一方履行合同时会产生合同资产或合同负债。如果企业先履行履约义务，则取得了收取对价的权利，因此产生了合同资产；如果客户先支付了对价，则取得了收取商品的权利，企业承担了交付商品的义务，因此产生了合同负债。

【释4】因为应收账款属于金融资产，适用CAS22，而合同负债属于非金融负债，适用CAS14，不得跨准则抵销，也不符合CAS30与CAS37中关于抵销的条件。

（二）列报项目与会计科目的逻辑关系（见表3－52）

表3－52　　列报项目与会计科目的逻辑关系

会计科目	列报项目	会计科目	列报项目
合同资产	合同资产	合同负债	合同负债
	其他非流动资产		其他非流动负债
合同取得成本	其他流动资产	合同履约成本	存货
	其他非流动资产		其他非流动资产
应收退货成本	其他流动资产	预计负债——应付退货款	其他流动负债
	其他非流动资产		预计负债
合同结算（期末余额在借方的）	合同资产	合同结算（期末余额在贷方的）	合同负债
	其他非流动资产		其他非流动负债

合同取得成本，应当根据“合同取得成本”科目的明细科目初始确认时摊销期限是否超过一年或一个正常营业周期，在“其他流动资产”或“其他非流动资产”项目中填列，已计提减值准备的，还应减去“合同取得成本减值准备”科目

中相关的期末余额后的金额填列。

合同履约成本，应当根据“合同履约成本”科目的明细科目初始确认时摊销期限是否超过一年或一个正常营业周期，在“存货”或“其他非流动资产”项目中填列，已计提减值准备的，还应减去“合同履约成本减值准备”科目中相关的期末余额后的金额填列。

应收退货成本，应当根据“应收退货成本”科目是否在一年或一个正常营业周期内出售，在“其他流动资产”或“其他非流动资产”项目中填列。

确认为预计负债的应付退货款，应当根据“预计负债”科目下的“应付退货款”明细科目是否在一年或一个正常营业周期内清偿，在“其他流动负债”或“预计负债”项目中填列。

合同结算科目，期末余额在借方的，表示企业已经履行的履约义务但尚未与客户结算的金额，形成一项资产，根据该部分金额预计与客户结算的时间，如果自资产负债表日起一年以内，在合同资产项目列报，如果自资产负债表日起一年以上，在其他非流动资产项目列报；期末余额在贷方的，表示企业已经与客户结算但尚未履行的履约义务的金额，形成一项负债，根据该部分履约义务预计履约的时间，如果自资产负债表日起一年以内，在“合同负债”项目列报，如果自资产负债表日起一年以上，在“其他非流动负债”项目列报。

二、披露

2017 版 CAS14 与 2006 版 CAS14 披露规定相比，发生了较大的变化，原 2006 版收入准则规定的披露要求不够充分，且与财务报表中其他项目的披露缺乏关联性，导致难以理解主体的收入、以及主体在确认这些收入时作出的判断和估计。例如，许多财务报表使用者发现主体孤立地列报收入，导致财务报表使用者无法将收入与主体的财务状况相联系。因此，2017 版收入准则通过改进披露要求向财务报表使用者提供更多有用的信息。

企业应当披露与收入有关的信息如图 3－38 所示。

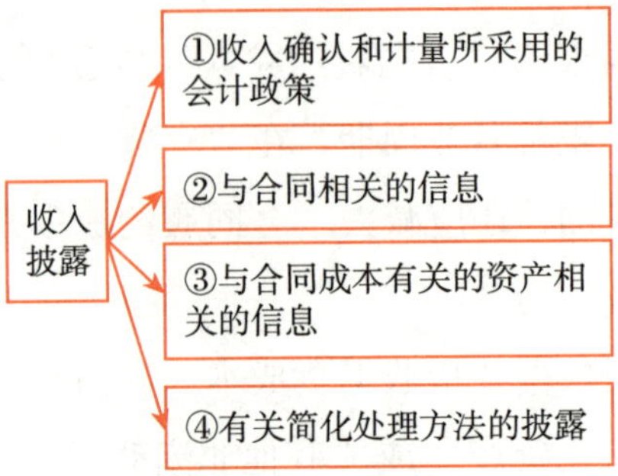

图 3-38　收入披露信息

1. 企业应当披露收入确认和计量所采用的会计政策，对于确定收入确认的时点和金额具有重大影响的判断以及这些判断的变更

企业应当披露的信息如表 3-53 所示。

表 3-53　与会计政策有关的披露

履约义务履行的时点	对于在某一时段内履行的履约义务，企业应当披露确认收入所采用的方法（例如，企业是按照产出法还是投入法确认收入，企业如何运用该方法确认收入等），以及该方法为何能够如实地反映商品的转让的说明性信息
	对于在某一时点履行的履约义务，企业应当披露在评估客户取得所承诺商品控制权时点时所作出的重大判断
交易价格以及分摊至各单项履约义务的金额	企业应当披露在确定交易价格（包括但不限于估计可变对价、调整货币时间价值的影响以及计量非现金对价等）、估计计入交易价格的可变对价、分摊交易价格（包括估计所承诺商品的单独售价、将合同折扣以及可变对价分摊至合同中的某一特定部分等）以及计量预期将退还给客户的款项等类似义务时所采用的方法、输入值以及各项假设等信息

2. 与合同相关的信息（见图 3-39）

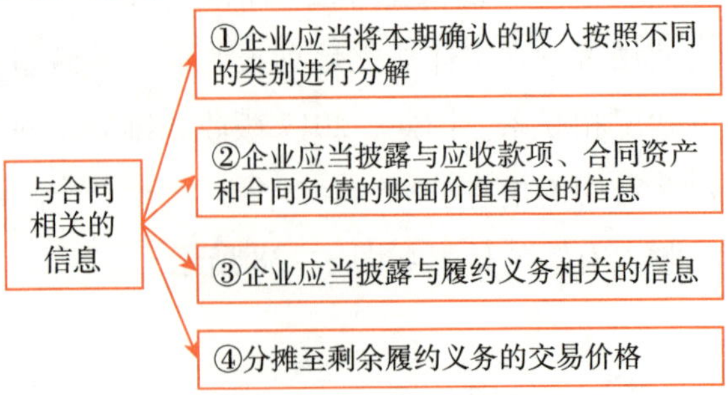

图 3-39　与合同相关的信息

企业应当单独披露与客户的合同相关的下列信息，除非这些信息已经在利润表中单独列报。

一是按照 CAS14 确认的收入，且该收入应当区别于企业其他的收入来源而单独披露。

二是企业已经就与客户之间的合同相关的任何应收款项或合同资产确认的减值损失，且该减值损失也应当区别于针对其他合同确认的减值损失而单独披露。

（1）企业应当将本期确认的收入按照不同的类别进行分解，这些类别应当反映经济因素如何影响收入及现金流量的性质、金额、时间分布和不确定性（见表 3－54）。

表 3－54　　分解披露本期收入的注意事项

企业应当将本期确认的收入按照不同的类别进行分解披露	
分解应当考虑的情况	在财务报表之外披露的信息，例如，在企业的业绩公告、年报或向投资者报送的相关资料中披露的收入信息
	管理层为评价经营分部的财务业绩所定期复核的信息
	企业或企业的财务报表使用者在评价企业的财务业绩或作出资源分配决策时，所使用的类似于上述两种情况的信息类型的其他信息
分解可以采用的类别包括但不限于	商品类型
	经营地区
	市场或客户类型（如政府客户与非支付客户、批发客户与零售客户）
	合同类型（如固定造价合同、成本加成合同等）
	商品转让的时间（如在某一时点转让或在某一时段内转让）
	合同期限（如长期合同、短期合同等）
	销售渠道（如直接销售或通过经销商销售等）

【案例 3－117】 甲公司有三个报告分部，分别为消费品、汽车和能源。甲公司在其年报中将收入按照主要经营地区、主要产品类型以及收入确认时间进行分类并披露相关信息。甲公司认为该分类能够反映相关经济因素对于企业的收入和现金流量的性质、金额、时间分布以及不确定性的影响。因此，甲公司在其财务报表附注中对于收入按照同样的分类方法进行披露（见表 3－55）。

表 3－55　　　　　　　　甲公司的披露

报告分部	消费品	汽车	能源	合计
主要经营地区				
东北	990	2 250	5 250	8 490
华北	300	750	1 000	2 050
西北	700	260	—	960
合计	1 990	3 260	6 250	11 500
主要产品类型				
办公用品	600	—		600
家用电器	900	—		900
服装	400	—		400
汽车		3 260		3 260
太阳能电池板	—		1 000	
发电			5 250	6 250
合计	1 990	3 260	6 250	11 500
收入确认时间				
商品（在某一时点转让）	1 990	3 260	1 000	5 250
服务（在某一时段内提供）			5 250	6 250
合计	1 990	3 260	6 250	11 500

（2）企业应当披露与应收款项、合同资产和合同负债的账面价值有关的信息（见表 3－56）。

表 3－56　　与应收款项、合同资产和合同负债的账面价值有关的信息披露

<table>
<tr><td colspan="2">应收款项、合同资产和合同负债的期初和期末账面价值。企业还应当以定性和定量信息的形式说明合同资产和合同负债的账面价值在本期内发生的重大变动</td></tr>
<tr><td colspan="2">对上述应收款项和合同资产确认的减值损失</td></tr>
<tr><td colspan="2">在本期确认的包括在合同负债期初账面价值中的收入</td></tr>
<tr><td colspan="2">前期已经履行（或部分履行）的履约义务在本期确认的收入（如交易价格的变动）。企业应当说明其履行履约义务的时间与通常的付款时间之间的关系，以及此类因素对合同资产和合同负债账面价值的影响的定量或定性信息</td></tr>
<tr><td rowspan="5">合同资产和合同负债的账面价值发生变动的情形</td><td>企业合并导致的变动</td></tr>
<tr><td>对收入进行累积追加调整导致的相关合同资产和合同负债的变动，此类调整可能源于估计履约进度的变化、估计交易价格的变化（包括对于可变对价是否受到限制的评估发生变化）或者合同变更</td></tr>
<tr><td>合同资产发生减值</td></tr>
<tr><td>对合同对价的权利成为无条件权利（即合同资产重分类为应收款项）的时间安排发生变化</td></tr>
<tr><td>履行履约义务（即从合同负债转为收入）的时间安排发生变化</td></tr>
</table>

【案例 3－118】与合同相关信息的定性与定量披露。

2×18 年 7 月 1 日，丙公司与客户签订不可撤销的合同，两年内在客户需要时为其提供保洁服务。合同价款包括两部分：一是每月 10 000 元的固定对价；二是最高金额为 100 000 元的奖金。丙公司预计可以计入交易价格的可变对价金额为 75 000 元。丙公司按照时间进度确定履约进度。上述金额均不包含增值税。

丙公司认为该合同下为客户提供两年的保洁服务构成单项履约义务，估计的交易价格为 315 000 元（10 000×24＋75 000），丙公司将该金额按照合同期 24 个月平均确认为收入，即每月确认的收入为 13 125 元，2×18 年确认的收入金额为 78 750 元（13 125×6），尚未确认的收入为 236 250 元，其中 2×19 年将确认的收入金额为 157 500 元（13 125×12），其余的 78 750 元将于 2×20 年确认。该合同的下列信息将会包含在 2×18 年财务报表附注的相关披露之中：

（1）定量披露（见表 3－57）。

表 3－57　　合同预计确认的收入　　单位：元

年度	2×19 年	2×20 年	合计
该合同预计将确认的收入	157 500	78 750	236 250

（2）定性披露。

奖金 25 000 元因对可变对价有关的限制要求而未被计入交易价格，因此没有包括在上述披露之中。

（3）企业应当披露与履约义务相关的信息（见图 3－40）。

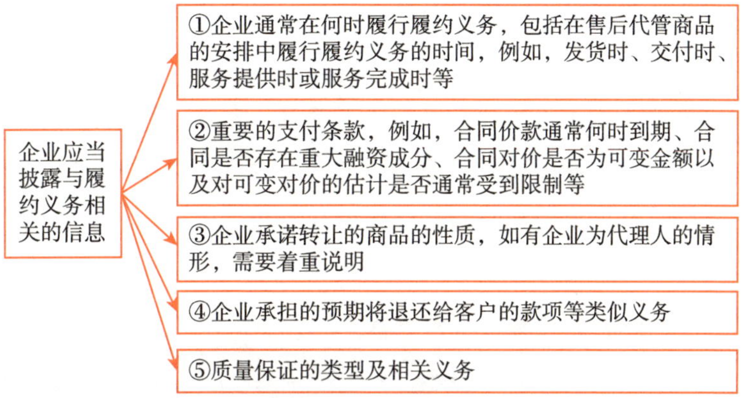

图 3－40　企业应当披露与履约义务相关的信息

（4）分摊至剩余履约义务的交易价格（见图3－41）。

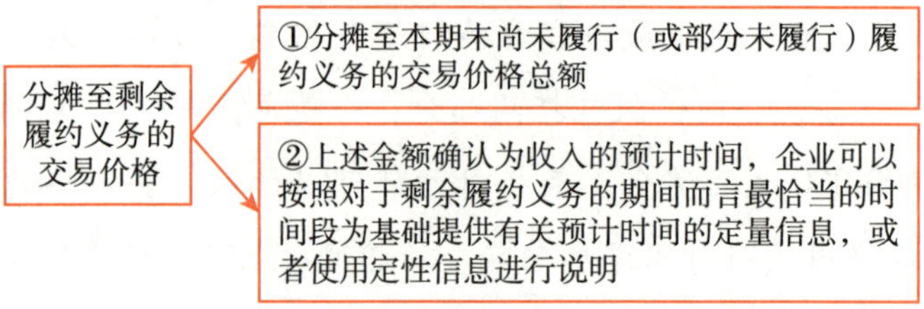

图3－41　分摊至剩余履约义务的交易价格的步骤

【案例3－119】剩余履约义务分时间段披露。

2×18年7月1日，甲公司与客户签订不可撤销的合同，为其提供草坪修剪服务，合同期限为2年。根据合同约定，在合同期限内，甲公司在客户需要时为其提供服务，但是每月提供服务的次数最多不超过4次，客户每月向甲公司支付4 000元。甲公司按照时间进度确定其履约进度。上述金额不含增值税额。

截至2×18年年末，该合同下分摊至尚未履行的履约义务的交易价格为72 000元，甲公司在编制其2×18年财务报表时，对于上述金额确认为收入的预计时间披露如表3－56所示。（单位：元）

表3－58　　合同预计确认的收入

年度	2×19年	2×20年	合计
该合同预计将确认的收入	48 000	24 000	72 000

为简化实务操作，当满足下列条件之一时，企业无须针对某项履约义务披露上述信息：

一是该项履约义务是原预计合同期限不超过一年的合同中的一部分。

二是企业有权对该履约义务下已转让的商品向客户发出账单，且账单金额能够代表企业累计至今已履约部分转移给客户的价值。

【案例3－120】剩余交易价格的披露。

2×18年2月1日，丁公司与客户签订合同，为客户建造一栋办公楼，合同对价为500万元。丁公司在该合同下为客户提供的建造服务构成单项履约义务，且该履约义务在某一时段内履行。丁公司在2×18年对该合同确认的收入金额为

240 万元。丁公司估计该项工程将于 2×19 年年底完工，但是也很可能会延期至 2×20 年 3 月完工。

解析：丁公司应当在 2×18 年的财务报表中披露尚未确认为收入的金额以及预计将该金额确认为收入的时间。由于未来确认收入的时间存在不确定性，丁公司对该信息进行定性披露，例如，“2×18 年 12 月 31 日，分摊至剩余履约义务的交易价格为 260 万元，本公司预计该金额将随着工程的完工进度，在未来 12—15 个月内确认为收入”。

3. 与合同成本有关的资产相关的信息（见图 3－42）

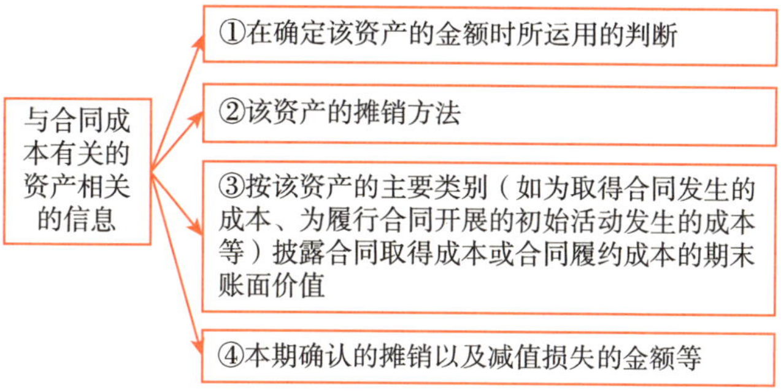

图 3－42　与合同成本有关的资产相关的信息

4. 对下列采用简化处理方法的事实进行披露（见图 3－43）

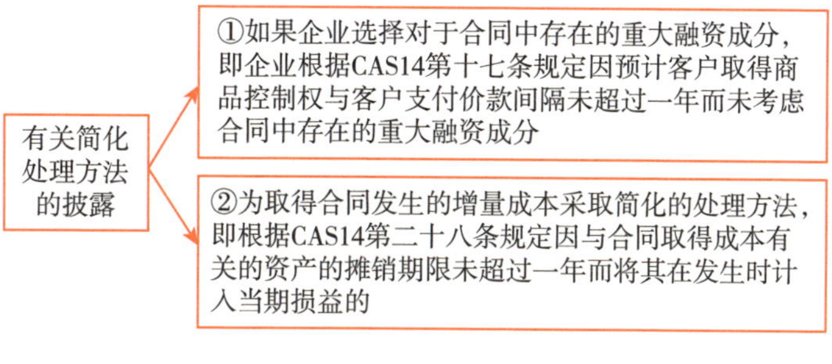

图 3－43　有关简化处理方法的披露

【案例 3－121】简化方法的披露。

2×18 年 7 月 1 日，乙公司与客户签订不可撤销的合同，为其提供保洁服务，合同期限为 2 年。根据合同约定，乙公司每月至少为客户提供一次服务，收费标准为每小时 25 元，客户按照乙公司的实际工作时间向其支付服务费。

解析： 乙公司按照固定的费率以及实际发生的工时向客户收费，乙公司有权对已提供的服务向客户发出账单，且账单金额能够代表乙公司累计至今已履约部分转移给客户的价值。因此，乙公司可以采用上述简化处理方法。

企业应当提供定性信息以说明其是否采用了上述简化操作方法，以及是否存在任何对价金额未纳入交易价格，从而未纳入对于分摊至剩余履约义务的交易价格所需披露的信息之中，例如，由于将可变对价计入交易价格的限制要求而未计入交易价格的可变对价。

第四章
政府补助

为了体现一个国家的经济政策，鼓励或扶持特定行业、地区或领域的发展，世界上很多国家，包括市场经济国家的政府，通常会对有关企业予以经济支持，如无偿拨款、担保、注入资本、提供货物或者服务等，这是国际上通行的做法。政府补助有时也被称为资助、补贴或奖励等。政府给企业补助的目的是鼓励企业采取某些行动，而在正常情况下，如果不提供补助，企业就不会采取这种行动。

随着我国社会主义市场经济的发展和完善，履行世界贸易组织（WTO）协定有关承诺，政府对企业的经济支持主要集中在关系国计民生的农业、环境保护以及科学技术研究等领域。例如，对粮、棉、油等生产或储备企业给予的定额补助，这些生活必需品涉及千家万户，其价格往往不能随行就市，售价低于成本造成的损失需要由政府来弥补。又如，为了保护环境，政府对符合条件的企业实行增值税先征后返政策，返还的税款专项用于环保支出。

企业接受的政府补助对于编报财务报表很重要，这是因为：第一，既然资源已经转移，就必须为此找出恰当的会计处理方法；第二，需要说明企业由于这种补助而在报告期内受益的程度。这样就便于将企业的财务报表与该企业的前期报表和其他企业的报表进行比较。

在IAS20中，政府援助包括需要进行会计处理的政府补助，也包括仅需要披露的政府援助，为了与国际会计准则趋同，我国制定了《CAS16——政府补助》（下文简称“CAS16”），规范了政府补助的确认、计量和列报。

2017版CAS16修订的主要原因有：

一是企业从政府取得的经济资源并不一定都是政府补助，还有可能是政府对企业的资本性投入和政府购买服务所支付的对价，实务界迫切希望能够在政府补助准则中明确这三类经济资源的区分原则，真实反映其实质。

二是2006版CAS16总额法下所有政府补助均计入营业外收入，但实务中企业取得的一些政府补助与企业的日常活动密切相关，如成本费用补贴、超税负返还、研发活动补助等，有些补助还有国家税法支持且具有持续性的特点，将这些政府补助不加区分地都计入营业外收入，难以真实反映企业的经营情况和营业利润。

三是2006版CAS16要求采用总额法，而国际财务报告准则允许选择总额法或净额法。为了与国际财务报告准则进一步趋同，使我国企业与国际企业采用同一会计核算规则，所以引入净额法。

2017版CAS16与2006版CAS16相比变化如表4－1所示。

表4－1　　CAS16新旧对比

变化项目	2006版CAS16	2017版CAS16
①对无偿性的判断【1】	未明确规范	明确规范
②不涉及资产直接转移的经济支持【2】	未明确规范	明确规范
③适用范围【3】	包含债务豁免	删除
④会计方法【4】	总额法	增加净额法
⑤补助与日常活动的关系【5】	确认营业外收入	区分其他收益与营业外收入
⑥与资产相关补助的摊销方法【6】	直线法	折旧率法
⑦政府补助的退回【7】	未明确规范	明确规范
⑧对政策性优惠贷款贴息【8】	贴息拨付给贷款银行的不属于政府补助的范围	参照政府补助处理，与国际会计准则趋同

【释1】无偿性是政府补助区别于政府的资本性投入和政府购买服务的特征。在判断一项补贴资金是属于政府补助还是政府购买服务时，有时还需要考虑与补贴相关的最终成果归谁所有。以研发补贴为例，如果根据有关协议、合同，与研发补贴相关的研发成果完全归企业所有，即企业可以占有、使用、收益、处置该成果，则该项交易属于政府无偿向企业提供资源以支持企业的研发活动，具备无

偿性特征，补贴资金应当作为政府补助处理；如果根据有关协议、合同，该研发成果归政府所有，由政府决定研发成果的使用范围以及该成果如何处置等，这实际上是政府委托企业进行研发，属于政府购买服务，应当按照收入等准则的规定进行会计处理。

需要说明的是，政府补助通常附有一定条件，对政府补助资金或资产的使用范围、用途或使用时间等进行规定。按所附条件使用政府补助资金或资产并不等同于为此支付对价。政府补助附有一定条件与政府补助的无偿性并不矛盾，实务中企业需要根据具体情况具体分析。

【释 2】不涉及资产直接转移的经济支持不属于本准则规范的政府补助。例如，直接减征、免征增加计税抵扣额、抵免部分税领等方式的税收优惠，不适用政府补助准则。与所得税减免相关的，适用《CAS18——所得税》。

又如，一些地方政府为了招商引资或鼓励创业投资，将产业园区内的房产以低于公允价值的价格出租给企业。理论上这也属于政府对企业的无偿经济支持，但没有纳入 2017 版 CAS16 的范围，理由是：一方面这种支持不涉及资产的直接转移；另一方面，如果企业按照公允价值确认相关租赁成本，同时按照公允价值和实际租金的差额确认政府补助，这种做法对净利润的影响与企业按照实际租金确认相关租赁成本对净利润的影响基本一致，前一种做法还需要企业估计租金的公允价值。所以从简化实务的角度出发，通常情况下这种不涉及资产直接转移的政府补助不纳入 2017 版 CAS16 的范围。

但也存在个别例外情况：一是企业取得政策性优惠贷款贴息且财政将贴息资金拨付给贷款银行的情况，这同样属于政府对企业的经济支持，虽然不涉及对企业的资产直接转移，但国际财务报告准则中将其作为政府补助处理，为保持国际趋同，此项补贴纳入该准则范围。

二是个别减免税款需要按照政府补助准则进行会计处理。例如，属于一般纳税人的加工型企业根据税法规定招用自主就业退役士兵，并按定额扣减增值税的，应当将减征的税额计入当期损益，借记“应交税金——应交增值税（减免税额）”科目，贷记“其他收益”科目。

【释 3】2006 版 CAS16 将政府对企业的债务豁免也作为政府补助处理，是根据国际会计准则（IAS20. 10）来规定的，根据《财政部关于进一步规范地方国库资金和财政专户资金管理的通知》（财库〔2014〕175 号）规定，“各级财政部门要严格按照批准的年度预算和用款计划拨款，对于年度预算执行中确需新增的支出项目，应按规定通过动支预备费或调整当年预算解决，不得对外借款。对于确需出借的临时急需款项，应严格限定借款对象、用途和期限。借款对象应限于纳入本级预算管理的一级预算单位（不含企业），不得对非预算单位及未纳入年度预算的项目借款和垫付财政资金，且应仅限于临时性资金周转或者为应对社会影响较大的突发事件的临时急需垫款。借款期限不得超过一年”。根据上述规定，政府原则上不对企业借款，相应不存在政府对企业债务豁免的情况，故将 2006 版 CAS16 适用范围中有关“债务豁免”的规定予以删除，应当适用《CAS12——债务重组》。

【释 4】政府补助的会计处理包括总额法和净额法。总额法下政府补助计入收益，净额法下政府补助冲减相关成本费用或损失。因此，政府补助的会计处理方法主要关系到政府补助是计入收益还是冲减相关成本费用或损失，影响到政府补助会计处理计入的会计科目。不论是与资产相关的政府补助，还是与收益相关的政府补助，都可以按照经济业务实质，选择总额法或净额法。通常情况下，企业对同类或类似政府补助业务只能选用一种方法。企业在选择方法之前，首先需要对经济业务的类型进行判断。例如，增值税即征即退和对芳烃生产企业按实际耗用石脑油数量退还所含消费税都属于税收优惠，但前者退还的是增值税，由于增值税是价外税，且该税收返还并非对特定的成本费用进行补偿，因此对增值税即征即退业务采用，总额法是合适的；后者退还的是生产环节消费税，这部分消费税是生产成本的组成部分，因此，对该业务采用净额法能够更准确地反映企业的生产成本。企业在对各类政府补助业务选择好方法后，应当一贯地运用该方法，不得随意变更。

【释 5】根据 2006 版 CAS16 应用指南，政府补助最终都计入营业外收入。但实务界提出，企业取得的一些政府补助与企业的日常活动密切相关，有些补助还有国家税法支持且具有持续性的特点。所以 2017 版 CAS16 以是否与日常活动相关对政府补助进行了区分，与日常活动相关的政府补助影响营业利润，与日常活动无关的政府补助影响营业外收支，目的就是为了更加真实地反映企业的经营活动及其营业利润。

由于政府补助主要是对企业成本费用或损失的补偿，或是对企业某些行为的奖励，因此通常情况下，日常活动有两项判断标准：一是政府补助补偿的成本费用是否属于营业利润之中的项目，如果属于，则该项政府补助与日常活动相关；二是该补助与日常销售等经营行为是否密切相关，例如，软件企业享受增值税即征即退的税收优惠，该税收优惠与企业销售商品的日常活动密切相关，则属于与日常活动相关的政府补助。与日常活动无关的政府补助，通常由企业常规经营之外的原因所产生，具备偶发性的特征，例如，政府因企业受不可抗力的影响发生停工停产损失而给予补助等，因此这类补助计入营业外收支。

【释 6】企业选择总额法对与资产相关的政府补助进行会计处理时，涉及到递延收益的摊销。2006 版 CAS16 下，与资产相关的政府补助确认为递延收益，并在相关资产使用寿命内平均分配，计入当期损益（营业外收入）。在 2017 版 CAS16 下，企业采用总额法时，与资产相关的政府补助确认为递延收益后，应当在相关资产使用寿命内按合理、系统的方法分期计入损益。之所以不再要求所有递延收益都按照相关资产寿命平均分摊，是因为资产的折旧或摊销方法体现了资产的使用情况，与资产相关的政府补助在摊销时也应尽可能与资产的使用情况对应，即与相关资产折旧或摊销方法对应。例如，当企业选择加速折旧法计提固定资产折旧时，因与该资产相关的政府补助而确认的递延收益也可加速摊销。

【释 7】已确认的政府补助需要退回的，通常因为政府补助相关政策发生变化或企业自身业务活动发生变化，导致企业不再满足政府补助所附条件。由于企业对政府补助业务可以选择不同方法、涉及不同会计科目，因此，如果发生退回业务，在需要退回政府补助的当期应当分情况进行会计处理。

对于与收益相关的政府补助，存在递延收益账面余额的，应冲减与该项补助相关的尚未分配的递延收益账面余额，退回金额超过递延收益账面余额的部分，计入应退回补助当期的损益；不存在递延收益账面余额的，按照应退回的金额计入当期损益。

对于与资产相关的政府补助，总额法下，应冲减相关递延收益的账面余额，超出部分计入当期损益；净额法下，由于在初始确认时将政府补助冲减了相关资产的账面价值，当发生政府补助退回时，应计算假定企业没有取得政府补助时累计需计提的折旧或摊销，将这部分补提的折旧或摊销计入应退回补助当期的损益，同时相应调整相关资产账面价值。

如果企业被认定为以骗补的方式取得补助，则属于前期差错，应当根据《CAS28——会计政策、会计估计变更和差错更正》的规定，按照前期差错更正进行追溯调整。

【释 8】实务中，政策性优惠贷款贴息分为两种情况：一是贷款银行按照政策性优惠利率向企业发放贷款，企业按照优惠利率付息，财政将贴息资金拨付给贷款银行，以补偿贷款银行发放低息贷款所减少的利息收入；二是贷款银行按照市场利率向企业发放贷款，财政将贴息资金直接拨付给企业，以降低企业的融资成本。上述两种情况虽然方式不同，但实际效果是相同的，即贷款银行仍按市场利率取得利息收入，企业因为享受财政补贴降低了融资成本。

2006 版 CAS16 下，第一种方式（财政将贴息资金拨付给贷款银行）不纳入政府补助范围，因为该方式不涉及资产从政府到企业的直接转移。此次修订将该类政策性优惠贷款贴息纳入政府补助范围，主要考虑到政策性优惠贷款贴息业务确属政府对企业的无偿经济支持，而且国际财务报告准则对此类贴息业务专门进行了规定，为了保持国际趋同，2017 版 CAS16 也作了相应规定。

对于这种方式，在会计处理上企业有两种方法可供选择：一是以实际收到的借款金额作为借款的入账价值，按照借款本金和该政策性优惠利率计算相关借款费用；二是以借款的公允价值作为借款的入账价值并按照实际利率法计算借款费用，实际收到的金额与借款公允价值之间的差额确认为递延收益。递延收益在借款存续期内采用实际利率法摊销，冲减相关借款费用。方法一在实务操作上较为简单并便于理解，方法二采用的是国际财务报告准则的处理原则，两种方法下对企业借款费用的影响基本一致，所不同的是长期借款和递延收益在资产负债表日的金额。之所以提供两种方法供企业选择，是为了同时兼顾实务可操作性和国际趋同的需要。

需要说明的是，2017 版 CAS16 要求对政策性优惠贷款贴息采用净额法，是为了与《基本建设财务规则》（中华人民共和国财政部第 81 号令）对财政贴息的规定在原则上保持一致，即归属经营性项目建设期间的财政贴息冲减项目建设成本。

财政部企业司编《企业财务通则解读》中，关于财政资金的类别及其财务处理办法规定，目前，支持企业改革与发展的财政资金大致分为如表4－2所示的五大类别。

表4－2　　　　支持企业改革与发展的财政资金分类

财政资金的类型	举例	会计处理
1. 属于国家直接投资、资本注入的财政资金	基本建设投资、国债投资项目等	属于国家以投资者身份对企业的资本性投入，应当增加国家资本和资本公积
2. 属于投资补助的财政资金	公益性和公共基础设施投资项目补助、推进科技进步和高新技术产业化的投资项目补助等	这类资金是政府为了贯彻宏观经济政策或实现调控目标，企业应当增加资本公积或者实收资本，由全体投资者共同享有；如果国家拨款时，明确形成的资本由某个单位持有，或者作出其他权属规定的，则按规定执行
3. 属于贷款贴息、专项经费补助的财政资金	技术更新改造项目贷款贴息、中小企业发展专项资金、产业技术研究与开发资金、科技型中小企业技术创新基金、中小企业国际市场开拓资金等	这类资金是对企业特定经济活动支付的成本费用的补偿，企业作为收益处理，如果形成固定资产或者无形资产，应当作为递延收益，按照资产使用寿命分期确认；如果没有形成资产，则应当作为本期收益处理
4. 属于政府转贷、偿还性资助的财政资金	世界银行贷款项目等	这类资金使用后要求归还本金，企业收到时应当作为负债管理
5. 属于弥补亏损、救助损失或者其他用途的财政资金	国有企业亏损补贴、“非典”期间补偿民航公司的损失、关闭小企业补助等	作为本期收益或者递延收益处理

第一节　确认与计量

一、政府补助的确认

政府补助，是指企业从政府无偿取得货币性资产或非货币性资产。

政府补助的形式有：财政拨款、财政贴息、税收返还、先征后退、即征即退、无偿划拨、非货币性资产等。

政府补助的确认见图4－1。

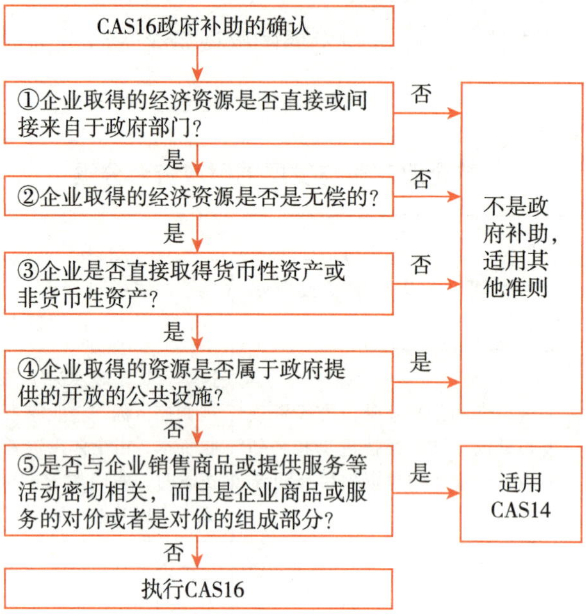

图4－1　政府补助的确认

【释①】例如，出口退税，该资金不是来自政府财政，而是企业收回自己采购时垫付的增值税进项税额资金。

【释②】企业取得政府补助必须是无偿的，不需要向政府支付对价，不具有互惠性。无偿性决定了政府补助最终形成的成果或资产，应当归企业所有，最终应当计入损益而非权益，因为计入权益表示要求回报的。如果归政府所有，就不符合无偿性要求，从而不属于政府补助。

在少数情况下，政府对某些研发项目的成果，可能与企业共同拥有，这时需要判断研发成果以谁为主，如果以企业为主，企业可以自由的使用该成果而无须政府同意，则可以确认为政府补助；如果以政府为主，企业使用该成果需要政府同意，则应确认为政府购买研发服务，不应当确认为政府补助。

如果政府向企业购买商品或服务，属于互惠的商业交易，不符合无偿性要求，不是政府补助，企业应当按照销售交易确认营业收入处理。

如果政府以投资者身份向企业投入资本，享有相应的所有者权益，也属于互惠的商业交易，不符合无偿性要求，不是政府补助，企业应当按照权益性交易中收到投资处理。

如果企业收到来自于政府部门的代收款项，例如，上级工会组织拨付的工会经费补助，这笔补助企业收到后需要再拨给工会，不属于企业所有，不符合无偿性要求，不是政府补助，企业应当在收到时确认为负债。

【释③】如果企业没有直接取得补助的资产，例如，政府给与企业直接减免税款、增加税款抵扣额、抵免税额等，均不符合 CAS16 规范的政府补助，这些情形在 IAS20 中也属于政府援助，只需要在附注中披露。

【释④】根据 IAS20. 38 的规定，政府援助不包括通过改善一般运输和通讯网络条件而提供的基础设施，也不包括提供诸如已有灌溉和水网等设施的改进。以上设施在持续不确定的基础上使整个社区受益。企业无须进行会计处理。

【释⑤】例如，新能源汽车价格补贴、家电下乡补贴等。

二、政府补助的确认时点与计量

政府补助的确认时点与计量见表 4 - 3。

表 4 - 3　　政府补助的确认时点与计量

政府补助的确认时点与计量	
1. 确认时点	①能够满足政府补助所附条件
	②企业能够收到政府补助
2. 计量	①货币性资产，按照收到或应收的金额计量
	②非货币性资产，按照公允价值计量，公允价值不能可靠取得的，按照名义金额计量，直接计入当期损益

政府补助通常附有一定的条件，例如，补助资金的使用范围和方向，专款专用等，这与无偿性并不矛盾，因为政府给企业补助的目的是为了推行宏观经济政策，促进社会发展，这种附加条件并不以企业支付对价为目的。但是，企业收到补助本身并不能说明已经符合确认的条件，如果企业收到补助时不能确定是否能满足政府补助规定的条件时，应当先确认为负债（其他应付款），等到确定符合政府补助规定的条件时再确认为政府补助。

在有确凿证据表明，企业符合财政扶持政策规定的条件且预计能够收到财政扶持资金时，即符合确认条件时，企业可以按照应收金额计量（其他应收款），并在附注中单独披露。

名义金额，理论上是指收取的相关凭据上标明的金额，如果没有相关凭据，则按 1 元计量。实务中，有时政府划拨或捐赠给文化企业一件文物或其他不常见的资产，很难评估其公允价值，因此按照名义金额计量。

【案例 4－1】子公司开展一项研发项目，由于母公司和政府部门比较熟悉，政府将补助拨付给母公司，由母公司拨付给子公司。

要求：母公司个别报表、子公司个别报表、合并报表中分别应当如何处理？

解析：该政府补助实际上是政府对子公司的研发项目进行的补助，母公司个别报表中应当确认为往来款，子公司个别报表中应当确认政府补助，合并报表中应当确认政府补助。

【案例 4－2】下列关于政府补助的说法中，不正确的有（　　）。

A. 市政府向甲企业拨款 1 000 万元，支持甲企业某重点开发项目，规定 3 年后项目开发成功，甲企业将 1 000 万元归还给政府，甲企业收到款项时确认为政府补助

B. 市政府向乙企业拨款 500 万元，从乙企业购买电脑 1 000 台，支持乙企业的业务发展，乙企业收到款项时确认为政府补助

C. 市政府向丙企业拨款 5 000 万元，占丙企业实收资本的 20%，丙企业注册资本为 1 亿元，丙企业收到款项时，按照 2 000 万元计入实收资本，3 000 万元计入政府补助

D. 市政府向丁企业拨款 4 000 万元，支持丁企业的家电下乡计划，要求丁企业将家电的售价下降 30%，丁企业收到款项时计入政府补助

答案：ABCD

解析：选项 A，需要归还的，不符合无偿性，不属于政府补助，甲企业应当确认为负债——专项应付款。

选项 B，政府和企业进行互惠交易，企业付出了代价，不符合无偿性，不属于政府补助，乙企业应当确认为营业收入。

选项 C，政府与企业的权益性交易，属于政府投入，不属于政府补助，3 000 万元应当计入资本公积。

选项 D，企业从政府取得的经济资源，经济实质是企业销售商品的对价的组

成部分，不符合无偿性，所以应当按照《CAS14——收入》的规定确认营业收入，不适用于《CAS16——政府补助》。

【案例4-3】甲公司自2×10年开始，受政府委托进口医药类特种丙原料，再将丙原料销售给国内生产企业，加工出丁产品并由政府定价后销售给最终用户，由于国际市场上丙原料的价格上涨，而国内丁产品的价格保持不变，形成进销价格倒挂的局面。2×14年之前，甲公司销售给生产企业的丙原料以进口价格为基础定价，国家财政弥补生产企业产生的进销差价；2×14年以后，国家为规范管理，改为限定甲公司对生产企业的销售价格，然后由国家财政弥补甲公司的进销差价。不考虑其他因素，从上述交易的实质判断，下列关于甲公司从政府获得进销差价弥补的会计处理中，正确的是（　　）。

A. 确认为与销售丙原料相关的营业收入

B. 确认为所有者的资本性投入，计入所有者权益

C. 确认为与收益相关的政府补助，直接计入当期营业外收入

D. 确认为与资产相关的政府补助，并按照销量比例在各期分摊计入营业外收入

答案：A

解析：选项A，企业从政府取得的进销差价，经济实质是企业销售商品的对价的组成部分，不符合无偿性，所以应当按照《CAS14——收入》的规定确认营业收入，不适用于《CAS16——政府补助》。

第二节　政府补助的会计处理

一、政府补助的会计方法与核算

政府补助的会计方法在理论上有资本法与收益法。

资本法认为，政府补助不属于企业的财务业绩，不应当计入损益，应当计入所有者权益。

收益法认为，企业取得政府补助一般要符合政府规定的附加条件，企业为了满足这些条件承担了相应的义务，履行这些义务时将会发生费用，因此，将政府

补助计入损益，可以与费用相配比。

国际会计准则和我国会计准则都采用了收益法。在收益法下，又进一步分为总额法（递延收益法）与净额法（账面金额扣减法）。

政府补助的会计方法与核算见表4-4。

表4-4　　政府补助的会计方法与核算

会计方法	①总额法，将政府补助单独计入其他收益或营业外收入，不影响相关资产成本或费用、损失的计量，在利润表中单独反映
	②净额法，将政府补助冲减相关资产账面价值或成本费用、损失，不在利润表中单独反映
会计核算	①与企业日常活动相关的补助，应当按照经济业务实质，计入其他收益或冲减相关成本费用
	②与企业日常活动无关的补助，计入营业外收入或冲减营业外支出

总额法和净额法的选择属于会计政策。企业对同类业务应当选择相同的会计方法，对不同业务可以选择不同的会计方法，且选择后不得随意变更。

一般来说，对增值税的退税采用总额法比较合适，因为增值税是价外税，不是对成本费用的补偿。而对消费税的退税采用净额法比较合适，因为消费税计入生产成本，采用净额法更能反映企业真正的生产成本。

需要注意的是，净额法与采用公允价值基础计量的资产的会计处理相矛盾。例如，企业取得采用公允价值计量的投资性房地产相关的补助，采用净额法核算时，先将补助冲减资产的账面价值，然后采用公允价值计量，又将公允价值与账面价值的差额立即计入了损益，违反了净额法下政府补助通过减少折旧分期计入损益的会计结果，也违背了政府补助在符合附加条件时才能计入损益的规则。

日常活动的判断有两个标准：一是政府补助补偿的成本费用是否属于营业利润之中的项目；二是该补助与企业日常经营行为是否密切相关。例如，成本费用补贴、超税负返还、研发活动补助等。因为很多政府补助和企业的日常活动相关的，尤其与资产相关的政府补助，在以后很多年期间都需要分摊计入损益，为了反映企业日常活动的盈利能力，所以，政府补助最终计入其他收益。

而与日常活动无关的补助通常具有偶发性的特征，例如，政府对企业因受新冠疫情等不可抗力的影响造成的损失给予补助，应当计入营业外收入或冲减营业外支出。

而2006版准则规定，政府补助不区分是否与日常活动相关，最终全部计入营业外收入，导致利润表提供的信息不能反映日常活动的盈利能力。

例如，由于疫情影响，企业取得的政府补助，是与日常活动相关还是与非日常活动相关？首先看补助的是否是营业利润之中的项目，是否与日常经营活动相关；其次，如果是由于政府要求企业停业等支付的补助，属于与日常经营活动无关的补助，应当计入营业外收入。

由于疫情防控，高速公路上车辆减少，因此，政府允许延长高速公路收费权的期限，属于与日常活动相关还是与非日常活动相关的补助？属于与资产相关的补助还是与收益相关的补助？其实都不属于，因为企业没有直接取得资产，不需要确认政府补助，取得收费权的成本在延长后的剩余期限内摊销即可。

二、政府补助的分类及会计处理

（一）政府补助的分类（见表4-5）

表4-5　　　　政府补助的分类

1. 分类	①与资产相关的政府补助，是指企业取得的、用于购建或以其他方式形成长期资产的政府补助
	②与收益相关的政府补助，是指除与资产相关的政府补助之外的政府补助【1】
2. 分类的一致性	政府补助的分类应当保持一致性，对于同一政府补助项目，以前年度和当年的会计处理应当保持一致，以符合可比性原则。如果情况发生变化的，应当披露该变动相关信息
3. 对综合性项目的补助	①应当区分与资产相关的政府补助和与收益相关的政府补助分别进行会计处理
	②难以区分的，应当整体归类为与收益相关的政府补助【2】

【释1】政府补助为什么要分两类？因为两类政府补助给企业带来的经济利益或者弥补相关成本费用的期限长短不同，从而对企业不同期间的损益影响不同。与资产相关的补助与取得长期资产有关，受益期较长，应当分摊计入各期损益，

而与收益相关的补助主要是对费用进行补偿，受益期较短，应当直接计入当期损益。

【释2】 根据IAS20．19的规定，有时，企业取得的是一揽子政府补助（即综合性项目的补助）的一部分，并因此而附带不少条件。在这种情况下，需要注意成本或费用是在什么条件下发生的，从而确定赚取补助的期间。对这类补助的各部分采用不同的分配基础，可能是恰当的。

政府给企业拨付租金扶持补贴，性质上为政府对企业所付物业租金的补贴，弥补的是企业相关期间的租赁成本费用，不符合与资产相关的政府补助的定义，因此属于与收益相关的政府补助。

由于疫情影响，企业取得的政府支付的租金补助，是与资产相关的补助还是与收益相关的补助？虽然企业确认了使用权资产，但是，租金补助的实质是补助企业在疫情期间发生的损失，企业并没有因为该补助而专门购建相关的资产，因此，作为与收益相关的补助处理。

（二）与资产相关的政府补助的会计逻辑（见图4－2）

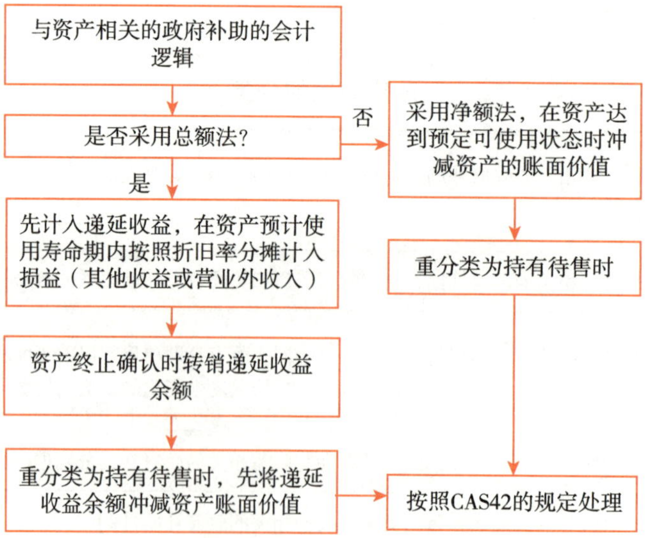

图4－2　与资产相关的政府补助的会计逻辑

为什么与资产相关的政府补助采用折旧率摊销而不是平均分摊？因为折旧率体现了资产价值消耗的情况。总额法下，政府补助开始摊销的起点是资产达到预定可使用状态与收到政府补助孰晚时起。递延收益在资产终止确认时应当摊销完毕。如果资产发生了减值，不影响递延收益的摊销。净额法下，自收到政府补助时冲减资产的账面价值，然后在资产剩余使用寿命期限内按照剩余的账面价值为基础计提折旧。

（三） 与收益相关的政府补助的会计逻辑 （见图 4－3）

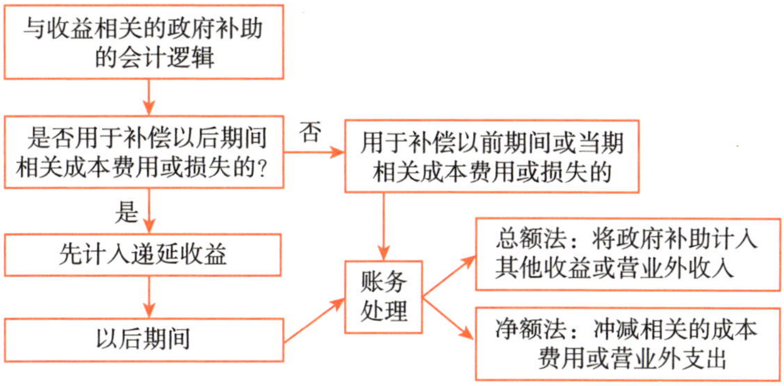

图 4－3　与收益相关的政府补助的会计逻辑

政府补助的摊销与支出应当保持配比原则。对于企业收到的与未来期间有关的与收益相关的政府补助且跨期的，如果未来期间的支出总额是可确定的，则应当按照政府补助占支出总额的比例，计算出补助比例，再根据该比例乘以各期支出金额计算出本期应结转的政府补助；如果未来期间的支出总额是不可确定的，则本期摊销的政府补助最高不得超过本期支出的金额，政府补助的项目完成后，若有尚未摊销完的余额，再一次性计入当期损益。

（四） 取得固定资产补助的账务处理 （见表 4－6）

表 4－6　取得固定资产补助的账务处理

会计方法	总额法	净额法
1. 购买固定资产	借：固定资产 　贷：银行存款/在建工程	

续表

会计方法	总额法	净额法
2. 确认政府补助	借：银行存款 　　贷：递延收益	①如果先取得政府补助，后购建长期资产的，先将补助确认为递延收益，在补助的资产达到预定可使用状态时，将递延收益金额冲减资产的账面价值，以反映长期资产取得的实际成本 借：银行存款 　　贷：递延收益 借：递延收益（一次性转销余额） 　　贷：固定资产 ②如果先取得长期资产，后取得政府补助的，将取得的补助直接冲减资产的账面价值，并按照冲减后的账面价值和资产的剩余使用寿命计提折旧 借：银行存款 　　贷：固定资产（直接冲减）
3. 摊销政府补助	借：递延收益 　　贷：其他收益/营业外收入	无
4. 计提折旧	借：管理费用等 　　贷：累计折旧	
5. 在使用寿命结束前被出售的	将尚未分配的相关递延收益余额转入资产处置当期的损益 借：固定资产清理（倒挤） 　　累计折旧（转销余额） 　　贷：固定资产（转销余额） 借：银行存款 　　递延收益（转销余额） 　　贷：固定资产清理（转销余额） 　　　　资产处置损益（倒挤）	不涉及递延收益的处理。除了没有左边的递延收益外，其他处理与左边分录相同
6. 在使用寿命结束前报废或发生毁损的	借：固定资产清理（倒挤） 　　累计折旧（转销余额） 　　贷：固定资产（转销余额） 借：营业外支出（倒挤） 　　递延收益（转销余额） 　　贷：固定资产清理（转销余额）	

续表

会计方法	总额法	净额法
7. 如果资产被划分为持有待售类别的	先将尚未摊销的递延收益余额冲减资产的账面价值，再按照CAS42的规定进行处理 借：递延收益（转销余额） 　　贷：固定资产（倒挤） 借：持有待售资产（倒挤） 　　累计折旧（转销余额） 　　贷：固定资产（转销余额） 借：资产减值损失 　　贷：持有待售资产减值准备	因为没有递延收益，所以没有左边第一笔分录，其他两笔分录与左边相同

总额法与净额法的比较：按净额法处理比较简单。净额法是来自国际会计准则的规定，但是，净额法只适用于收到的政府补助是货币资金的情况，如果收到的是非货币性资产，不能冲减其他资产的账面价值，只能采用总额法计入递延收益。

政府补助的税务处理分析：

1. 根据国家税务总局2019年第45号公告，与纳税人销售收入或销售数量挂钩的财政补贴（即视同销售收入的一部分），按照规定计算缴纳增值税。其他财政补贴不缴纳增值税。

2. 根据国家税务总局2021年第17号公告，与纳税人销售收入或销售数量挂钩的财政补贴（即视同销售收入的一部分），按照权责发生制确认应税收入，计算缴纳企业所得税。其他财政补贴，按照实际取得的时间确认应税收入，计算缴纳企业所得税。

3. 有专项用途的财政性资金，符合企业所得税法规定的不征税条件的，按照不征税处理。

4. 根据国家税务总局公告2017年第40号，如果采用净额法，则研发费用按照冲减政府补助后的净额计算加计扣除数。这样导致加计扣除金额减少，所以，对于研发费用相关的政府补助，采用总额法能够获得更大的税收利益。

三、政府补助的退回与差错更正

政府补助的退回与差错更正见表4－7。

表 4－7　　政府补助的退回与差错更正

退回	由于政府补助的政策发生变化，或者，企业自身业务活动发生变化导致不再符合政府补助规定的条件，需要退回的，按照收到补助时的会计处理原路冲回，即，若初始确认时冲减相关资产账面价值的，恢复资产账面价值；存在相关递延收益的，冲减递延收益余额，超出部分计入当期损益；其他情况的，直接计入当期损益
差错更正	如果企业虚假申报政府补助等，按照 CAS28 关于前期差错更正的规定进行追溯调整

退回与差错更正的区别：退回，是指企业以前的会计处理没有错误，只是后来政策要求等情况发生变化了，所以只需要冲减原来的会计处理。而差错更正，是指以前的会计处理是错误的，所以要追溯重述处理。

四、参照政府补助处理的情形

参照政府补助处理的情形见表 4－8。

表 4－8　　参照政府补助处理的情形

参照处理	①部分减免税款，这种情况下不涉及资产直接转移，例如，企业按照税法规定减免的增值税等税款： 借：应交税费——应交增值税（减免税额） 　　贷：其他收益
	②企业取得政策性优惠贷款，且财政将贴息资金直接拨付给贷款银行的

【案例 4－4】按照国家有关政策，企业购置环保设备可以申请补贴以补偿其环保支出。

①丁企业于 2×08 年 1 月向政府有关部门提交了 210 万元的补助申请，作为对其购置环保设备的补贴。2×08 年 3 月 15 日，丁企业收到了政府补贴款 210 万元。2×08 年 4 月 20 日，丁企业购入不须安装的环保设备，实际成本为 480 万元，使用寿命 10 年，采用直线法计提折旧（不考虑净残值），折旧费用计入制造费用。不考虑相关税费。2×16 年 4 月，丁企业出售了这台设备，取得价款 120 万元。

②假设 2×09 年 5 月，有关部门在对丁企业的检查中发现，丁企业不符合申请补助的条件，要求丁企业退回补助款。丁企业于当月退回了补助款 210 万元。

要求：（1）根据资料①，对丁企业从购买设备到出售设备分别按照总额法和净额法进行会计处理。

（2）根据资料②，对丁企业退回补助款分别按照总额法和净额法进行会计处理。

解析：（1）方法一：总额法。

2×08 年 3 月 15 日实际收到财政拨款，确认递延收益：

借：银行存款　　2 100 000

　　贷：递延收益　　2 100 000

2×08 年 4 月 20 日购入设备：

借：固定资产　　4 800 000

　　贷：银行存款　　4 800 000

自 2×08 年 5 月起每个资产负债表日（月末）计提折旧，同时分摊递延收益：

借：制造费用　　（480 万元÷10÷12）40 000

　　贷：累计折旧　　40 000

借：递延收益　　（210 万元÷10÷12）17 500

　　贷：其他收益　　17 500

2×16 年 4 月出售设备，同时转销递延收益余额：

借：固定资产清理　　960 000

　　累计折旧　　（转销余额）3 840 000

　　贷：固定资产　　（转销余额）4 800 000

借：银行存款　　1 200 000

　　递延收益　　（210 万元×2÷10）420 000

　　贷：固定资产清理　　（转销余额）960 000

　　　　资产处置损益　　（倒挤）660 000

方法二：净额法。

2×08 年 3 月 15 日实际收到财政拨款：

借：银行存款　　2 100 000

　　贷：递延收益　　2 100 000

2×08 年 4 月 20 日购入设备：

借：固定资产　　4 800 000

　贷：银行存款　　4 800 000

借：递延收益　　2 100 000

　贷：固定资产　　2 100 000

自 2×08 年 5 月起每个资产负债表日（月末）计提折旧：

借：制造费用　　22 500

　贷：累计折旧　　（270 万元 ÷10 ÷12）22 500

2×16 年 4 月出售设备：

借：固定资产清理　　540 000

　累计折旧　　2 160 000

　贷：固定资产　　2 700 000

借：银行存款　　1 200 000

　贷：固定资产清理　　（转销余额）540 000

　　资产处置损益　　（倒挤）660 000

（2）退回补助款。

方法一：总额法，应当结转递延收益，并将超出部分计入当期损益。

借：递延收益　　（210 万元 ×9 ÷10）1 890 000

　其他收益　　（倒挤）210 000

　贷：银行存款　　2 100 000

方法二：净额法，应当视同一开始就没有收到政府补助，调增资产账面价值，补提折旧。

借：固定资产　　（恢复固定资产价值）2 100 000

　贷：银行存款　　2 100 000

借：其他收益　　（倒挤）210 000

　贷：累计折旧　　（210 万元 ×1 ÷10）210 000

【案例 4－5】学天海公司 2010 年 1 月 1 日收到 500 万元政府补助，作为刚刚安装完毕的一条生产线的补偿，条件是企业至少在该地区使用此生产线 5 年，如果使用期限不足5年，按照每少1年返还100万元处理。

该生产线在收到政府补助前的账面价值为1 500万元，预计使用寿命为10年，采用直线法计提折旧，净残值为0。

2012年初，学天海公司进行一项业务重组计划，将该生产线搬迁到另外一个地区，因此返还了政府补助300万元。不考虑其他因素。

要求：分别按照总额法与净额法，编制学天海公司上述业务年初与年末时点相关的会计分录。

解析：根据总额法与净额法分别编制的相关会计分录见表4-9。

表4-9　学天海公司在总额法与净额法下的会计分录编制

日期	总额法	净额法
2010年1月1日收到补助	借：银行存款　5000000 　贷：递延收益　5000000	借：银行存款　5000000 　贷：固定资产　5000000
2010年12月31日计提折旧	借：制造费用 　（1 500万元÷10）1500000 　贷：累计折旧　1500000	借：制造费用 　（1 000万元÷10）1000000 　贷：累计折旧　1000000
分摊递延收益	借：递延收益 　（500万元÷10）500000 　贷：其他收益　500000	无
2011年12月31日	会计处理与2010年12月31日相同	
2012年1月1日返还补助	借：递延收益　3000000 　贷：银行存款　3000000	借：固定资产　3000000 　贷：银行存款　3000000
	转销递延收益余额： 借：递延收益 　（500万元-50万元×2-300万元）1000000 　贷：其他收益　1000000	补提折旧： 借：制造费用 　（300万元÷10×2）600000 　贷：累计折旧　600000
2012年12月31日计提折旧	借：制造费用 　（1 500万元÷10）1500000 　贷：累计折旧　1500000	借：制造费用 　（1 300万元÷10）1300000 　贷：累计折旧　1300000

五、财政贴息的会计处理

企业取得政策性优惠贷款财政贴息的，应当区分下面两种情况进行处理：

1. 财政将贴息资金拨付给贷款银行，由贷款银行以政策性优惠利率向企业提供贷款的，企业可以选择表4－10所示方法之一进行会计处理。

为了与国际会计准则趋同，财政将贴息资金拨付给贷款银行的也按照政府补助来处理。

根据IAS20.10A的规定，以低于市场水平的利率提供的政府贷款的相关利益被视为政府补助。此类贷款应依照CAS22予以确认和计量，贷款初始账面价值与收到的款项之间的差额，即利率低于市场利率所带来的利益，确认为政府补助。企业在识别这些利益拟补偿的成本时，应考虑已经满足或必须满足的相关条件和义务。由于我国政府不会直接向企业提供贷款，所以我国会计准则未引入该规定。

表4－10　财政将贴息资金拨付给贷款银行的会计处理

确认方法	方法一：以实际收到的借款金额作为借款的入账价值，按照借款本金和该政策性优惠利率计算相关借款费用	方法二：以借款的公允价值（未来实际支付的本息现值）作为借款的入账价值并按照实际利率法计算借款费用，实际收到的金额与借款公允价值之间的差额确认为递延收益。递延收益在借款存续期内采用实际利率法摊销，冲减相关借款费用
①取得借款	借：银行存款 　　贷：长期借款——本金	借：银行存款 长期借款——利息调整 　　贷：长期借款——本金 　　　　递延收益（倒挤）
②期末计息	借：在建工程或财务费用（按照优惠利率计算） 　　贷：应付利息	借：在建工程或财务费用（按照实际利率） 　　贷：应付利息 　　　　长期借款——利息调整 借：递延收益（按实际利率法摊销） 　　贷：在建工程或财务费用
企业选择了上述两种方法之一后，应当一致地运用，不得随意变更		

方法一比较简单并便于理解，方法二采用了国际会计准则的处理方法，长期借款按照公允价值计量，与 CAS22 中对金融工具的计量原则保持一致。两种方法实质上都是采用了净额法，对借款费用的影响是一致的，只是长期借款在资产负债表日的金额不同。

2. 财政将贴息资金直接拨付给企业的，企业应当将对应的贴息冲减相关借款费用，即采用净额法处理（见表 4-11）。这是为了反映政府补助项目真正的成本，与《基本建设财务规则》（财政部令第 81 号）对财政贴息的规定保持一致。

表 4-11　　财政将贴息资金直接拨付给企业的会计处理

①取得借款	借：银行存款 　　贷：长期借款——本金
②期末计息	借：在建工程或财务费用（按照名义利率） 　　贷：应付利息 借：其他应收款或银行存款（应收贴息） 　　贷：在建工程或财务费用

【案例 4-6】 财政贴息的会计处理。

2×18 年 1 月 1 日，甲公司向银行借款 100 万元，用以补充流动资金，借款期限两年，每年年末支付利息，到期还本。正常情况下，甲公司的借款利率应为 10%，由于甲公司可享受国家的贴息政策，国家财政将贴息资金拨付给贷款银行，贷款银行因此以政策性优惠利率 5% 向甲公司发放贷款。

要求： 说明企业取得政策性优惠贷款贴息分别采用净额法与总额法的会计处理，编制甲公司 2×18 年相关的会计分录。

解析： 财政将贴息资金拨付给贷款银行，由贷款银行以政策性优惠利率向企业提供贷款的，企业可以选择下列方法之一进行会计处理。

（1）方法一：以实际收到的借款金额作为借款的入账价值，按照借款本金和该政策性优惠利率计算相关借款费用。

借：银行存款　　　　　　　　　　　　1 000 000

　　贷：长期借款　　　　　　　　　　　　1 000 000

借：财务费用　　　　　　　　　　　　50 000

贷：银行存款　　50 000

（2）方法二：以借款的公允价值作为借款的入账价值并按照实际利率法计算借款费用，实际收到的金额与借款公允价值之间的差额确认为递延收益，递延收益在借款存续期内采用实际利率法摊销，冲减相关借款费用。

银行借款初始公允价值 $=5\div(1+10\%)+105\div(1+10\%)^2=91.33$（万元）

借：银行存款　　1 000 000

长期借款——利息调整　　86 700

贷：长期借款——本金　　1 000 000

递延收益　　86 700

借：财务费用　　（91.33 万元 ×10%）91 330

贷：应付利息　　（100 万元 ×5%）50 000

长期借款——利息调整　　（倒挤）41 330

借：应付利息　　50 000

贷：银行存款　　50 000

借：递延收益　　[8.67 万元 ÷(1+1+10%)] 41 286

贷：财务费用　　41 286

第一年递延收益摊销金额为 A，第二年摊销 $A\times(1+10\%)$，则 $A+A\times(1+10\%)=8.67$，解得 $A\approx4.13$ 万元，与长期借款利息调整的金额相等。

方法二确认的财务费用 $=9.13-4.13=5$ 万元，与方法一确认的财务费用相等。

第三节　列　　报

政府补助的列报见表 4－12。

表 4－12　　政府补助的列报

列示	资产负债表中，一年内推销递延收益仍然在“递延收益”项目列报【1】
	利润表中，在“其他收益”项目或“营业外收入”项目单独列报

续表

披露	①政府补助的种类、金额和列报项目
	②计入当期损益的政府补助金额
	③本期退回的政府补助金额及原因

【释1】因为递延收益实质上属于收益，不属于负债，不得重分类为流动负债。

计入当期损益或冲减相关成本的政府补助披露格式见表4－13。

表4－13　计入当期损益或冲减相关成本的政府补助

补助项目	种类	本期计入损益或冲减成本的金额	本期计入损益或冲减成本的列报项目
科技项目经费			
……			
合计			

政府补助的退回披露格式见表4－14。

表4－14　政府补助的退回

项目	金额	原因
合计		

第四节　综合案例

【案例4－7】学天海公司为上市公司，发生如下业务：

要求（1）：根据下列资料，学天海公司将3 000万元扶持资金作为与收益相关的政府补助的会计处理是否正确并说明理由。

学天海公司与其所在地工业园管委会签订协议，实施异地搬迁扩建，学天海公司将在该工业园建设新的厂房。协议约定：学天海公司以150元/平方米的单价取得20万平方米的土地使用权，土地出让金总额3 000万元，缴纳全部土地出让金后5个工作日内，管委会以“进园企业科技创新扶持资金”的形式向学天海公司拨付 3 000 万元扶持资金。学天海公司认为，在与管委会进行进园谈判时，就提出了科技创新扶持资金的申请，但对方表示当地面临经济落后、财政资金少等困难，希望在引入成功时再提供资金支持。因此，学天海公司认为该资金并不是针对土地款进行的补偿，应该作为与收益相关的政府补助。

解析：正确。该补助是“进园企业科技创新扶持资金”，没有证据表明是针对土地款进行的补偿，也不是针对随后的厂房建设，与长期资产无关，应当作为与收益相关的政府补助处理。

要求（2）：根据下列资料，学天海公司将政府补助判断为与收益相关的政府补助的会计处理是否正确？

2×15 年学天海公司所在地经济发展局核准某节能技改项目总投资 2.3 亿元，其中建设投资 2 亿元，流动资金等其他投资 0.3 亿元。2×16 年 8 月，学天海公司技改项目完成并通过验收。学天海公司认为，政府补助的文件中并未明确该项补助是与收益相关还是与资产相关，因此作为与收益相关的政府补助，全额计入 2×16 年度的损益。

解析：不正确。政府补助的分类需要根据会计职业判断，不应该由于补助文件中未明确就作为与收益相关的补助。对综合性项目补助应当区分其中与资产相关的补助和与收益相关的补助，应当将建设投资 2 亿元分类与资产相关的政府补助，流动资金等其他投资 0.3 亿元分类为与收益相关的政府补助。

要求（3）：根据下列资料，学天海公司对补偿款的确认是否正确？

为了实施城市规划，进行旧城区改造，当地工业改造指挥部与学天海公司签订了拆迁补偿协议并约定，以第三方评估结果为基准，工业改造指挥部支付 5 亿元补偿款收回学天海公司某地块的厂区土地及地上建筑物和配套设施。学天海公司原地块上资产产权关系清晰，没有权属争议。学天海公司将 5 亿元补偿款划分为与资产相关的补助，计入了递延收益。

解析：不正确。交易的实质是，学天海公司将自己的厂房等资产卖给工业指挥部，是一项互惠的商业交易，不符合政府补助的无偿性要求，不属于政府补助，所以，应当将 5 亿元补偿款确认为资产处置收益。根据企业会计准则解释公告第 3 号规定，如果企业由于公共利益搬迁，并收到从政府财政预算直接拨付的搬迁补偿款的，按照政府补助处理。实务中，很多企业收到的款项是来自于拆迁人而不是财政预算，因此，按照资产处置处理。

根据证监会2021年上市公司年报会计监管规定，如果有确凿证据表明，拆迁补偿款中包含政府补助的，对于政府补助部分可以按照CAS16的规定进行会计处理，其余部分按照资产处置进行会计处理。

要求（4）：根据下列资料，学天海公司在2×16年年报中关于成品油补助的处理是否正确？

学天海公司具有农业部批准的成品油价格补助资格，根据用油量和固定补助价格可以申报补助资金。根据往年情况，学天海公司每年都收到了该补助。学天海公司2×16年年报中披露，由于未实际收到补助款项，出于谨慎性考虑，公司并未确认尚未实际收取的2×16年度补助，待实际收取时再予以确认并计入当期的其他收益。2×17年6月，学天海公司收到了2×16年度的补助资金3 600万元并确认为当期损益。

解析：不正确。学天海公司的成品油补助并非用于形成长期资产，因此属于与收益相关的政府补助。学天海公司具备补助企业的资格，往年都收到了该补助，说明补助预计能收到，符合政府补助确认的条件。所以，学天海公司应当按照权责发生制在2×16年年报中确认2×16年的成品油补助形成的损益，而不是在2×17年确认损益。

很多企业在政府补助的确认时点上，故意提前或推迟确认，从而操纵利润。

要求（5）：根据下列资料，学天海公司将此项“政府补贴”计入当期损益是否正确？

B公司是学天海公司的控股股东，B公司与学天海公司及其所在地县级人民政府达成三方协议，由B公司先支付给县政府3 000万元，再由县政府以政府补助的形式支付给学天海公司。学天海公司收到了县政府拨付的3 000万元后，作为政府补助计入当期损益。

解析：不正确。第一，学天海公司获得的3 000万元“政府补贴”最终由其控股股东B公司承担，该经济资源并不是来源于政府，县政府只是形式上履行了政府补贴程序，实质上并不是政府无偿给予，不符合无偿性的特征，不属于政府补助。

第二，该交易是基于B公司是学天海公司控股股东的特殊身份才发生的，学天海公司明显的、单方面从中获益，其经济实质是控股股东的资本性投入，属于权益性交易。因此，3 000万元应计入权益（资本公积），不应计入当期损益。

【案例4-8】 学天海集团拥有A公司、B公司、C公司、D公司等几家子公司，分别发生了下列业务，根据要求分别回答问题。

要求（1）： 根据下列资料，判断A公司的会计处理是否正确，如果不正确，请说明正确的会计处理原则。

A公司为制造业上市公司。2×12年1月，A公司收到当地国土资源局关于收回A公司位于B片区的C地块土地使用权的通知。通知规定，为实施城市规划，进行旧区改建，依照《中华人民共和国土地管理法》和《中华人民共和国城市房地产管理法》等法律法规，经报当地人民政府批准，收回A公司位于B片区旧城改造项目用地范围内的C地块的土地使用权，作为B片区国有土地使用权公开挂牌捆绑出让的旧城改造项目用地。收回A公司用地过程中涉及拆迁安置补偿的，由该改造项目挂牌竞得人按国家规定程序取得拆迁人资格后，根据国家城市房屋拆迁有关法规政策规定进行安置补偿。A公司在C地块上的资产产权关系清晰，没有权属争议。

2×12年4月，甲房地产开发公司通过参加当地国土资源局土地交易中心举行的土地公开挂牌捆绑出让程序，取得了上述B片区的拆迁人资格，并负责相关拆迁安置工作。

2×12年6月，A公司与甲公司签订搬迁补偿协议，约定以现金方式补偿，由A公司自行安置。补偿价格以第三方评估结果为基准确定，补偿总金额为2.3亿元。A公司将该补偿款按照政府补助的原则分类为与资产相关的补助进行了会计处理。

解析： 不正确。第一，搬迁款的支付对象为甲公司，并非是财政部门直接拨付的预算支出资金，因此不属于政府补助。

第二，虽然A公司的搬迁原因是为了配合城市规划和旧区改建，具有公共利益的因素，但是，甲公司与A公司的交易实质是A公司将自身的资产与甲公司进行平等交换，“补偿款”的本质是交易对价，应当全部按照资产处置的一般原则进行会计处理。

第三，搬迁补偿款的定价依据为第三方评估值，并不能改变交易的实质。

要求（2）：根据下列资料，B公司的会计处理是否正确，如果不正确的，请说明正确的会计处理原则。

B公司是一家医药公司，根据当地政府的统一规划，2×18年2月与政府下属的土地开发公司签订拆迁补偿协议，给予公司补偿总金额为1.9亿元，一次性支付。具体补偿项目及金额包括房屋建筑物及其附属物价款4 000万元、设备价款5 000万元、停产停业损失补助2 000万元、品种转移费8 000万元。

在拆迁补偿谈判中，医药公司与土地开发公司就品种转移费进行了协商。按照目前在产的药品品种数量以及预计的每种药品的变更注册、重新认证等相关费用进行估计，土地开发公司同意向医药公司支付品种转移费8 000万元。品种转移费源于《药品注册管理办法》等文件的规定，药品生产场地变更需要重新注册申请，涉及申报、审评、审批等程序。医药公司从现在的注册经营地搬迁到新的生产地点之后，需要就每一类药品的新生产场地重新注册申请，相应会发生试生产及注册申请相关费用。另外，各种药品的重新注册申请是分阶段进行的，相关费用逐期发生。

医药公司预计，2×18年年底之前将房屋建筑物腾空交付。10%的药品将在2×18年完成新生产场地的重新注册申请，其余药品在未来期间陆续完成生产场地重新注册申请，在完成重新注册之前，医药公司将委托其他生产厂商代为生产这些药品。B医药公司将上述补偿中的品种转移补偿费确认为政府补助，并递延到未来注册申请费用发生的期间确认为收益。

解析：不正确。第一，该业务中，政府按照市场价格征收土地，医药公司将房屋建筑物腾空交付给土地开发公司，此后不再有任何后续义务。本质上是一种商业行为，补偿价款属于交易对价，不具有无偿性的特征，不属于政府补助。

第二，该交易实质为资产处置，对价所包含内容只是定价时的考虑因素，是定价的一种方式。

第三，提供的类似于房屋建筑物和设备补偿款是对房屋建筑物和设备损失的补偿，品种转移费本质上是对企业以前年度经营形成的生产经营资质因搬迁而提供的补偿。

第四，鉴于该业务性质为资产处置而非政府补助，对应的损益应该在完成房屋建筑物交付时作为资产处置损益一次性确认，不应该递延到未来注册申请费用发生期间分期确认为收益。

要求（3）：根据下列资料，C公司收到的废弃电子产品处理基金补贴应当如何进行会计处理？

C公司是一家废弃电子产品拆解企业。废弃电器电子产品处理基金是国家为促进废弃电子产品回收处理而设立的政府性基金。2012年，财政部、原环保部等相关部门联合发布《废弃电器电子产品处理基金征收使用管理办法》，电器电子产品生产者、进口电器电子产品的收货人或者其代理人应当按照管理办法的规定履行基金缴纳义务。基金分别按照电器电子产品生产者销售、进口电器电子产品的收货人或者其代理人进口的电器电子产品数量定额征收。电器电子产品生产者、进口电器电子产品的收货人或者其代理人缴纳的基金计入生产经营成本，准予在计算应纳税所得额时扣除。

依照《废弃电器电子产品回收处理管理条例》和《废弃电器电子产品处理资格许可管理办法》的规定取得废弃电器电子产品处理资格的企业（以下简称“处理企业”），对列入《目录》的废弃电器电子产品进行处理，可以申请基金补贴。对处理企业按照实际完成拆解处理的废弃电器电子产品数量给予定额补贴。基金补贴标准为：电视机85元/台、电冰箱80元/台、洗衣机35元/台、房间空调器35元/台、微型计算机85元/台。实际完成拆解处理的废弃电器电子产品是指整机，不包括零部件或散件。

在实务中，有的拆解企业将取得的电子产品处理基金补贴作为政府补助并冲减拆解成本，有的拆解企业将该基金补贴确认为主营业务收入，金额由公司根据拆解量暂估，后续根据环保部审核确认的拆解量对已确认收入进行调整。

解析：拆解业务应按照政府补助准则还是收入准则进行会计处理，关键在于政府在拆解业务中扮演什么角色。

如果认为政府是拆解业务的服务接受方并支付服务对价，且构成企业销售对价的组成部分，则应按收入准则进行会计处理。企业从事拆解业务的收入主要来自两个方面：一是政府作为服务接受方支付的基金补贴收入；二是企业对外出售拆解完成的废弃电器电子产品的交易对价。由于两笔收入的确认时点不同，处理企业应根据两部分收入的金额按比例先后结转拆解成本。

如果认为政府仅为鼓励其从事该项业务并给予其资金补助，并不影响企业正常的销售对价，则应按政府补助准则进行会计处理。

上述两种理解及相关会计处理在实务中均具有合理性。

要求（4）：根据下列资料，D公司的会计处理是否正确并说明理由。

经国家发展改革委的备案批复，学天海公司进行××生产线的拆迁改造。2×14年某市财政局拨给学天海公司该生产线拆迁补偿资金5 970.96万元。收到补偿资金后，学天海公司于2×14年12月31日前将上述补贴资金全部划转至其控股的D上市公司账户。同时，学天海公司承诺，为规避同业竞争，学天海公司相关搬迁改造后的××生产线将在"最佳时机"转让给D上市公司。学天海公司将政府补助转划给D上市公司，认定为政府对D上市公司的政府补助，因此D公司确认了其他收益。

D上市公司2×12年、2×13年、2×14年未发生相关搬迁支出。截至2×14年12月31日，学天海公司尚未将其拥有的拆迁改造的生产线转让给D上市公司。

解析：不正确。政府拨款补偿的对象也为学天海公司，补偿的是学天海公司的拆迁改造行为，实施拆迁改造的主体为学天海公司，与其控股的D上市公司没有任何关系。学天海公司将其收到的政府拆迁补偿款划转给其控股的D上市公司，完全是基于学天海公司控股D上市公司的特殊身份才发生的，是一种单方面的利益转移行为或资金划转行为，与政府没有关系。D上市公司最近几年没有发生过拆迁行为，无相关方面的支出。因此，该交易的经济实质是学天海公司对D上市公司的资本性投入，按权益性交易处理。

【案例4-9】政府补助的税会差异比较。

甲公司2×16年1月2日与当地政府签订了一项合同，合同约定：政府要求甲公司从2×16年1月2日开始在当地建造一座公共基础设施，总共投资2亿元，计划于2×17年12月31日建成，建成后政府从财政拨款2亿元给甲公司（甲公司建造过程中不产生毛利），同时约定，建成后该设施由甲公司负责运营，运营成本由甲公司承担。甲公司可以向社会公众收取一定的费用，但该基础设施的所有权属于政府，政府也不向甲公司收取任何后续的费用。

甲公司按照总额法核算该政府补助，会计处理如下：垫资建造基础设施时，发生的支出计入了固定资产，预计使用寿命10年，无残值，按照直线法计提折旧。收到政府拨款时计入了递延收益，2×18年实现运营收入0.3亿元，发生运营费用0.1亿元。运营期间将递延收益按照该资产计提折旧的相同期间，摊销计入了损益，并将分摊的收入计入应纳税所得额缴纳了企业所得税。

借：固定资产　　200 000 000
　　贷：银行存款　　200 000 000
借：银行存款　　200 000 000
　　贷：递延收益　　200 000 000
借：银行存款　　30 000 000
　　贷：其他业务收入　　30 000 000
借：其他业务成本——运营费用　　10 000 000
　　贷：银行存款　　10 000 000
借：其他业务成本　　20 000 000
　　贷：累计折旧　　20 000 000
借：递延收益　　20 000 000
　　贷：其他收益　　20 000 000

2×19年1月2日，当地税务局进行税务检查时，认为该政府拨款属于财政性资金，而且该资金形成的资产归企业运营使用，应当计入应纳税所得额一次性缴纳企业所得税，因此认定该企业逃税，要求该企业补缴企业所得税4 500万元（2亿元×25% -0.2亿元×25%），同时罚款4 500万元。

要求：判断甲公司的会计处理和税务局的观点是否正确并说明理由。

解析：(1) 甲公司的会计处理不正确。政府补助形成的资产的所有权应当属于企业，而不应该属于政府。合同明确约定，该资产建成后所有权属于政府，所以，甲公司不能确认固定资产，该业务的经济实质不属于政府补助，甲公司属于接受政府委托，为政府建造该基础设施，应当按照往来核算，运营期间不应当计提折旧。

除确认其他业务收入和运营费用的分录正确外，更正分录：

借：其他应收款　　200 000 000

　　贷：固定资产　　200 000 000

借：递延收益　　200 000 000

　　贷：其他应收款　　200 000 000

借：累计折旧　　20 000 000

　　贷：其他业务成本　　20 000 000

借：其他收益　　20 000 000

　　贷：递延收益　　20 000 000

（2）税务局的观点不正确。企业所得税的征税对象是企业的所得，这2亿元既然不是甲公司的政府补助，就不属于甲公司的所得，所以不应当按照企业所得税的规定进行征税和处罚，企业已缴的税款500万元应当退还。

第五章
租　　赁

第一节　租赁的概述

一、租赁业务概述

自 1952 年世界上第一家租赁公司在美国成立以来，租赁业在世界范围内就迅速发展起来，从而推动了租赁会计准则的发展。租赁交易最初是制造厂商的一种促销手段，后来逐渐发展为专业化的金融服务。尤其是随着经济的发展，租赁交易的需求日益增长。

租赁交易对于承租人来说，是一种重要的融资方式，可以减少现金流出，承租人通过租赁获取租赁资产的使用权，该使用权符合资产的概念，应当确认为一项资产——使用权资产，同时也给承租人带来了一项未来支付租金的义务，应当确认为一项负债——租赁负债。

租赁交易对于出租人来说，是一种重要的投资方式，能够给出租人的租赁投资带来回报。租赁交易的关键是判断企业究竟是向客户提供租赁资产使用权，还是销售资产，或者是提供服务。

《CAS21——租赁》（后文简称“CAS21”）规范了租赁业务的确认、计量和列报。

二、2018 版 CAS21 修订的主要原因

第一，由于经营租赁未纳入承租人的资产负债表，导致其财务报表无法全面反映因租赁交易取得的权利和承担的义务，也为实务中构建交易以符合经营租赁条件创造了动机和机会，降低了财务报表的可比性。在以前的租赁会计准则中，对承租人来说，会计对象是租赁资产本身，租赁资产归属于出租人还是承租人影响了租赁的会计处理。如果租赁资产归属于出租人，则分类为经营租赁，租赁资产不进入承租人的会计报表；如果租赁资产归属于承租人，则分类为融资租赁，从而导致承租人报表中既增加了资产也增加了负债，因此导致资产负债率上升，从而影响对企业偿付能力的评价。尤其对于航空业、远洋运输业等核心资产（如飞机、船舶）大多数来自于租赁的企业来说，对其资产负债表结构产生了很大的影响。所以，有些“聪明的”承租人将租赁合同设计为经营租赁，从而避免在表内确认租赁相关的资产和负债，这样处理的结果是未能如实反映租赁交易的经济实质，扭曲了财务状况和财务业绩，与其他企业的会计信息缺乏可比性。

第二，IASB（国际会计准则理事会）和 FASB（美国财务会计准则委员会）经过合作，重新研究了租赁的会计处理，以承租人使用租赁资产的权利为会计对象，将承租人拥有的对租赁资产的权利确认为一项资产，承担的支付租金的义务确认为一项负债，全部在表内确认，不再区分融资租赁和经营租赁，从而解决了上述问题。因此，IASB 于 2017 年重新发布了《IFRS16——租赁》，我国会计准则为了保持国际趋同，于 2018 年重新发布了修订后的 CAS21。

2018 版 CAS21 是以资产负债观为理论基础，2006 版 CAS21 是以收益费用观为理论基础。

三、2018 版 CAS21 与 2006 版 CAS21 相比的变化

总体来说，对承租人的影响比较大，对出租人的影响比较小。尤其是对发生

大量经营租赁的企业的财务报表影响比较大，将会提高资产负债率，倒逼企业加强债务与风险管理。承租人的息税折旧及摊销前利润将提高，最初几年净利润、每股收益、资产周转率等下降。税会差异增大。分别确认利息与折旧，提高了租赁交易与通过借款购买交易的可比性，从而影响“买”或“租”的经济决策。现金流总额不变，筹资性现金流出增加，经营性现金流出减少。另外，由于售后租回业务中，资产转让不符合销售确认条件的按照融资处理而非租赁处理，对于从事售后租回业务的企业也产生一定影响。

2018 版 CAS21 与 2006 版 CAS21 相比的变化见表 5－1。

表 5－1　　　　CAS21 新旧对比

变化项目	2006 版 CAS21	2018 版 CAS21
①承租人租赁的分类	承租人对租赁业务分为经营租赁和融资租赁两类分别进行处理	承租人不再分两类，采用统一的控制权模型，确认使用权资产与租赁负债，导致承租人的会计核算变得复杂，需要考虑使用权资产的折旧、减值等后续处理，对租赁负债进行折现、计提利息，确认的租赁费用前高后低
②租赁交易的识别	无	有了具体的识别标准
③租赁的合并与分拆、短期租赁与低价值资产租赁	无	新增规定
④租赁选择权与租赁现金流量的变化	无	重新评估
⑤承租人和出租人的租赁的变更	无	新增需要重新评估并调整使用权资产和租赁负债
⑥出租人经营租赁的初始直接费用	费用化	资本化
⑦转租赁、生产商或经销商作为出租人的交易	无	新增出租人的规定

续表

变化项目	2006 版 CAS21	2018 版 CAS21
⑧售后租回交易	未考虑租回部分的价值	考虑租回部分的价值
	资产转让不符合销售确认条件的也按照租赁处理	资产转让不符合销售确认条件的按照融资处理
⑨出租人披露	要求少	增加了租赁收入、未折现租赁收款额等披露要求

四、租赁相关准则的逻辑

租赁相关准则的逻辑见图 5－1。

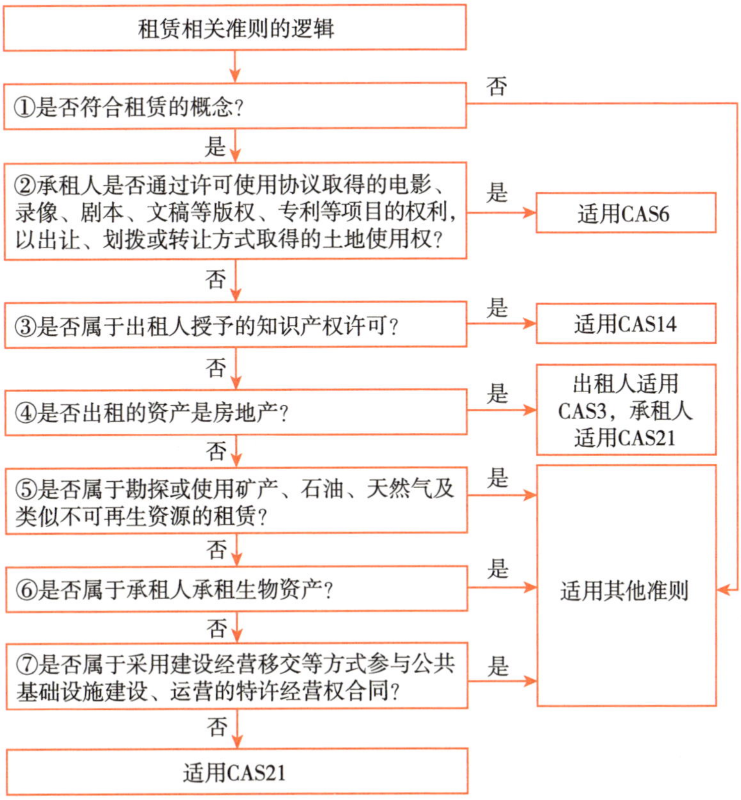

图 5－1　租赁相关准则的逻辑

【释②】为什么权利的租赁适用 CAS6 无形资产？因为承租人购买无形资产的使用权与所有权的本质相同，因此，都适用 CAS6，不需要按照 CAS21 这样复杂的会计处理。对于出租人来说，出租权利适用 CAS21，转让权利适用 CAS6。

【释③】为什么授予知识产权许可执行 CAS14？因为知识产权许可一般是和日常活动的产出联系在一起的，CAS14 中已经规范了知识产权许可的会计原则，为了准则之间的逻辑保持一致，因此执行 CAS14。

【释⑤】为什么将不可再生资源的租赁排除在 CAS21 之外？因为能源租赁不是转让使用能源产生的现金流量，而是转让能源资产本身的价值，与租赁其他资产的使用权本质上不同，所以排除在 CAS21 之外。例如，甲勘探公司勘探出一口油井，租赁给乙公司 3 年，乙公司可以自己开采石油。但是，乙公司能开采多少石油取决于开采技术、油井的储量、国家宏观政策等多种因素的影响。

【释⑥】为什么生物资产租赁排除在 CAS21 之外？因为生物资产租赁的风险与其他无生命的资产租赁的风险不同，生物资产租赁还受到租赁交易之外的风险的影响，这些风险将会影响生物资产的寿命。所以，排除在 CAS21 之外。例如，租赁一头奶牛，过几天奶牛就生病不产奶了或者死亡了等。疾病影响了生物资产的寿命，这种风险不同与无生命资产租赁的风险。

在《IFRS16——租赁》中明确规定，如果承租人租赁生产性植物，例如租赁果园，执行 IFRS16，如果租赁生产性动物，执行《IAS41——农业》。

【释⑦】为什么参与公共基础实施的合同排除在 CAS21 之外？因为企业参与公共基础实施的业务是一种投资，以后获得公共基础设施一定年限的使用权本质上是一种投资回报，与租赁其他资产获得使用权本质上不同。政府将公共基础设施的使用权让渡给企业，是对企业投资的一种补偿，而不是把公共基础设施租赁给企业，因此，参与公共基础实施的合同不符合租赁的定义，应当执行 CAS14 与《企业会计准则解释第 14 号》关于 PPP 项目合同的规定。

五、CAS21 的会计逻辑

CAS21 的会计逻辑如图 5－2 所示。

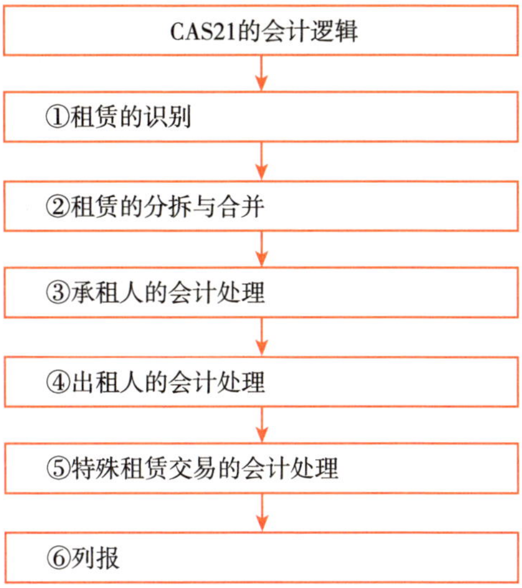

图 5－2　CAS21 的会计逻辑

第二节　租赁的识别

一、租赁的概念

租赁的相关概念如表 5－2 所示。

表 5－2　租赁的相关概念

交易类型	区别	适用准则
租赁	是指在一定期间内，出租人将资产的使用权让与承租人以获取对价的合同	执行 CAS21
租赁交易	租赁转让的是资产使用权	
资产销售交易	转让的是资产所有权	执行资产类相关准则
服务交易	只提供服务，不转移资产使用权，如劳务合同、运输合同等	执行 CAS14

租赁三要素：第一，要有租赁期间；第二，出租人转让的是资产使用权而不是所有权；第三，出租人出租资产的目的是获得对价，说明租赁是互惠的商业交易。

租赁识别的评估逻辑如图 5－3 所示。

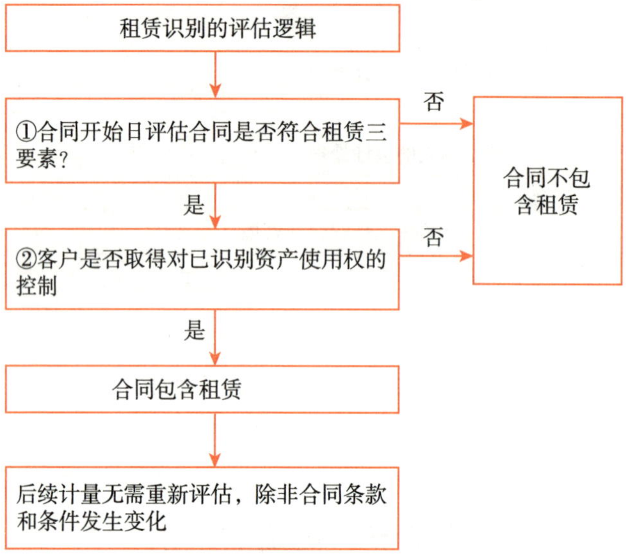

图 5－3　租赁识别的评估逻辑

二、租赁期的评估

租赁期，是指承租人有权使用租赁资产且不可撤销的期间。租赁期不仅仅考虑合同约定的期间，还要考虑续租选择权等各种选择权所影响的期间。

租赁期也可以表述为已识别资产的使用量。例如，出租人将某项生产设备出租给承租人生产某种指定的产品 1 000 件，达到该生产量时租赁合同终止，承租人将租赁资产返还给出租人。

租赁期的评估见图 5－4。

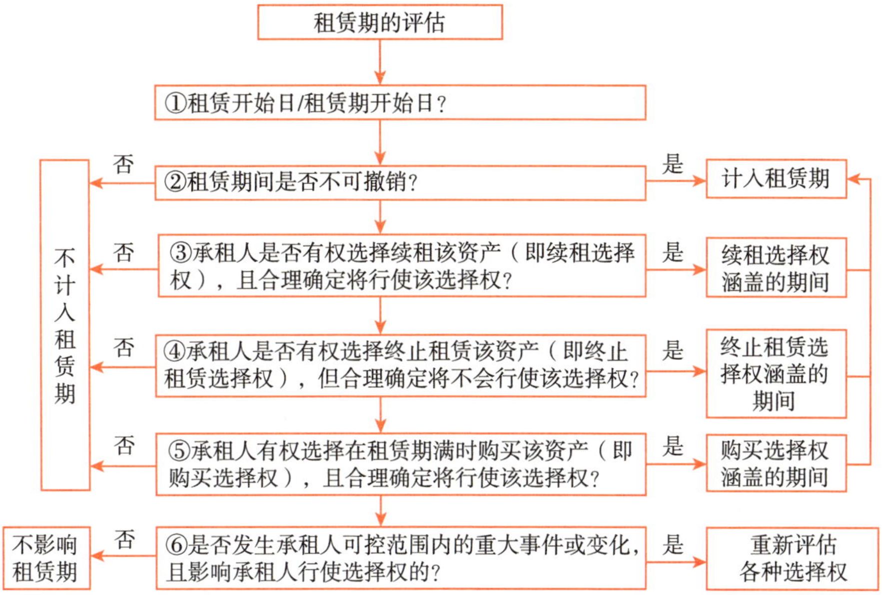

图 5－4　租赁期的评估

【释①】租赁开始日，是指承租人和出租人双方就租赁的主要条款达成一致的日期（即签订租赁合同的日期）。

租赁期开始日，是指出租人提供租赁资产使其可供承租人使用的起始日期（即承租人开始控制租赁资产的日期）。租赁期判断的例子：出租人将一间商铺租赁给承租人，1 月 1 日将房屋钥匙交付承租人，承租人在收到钥匙后，就可以自主安排对商铺的装修布置，并安排搬迁。合同约定有 3 个月的免租期，承租人自 4 月 1 日开始支付租金。承租人进行了 2 个月的装修后，3 月 1 日开始经营活动，当月实现收入。则租赁期开始日是 1 月 1 日，因为承租人自 1 月 1 日起就已经拥有对房屋使用权的控制，即租赁期包含免租期，与其他日期都无关。

【释②】为什么强调不可撤销？因为如果合同可以随时撤销，表明企业没有享有租赁资产的权利和承担义务，那么和未签订合同没有实质性区别。

不可撤销期间判断的例子。承租人与出租人签订了一份租赁合同，约定 1 年内不可撤销，如果撤销，将支付重大罚款，1 年期满后，经双方同意可再延长 1 年，如有一方不同意，将不再续期，且没有罚款。则租赁期是 1 年还是 2 年？是 1 年。因为第 1 年是不可撤销期间，延长的 1 年不是不可撤销期间，会计上不确认。

【释③】如何判断承租人是否行使选择权？根据承租人行权能否带来重大经济利益来判断。

不可撤销期间判断的例子。承租人签订了一份租赁合同，包括4年不可撤销期限和2年期按照市场价格的续租选择权，没有其他因素表明承租人合理确定将行使续租选择权。因此，无须考虑选择权，则确定租赁期为4年。

如果承租人在使用租赁资产之前，花费了大量资金对租赁资产进行了改良，预计在4年结束时租赁资产改良仍将具有重大价值，如果放弃将蒙受重大经济损失。因此，可以合理确定承租人将行使续租选择权，则确定租赁期为6年。

【释④】终止租赁选择权判断的例子。承租人租入一层办公楼，期限10年，有权选择在第5年后提前终止租赁，并以6个月的租金作为罚款。该办公楼是全新的，并且在周边商业园区的办公楼中处于技术领先水平。在租赁期开始日，承租人评估后认为，6个月的租金对于承租人而言金额重大，同等条件下，也难以按更优惠的价格租入其他办公楼，可以合理确定不会选择提前终止租赁，因此，租赁期确定为10年，租赁负债不应包括提前终止租赁时须支付的罚款。

如果在租赁期开始日，承租人评估后认为，6个月的租金对于承租人而言金额不重大，租赁市场供过于求，租金市场价格成下降趋势，同等条件下，估计未来可以按照更优惠的价格租入其他办公楼。因此，可以合理确定会行使终止租赁选择权，租赁期确定为5年，同时将6个月的租金罚款计入租赁负债。

【释⑥】承租人可控范围内的重大事件或变化包括但不限的情形见图5－5。

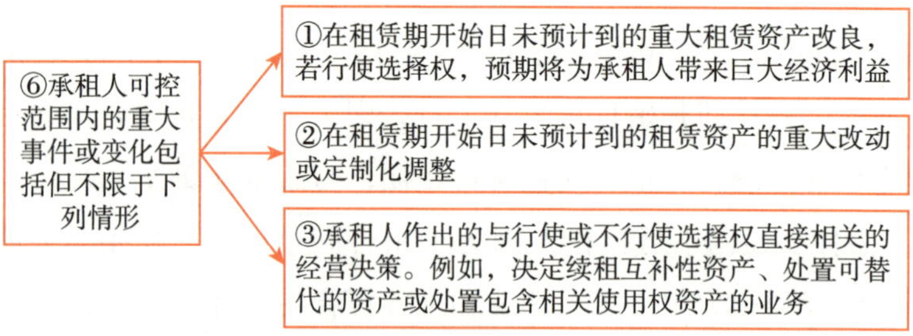

图5－5　承租人可控范围内的重大事件或变化包括的情形

为什么要强调在承租人的可控范围内？因为这些在合同开始日未预计到的情况只有在承租人可控的情况下才有能力行使选择权，从而重新评估。如果在承租人不可控的情况下，即使发生重大事件或变化，承租人也没有能力行使选择权。

三、已识别资产的评估

已识别资产的评估见图 5 - 6。

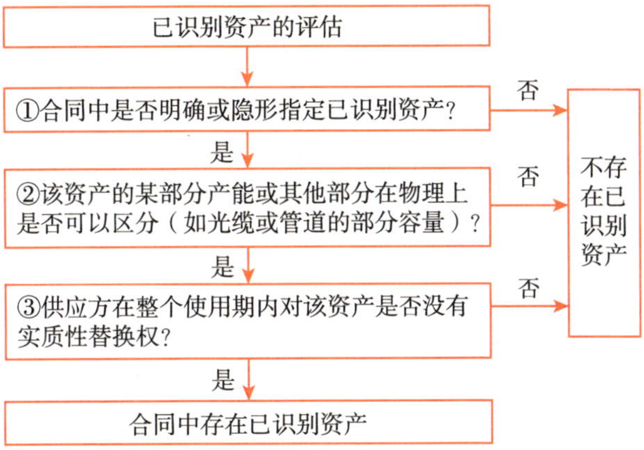

图 5 - 6　已识别资产的评估

【释①】隐形指定的例子：乙公司是一家火车车厢供应商，拥有 100 节火车车厢，与客户甲公司签订了一份 5 年期合同。合同约定：甲公司使用乙公司一节火车车厢，该车厢要专为用于运输甲公司的特殊材料进行设计，未经重大改造不适合其他客户使用。合同中没有明确指定车厢号码，但是乙公司仅拥有一节适合甲公司使用。如果车厢不能正常工作，由乙公司负责修理。合同中是否存在已识别资产？存在。因为车厢专为用于运输甲公司的特殊材料而设计，未经重大改造不适合其他客户使用。乙公司仅拥有一节适合客户甲使用的火车车厢，就是合同中隐性指定的已识别资产。

如果合同要求乙公司在 5 年内按照约定的时间表，使用指定型号的火车车厢为甲公司运输约定数量的货物，相当于甲公司在 5 年内有权使用 1 节指定型号火车车厢。乙公司有大量类似的车厢可以满足合同要求。车厢不用于运输货物时存放在乙公司处。合同中是否存在已识别资产？不存在。合同中用于运输甲公司货物的指定型号的车厢不属于已识别资产。因为乙公司有大量类似的车厢可以满足合同要求，乙公司实质上提供的是运输服务，而不是租赁。

【释②】一项资产的一部分，如果与其他部分在物理上可以明确区分，那么也符合已识别资产的条件。例如，甲公司有一栋10层的办公楼，将第2层租赁给乙公司，则第2层与其他楼层可以明确区分，符合可区分条件。

【案例5-1】 丙公司是一家光缆公用设施公司，拥有连接A、B城市的一条光缆，可以传输信号，光缆里面有10条光纤，分别判断下列情况是否存在已识别资产。

要求（1）： 合同约定，将其中的第1条到第3条共3条光纤供客户使用。

解析： 存在已识别资产，这3条光纤就是已识别资产。

要求（2）： 合同约定，将光缆中约定的带宽相当于3条光纤传输容量的光纤提供给客户使用。

解析： 不存在已识别资产，因为这3条光纤传输容量与其余光纤传输容量不可区分，且不代表光缆的几乎全部传输容量，资产的使用决策大多数是在资产的整体层面作出决策，如果不可区分，那么客户不太可能控制该部分资产的使用。因此不存在已识别资产。在不符合可区分的条件下，企业实质上向客户提供的光纤传输服务，应当执行CAS14确认服务收入。

要求（3）： 丙公司的光缆中只有第1条到第3条光纤能够正常使用，第4条到第10条光纤已损坏，无法使用。合同约定，将光缆中约定的带宽相当于3条光纤传输容量的光纤提供给客户使用。

解析： 存在已识别资产，因为提供的3条光纤的产能实质上代表了该资产的全部产能，从而使客户获得因使用该资产所产生的几乎全部经济利益。

【案例5-2】 甲企业租赁附近停车场的车位。该停车场共有100个车位，每个车位都有独立指定的编号，从1号到100号。分别判断下列情况是否存在已识别资产。

要求（1）： 合同约定，甲企业租赁了其中的1号到20号，共20个车位。

解析： 存在已识别资产，因为每个车位有独立的编号，在物理形态上与其他车位可以明确区分，甲企业也不可以占用其他编号的车位。

要求（2）：合同约定，甲企业租赁了其中的20个车位，不限制具体编号。

解析：不存在已识别资产，因为甲企业租赁的20个车位与其他车位无法明确区分，该合同条款的实质是，甲企业从停车场购买了停车服务。

要求（3）：合同约定，甲企业租赁了其中的93个车位，不限制具体编号。

解析：存在已识别资产，虽然甲企业租赁的93个车位与其他车位无法明确区分，但是，这93个车位基本上代表了停车场的大部分产能，因此，合同包含租赁。

【释③】评估资产供应方是否具有实质性替换权，应当根据合同开始日的情况评估，不应考虑未来可能不会发生的事件，具体评估逻辑见图5－7。

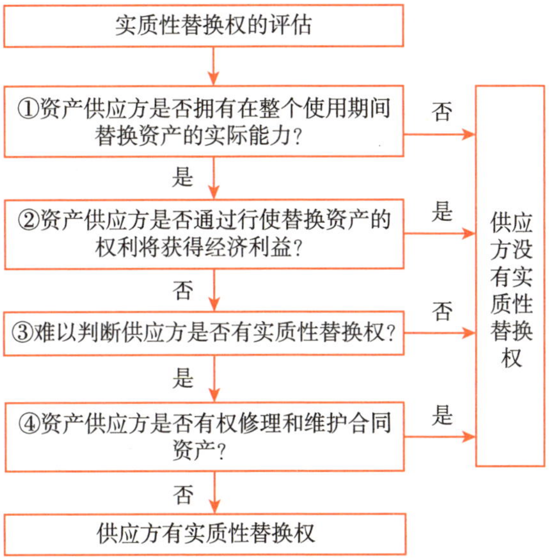

图5－7　供应方没有实质性替换权的评估

【释①】如果资产供应方在整个使用期间均能自由替换合同资产，那么合同资产并未和资产供应方的其他同类资产明确区分开来，不符合已识别资产可区分的条件。如果合同仅赋予资产供应方在特定日期或者特定事件发生日或之后拥有替换资产的权利或义务，则资产供应方的替换权不具有实质性，因为不符合在整个使用期均有替换资产的实际能力的条件。

【释②】判断一项交易是否有经济实质，一般都是从能否带来经济利益的角度来评估的。

【释③】因为企业不了解供应方替换发生的成本，根据重要性原则，简化处理，视同没有实质性替换权。

【释④】资产供应方在资产运行结果不佳或者进行技术升级的情况下，因修理和维护而替换资产的权利或义务不属于实质性替换权。

【案例5-3】甲公司是一家便利店运营企业，与某机场运管商乙公司签订了使用机场内某处商业区域销售商品的3年期合同。合同规定了商业区域的面积20平方米，商业区域可以位于机场内的任一登机区域，乙公司有权在整个使用期间随时调整分配给甲公司的商业区域位置。甲公司使用易于移动的自有售货亭销售商品。机场有很多符合合同规定的区域可供甲公司使用。

要求：合同中是否存在已识别资产？

解析：不存在。因为：(1) 乙公司在整个使用期间有变更甲公司使用的商业区域的实际能力。机场内有许多符合合同规定的商业区域，乙公司有权随时将甲公司使用的商业区域的位置变更至其他区域而无须甲公司批准。

(2) 乙公司能够根据情况变化最有效地利用机场登机区域，能够通过替换机场内的商业区域获得经济利益。而且甲公司的售货亭易于移动，所以乙公司变更甲公司所使用商业区域的成本极小。

(3) 甲公司控制的是自有的售货亭，而合同约定的是机场内的商业区域，乙公司可随意变更该商业区域，因此拥有实质性替换权。所以合同中不存在已识别资产。

【案例5-4】甲公司（客户）与乙公司（供应方）签订了使用一架指定飞机的两年期合同，合同详细规定了飞机的内、外部规格。合同规定，乙公司在两年合同期内可以随时替换飞机，但是所替换的飞机必须符合合同中规定的内、外部规格。在乙公司的机队中配备符合甲公司要求规格的飞机所需成本高昂。

要求：合同中是否包含租赁？

解析：包含。合同明确指定了飞机，尽管合同允许乙公司替换飞机，但配备另一架符合合同要求规格的飞机会发生高昂的成本，乙公司不会因替换飞机而获得经济利益，因此乙公司的替换权不具有实质性。

四、客户取得对资产使用权控制的评估

评估客户取得对资产使用权的控制见图5－8。

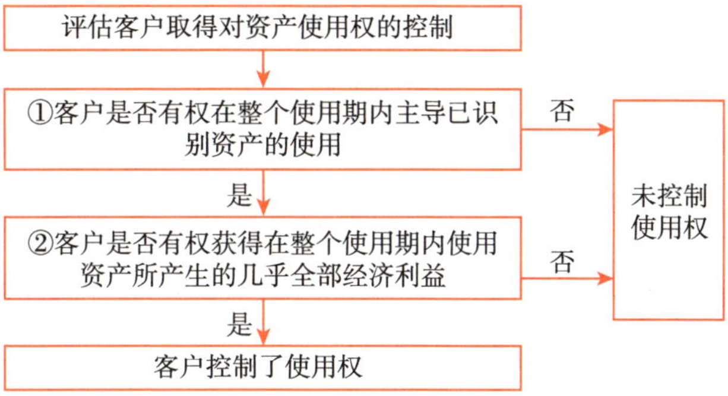

图5－8　评估客户取得对资产使用权的控制

客户对资产使用权控制的评估原则，包含两个因素：主导权和经济利益。这与CAS14中评估商品控制权是否转移给客户的会计原则相一致。

关于主导权的评估。在评估客户是否有权主导资产的使用时，企业应当考虑对使用资产所产生的经济利益产生影响最为相关的决策权，该决策权可能因资产性质、合同条款和条件的不同而不同，如表5－3所示。

表5－3　对使用资产所产生的经济利益产生影响最为相关的决策权的例子

对使用资产所产生的经济利益产生影响最为相关的决策权的例子	
①变更资产产出类型的权利	例如，决定将集装箱用于运输商品还是储存商品
②变更资产的产出时间的权利	例如，决定机器或发电厂的运行时间
③变更资产的产出地点的权利	例如，决定卡车或轮船的目的地
④变更资产是否产出以及产出量的权利	例如，决定是否使用发电厂以及发电量的多少

客户主导已识别资产使用的评估如图5－9所示。

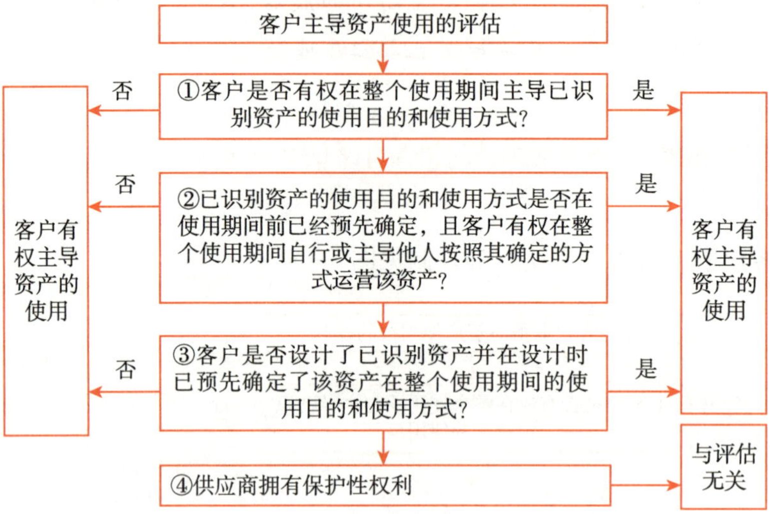

图5－9　客户主导已识别资产使用的评估

【释①】评估客户是否有权主导资产的使用，应仅考虑在使用期间做出资产决策的权利，不应考虑在使用期范围外的决策权利。资产的使用目的和使用方式代表了资产的使用权。

【释②】如果资产的使用目的和使用方式在使用期间前已经预先确定，那么，客户也应当有权在整个使用期间主导该资产的使用，只不过这时使用权的范围要小得多，资产的决策权利一般比较少，基本上按照该资产早就确定好的方式运营该资产即可。

【释③】如果客户通过参与资产的设计，早就确定了资产的使用目的和使用方式，那么表明客户取得了该资产决策的权利，主导了该资产的使用，以后该资产相当于在客户设计的状态下运行。

【释④】保护性权利旨在保护资产或工作人员，防止因客户使用租赁资产而违反法律法规。保护性权利不会产生控制力，但是可能影响租赁的价格，如果客户在使用资产时受到的限制越多，则支付的租金可能越少。例如，合同可能规定资产使用的最大工作量，限制客户使用资产的地点或时间，要求客户遵守特定的操作惯例，要求客户在变更资产使用方式时通知资产供应方，禁止客户将运输工具用来运输危险品或其他可能产生高风险的用途等。

关于经济利益的评估见表5－4。

表 5－4　客户是否有权获得在整个使用期内已识别资产所产生的几乎全部经济利益的评估

客户是否有权获得在整个使用期内已识别资产所产生的几乎全部经济利益的评估	
经济利益包括	客户有权取得的是整个使用期资产产生的经济利益，而不是其中一部分期间产生的经济利益
	经济利益既包括资产产出的主要经济利益，也包括次要经济利益
	如果合同规定客户应向资产供应方或另一方支付因使用资产所产生的部分现金流量作为对价（相当于可变租金），则该现金流量属于客户有权取得的经济利益的一部分
经济利益的限制	企业应当在合同约定的客户可使用资产的权利范围内考虑其所产生的经济利益

为什么只考虑合同约定的范围内的经济利益？因为租赁交易仅仅转移资产的使用权，不转移所有权，所以评估获得经济利益时，应当仅仅考虑使用权所产生的经济利益，不考虑所有权产生的经济利益。合同对使用权的区域或生产能力等形式上的限制，只是规定了承租人使用权的范围，是出租人保护其资产的一种形式。

例如，合同规定汽车在使用期间仅限在某一特定区域（如北京）使用，则企业应当仅考虑在该区域内使用汽车所产生的经济利益，而不包括在该区域外使用汽车所产生的经济利益。

再如，合同规定客户在使用期间仅能在特定里程范围内（如 10 万公里）驾驶汽车，则企业应当仅考虑在允许的里程范围内使用汽车所产生的经济利益，而不包括超出该里程范围使用汽车所产生的经济利益。

【案例 5－5】 甲公司（客户）与乙公司（供应方）签订了购买一家新太阳能电厂 20 年生产的全部电力的合同。合同明确指定了太阳能电厂，且乙公司没有替换权。太阳能电厂的产权归乙公司所有，乙公司不能通过其他电厂向甲公司供电。太阳能电厂在建造之前由甲公司设计，甲公司聘请了太阳能专家协助其确定太阳能电厂的选址和设备工程。乙公司负责按照甲公司的设计建造太阳能电厂，并负责电厂的运行和维护。关于是否发电、发电时间和发电量无须再进行决策，该项资产在设计时已经预先确定了。

要求：甲公司是否有权主导太阳能电厂的使用？

解析：有。由于太阳能电厂使用目的、使用方式等相关决策在太阳能电厂设计时由甲公司已预先确定，因此，尽管太阳能电厂的运营由乙公司负责，但是该电厂由甲公司设计这一事实赋予了甲公司在整个20年使用期间有权主导太阳能电厂的使用。

【拓展】如果将题目条件改为，电厂由乙公司在合同签订前自行设计，其他条件不变，则甲公司是否有权主导太阳能电厂的使用？

解析：没有。甲公司在使用期间没有关于电厂使用的其他决策权（例如，甲公司不运营电厂），也未参与电厂的设计，因此甲公司无权主导电厂的使用。交易的实质是甲公司购买电厂未来20年生产的电力产品。所以，如果客户仅能在使用之前指定资产的产出（即该资产生产的产品）而没有与资产使用相关的任何其他决策权，则该客户享有的权利与任何购买该项商品或服务的其他客户享有的权利并无不同。

【案例5－6】甲公司（客户）与乙公司（供应方）就使用一辆卡车在一周时间将货物从A地运至B地签订了合同。根据合同，乙公司只提供卡车、发运及到货的时间和站点，甲公司负责派人驾车自A地到B地。合同中明确指定了卡车，并规定在合同期内该卡车只允许用于运输合同中指定的货物，乙公司没有替换权。合同规定了卡车可行驶的最大里程，甲公司可在合同规定的范围内选择具体的行驶速度、路线、停车休息地点等。甲公司在指定路程完成后无权继续使用这辆卡车。

要求：甲公司是否有权主导卡车的使用？

解析：有。合同预先确定了卡车的使用目的和使用方式，即在规定时间内将指定货物从A地运至B地。甲公司通过在整个使用期间操作卡车（例如决定行驶速度、路线、停车休息地点等）主导了卡车的使用。

【拓展】如果合同条款改为：合同期间，乙公司负责卡车的操作和维护，并负责车上货物的安全运输。甲公司不得雇佣其他人员操作卡车或自行操作卡车。

要求：甲公司是否有权主导卡车的使用？

解析：没有。因为甲公司在使用期间无权改变卡车的使用目的和使用方式，也没有关于卡车使用的其他决策权（例如，甲公司无权操作卡车），也未参与该卡车的设计。

【案例5－7】甲公司（客户）与乙公司（货运商）签订了一份使用10个指定型号集装箱的5年期合同。合同指定了具体的集装箱，集装箱归乙公司所有。甲公司有权决定何时何地使用这些集装箱以及用其运输什么货物。不用时，集装箱存放在甲公司处。甲公司可将集装箱用于其他目的（如用于存储），但合同明确规定甲公司不能运输特定类型的货物（如爆炸物）。若某个集装箱需要保养或维修，乙公司应以同类型的集装箱替换。除非甲公司违约，乙公司在这合同期内不得收回集装箱。除集装箱外，合同还约定乙公司应按照甲公司的要求提供运输集装箱的卡车和司机。卡车存放在乙公司处，乙公司向司机发出指示详细说明甲公司的货物运输要求。乙公司可使用任一卡车满足甲公司的需求，卡车既可以用于运输甲公司的货物，也可以运输其他客户的货物。

要求：该合同是否包含租赁?

解析：是。该合同包含集装箱的租赁，合同明确指定的10个集装箱是已识别资产，运输集装箱的卡车不属于已识别资产，关于卡车的合同条款并不构成一项租赁，而是一项服务。原因如下：

(1) 甲公司有权获得在五年使用期使用集装箱所产生的几乎全部经济利益。甲公司在整个使用期间（包括不使用集装箱运输货物的期间）拥有这些集装箱的独家使用权。在合同约定的使用权范围内，甲公司可以主导集装箱的使用目的和使用方式，决定何时何地使用集装箱以及使用集装箱运输什么货物，还可决定如何使用集装箱（如用于存储）。因此甲公司有权主导集装箱的使用。

(2) 合同中关于集装箱可运输货物的限制属于保护性权利。乙公司控制了运输集装箱的卡车和司机方面的决策并未赋予乙公司主导集装箱使用目的和使用方式的权利。

第三节　租赁的分拆与合并

一、租赁的分拆

租赁分拆的逻辑见图5-10。

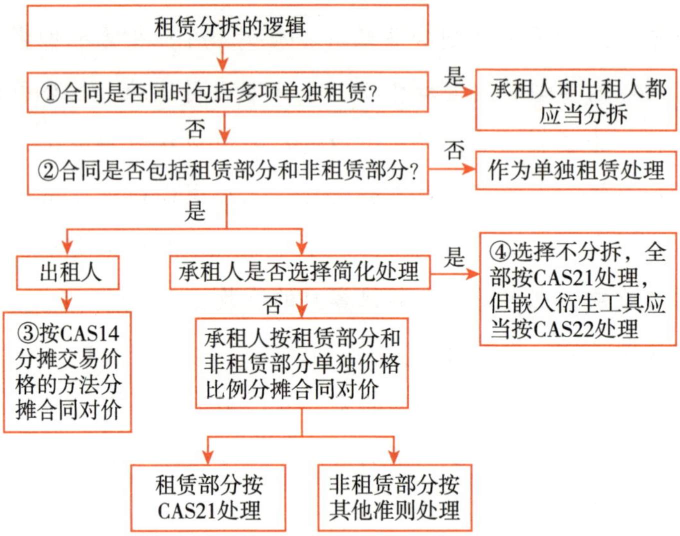

图5-10　租赁分拆的逻辑

【释①】单独租赁的识别逻辑见图5-11。

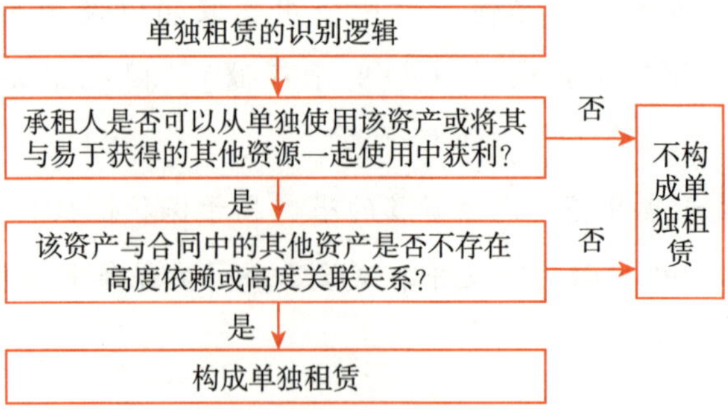

图5-11　单独租赁的识别逻辑

【释②】合同中同时包含租赁和非租赁部分的，例如，集装箱租赁合同包括租赁集装箱与运输集装箱的服务，汽车租赁合同包括租赁汽车和汽车维修服务。

【释③】识别单独租赁时参照 CAS14 中识别履约义务的方法，分摊合同对价时也参照 CAS14 分摊交易价格的方法。

【释④】为什么嵌入衍生工具要按照 CAS22 处理？因为根据 CAS22 的规定，嵌入衍生工具应当按照公允价值计量且其变动计入当期损益，而租赁形成的使用权资产按照成本模式计量，租赁负债按照摊余成本计量，都不是按照公允价值计量且其变动计入当期损益。为了防止企业将很多不相关的衍生工具捆绑到租赁中，来逃避衍生工具应当按照公允价值计量且其变动计入当期损益的规定，从而操纵报表，因此，要求嵌入衍生工具按照 CAS22 处理。

【案例 5-8】学天海公司从乙公司租赁一台推土机、一辆卡车和一台长臂挖掘机用于采矿业务，租赁期为 4 年。乙公司同意在整个租赁期内维护各项设备。合同固定对价为 3 000 000 元，按年分期支付，每年支付 750 000 元。合同对价包含了各项设备的维护费用。

学天海公司未采用简化处理，而是将非租赁部分（维护服务）与租入的各项设备分别进行会计处理。

市场上有多家供应方提供类似推土机和卡车的维护服务，因此这两项租入设备的维护服务存在可观察的单独价格。假设其他供应方的支付条款与乙公司签订的合同条款相似，学天海公司能够确定推土机和卡车维护服务的可观察单独价格分别为 160 000 元和 80 000 元。长臂挖掘机是高度专业化机械，其他供应方不出租类似挖掘机或为其提供维护服务。乙公司对从本公司购买相似长臂挖掘机的客户提供 4 年的维护服务，可观察对价为固定金额 280 000 元，分 4 年支付。因此，学天海公司估计长臂挖掘机维护服务的单独价格为 280 000 元。不考虑折现。

学天海公司观察到乙公司在市场上单独出租租赁期为 4 年的推土机、卡车和长臂挖掘机的价格分别为 900 000 元、580 000 元和 1 200 000 元。

学天海公司认为租入的推土机、卡车和长臂挖掘机分别属于单独租赁，因为：

（1）学天海公司可从单独使用这三项设备中的每一项，或将其与易于获得的其他资源一起使用中获利（例如，学天海公司易于租入或购买其他卡车或挖掘机用于其采矿业务）。

（2）尽管学天海公司租入这三项设备只有一个目的（即从事采矿业务），但这些设备不存在高度依赖或高度关联关系。

因此，合同中存在三个租赁部分和对应的三个非租赁部分（维护服务）。

要求：学天海公司应当确认的推土机、卡车、长臂挖掘机的租赁付款额是多少？

解析：学天海公司将合同对价3 000 000元分摊至三个租赁部分和非租赁部分。

三个租赁的单独价格总额＝900 000＋580 000＋1 200 000＝2 680 000（元）

三个非租赁的单独价格总额＝160 000＋80 000＋280 000＝520 000（元）

2 680 000＋520 000＝3 200 000（元）

分摊率＝合同对价3 000 000÷单独价格之和3 200 000＝93.75%

学天海公司应当确认的推土机、卡车、长臂挖掘机的租赁付款额的计算见表5－5。

表5－5　推土机、卡车、长臂挖掘机的租赁付款额计算

	折现前的租赁付款额	维护服务	合计
推土机	900 000×93.75%＝843 750	160 000×93.75%＝150 000	
卡车	580 000×93.75%＝543 750	80 000×93.75%＝75 000	
长臂挖掘机	1 200 000×93.75%＝1 125 000	280 000×93.75%＝262 500	
小计	2 512 500	487 500	3 000 000

二、租赁的合并

为什么租赁合同要考虑合并？因为为了避免承租人将一项大型租赁分解为多项低价值资产租赁，从而选择豁免，逃避在报表内确认使用权资产和租赁负债以操纵报表（见图5－12）。

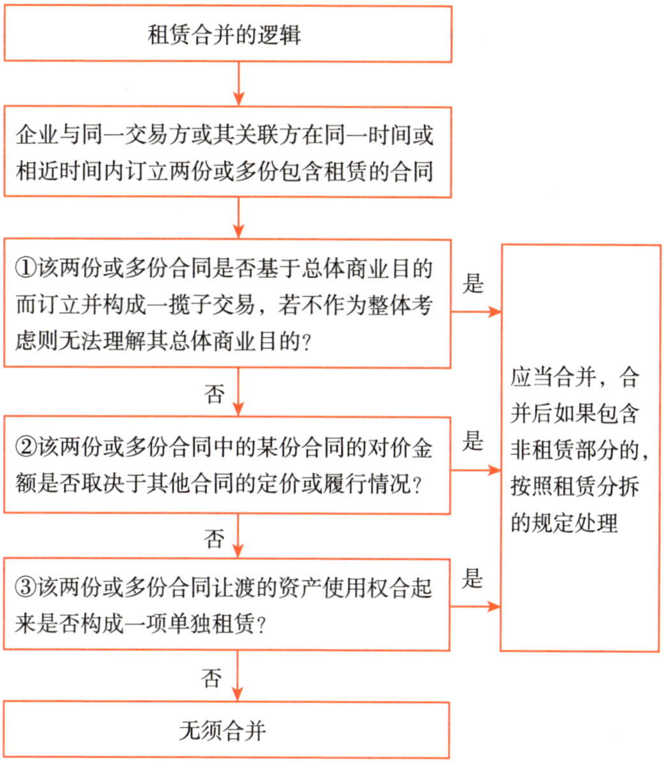

图 5－12　租赁合并的逻辑

第四节　承租人的会计处理

承租人的会计处理逻辑见图 5－13。

为什么一般方法下承租人要确认使用权资产和租赁负债？因为在资产负债观下，租赁合同导致承租人产生了享有使用租赁资产的权利和承担支付租金的义务，承租人控制的使用租赁资产的权利符合“资产”的定义，应当确认为一项资产。相应的，未来支付租金等支出的义务，应当确认一项负债。在租赁合同履行过程中，情况发生变化时，也要根据变化后的权利和义务，调整原已确认的使用权资产和租赁负债。

为什么使用权资产采用历史成本计量？因为使用权资产往往不存在活跃市

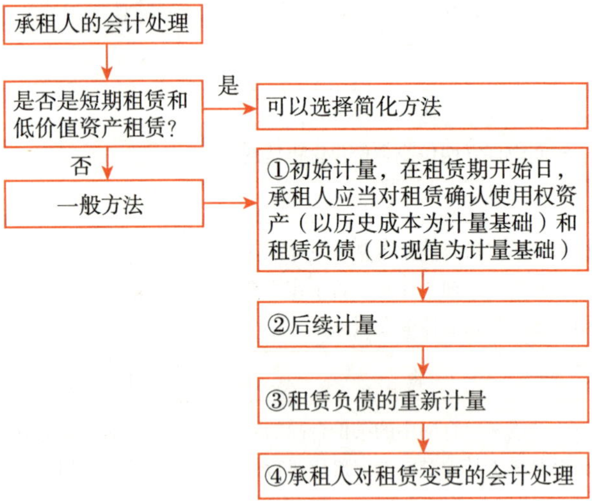

图 5－13　承租人的会计处理

场，对很多租赁来说，成本计量的结果与租赁期开始日使用权资产的公允价值也比较近似。

国际会计准则中还规定，承租人如果对固定资产采用重估价模式计量，则对其相关的使用权资产也应当采用重估价模式计量。承租人如果对投资性房地产采用公允价值模式计量，则对其租赁的不动产使用权资产也应当采用公允价值模式计量。

为什么租赁负债采用现值计量，而不采用公允价值计量？因为，第一，如果采用公允价值计量，将导致租赁负债与许多其他非衍生金融负债以摊余成本计量的基础不一致，降低了会计信息的可比性。第二，采用公允价值计量要求使用当前的预计现金流量和现行利率，而不是合同约定的现金流量和利率，比采用摊余成本法更复杂，成本更高。

所以，IASB 修订了《IFRS3——企业合并》，若企业合并中的被收购方为承租人，则收购方应按剩余租赁付款额的现值计量被收购方的租赁负债，视同被收购租赁在收购日是一项新租赁，被收购方的使用权资产按照等于租赁负债的金额计量，并对租赁中存在的任何偏离市场的条款进行调整。不要求按照公允价值计量在企业合并中取得的被收购方的使用权资产和租赁负债。

一、短期租赁和低价值资产租赁的会计处理

短期租赁和低价值资产租赁的会计处理见图 5－14。

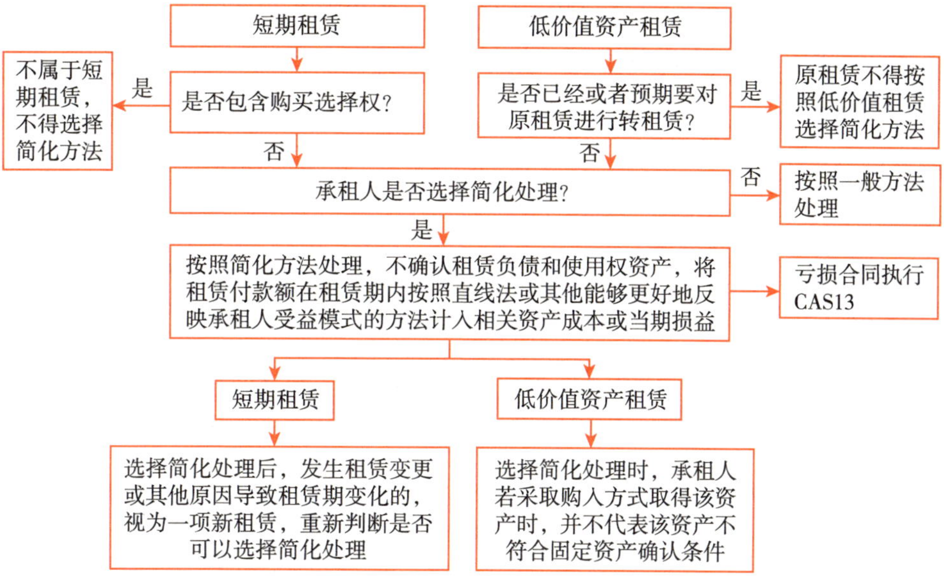

图 5－14　短期租赁和低价值资产租赁的会计处理

短期租赁，是指在租赁期开始日，租赁期不超过 12 个月的租赁。包含购买选择权的租赁不属于短期租赁。

考虑选择权可能会导致租赁期超过 12 个月。例如，甲公司租赁一层办公楼，租赁期为 2×21 年 1 月 1 日至 2×21 年 12 月 31 日，则该租赁可以分类为短期租赁。2×21 年 11 月 1 日，甲公司又续租了该办公楼，新的租赁期为 2×22 年 1 月 1 日至 2×22 年 12 月 31 日，则该新租赁的租赁期开始日（即承租人开始控制租赁资产的日期）为 2×21 年 11 月 1 日，至 2×22 年 12 月 31 日共有 14 个月，不再符合短期租赁的分类条件，应当按照一般规定进行处理。

低价值资产租赁，是指单项租赁资产为全新资产时价值较低的租赁。例如，平板电脑、普通办公家具、电话等小型资产。

低价值的标准是多少？低价值资产租赁的判定仅与资产的绝对价值有关，应该是一个绝对金额，应基于租赁资产的全新状态下的价值进行评估，不受承租人

规模、性质或其他情况影响，也不考虑该资产对于租赁交易的重要性。但是，这个规定在实务操作中还是有困难的，低价值的标准是多少不好界定。2015 年国际会计准则理事会曾经提出一个 5 000 美元的标准，后来觉得不合适又取消了，因为 5 000 美元对于发达国家来说可能是低价值，但是对于非洲的欠发达国家来说，可能是高价值了。而且，全新的同一项资产在不同国家的不同市场，是拥有不同价值的，因为资产的价值还受到市场供求关系、税费、时间、汇率等因素的影响。因此，在全球范围内很难制定一个统一的低价值的标准。《CAS21 应用指南》中的案例给出了一个 40 000 元的标准可供参考。实务中企业应当制定会计相关规定。

为什么规定简化方法？这是根据重要性原则考虑的租赁豁免规定。

《CAS13——或有事项》有关亏损合同的规定，仅适用于采用短期租赁和低价值资产租赁简化处理方法的租赁合同，以及在租赁开始日前已是亏损合同的租赁合同，不再适用于其他租赁合同。因为其他租赁合同如果发生亏损，可以通过计提使用权资产减值准备来处理。

【案例 5－9】低价值租赁。

承租人与出租人签订了一份租赁合同，约定的租赁资产包括：

①IT 设备，包括供员工个人使用的笔记本电脑（全新时的单独价格不超过 10 000 元）、台式电脑、平板电脑、桌面打印机和手机等（全新时的单独价格不超过 5 000 元）；

②服务器，其中包括增加服务器容量的单独组件，这些组件根据承租人需要陆续添加到大型服务器以增加服务器存储容量（单个组件单独价格不超过 10 000 元）；

③办公家具，如桌椅和办公隔断等（单独价格不超过 10 000 元）；

④饮水机（单独价格不超过 1 000 元）。

上述租赁资产中，各种 IT 设备、办公家具、饮水机都能够单独使承租人获益，且与其他租赁资产没有高度依赖或高度关联关系。通常情况下，符合低价值资产租赁的资产全新状态下的绝对价值应低于 40 000 元。

解析：承租人将 IT 设备、办公家具、饮水机作为低价值租赁资产，选择按照简化方法进行会计处理。

对于服务器中的组件，尽管单个组件的单独价格较低，但由于每组件都与服务器中的其他部分高度相关，承租人若不租赁服务器不会租赁这些组件，不构成一项单独租赁，因此不能作为低价值租赁资产进行会计处理。

二、承租人的初始计量

承租人的初始计量见表5－6。

表5－6　　　　承租人的初始计量

使用权资产【1】	租赁负债
应当按照成本进行初始计量	应当按照租赁期开始日尚未支付的租赁付款额的现值进行初始计量【2】
该成本包括下列4项	租赁付款额包括下列5项
①租赁负债的初始计量金额【6】	①固定付款额及实质固定付款额，存在租赁激励的，扣除租赁激励相关金额【3】
②在租赁期开始日或之前支付的租赁付款额（如预付租金等），存在租赁激励的，扣除已享受的租赁激励相关金额【7】	②取决于指数或比率的可变租赁付款额（即可变租金），该款项在初始计量时根据租赁期开始日的指数或比率确定【4】
③承租人发生的初始直接费用【8】	③承租人合理确定将行使购买选择权的行权价格
④承租人为拆卸及移除租赁资产、复原租赁资产所在场地或将租赁资产恢复至租赁条款约定状态预计将发生的成本。前述成本属于为生产存货而发生的，适用《CAS1——存货》。承租人应当按照《CAS13——或有事项》对该成本进行确认和计量【9】	④租赁期反映出承租人将行使终止租赁选择权须支付的款项
	⑤根据承租人提供的担保余值预计应支付的款项【5】

借：使用权资产（倒挤）
　　租赁负债——未确认融资费用（终值－现值）
　　银行存款（租赁激励）
　　贷：租赁负债——租赁付款额（终值）
　　　　银行存款（初始直接费用）
　　　　预计负债（期满拆除费用的现值）

【释1】使用权资产，是指承租人可在租赁期内使用租赁资产的权利。

【释2】租赁付款额，是指承租人向出租人支付的与在租赁期内使用租赁资产的权利相关的款项。

为什么一般方法下承租人要确认使用权资产和租赁负债？因为在资产负债观下，租赁合同导致承租人产生了享有使用租赁资产的权利和承担支付租金的义务，承租人控制的使用租赁资产的权利符合“资产”的定义，应当确认为一项资产。相应的，未来支付租金等支出的义务，应当确认一项负债。在租赁合同履行过程中，情况发生变化时，也要根据变化后的权利和义务，调整原已确认的使用权资产和租赁负债。

为什么使用权资产采用历史成本计量？因为使用权资产往往不存在活跃市场，对很多租赁来说，成本计量的结果与租赁期开始日使用权资产的公允价值也比较近似。

国际会计准则中还规定，承租人如果对固定资产采用重估价模式计量，则对其相关的使用权资产也应当采用重估价模式计量。承租人如果对投资性房地产采用公允价值模式计量，则对其租赁的不动产使用权资产也应当采用公允价值模式计量。

租赁付款额为什么要用现值计量，而不采用公允价值计量？因为，第一，如果采用公允价值计量，将导致租赁负债与许多其他非衍生金融负债以摊余成本计量的基础不一致，降低了会计信息的可比性。第二，采用公允价值计量要求使用当前的预计现金流量和现行利率，而不是合同约定的现金流量和利率，比采用摊余成本法更复杂，成本更高。

所以，IASB 修订了《IFRS3——企业合并》，若企业合并中的被收购方为承租人，则收购方应按剩余租赁付款额的现值计量被收购方的租赁负债，视同被收购租赁在收购日是一项新租赁，被收购方的使用权资产按照等于租赁负债的金额计量，并对租赁中存在的任何偏离市场的条款进行调整。不要求按照公允价值计量在企业合并中取得的被收购方的使用权资产和租赁负债。

为什么租赁付款额不叫租金？因为租赁付款额包括承租人未来要支付给出租人的所有代价，包括租金和其他支出，所以直接叫租金不能完整反映承租人承担的合同义务。

为什么优先采用租赁内含利率？因为租赁内含利率的经济实质是出租人的投资报酬率，也就是出租人未来收回的价值等于租赁开始时付出价值的利率。但是由于承租人和出租人的信息不对称，有时候承租人无法获得出租人租赁内含利率的信息，所以才考虑承租人自身的增量借款利率。租赁内含利率的详细讲解见出租人的会计处理。

承租人初始计量时的折现率评估如表 5－7 所示。

表 5－7　　　　　　　　承租人初始计量时的折现率

承租人初始计量时的折现率	
1. 优先使用出租人租赁内含利率	出租人租赁内含利率是使下列等式成立的利率： 出租人的租赁收款额的现值＋未担保余值的现值＝租赁资产公允价值＋出租人的初始直接费用
2. 其次采用承租人增量借款利率	是指承租人在类似经济环境下为获得与使用权资产价值接近的资产，在类似期间以类似抵押条件（即将租赁物作为抵押）借入资金须支付的利率。
	承租人增量借款利率评估常见的参考基础有，承租人同期银行贷款利率、相关租赁合同利率、承租人最近一期类似资产抵押贷款利率、与承租人信用状况相似的企业发行的同期债券利率等，在此基础上，再参考下列因素进行调整：
	①承租人自身情况，即承租人的偿债能力和信用状况（与利率反向变动）
	②“借款”的期限，即租赁期（与利率正向变动）
	③“借入”资金的金额，即租赁负债的金额（与利率反向变动）
	④“抵押条件”，即租赁资产的性质和质量（与利率正向变动）
	⑤经济环境，包括承租人所处的司法管辖区、计价货币、合同签订时间等（与利率正向变动）

为什么优先采用租赁内含利率？因为租赁内含利率的经济实质是出租人的投资报酬率，也就是出租人未来收回的价值等于租赁开始时付出价值的利率。但是由于承租人和出租人的信息不对称，有时候承租人无法获得出租人租赁内含利率的信息，所以才考虑承租人自身的增量借款利率。租赁内含利率的详细讲解见出租人的会计处理。

【案例 5－10】 承租人增量借款利率的评估。

2×19 年 1 月 1 日，承租人甲公司签订了一份为期 10 年的不动产租赁协议，并拥有 5 年的续租选择权。每年的租赁付款额固定为人民币 90 万元，于每年年末支付。在租赁期开始日，甲公司评估后认为，不能合理确定将行使续租选择权，因此将租赁期确定为 10 年。甲公司无法确定租赁内含利率，需采用增量借款利率作为折现率来计算租赁付款额的现值。

甲公司现有的借款包括：

①一笔为期6个月的短期借款，金额为50万元，借款起始日为2×18年10月1日，到期日为2×19年3月31日，利率为4.0%，每季末支付利息，到期时一次性偿还本金，无任何抵押；

②一笔为期15年的债券、金额为5 000万元，发行日为2×17年1月1日，到期日为2×31年12月31日，票面利率为9.0%，每年末支付利息、到期时一次性偿还本金，无任何抵押。

要求：如何评估甲公司的增量借款利率？

解析：为确定该租赁的增量借款利率，甲公司需要找到类似期限（即租赁期10年）、类似抵押条件（即以租赁资产作为抵押）、类似经济环境下（例如，借入时点是租赁期开始日，偿付方式是每年等额偿付90万元，10年后拥有与续租权类似的借款选择权），借入与使用权资产价值接近的资金（即900万元）须支付的固定利率。由于无法直接获取满足上述全部条件的利率，甲公司以其现有的借款利率以及市场可参考信息（如相同期限的国债利率等）作为基础，估计该租赁的增量借款利率。

（1）情形一：甲公司发行的债券有公开市场。

当甲公司发行的债券有公开市场时，通常需考虑该债券的市场价格及市场利率，因为其反映了甲公司的现有信用状况以及债权投资者所要求的现时回报率。甲公司结合其自身情况判断后认为，以自己发行的15年期债券利率作为估计增量借款利率的起点最为恰当。

甲公司在15年期债券利率的基础上，执行了如下步骤，以确定该租赁的增量借款利率：

第一步，确定15年期债券的市场利率。甲公司根据该债券的市场价格和剩余13年的还款情况，计算该债券的市场利率，甲公司无须因该债券的发行时间（即2年前）而进行额外调整。

第二步，调整借款金额的不同。15年期债券的金额为5 000万元，租赁付款总额为900万元。甲公司根据估计日市场情况考虑上述借款金额的不同是否影响借款利率并相应进行调整。

第三步，调整本息偿付方式的不同。该租赁是每年支付固定的租赁付款额，而15年期债券是每年末付息并到期一次性偿还本金。甲公司应考虑该事项对借款利率的影响并作相应调整。

第四步，调整借款期间的不同。该租赁的租赁期为10年，而15年期债券的剩余期间为13年。甲公司应考虑该事项对借款利率的影响并作相应调整。

第五步，调整抵押情况的不同。在确定增量借款利率时，租赁合同视为以租赁资产作为抵押而获得借款，而15年期债券无任何抵押。甲公司应考虑该事项对借款利率的影响并作相应调整。

（2）情形二：甲公司发行的债券没有公开市场。

当甲公司发行的债券没有公开市场，但甲公司存在可观察的信用评级时，可考虑以与甲公司信用评级相同的企业所发行的公开交易的债券利率为基础，确定上述第一步的参考利率。

当甲公司发行的债券没有公开市场，且甲公司没有可观察的信用评级时，在市场利率水平和甲公司信用状况在债券发行日至增量借款利率估计日期间没有发生重大变化的情况下，可考虑以该15年期债券发行时的实际利率为基础，作为估计增量借款利率的起点。

确定参考利率后，将其调整为增量借款利率的步骤与情形一基本相同。

（3）情形三：甲公司没有任何借款。

当甲公司没有任何借款时，可考虑通过银行询价的方式获取同期借款利率，并进行适当调整后确定其增量借款利率；或者，可考虑聘用第三方评级机构获取其信用评级，参考情形一下的方法确定其增量借款利率。

【释3】实质固定付款额，是指在形式上可能包含变量但实质上无法避免的付款额。

例如，承租人是一家知名零售商，从出租人处租入位于成熟商业区的一个商铺开设一家商店。根据租赁合同，承租人在正常工作时间内必须经营该商店，且不得将商店闲置或进行分租。如果这家商店没有发生销售，则承租人应付的年租金为100元，如果这家商店发生了任何销售，则承租人应付的年租金为100万元。因此，100万元属于实质固定付款额。因为承租人是一家知名零售商，在正常工作时间内经营位于成熟商业区的商店，不可能不发生销售。

再如，承租人签订了一份为期5年的卡车租赁合同。合同中关于租赁付款额的条款为：如果该卡车在1个月内的行驶里程不超过1万公里，则该月应付的租金为10 000元；如果该卡车在1个月内的行驶里程超过1万公里但不超过2万公里，则该月应付的租金为16 000元；该卡车1个月内的行驶里程最高不能超过2万公里，否则承租人须支付巨额的罚款。因此，月付款额10 000元属于实质固定付款额，因为是不可避免的。

【案例5－11】 实质固定付款额。

承租人租入一台预计使用寿命为5年的机器，不可撤销的租赁期为3年。在第3年末，承租人必须以20 000元购买该机器，或者必须将租赁期延长2年，如延长，则在续租期内每年末支付10 500元。承租人在租赁期开始时评估认为，不能合理确定在第3年末是将购买该机器，还是将租赁期延长2年。年利率为10%。

要求： 判断该合同中是否包含实质固定付款额，如果包含请计算其金额。

解析： 第3年末包含一项实质固定付款额。因为承租人必须行使上述两种选择权中的其中一个，且不论在哪种选择权下都必须进行付款。因此实质固定付款额是购买选择权的行权价格的现值（$20\ 000 \div 1.1^3 = 15\ 026$）与续租期内付款额的现值（$10\ 500 \div 1.1^4 + 10\ 500 \div 1.1^5 = 13\ 691$），两者中的较低者13 691元，应当计入租赁负债。

租赁激励，是指出租人为达成租赁向承租人提供的优惠，包括出租人向承租人支付的与租赁有关的款项（如优惠10万元租金）、出租人为承租人偿付或承担的成本（如为承租人支付5万元电费）等。

为什么要扣除租赁激励？因为租赁激励属于出租人的促销费用（即销售费用），这部分价值不会从承租人那里收回，不属于承租人承担的义务，所以要扣除。对于承租人来说，租赁激励不是承租人取得使用权资产的代价，因此，也不计入使用权资产的成本。

【释4】 可变租赁付款额，是指承租人为取得在租赁期内使用租赁资产的权利，向出租人支付的因租赁期开始日后的事实或情况发生变化（而非时间推移）而变动的款项。

可变租金分为两类：第一类是金融变量引起的，例如，与消费者价格指数挂钩的款项、与基准利率挂钩的款项和为反映市场租金费率变化而变动的款项等。这类可变租金计入租赁负债，以后期间指数或比率发生变动时，对可变租赁付款额要进行重估。例如，租赁合同约定，租赁期 5 年，初始租金为 10 万元一年，每年年末根据消费者价格指数变动的情况调整下一年租金的金额。假如第一年末，消费者价格指数上升了 10%，则承租人在租赁期开始日根据每年 10 万元计量租赁负债，第一年末就需要按照未来 4 年每年 $10 \times (1 + 10\%) = 11$ 万元重新计量租赁负债。

第二类是非金融变量引起的，例如，租赁付款额与未来租赁资产的使用或绩效挂钩，这类可变租金不计入租赁负债，应当在发生时计入当期损益或相关资产成本。例如，租赁合同约定，租赁期为 5 年，年租金按照租赁资产当年运营收入的 80% 计算，于每年末支付给出租人。假定不考虑其他因素，该租赁合同应如何对租赁负债进行初始计量和后续计量？该租赁付款额属于可变租赁付款额，但不取决于指数或比率的变化，而是取决于租赁资产的未来绩效，因此，租赁负债的初始计量金额为 0，后续计量时，在实际发生时计入当期损益或相关资产成本。

例如，租赁合同约定，租赁期为 5 年，年租金按照租赁资产当年运营收入的 80% 计算，于每年末支付给出租人。假定不考虑其他因素，该租赁合同应如何对租赁负债进行初始计量和后续计量？该租赁付款额属于可变租赁付款额，但不取决于指数或比率的变化，而是取决于租赁资产的未来绩效。因此，租赁负债的初始计量金额为 0，后续计量时，未纳入租赁负债计量的可变租赁付款额，应当在实际发生时计入当期损益或相关资产成本。

【释 5】 担保余值，是指与出租人无关的一方向出租人提供担保，保证在租赁结束时租赁资产的价值至少为某指定的金额。

未担保余值，是指租赁资产余值中，出租人无法保证能够实现或仅由与出租人有关的一方予以担保的部分。例如，租赁期开始日，出租人估计租赁资产在租赁期满时的资产余值为 400 万元，但是承租人只担保了 300 万元，剩下的 100 万元就是未担保余值。未担保余值也是出租人未来要收回价值的一部分。

为什么要规定担保余值？由于租赁资产的所有权属于出租人，出租人为了保护自己的利益，有时在租赁合同中约定担保余值，目的是要求承租人好好使用租赁资产，不能玩命的使用，导致租赁期满收回租赁资产的时候，租赁资产已经变成一堆破铜烂铁，无法再租赁给下一个客户，从而造成出租人的经济损失。

什么叫承租人预计应支付的款项？预计应支付的款项才是承租人承担的义务，即计入租赁负债的金额。例如，在租赁期满时，租赁资产的余值估计（一般相当于租赁期满时的公允价值）为400万元，出租人可能要求承租人担保这个指定的400万元，这400万元也叫承租人的最大风险敞口。如果承租人估计租赁资产在租赁期满时公允价值为300万元，则预计应支付的金额为100万元。

【释6】为什么承租人要将租赁负债计入使用权资产成本？因为租赁负债实质上是承租人通过分期付款方式取得使用权资产付出的对价，所以计入使用权资产的成本。

【释7】为什么承租人在租赁开始日之前的租赁付款额也要计入使用权资产的成本？因为这部分租赁付款额相当于预付租金，也是承租人为了取得使用权资产付出的对价。由于已经支付，因此不构成承租人承担的义务，不应计入租赁负债。

【释8】初始直接费用，是指为达成租赁所发生的增量成本。例如，与租赁交易直接相关的佣金、印花税、手续费等。

增量成本，是指若企业不取得该租赁，则不会发生的成本。因此，无论是否实际取得租赁都会发生的支出，不属于初始直接费用，应当在发生时计入当期损益，例如，为评估是否签订租赁合同而发生的差旅费、法律费用等。

初始直接费用不包括对租赁资产的装修费用，因为装修费用并不能延长使用权资产的租赁期限，因此，装修费用应当计入长期待摊费用，在收益期分摊计入当期损益。使用权资产在装修期内照提折旧。

为什么承租人发生的初始直接费用要计入使用权资产的成本？因为属于为了取得使用权资产付出的代价。

【释9】为什么拆除及恢复费用也要计入使用权资产成本？因为这些支出也属于承租人为了取得使用权资产付出的对价，所以计入使用权资产成本。由于不需要支付给出租人，所以不应计入租赁负债。

使用权资产是在租赁负债计量金额的基础上，根据租赁预付款、租赁激励、初始直接费用、拆除或复原成本进行调整来确定的。

【案例5-12】承租人初始计量。

承租人学天海公司就某栋建筑物的某一层楼与出租人乙公司签订了为期10年的租赁协议，并拥有5年的续租选择权。有关资料如下：

（1）初始租赁期内的不含税租金为每年5万元，续租期间为每年5.5万元，所有款项应于每年年初支付。

（2）为获得该项租赁，学天海公司发生的初始直接费用为2万元，其中，1.5万元为向该楼层前任租户支付的款项，5 000元为向促成此租赁交易的房地产中介支付的佣金。

（3）作为对学天海公司的激励，乙公司同意补偿学天海公司5 000元的佣金，款项已收到。

（4）租赁期满后，学天海公司应当将租赁资产恢复原状后交付给乙公司，学天海公司在租赁期开始日评估后，预计恢复原状的费用为1万元。

（5）在租赁期开始日，学天海公司评估后认为，不能合理确定将行使续租选择权，因此，将租赁期确定为10年。

（6）学天海公司无法确定租赁内含利率，其增量借款利率为每年5%，该利率反映的是学天海公司以类似抵押条件借入期限为10年、与使用权资产等值的相同币种的借款而必须支付的利率。

为简化处理，假设不考虑相关税费影响。计算结果保留整数。

（P/A，5%，9）=7.1078；（P/F，5%，10）=0.6139。

要求：编制学天海公司租赁期开始日相关的会计分录。

解析：在租赁期开始日，学天海公司支付第1年的租金50 000元。

剩余9期租赁付款额=50 000×9=450 000（元）

租赁负债=剩余9期租赁付款额的现值

　　=50 000×（P/A，5%，9）=355 391（元）

未确认融资费用=租赁付款额-租赁付款额的现值

　　=450 000-355 391=94 609（元）

借：使用权资产　　（倒挤）426 530

　　租赁负债——未确认融资费用　　94 609

　　银行存款（租赁激励）　　5 000

贷：租赁负债——租赁付款额 450 000

银行存款 （第 1 年租金 + 初始直接费用）70 000

预计负债 （10 000 × 0.6139）6 139

三、承租人的后续计量

承租人后续计量的会计原则见表 5 – 8。

表 5 – 8 承租人的后续计量

使用权资产	租赁负债
①参照 CAS4 自租赁期开始日起按月计提使用权资产累计折旧【1】 借：制造费用/管理费用等 贷：使用权资产累计折旧	①按照 CAS17 采用固定的周期性利率确认租赁期内各期间的利息费用【5】 借：财务费用/在建工程 贷：租赁负债——未确认融资费用
②参照 CAS8 判断是否减值，如发生减值损失【2】 借：资产减值损失 贷：使用权资产减值准备	②支付租赁付款额【6】 借：租赁负债——租赁付款额 应交税费——应交增值税（进项税额） 贷：银行存款
③租赁资产发生后续资本化支出的（如改良支出），应当计入长期待摊费用，不调整使用权资产成本，但是由租赁资产改良支出导致的预计复原支出发生变化的调整使用权资产成本【3】 借：长期待摊费用（后续资本化支出） 贷：银行存款 借：制造费用/管理费用 贷：长期待摊费用（以后摊销时） 借：使用权资产 贷：预计负债（预计复原支出）	③未纳入租赁负债计量的可变租赁付款额应当在实际发生时费用化或资本化【7】 借：管理费用/销售费用/制造费用 贷：银行存款
④租赁期满返还租赁资产 借：使用权资产累计折旧 贷：使用权资产	④按照 CAS19 折算以外币计价的租赁负债期末汇兑差额，并费用化计入当期损益【8】 借：财务费用——汇兑差额 贷：租赁负债（或相反分录）
⑤支付租赁保证金【4】 借：其他应收款 贷：银行存款	

【释 1】在确定使用权资产的折旧年限时，能够合理确定租赁期届满时取得租赁资产所有权的，应当在租赁资产剩余使用寿命内计提折旧；否则在租赁期与租赁资产剩余使用寿命两者孰短的期间内计提折旧。

【释 2】使用权资产采用成本模式计量，所以需要计提折旧和减值。

【释 3】为什么使用权资产后续资本化支出计入长期待摊费用，而不能像固定资产后续支出资本化计入固定资产成本？因为租赁资产在租赁期开始日已经达到了预定可使用状态，此时，使用权资产的成本在租赁期开始日已经确定；使用权资产的后续支出不能延长租赁期限，不符合资本化的条件，后续支出应当在租赁期内摊销完毕。而固定资产后续支出能够延长固定资产的使用寿命，符合资本化条件，因此，增加固定资产的价值。

为什么预计复原支出需要计入使用权资产成本？因为：第一，预计复原支出属于取得使用权资产未来支付对价的一部分，应当计入使用权资产成本；第二，与使用权资产初始确认时将预计负债计入成本的处理保持一致，租赁期满发生复原时再统一转销预计负债。

【释 4】出租人为确保承租人履行合同相关义务收取租赁保证金的，该租赁保证金不属于出租人的租赁收款额和承租人的租赁付款额，因为租赁保证金不属于租赁交易的对价，出租人和承租人应当分别将其作为单独的负债和资产进行会计处理。

【释 5】此处的周期性利率，是指承租人对租赁负债进行初始计量时所采用的折现率，或者因租赁付款额发生变动或因租赁变更对租赁负债进行重新计量时采用的修订后的折现率。

【注 6】承租人向出租人支付的租金等款项中包含应缴纳的增值税的，相关增值税税额不属于租赁付款额的范畴，不应纳入租赁负债和使用权资产的计量。

【释 7】按照 CAS1 存货等准则规定应当计入相关资产成本的，计入资产成本。因为未纳入租赁负债计量的可变租赁付款额未构成使用权资产的初始成本，按照后续支出的会计原则进行处理。例如，租赁生产设备发生的可变租金，发生时计入制造费用，在产品完工时转入存货成本。

【释 8】为什么租赁负债的汇兑差额不资本化处理？因为：

第一，租赁负债属于货币性项目，每个报告期末，应当按照《CAS19——外币折算》的规定采用期末汇率进行折算；如果资本化计入租赁负债，就必然影响使用权资产的成本，从而影响使用权资产计提折旧的金额，但是使用权资产属于非货币性项目，这样就违背了汇率变动不应对非货币性项目的成本产生影响的原则了。

第二，费用化处理的方法与其他金融负债导致的汇兑差额计入损益的要求一致，有利于报表中如实反映承租人面临的外汇风险敞口对损益的影响，尤其是在承租人通过衍生工具进行外汇风险管理的时候，租赁负债产生的汇兑损益和衍生工具产生的价值变动都计入损益，有效实现风险抵销的效果。

四、租赁负债的重新计量

在租赁期开始日后，发生表5－9情形的，承租人应当重新确定租赁付款额，按变动后租赁付款额的现值重新计量租赁负债，并相应调整使用权资产的账面价值，使用权资产账面价值不够冲减的部分计入当期损益。

表5－9　　　　租赁负债的重新计量

<table>
<tr><th>情形</th><th>会计分录</th></tr>
<tr><td>①根据担保余值预计的应付金额发生变动，或者因用于确定租赁付款额的指数或比率变动而导致未来租赁付款额发生变动的，折现率不变【1】</td><td rowspan="4">当租赁负债增加时：
借：使用权资产（租赁付款额现值的增加额）
　　租赁负债——未确认融资费用（倒挤）
　　贷：租赁负债——租赁付款额（租赁付款额的增加额）
当租赁负债减少时：
借：租赁负债——租赁付款额（租赁付款额的减少额）
　　贷：租赁负债——未确认融资费用（倒挤）
　　　　使用权资产（租赁付款额现值的减少额）
　　　　管理费用（不够冲减的）</td></tr>
<tr><td>②因浮动利率变动导致租赁付款额发生变动的，采用修订后的折现率【2】</td></tr>
<tr><td>③除浮动利率外因用于确定租赁付款额的指数或比率发生变动导致租赁付款额发生变动的，折现率不变</td></tr>
<tr><td>④发生承租人可控范围内的重大事件或重大变化导致购买选择权的评估结果发生变化的，应当根据新的评估结果重新确定租赁付款额，并按变动后租赁付款额和修订后的折现率计算的现值重新计量租赁负债【3】</td></tr>
</table>

【释1】如果租赁付款额最初是可变的，但在租赁期开始日后的某一时点转为固定，那么，在潜在可变性消除时，该付款额成为实质固定付款额，应纳入租赁负债的计量中。

【案例 5-13】可变租赁付款额变为固定付款额。

承租人学天海公司签订了一份为期10年的机器租赁合同。租金于每年年末支付，并按以下方式确定：第1年，租金是可变的，根据该机器在第1年下半年的实际产能确定；第2至10年，每年的租金根据该机器在第1年下半年的实际产能确定，即租金将在第1年年末转变为固定付款额。

在租赁期开始日，学天海公司无法确定租赁内含利率，其增量借款利率为5%。假设在第1年年末，根据该机器在第1年下半年的实际产能所确定的租赁付款额为每年20 000元。

(P/A, 5%, 9) =7.1078；(P/A, 5%, 10) =7.7217。本题计算结果保留整数。

要求：编制学天海公司第1年末相关的会计分录。

解析：在租赁期开始时，由于未来的租金尚不确定，因此学天海公司的租赁负债为零，不需要编制会计分录。在第1年年末，租金的潜在可变性消除，成为实质固定付款额（即每年20 000元），因此学天海公司应基于变动后的租赁付款额重新计量租赁负债，并采用不变的折现率（即5%）进行折现。

借：制造费用　　20 000
　　贷：银行存款　　20 000
借：使用权资产　　[20 000×(P/A,5%,9)] 142 156
　　租赁负债——未确认融资费用　　（倒挤）37 844
　　贷：租赁负债——租赁付款额　　(20 000×9) 180 000

担保余值变动的例子。合同开始日，承租人担保余值400万元，预计租赁期满资产余值300万元，租赁期开始日预计应付100万元。到第1年末，由于租赁资产使用期满时公允价值预计下降到250万元，预计应付金额变成400-250=150万元，则变动的150-100=50万元的现值应调整租赁负债和使用权资产。

【释2】因为浮动利率影响出租人的投资报酬率，影响承租人的融资成本，所以重新评估折现率。

【释3】因为是否行使选择权发生变化，导致租赁付款额和租赁期发生变化，应当将剩余租赁期视为一个新的租赁，重新评估折现率，并调整租赁负债和使用权资产。

修订后的折现率应当优先使用剩余租赁期间的租赁内含利率，否则，采用重估日或租赁变更生效日承租人的增量借款利率。

【案例5－14】 承租人购买选择权变化的处理。

承租人学天海公司与出租人乙公司签订了一份为期5年的设备租赁合同。学天海公司拥有在租赁期结束时以5 000元购买该设备的选择权。每年的租赁付款额固定为10 000元，于每年年末支付。学天海公司无法确定租赁内含利率，其增量借款利率为5%。在租赁开始日，学天海公司对行使购买选择权的可能性进行评估后认为，不能合理确定将行使购买选择权。这是因为学天海公司计划开发自有设备，自有设备计划在5年内投入使用，继而在租赁期结束时替代租赁资产。

假设在第3年年末，学天海公司作出削减开发项目的战略决定，包括上述替代设备的开发。学天海公司预计该设备在租赁结束时的公允价值为20 000元。学天海公司重新评估其行使购买选择权的可能性认为，其合理确定将行使该购买选择权。假设学天海公司无法确定剩余租赁期间的租赁内含利率，其第3年年末的增量借款利率为5.5%。(P/A，5%，5)＝4.33，本题计算结果保留整数。

要求：(1) 计算学天海公司租赁期开始日确认的租赁负债的金额；

(2) 不考虑购买选择权时，计算学天海公司第5年应确认的利息费用；

(3) 考虑购买选择权时，计算学天海公司第5年应当确认的利息费用。

解析：(1) 租赁负债＝10 000×(P/A，5%，5)＝43 300（元）

(2) 利息费用应当按照实际利率法逐年分别计算。

第1年确认利息费用＝期初摊余成本43 300×增量借款利率5%＝2 165（元）

第2年确认利息费用＝期初摊余成本(43 300＋2 165－10 000)×5%
＝35 465×5%＝1 773（元）

第3年确认利息费用＝(35 465＋1 773－10 000)×5%＝27 238×5%
＝1 362（元）

第4年确认利息费用＝(27 238＋1 362－10 000)×5%＝18 600×5%＝930（元）

最后一年倒挤，第5年初租赁负债＝18 600＋930－10 000＝9 530（元）

第5年确认利息费用＝10 000－9 530＝470（元）

(3) 因为作出削减开发项目的战略决定在学天海公司的可控范围内，并影响其行使购买选择权。在第3年年末，需要重新计量租赁负债。

新租赁负债（支付前3年的付款额后）=10 000×(P/F，5.5%，1)+(10 000+5 000)×(P/F，5.5%，2)=22 955（元）

第4年确认利息费用=22 955×5.5%=1 263（元）

最后一年倒挤，第5年初租赁负债=22 955+1 263-10 000=14 218元。

第5年确认利息费用=15 000-14 218=782（元）

【案例5-15】承租人续租选择权改为购买选择权的处理。

承租人学天海公司与出租人乙公司签订了一份办公楼租赁合同，每年的租赁付款额为50 000元，于每年年末支付。学天海公司无法确定租赁内含利率，其增量借款利率为5%。该租赁合同不可撤销租赁期为5年，并且合同约定在第5年年末，学天海公司有权选择以每年50 000元续租5年，也有权选择以1 000 000元购买该房产。学天海公司在租赁期开始时评估认为，可以合理确定将行使续租选择权，而不会行使购买选择权。

在第4年，该房产所在地房价显著上涨，学天海公司预计租赁期结束时该房产的市价为2 000 000元，学天海公司在第4年年末重新评估后认为，能够合理确定将行使上述购买选择权，而不会行使上述续租选择权。在第5年末学天海公司实际行使了购买选择权。

(P/A，5%，10)=7.7217；(P/A，5%，5)=4.3295。本题计算结果保留整数。

要求：(1) 编制学天海公司在租赁期开始日的会计分录。

(2) 编制学天海公司行使购买选择权的会计分录。

解析：(1) 在租赁期开始日，可以合理确定将行使续租选择权，租赁期确定为10年：

借：使用权资产　　　　　　　　　　　　　　（倒挤）386 085

　　租赁负债——未确认融资费用

　　　　　　　　　　[500 000-50 000×(P/A，5%，10)] 113 915

　　贷：租赁负债——租赁付款额　　　　　　　（50 000×10）500 000

(2) 该房产所在地区的房价上涨属于市场情况发生的变化，不在学天海公司的可控范围内。因此，虽然该事项导致购买选择权及续租选择权的评估结果发生变化，但是在第4年末不需重新计量租赁负债。

第5年末学天海公司行使购买选择权的会计分录为：

借：固定资产——办公楼　（倒挤）976 525

　使用权资产累计折旧　（386 000×5÷10）193 000

　租赁负债——租赁付款额　（50 000×5）250 000

　贷：使用权资产　（转销余额）386 000

　　租赁负债——未确认融资费用

　　　[250 000－50 000×(P/A,5%,5)] 33 525

　　银行存款　1 000 000

【案例5－16】根据消费者价格指数变动的可变租赁付款额的处理。

承租人学天海公司签订了一项为期10年的不动产租赁合同，作为办公用房使用，每年的租赁付款额为50 000元，于每年年初支付。合同规定，租赁付款额每两年基于过去24个月消费者价格指数的上涨上调一次。租赁期开始日的消费者价格指数为125。租赁第三年年初的消费者价格指数为135。

承租人的增量借款利率为每年5%，学天海公司预计在整个租赁期内平均地消耗该使用权资产的未来经济利益，因此按直线法对使用权资产计提折旧。

(P/A，5%，9)＝7.1078；(P/A，5%，7)＝5.7864。本题计算结果保留整数。

要求：（1）编制学天海公司第1年确认租赁资产和利息费用有关的会计分录。

（2）编制学天海公司第2年确认利息费用和折旧费用、支付租赁付款额有关的会计分录。

（3）编制学天海公司第3年调整使用权资产和支付租金有关的会计分录。

（4）假设将租赁付款额由根据消费者价格指数变动改为，根据所租不动产产生的销售额的1%来调整。租赁期第一年，承租人所租不动产产生的销售额为800 000元。其他条件不变。编制学天海公司第1年确认使用权资产和可变租赁付款额有关的会计分录。

解析：（1）第1年：在初始计量租赁负债时，应基于租赁期开始日的消费者物价指数每年 50 000 元的租赁付款额来计量租赁负债，无须对后续年度因消费者物价指数而导致的租金变动作出估计。

租赁负债 = 50 000 ×（P/A，5%，9）= 355 390（元）

未确认融资费用 = 50 000 × 9 － 355 390 = 94 610（元）

借：使用权资产　（倒挤）405 390

　　租赁负债——未确认融资费用　94 610

　　贷：租赁负债——租赁付款额　（50 000 × 9）450 000

　　　　银行存款　（第 1 年租金）50 000

借：财务费用　（355 390 × 5%）17 770

　　贷：租赁负债——未确认融资费用　17 770

（2）第 2 年确认利息费用：

借：财务费用　[（355 390 + 17 770 － 50 000）× 5%] 16 158

　　贷：租赁负债——未确认融资费用　16 158

借：管理费用　（405 390 ÷ 10）40 539

　　贷：使用权资产累计折旧　40 539

借：租赁负债——租赁付款额　50 000

　　贷：银行存款　50 000

（3）经消费者价格指数调整后，从第 3 年开始每年租赁付款额为 54 000 元（50 000 × 135 ÷ 125）。第 3 年年初，在支付第 3 年的租赁付款额和对未来租赁付款额变动进行会计处理前，原租赁负债 = 50 000 + 50 000 ×（P/A，5%，7）= 339 320 元。

重新计量的新租赁负债 = 54 000 + 54 000 ×（P/A，5%，7）= 366 465（元）

借：使用权资产　（366 465 － 339 320）27 145

　　租赁负债——未确认融资费用　（倒挤）4 855

　　贷：租赁负债——租赁付款额　（4 000 × 8）32 000

借：租赁负债——租赁付款额　54 000

　　贷：银行存款　54 000

（4）由于可变租赁付款额与未来的销售挂钩，因此，不纳入使用权资产和租赁负债的计量，在发生时计入当期损益。

借：使用权资产 405 390

租赁负债——未确认融资费用 （倒挤）94 610

贷：租赁负债——租赁付款额 （50 000×9）450 000

银行存款 （第1年租金）50 000

借：管理费用 （800 000×1%）8 000

贷：其他应付款 8 000

【案例5－17】根据销售额度变动的可变租赁付款额的处理。

承租人与出租人签订了为期7年的商铺租赁合同，用于销售承租人的产品。每年的租赁付款额为450 000元，在每年年末支付。承租人无法确定租赁内含利率，其增量借款利率为5.04%。在租赁期开始日，承租人按租赁付款额的现值所确认的租赁负债为2 600 000元。

除固定付款额外，合同还规定租赁期间承租人商铺当年销售额超过1 000 000元的，当年应再支付按销售额的2%计算的租金，于当年年末支付。假设在租赁的第3年，该商铺的销售额为1 500 000元。本题计算结果保留整数。

要求：（1）编制承租人第1年末支付租金、确认利息费用的会计分录。

（2）计算出租人第1年末租赁投资净额减少额。

（3）编制承租人第3年末支付可变租金的会计分录。

解析：（1）由于该可变租赁付款额与未来的销售额挂钩，而并非是取决于指数或比率，因此不应被纳入租赁负债的初始计量中。

借：租赁负债——租赁付款额 450 000

贷：银行存款 450 000

借：财务费用——利息费用 （2 600 000×5.04%）131 040

贷：租赁负债——未确认融资费用 131 040

（2）租赁投资净额减少额＝450 000－131 040＝318 960元，即租赁负债的账面价值减少318 960元。

（3）

借：销售费用 （1 500 000×2%）30 000

贷：银行存款 30 000

【案例5-18】 企业并购导致续租选择权变化的处理。

承租人学天海公司就某栋建筑物的某一层楼签订了为期10年的租赁合同1，作为办公用房使用，具有5年的续租选择权。初始租赁期内租赁付款额为每年50 000元，选择权期间为每年55 000元，所有款项应在每年年初支付。为获得该项租赁，学天海公司发生的初始直接费用为20 000元，其中，15 000元为向该楼层前任租户支付的款项，5 000元为向安排此租赁的房地产中介支付的佣金。作为对签署此项租赁的承租人的激励，出租人同意为学天海公司报销3 000元的佣金，以及2 000元的装修费。在租赁期开始日，学天海公司得出结论认为不能合理确定将行使续租选择权。学天海公司的增量借款利率为每年5%。

在租赁的第六年，学天海公司收购主体A。主体A在另一建筑物中租了一层楼。主体A签订的租赁合同2包含可由主体A行使的终止租赁选择权。收购主体A之后，学天海公司由于员工人数增加而须在合适的建筑物中租赁两个楼层。为使成本最小化，学天海公司在其租赁的建筑物中单独就另一楼层签订了为期八年的租赁合同3，该楼层在第7年年末时可供使用，同时自第8年年初提前终止了主体A签订的租赁。

收购主体A且将主体A的员工进行搬迁，是在承租人控制范围内的重大事件，并影响了承租人是否合理确定将行使之前在确定租赁期时未纳入租赁期的续租选择权。将主体A的员工搬迁至承租人所使用的同一建筑物中，对承租人在10年不可撤销期间结束时进行续租产生了经济激励，因为租赁原来的楼层对承租人具有更大的效用（也具有更大的收益）。如果承租人在其他建筑物中租赁相似的楼层，则会因劳动力分散于不同的建筑物而产生额外成本，因此，在第6年年末，承租人得出结论认为，由于其收购了主体A并决定搬迁主体A，其可合理确定将行使续租选择权。第6年年末时，学天海公司的增量借款利率为6%。

学天海公司预计在整个租赁期内平均地消耗该使用权资产的未来经济利益，因此按直线法对使用权资产计提折旧。

（P/A，5%，9）=7.1078；（P/A，6%，3）=2.6730；（P/F，6%，3）=0.8396；（P/A，6%，4）=3.4651；（P/A，6%，5）=4.2124。本题计算结果保留整数。

要求：（1）编制学天海公司租赁合同1初始确认时与使用权资产相关的会计分录。

（2）编制学天海公司租赁合同1在第3年关于确认折旧费用、利息费用、支付租金有关的会计分录。

（3）编制学天海公司租赁合同1在第6年末调整使用权资产有关的会计分录。

（4）编制学天海公司租赁合同1在第7年关于确认折旧费用、利息费用、支付租金有关的会计分录。

（5）编制学天海公司租赁合同1在第12年关于确认折旧费用、利息费用、支付租金有关的会计分录。

解析：（1）在租赁期开始日，承租人支付第一年的租赁付款额，发生初始直接费用，从出租人处收到租赁激励，租赁负债＝50 000×（P/A，5%，9）＝355 390元。

借：使用权资产　（倒挤）420 390

　　租赁负债——未确认融资费用　（450 000－355 390）94 610

　　其他应收款　（出租人租赁激励3 000＋2 000）5 000

　　贷：租赁负债——租赁付款额　（50 000×9）450 000

　　　　银行存款　（第1年租金50 000＋初始直接费用20 000）70 000

（2）第1年至第6年租赁期变动前的使用权资产和租赁负债如表5－10所示。

表5－10　租赁期变动前的使用权资产和租赁负债　单位：元

年份	租赁负债（5%）				使用权资产		
	期初余额	租赁付款额	利息费用	期末余额	期初余额	折旧费用	期末余额
1	355 390	—	17 770	373 160	420 390	（42 039）	378 351
2	373 160	（50 000）	16 158	339 318	378 351	（42 039）	336 312
3	339 318	（50 000）	14 466	303 784	336 312	（42 039）	294 273
4	303 784	（50 000）	12 689	266 473	294 273	（42 039）	252 234
5	266 473	（50 000）	10 824	227 297	252 234	（42 039）	210 195
6	227 297	（50 000）	8 865	186 162	210 195	（42 039）	168 156

【注】租赁负债期末余额＝期初余额－年初租赁付款额＋利息费用

利息费用＝（租赁负债期初余额－年初租赁付款额）×5%

使用权资产期末余额 = 期初余额 - 折旧费用

第 3 年计提折旧费用：

借：管理费用　　42 039

　　贷：使用权资产累计折旧　　(420 390 ÷ 10) 42 039

第 3 年初支付的租金：

借：租赁负债——租赁付款额　　50 000

　　贷：银行存款　　50 000

第 3 年末确认利息费用按照表格里金额：

借：财务费用　　[(339 318 - 50 000) × 5%] 14 466

　　贷：租赁负债——未确认融资费用　　14 466

(3) 第 6 年末确定将行使续租选择权，承租人应当按照修订后的利率 6% 重新计量租赁负债，同时相应调整使用权资产的成本；

租赁负债 = 50 000 + 50 000 × (P/A, 6%, 3) + 55 000 × (P/A, 6%, 5) × (P/F, 6%, 3) = 378 170 (元)

借：使用权资产　　(378 170 - 186 162) 192 008

　　租赁负债——未确认融资费用　　(倒挤) 82 992

　　贷：租赁负债——租赁付款额　　(55 000 × 5) 275 000

(4) 重新计量之后，承租人使用权资产的账面金额为 360 164 元 (168 156 + 192 008)。自第 7 年年初起，承租人按照修改后的年折现率 6% 对租赁负债计算利息费用。

第 7 年至第 15 年的使用权资产和租赁负债如表 5 - 11 所示。

表 5 - 11　　第 7 年至第 15 年的使用权资产和租赁负债　　单位：元

年份	租赁负债 (6%)				使用权资产		
	期初余额	租赁付款额	利息费用	期末余额	期初余额	折旧费用	期末余额
7	378 170	(50 000)	19 690	347 860	360 164	(40 018)	320 146
8	347 860	(50 000)	17 872	315 732	320 146	(40 018)	280 128
9	315 732	(50 000)	15 944	281 676	280 128	(40 018)	240 110
10	281 676	(50 000)	13 901	245 576	240 110	(40 018)	200 092

续表

年份	租赁负债（6%）				使用权资产		
	期初余额	租赁付款额	利息费用	期末余额	期初余额	折旧费用	期末余额
11	245 576	(55 000)	11 435	202 011	200 092	(40 018)	160 074
12	202 011	(55 000)	8 821	155 831	160 074	(40 018)	120 056
13	155 831	(55 000)	6 050	106 881	120 056	(40 018)	80 038
14	106 881	(55 000)	3 119	55 000	80 038	(40 018)	40 020
15	55 000	(55 000)	—	—	40 020	(40 020)	—

【注】 尾数调整：3 119 = 55 000 + 55 000 − 106 881

第 7 年计提的折旧费用：

借：管理费用　　40 018

　　贷：使用权资产累计折旧　　(360 164 ÷ 9)　40 018

第 7 年初支付的租金：

借：租赁负债——租赁付款额　　50 000

　　贷：银行存款　　50 000

第 7 年末确认利息费用按照表格里金额：

借：财务费用　　[(378 170 − 50 000) × 6%]　19 690

　　贷：租赁负债——未确认融资费用　　19 690

(5) 第 12 年计提折旧费用：

借：管理费用　　40 018

　　贷：使用权资产累计折旧　　(360 164 ÷ 9)　40 018

第 12 年初支付租金：

借：租赁负债——租赁付款额　　55 000

　　贷：银行存款　　55 000

第 12 年末确认利息费用按照表格里金额：

借：财务费用　　[(202 011 − 55 000) × 6%]　8 821

　　贷：租赁负债——未确认融资费用　　8 821

五、承租人租赁变更的会计处理

（一）承租人租赁变更的相关概念（见表 5－12）

表 5－12　　　　承租人租赁变更的相关概念

1. 租赁变更	是指原合同条款之外的租赁范围、租赁对价、租赁期限的变更，包括增加或终止一项或多项租赁资产的使用权，延长或缩短合同规定的租赁期等【1】
2. 租赁变更生效日	是指双方就租赁变更达成一致的日期
3. 租赁变更与租赁负债的重新计量的区别	①不同：租赁变更是指修改了原合同条款。而租赁负债的重新计量是指原租赁合同条款不变，发生原合同条款范围内的变化，例如，实质固定付款额发生变化
	②相同：两者都需要对租赁进行重估，都会导致未来现金流量的变动，都需要调整租赁负债和使用权资产的账面价值

【释 1】因为租赁合同发生变更，导致了承租人享有的合同权利与承担的合同义务发生了变化，租赁会计处理的核心就是要反映租赁合同给主体带来的权利和义务。

（二）承租人对租赁变更的会计处理（见图 5－15）

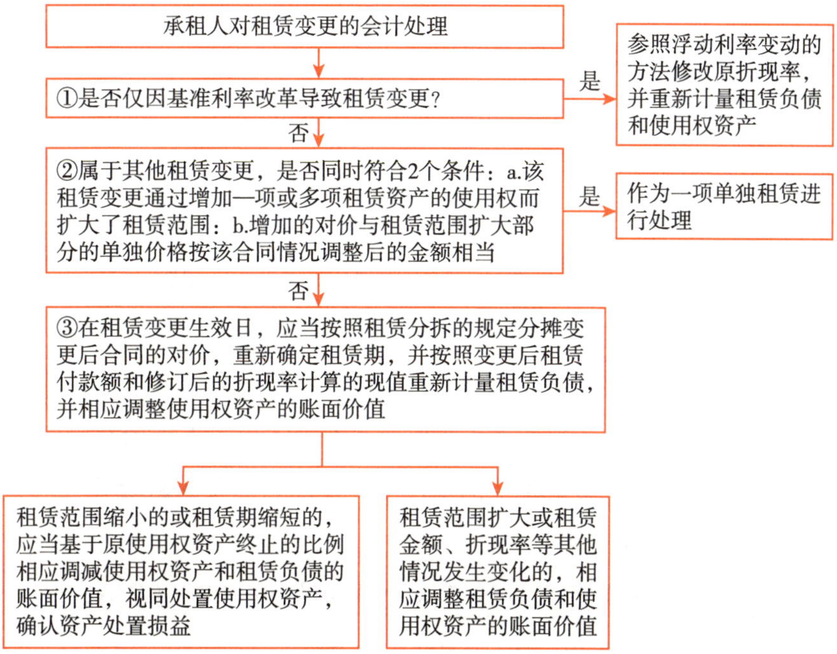

图 5－15　承租人对租赁变更的会计处理

【释①】 当仅因基准利率改革直接导致租赁变更（即修改租赁合同以将租赁付款额的参考基准利率替换为替代基准利率，从而导致租赁合同现金流量的确定基础发生变更），以致未来租赁付款额的确定基础发生变更且变更前后的确定基础在经济上相当时，承租人应当按照仅因基准利率改革导致变更后的租赁付款额的现值重新计量租赁负债，并相应调整使用权资产的账面价值。在重新计量租赁负债时，承租人应当根据租赁付款额的确定基础因基准利率改革发生的变更，参照浮动利率变动的处理方法对原折现率进行相应调整。

【释②】 为什么要判断是否构成一项单独租赁？因为如果变更构成单独租赁，实质是产生了一项新的租赁，与CAS14中合同变更作为单独合同处理的原则一致。原租赁不需要调整，继续按照原租赁合同进行会计处理。如果不构成单独租赁，应当将合同变更作为原合同的组成部分，并入原合同进行会计处理。对于合同变更的每一项条款，分别编制调整租赁负债与使用权资产账面价值有关的会计分录。

【案例5－19】 承租人租赁变更的处理。

承租人学天海公司就5 000平方米的办公场所签订了10年期的租赁，年租赁付款额为50 000元，在每年年末支付。租赁内含利率无法直接确定，承租人在租赁期开始日的年增量借款利率为6%。

第6年年初，承租人和出租人同意对原租赁进行修订，即自第6年起，将原租赁场所缩减至2 500平方米。每年的固定租赁付款额（自第6年至第10年）为30 000元。承租人在第6年年初的年增量借款利率为5%。学天海公司按照直线法计提折旧。（P/A，6%，10）=7.3601；（P/A，5%，5）=4.3295；（P/A，6%，5）=4.2124。本题计算结果保留整数。

要求：（1）编制学天海公司第6年租赁修改有关的会计分录。

（2）编制学天海公司第6年确认折旧费用和利息费用有关的会计分录。

解析：（1）第一步，调整租赁范围缩小，按照处置使用权资产处理，处置比例＝2 500平方米÷5 000＝50%。

租赁负债和使用权资产的初始确认金额均为50 000×（P/A，6%，10）＝368 005元。

在租赁变更前，原使用权资产的账面价值为368 005×5÷10＝184 003元，处置部分50%的账面价值为184 003×50%＝92 002元。

原租赁负债的账面价值为50 000×（P/A，6%，5）＝210 620元，50%的账面价值为210 620×50%＝105 310元。

借：租赁负债——租赁付款额　　（50 000×5×50%）125 000

　　贷：租赁负债——未确认融资费用　　（125 000－105 310）19 690

　　　　使用权资产　　92 002

　　　　资产处置损益　　（倒挤）13 308

第二步，调整折现率和租金的变化；租赁变更后的租赁负债为30 000×（P/A，5%，5）＝129 885元，与剩余租赁负债105 310元之间的差额24 575元，相应调整使用权资产的账面价值：

借：使用权资产　　（129 885－105 310）24 575

　　租赁负债——未确认融资费用　　（倒挤）425

　　贷：租赁负债——租赁付款额　［（30 000－50 000×50%）×5］25 000

（2）第6年调整后使用权资产账面价值＝92 002＋24 575＝116 577（元）

借：管理费用　　23 315

　　贷：使用权资产累计折旧　　（116 577÷5）23 315

确认利息费用：

借：财务费用　　（129 885×5%）6 494

　　贷：租赁负债——未确认融资费用　　6 494

【案例5－20】 承租人租赁变更的处理。

承租人学天海公司就2 000平方米的办公场所签订了一项为期10年的租赁。年租赁付款额为100 000元，于每年年末支付。租赁内含利率无法直接确定，承租人在租赁期开始日的年增量借款利率为6%。

第6年年初，承租人和出租人同意对原租赁进行修改，即自第6年年初起，扩租同一建筑物内1 500平方米的场所，同时将租赁期由10年缩减至8年。承租人在第6年年初的年增量借款利率为7%。3 500平方米场所的年固定付款额为150 000元，于每年年末支付（自第6年至第8年）。学天海公司按照直线法计提折旧。假设为扩租的1 500平方米场所支付的对价与新增场所的单独价格并不符合作为一项单独的租赁进行会计处理的条件。

（P/A，7%，3）= 2.62431；（P/A，6%，3）= 2.67301；（P/A，6%，10）=7.36009；

（P/A，6%，5）=4.21236；（P/A，7%，5）=4.1002；本题计算结果保留整数。

要求：（1）编制学天海公司第6年与租赁变更有关的会计分录。

（2）编制学天海公司第6年确认利息费用和折旧费用的会计分录。

（3）假设在第6年年初，合同变更条款改为，将租赁付款额从每年100 000元降至每年95 000元。原租赁未缩短年限，也未扩租1 500平方米，其他条件不变。编制学天海公司第6年与租赁变更有关的会计分录。

解析：（1）原租赁负债和使用权资产初始确认金额为100 000×（P/A，6%，10）=736 009元。

第一步：调整原租赁2 000平方米租赁期缩短2年的影响。

在合同变更生效日（第6年年初），变更前的使用权资产为736 009×5÷10 = 368 005元，基于原2 000平方米剩余三年期的使用权资产账面金额 = 368 005÷5×3年 = 220 803元，所以，使用权资产应调减368 005 − 220 803 = 147 202元。

变更前的租赁负债为100 000×（P/A，6%，5）= 421 236元，原2 000平方米办公场所剩余三年期的租赁负债账面余额 = 100 000×（P/A，6%，3）= 267 301元，所以，租赁负债应调减421 236 − 267 301 = 153 935元。

借：租赁负债——租赁付款额　　（100 000×2）200 000

　　贷：租赁负债——未确认融资费用　　（200 000 − 153 935）46 065

　　　　使用权资产　　147 202

　　　　资产处置损益　　（153 935 − 147 202）6 733

第二步：调整原租赁2 000平方米剩余3年折现率从6%变更为7%的影响。

折现率变动对使用权资产和租赁负债的影响为：100 000×（P/A，7%，3）− 100 000×（P/A，6%，3）= −4 870元。

借：租赁负债——未确认融资费用　　4 870

　　贷：使用权资产　　4 870

第三步：调整扩租1 500平方米3年租赁期的影响。

在变更生效日（第6年年初），由于新增1 500平方米场所导致扩大租赁范围而确认的租赁负债增加额为 50 000×(P/A，7%，3)＝131 216 元。

借：使用权资产　　　　　　　　　　　　　　　　　(倒挤) 131 216

　　租赁负债——未确认融资费用　　　　　　　　　(倒挤) 18 784

　　贷：租赁负债——租赁付款额　　　　　　　　(50 000×3) 150 000

(2) 第 6 年年初租赁负债为 150 000×(P/A，7%，3)＝393 647 元。

借：财务费用　　　　　　　　　　　　　　(393 647×7%) 27 555

　　贷：租赁负债——未确认融资费用　　　　　　　　　　　27 555

第 6 年年初使用权资产的账面价值＝220 803＋131 216－4 870＝347 149 元。

借：管理费用　　　　　　　　　　　　　　　　　　　115 716

　　贷：使用权资产累计折旧　　　　　　　　(347 149÷3) 115 716

(3) 在变更生效日（第 6 年年初），要考虑租赁付款额与折现率两个因素的变化。变更前租赁负债为 421 236 元，变更后租赁负债为 95 000×(P/A，7%，5)＝389 519 元。

借：租赁负债——租赁付款额　　　[(100 000－95 000)×5] 25 000

　　　　　　——未确认融资费用　　　　　　　　　(倒挤) 6 717

　　贷：使用权资产　　　　　　　　　　(421 236－389 519) 31 717

第五节　出租人的会计处理

出租人的会计处理见图 5－16。

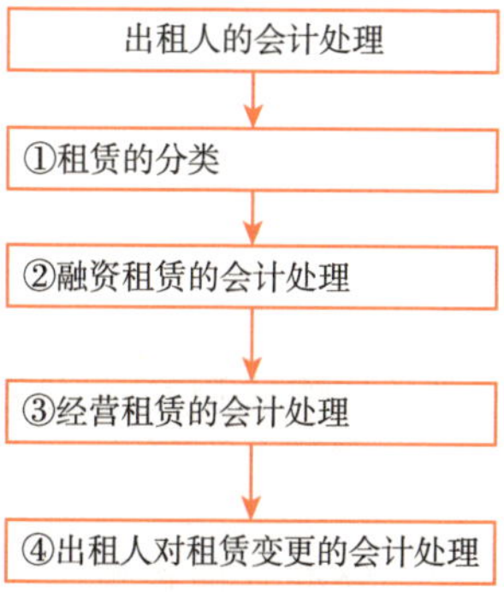

图 5－16　出租人的会计处理

一、租赁的分类

出租人对租赁的分类见图 5 – 17。

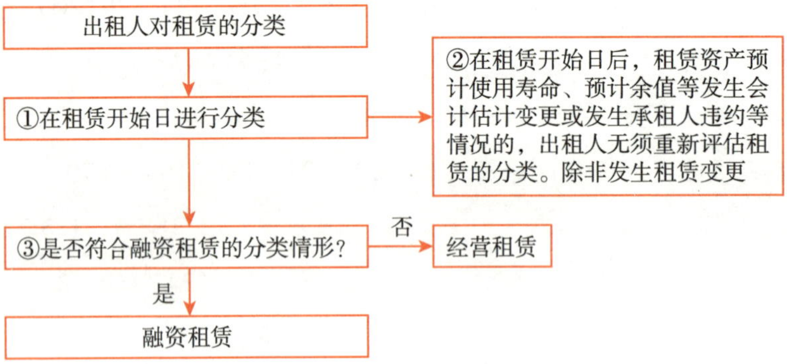

图 5 – 17　出租人对租赁的分类

【释①】 为什么出租人在租赁开始日要对租赁交易进行分类？因为要反映租赁交易的经济实质，如果出租人将租赁资产的几乎全部风险和报酬转移给了承租人，那么符合资产终止确认的概念，出租人应当终止确认租赁资产，不应该在资产负债表中再作为自己的资产确认，反之亦然。

【释②】 为什么租赁变更需要重新评估租赁的分类，而会计估计变更不需要重新评估租赁的分类？因为会计估计变更和合同变更是两个概念，会计估计变更是合同没有发生变化，主观估计发生变化，租赁分类不需要重新评估，因为此时租赁合同形成的企业享有的权利和承担的义务没有发生变化。如果租赁合同变更了，会导致企业享有的权利和承担的义务发生变化，租赁分类就需要重新评估了。

【释③】 出租人对租赁分类的判断是以是否符合融资租赁为标准，不符合融资租赁的全部分类为经营租赁。

融资租赁，是指实质上转移了与租赁资产所有权有关的几乎全部风险和报酬的租赁。

经营租赁，是指除融资租赁以外的其他租赁。

出租人租赁分类的判断见表 5 – 13。

表 5－13　出租人租赁分类的判断

通常分类为融资租赁的情形	①在租赁期届满时，租赁资产的所有权转移给承租人
	②承租人有购买租赁资产的选择权，所订立的购买价款与预计行使选择权时租赁资产的公允价值相比足够低，因而在租赁开始日就可以合理确定承租人将行使该选择权
	③资产的所有权虽然不转移，但租赁期占租赁资产使用寿命的大部分（一般 75% 以上）
	④在租赁开始日，租赁收款额的现值几乎相当于租赁资产的公允价值（一般 90% 以上）
	⑤租赁资产性质特殊，如果不作较大改造，只有承租人才能使用
通常分类为融资租赁的迹象	①若承租人撤销租赁，撤销租赁对出租人造成的损失由承租人承担
	②资产余值的公允价值波动所产生的利得或损失归属于承租人
	③承租人有能力以远低于市场水平的租金继续租赁至下一期间

如果符合分类为融资租赁的情形之一的，一般就应当分类为融资租赁，如果符合分类为融资租赁迹象的，还需要结合其他证据进行综合判断。

为什么出租人对租赁资产是否终止确认采用的是风险报酬模型，而不是控制模型？

风险，包括由于生产能力的闲置或技术陈旧可能造成的损失，以及由于经济状况的改变可能造成的回报变动。报酬，可以表现为在租赁资产的预期经济寿命期间经营的盈利以及因增值或残值变现可能产生的利得。

风险报酬模型，就是判断租赁资产带来的损失和利益，归承租人还是出租人。如果归承租人，说明风险报酬已转移，如果归出租人，说明风险报酬没有转移。实务中，评估时需要综合考虑各种情形或迹象进行判断。

因为承租人采用控制模型，在资产负债表中确认了使用权资产，如果出租人再采用控制模型，那么对出租人来说，所有的租赁都被承租人控制，均应当终止确认，都变成融资租赁了。而很多租赁交易中，承租人只取得了一部分租赁资产的使用权，出租人很明显不应当终止确认，逻辑上矛盾，因此只能采用风险报酬模型来判断。

二、出租人对融资租赁的会计处理

出租人对融资租赁的会计处理见表 5－14。

表 5－14　　出租人对融资租赁的会计处理

①在租赁期开始日，确认应收融资租赁款（以租赁投资净额作为入账价值），并终止确认融资租赁资产【1】	借：应收融资租赁款——租赁收款额 　　应收融资租赁款——未担保余值 　　贷：融资租赁资产（转销账面价值） 　　　　资产处置损益（公允－账面） 　　　　银行存款（初始直接费用） 　　　　应收融资租赁款——未实现融资收益
②收取租金	借：银行存款 　　贷：应收融资租赁款——租赁收款额
③采用初始计量时的折现率或发生租赁变更后修订的折现率确认利息收入【2】	借：应收融资租赁款——未实现融资收益 　　贷：租赁收入（租赁公司） 　　　　其他业务收入（一般企业） 　　　　利息收入（金融企业）
④未纳入租赁投资净额计量的可变租赁付款额应当在实际发生时计入当期损益	借：银行存款 　　贷：租赁收入——可变租赁付款额 　　　　其他业务收入 　　　　利息收入
⑤按照 CAS22 对应收融资租赁款计提减值准备	借：信用减值损失 　　贷：应收融资租赁款减值准备
⑥按照 CAS23 对应收融资租赁款的终止确认进行会计处理	借：银行存款 　　应收融资租赁款减值准备（转销余额） 　　信用减值损失/租赁收入（倒挤） 　　应收融资租赁款——未实现融资收益（转销余额） 　　贷：应收融资租赁款——租赁收款额（转销余额）
⑦租赁期满收回租赁资产	借：融资租赁资产（收回租赁资产） 　　银行存款（收回赔偿） 　　贷：应收融资租赁款——未担保余值
⑧未担保余值若发生减值，应当修改租赁期内的收益分配，并立即确认预计的减少额，即从租赁开始日开始重新计算新的内含利率，根据新的内含利率计算的融资收益减去以前年度累计多确认的融资收益的差额，确认当期的融资收益	借：应收融资租赁款——未实现融资收益 　　贷：应收融资租赁款——未担保余值（减少额） 　　　　租赁收入等科目（差额部分）
⑨各种选择权	根据具体情况进行会计处理

【释 1】融资租赁对于出租人来说，因为租赁资产的风险和报酬已经转移给了承租人，所以要终止确认租赁资产，相当于采取分期收款方式将租赁资产卖给承租人。

出租人发生的初始直接费用，属于出租人进行租赁投资成本的一部分，应该计入租赁投资净额，最终计入未实现融资收益，而不应该冲减当期损益。

租赁收款额，是指出租人因让渡在租赁期内使用租赁资产的权利而应向承租人收取的款项。它反映出租人未来收回的价值。

租赁收款额包括内容见图5－18。

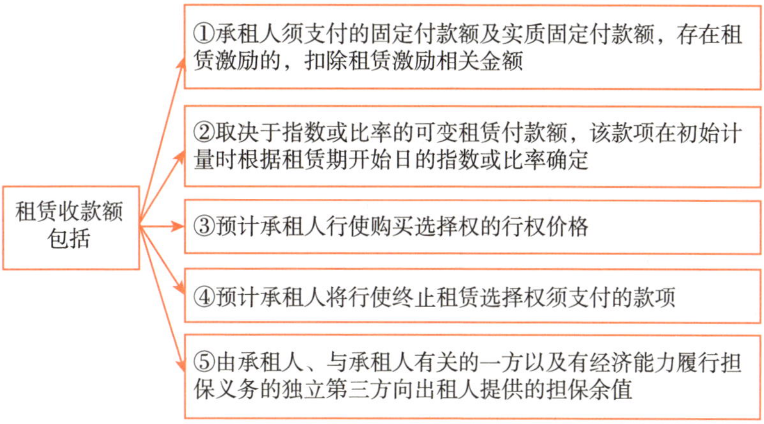

图5－18　租赁收款额包括内容

租赁投资净额，为未担保余值和租赁期开始日尚未收到的租赁收款额按照租赁内含利率折现的现值之和。对出租人来说，融资租赁业务的实质就是购买租赁资产进行投资，租赁投资净额就是出租人付出的租赁资产公允价值和初始直接费用之和，未来能够通过租赁收款额和未担保余值收回，从而获得投资回报。

未实现融资收益＝租赁投资总额－租赁投资净额

＝租赁投资总额－应收融资租赁款科目（租赁收款额＋未担保余值－未实现融资收益）

＝（租赁收款额＋未担保余值）－（租赁资产公允价值＋出租人初始直接费用）

＝（租赁收款额＋未担保余值）－（租赁收款额现值＋未担保余值现值）

"应收融资租赁款"科目，核算出租人融资租赁产生的租赁投资净额。本科目余额在"长期应收款"项目中列报，其中，自资产负债表日起一年内（含一年）到期的在"一年内到期的非流动资产"中列报。出租业务较多的出租人，也可在"长期应收款"项目下单独列示为"其中：应收融资租赁款"。

租赁收款额，是指出租人因让渡在租赁期内使用租赁资产的权利而应向承租人收取的款项。它反映出租人未来要收回的价值。

“融资租赁资产”科目，核算租赁企业作为出租人为开展融资租赁业务取得资产的成本。租赁业务不多的企业，也可通过“固定资产”等科目核算。租赁企业和其他企业对于融资租赁资产在未融资租赁期间的会计处理遵循固定资产准则或其他适用的会计准则。

租赁内含利率，是指使出租人的租赁收款额的现值与未担保余值的现值之和（即租赁投资净额）等于租赁资产公允价值与出租人的初始直接费用之和的利率。例如，承租人与出租人签订了一份车辆租赁合同，租赁期为5年。在租赁开始日，该车辆的公允价值为100 000元，出租人预计在租赁结束时其未担保余值为10 000元。租赁付款额为每年23 000元，于年末支付。出租人发生的初始直接费用为5 000元。计算出租人租赁内含利率r的方法如下：

$$23\,000\times(P/A, r, 5)+10\,000\times(P/F, r, 5)=100\,000+5\,000$$

采用插值法，计算得出的租赁内含利率r为5.79%。

【释2】折现率就是出租人租赁内含利率，或者修订后的租赁内含利率。

“租赁收入”科目，核算租赁企业作为出租人确认的融资租赁和经营租赁的租赁收入。一般企业根据自身业务特点确定租赁收入的核算科目，例如“其他业务收入”等。期末，应将本科目余额转入“本年利润”科目，结转后本科目无余额。对于日常经营活动为租赁的企业，其利息收入和租赁收入可以作为“营业收入”项目列报。

【释④】未纳入租赁投资净额计量的可变租赁付款额，按照后续计量的原则处理。

【案例5－21】出租人融资租赁的处理。

出租人某年初出租一台机器，合同期限为3年，每年租金为12 000元，租赁期满后，租赁资产归还给出租人。

租赁期开始日，机器的公允价值（即租赁投资净额）为30 000元，账面价值为29 000元，经济寿命为3年。出租人估计租赁期满后的残值为2 000元，该残值无人担保。

第2年末，出租人复核残值时，发现残值下降为1 000元。不考虑其他因素。

金额计算保留整数。

要求： 按年编制出租人相关的会计分录。

解析： 租赁期开始日：由于租赁期与租赁资产经济寿命一致，应当分类为融资租赁。

借：应收融资租赁款——租赁收款额　　36 000

　　应收融资租赁款——未担保余值　　2 000

　　贷：融资租赁资产（转销账面价值）　　29 000

　　　　资产处置损益（公允 - 账面）　　（30 000 - 29 000）1 000

　　　　应收融资租赁款——未实现融资收益　　8 000（倒挤）

计算租赁内含利率：12 000 ×（P/A，r，3）+2 000 ×（P/F，r，3）=30 000，r=12.463%。

第 1 年末：

借：银行存款　　12 000

　　贷：应收融资租赁款——租赁收款额　　12 000

借：应收融资租赁款——未实现融资收益

　　（30 000 ×12.463%）3 739

　　贷：租赁收入　　3 739

第 2 年末：

借：银行存款　　12 000

　　贷：应收融资租赁款——租赁收款额　　12 000

由于未担保余值发生减值，应当视同租赁期开始日就已经得知，重新计算租赁内含利率：

12 000 ×（P/A，r，3）+1 000 ×（P/F，r，3）=30 000，r=11.105%。

第 1 年末应当确认融资收益 =30 000 ×11.105% =3 332（元）

3 332 - 以前年度累计已确认融资收益 3 739 = -407（元）

第 2 年末应当确认融资收益 =（30 000 - 12 000 +3 332）×11.105% =21 331 ×11.105% =2 369（元）

借：应收融资租赁款——未实现融资收益　　（2 369 -407）1 962

　　贷：租赁收入　　1 962

借：应收融资租赁款——未实现融资收益　　1 000
　　贷：应收融资租赁款——未担保余值　　（减少额）1 000

第 3 年末：

借：银行存款　　12 000
　　贷：应收融资租赁款——租赁收款额　　12 000

第 3 年末：

借：应收融资租赁款——未实现融资收益　　（转销余额）1 300
　　贷：租赁收入　　1 300

借：融资租赁资产　　1 000
　　贷：应收融资租赁款——未担保余值　　（转销余额）1 000

【案例 5 - 22】 出租人融资租赁的处理。

2×19 年 12 月 1 日，承租人学天海公司与出租人乙公司签订了一份租赁合同，从乙公司租入塑钢机一台。租赁合同主要条款如下：

（1）租赁资产：全新塑钢机，预计使用寿命为 7 年。

（2）租赁期开始日：2×20 年 1 月 1 日。

租赁期为：2×20 年 1 月 1 日—2×25 年 12 月 31 日，共 72 个月。

（3）固定租金支付：自 2×20 年 1 月 1 日，每年年末支付租金 160 000 元。如果学天海公司能够在每年年末的最后一天及时付款，则每年给予减少租金 10 000 元的奖励。

（4）取决于指数或比率的可变租赁付款额。租赁期限内，如遇中国人民银行贷款基准利率调整时，出租人将对租赁利率作出同方向、同幅度的调整。基准利率调整日之前各期和调整日当期租金不变，从下一期租金开始按调整后的租金金额收取。

取决于租赁资产绩效的可变租赁付款额。2×21 年和 2×22 年两年，学天海公司每年按该机器所生产的产品——塑钢窗户的年销售收入的 5% 向乙公司支付。2×21 年和 2×22 年，学天海公司分别实现塑钢窗户年销售收入 1 000 000 元和 1 500 000 元。

（5）租赁开始日租赁资产的公允价值。该机器在 2×19 年 12 月 31 日的公允价值为 700 000 元，账面价值为 600 000 元。

(6) 初始直接费用。签订租赁合同过程中乙公司发生可归属于租赁项目的手续费、佣金 10 000 元。

(7) 承租人的购买选择权。租赁期届满时，学天海公司享有优惠购买该机器的选择权，购买价为 20 000 元，估计该日租赁资产的公允价值为 80 000 元。

承租人的终止租赁选择权。学天海公司享有终止租赁选择权。在租赁期间，如果学天海公司终止租赁，须支付的款项为剩余租赁期间的固定租金支付金额。

(8) 不考虑其他因素。(P/A，7%，6) =4.7665；(P/A，8%，6) =4.6229；(P/F，7%，6) =0.6663；(P/F，8%，6) =0.6302。本题计算结果保留整数。

要求：(1) 编制乙公司初始计量的会计分录。

(2) 编制乙公司 2×20 年 12 月 31 日和 2×21 年 12 月 31 日收到租金和利息收入相关的分录。

(3) 编制乙公司收到根据租赁资产绩效相关可变租金的会计分录。

(4) 编制乙公司在租赁期满时，承租人行使购买选择权相关的会计分录。

解析：(1) 第一步，判断租赁类型。

租赁期 6 年，占租赁开始日租赁资产使用寿命 7 年的 86% (超过 75%)，因此分类为融资租赁。

第二步，确定租赁收款额等项目金额。

取决于指数或比率的可变租赁付款额，在初始计量时根据租赁期开始日的指数或比率确定，对未来可能的指数或比率变动不需要估计。

虽然学天海公司享有终止租赁选择权，但若终止租赁，学天海公司付的款项为剩余租赁期间的固定租金支付金额，可以合理确定学天海公司不会行使终止选择权。由于优惠购买价 20 000 元远低于行使选择权日租赁资产的公允价值 80 000 元，因此在租赁期开始日就可合理确定学天海公司将会行使这种选择权。

租赁收款额 = (固定租金 160 000 - 租赁激励 10 000) ×6 + 购买选择权价款 20 000 =920 000 (元)

租赁投资总额 = 租赁收款额 920 000 + 未保余值 0 =920 000 (元)

租赁投资净额 = 租赁期开始日公允价值 700 000 + 出租人初始直接费用 10 000 =

710 000（元）

未实现融资收益＝租赁投资总额－租赁投资净额

＝920 000－710 000＝210 000（元）

第三步，计算租赁内含利率。

租赁内含利率，是指使出租人的租赁收款额的现值与未担保余值的现值之和（即租赁投资净额）等于租赁资产公允价值与出租人的初始直接费用之和的利率。

150 000×(P/A，r，6)＋20 000×(P/F，r，6)＝710 000（元），采用插值法，r＝7.82%。

第四步，2×20年1月1日账务处理。

借：应收融资租赁款——租赁收款额　920 000

　贷：银行存款　（初始直接费用）10 000

　　融资租赁资产　（转销账面价值）600 000

　　资产处置损益　（公允价值－账面价值）100 000

　　应收融资租赁款——未实现融资收益　（倒挤）210 000

解析：（2）各期利息收入及租赁投资净额计算表（见表5－15）。

表5－15　各期利息收入及租赁投资净额计算表

日期	租金	确认的利息收入	租赁投资净额余额
①	②	③＝期初④×7.82%	期末④＝期初④－②＋③
2×20年1月1日			710 000
2×20年12月31日	150 000	55 522	615 522
2×21年12月31日	150 000	48 134	513 656
2×22年12月31日	150 000	40 168	403 824
2×23年12月31日	150 000	31 579	285 403
2×24年12月31日	150 000	22 319	157 722
2×25年12月31日	150 000	12 278*	20 000
2×25年12月31日	20 000		
合计	920 000	210 000	

【注*】尾数调整12 278＝150 000＋20 000－157 722

2×20 年 12 月 31 日收到第一期租金并确认利息收入：

借：银行存款　　　　　　（160 000 – 租赁激励 10 000） 150 000

　　贷：应收融资租赁款——租赁收款额　　　　　　150 000

借：应收融资租赁款——未实现融资收益　　　　55 522

　　贷：租赁收入　　　　　　　　　　　　　　　55 522

2×21 年 12 月 31 日收到第二期租金并确认利息收入：

借：银行存款　　　　　　　　　　　　　　　150 000

　　贷：应收融资租赁款——租赁收款额　　　　　　150 000

借：应收融资租赁款——未实现融资收益　　　　48 134

　　贷：租赁收入　　　　　　　　　　　　　　　48 134

（3）收到根据租赁资产绩效相关可变租金。

2×21 年 12 月 31 日：

借：银行存款（或应收账款）　　　　（1 000 000×5%） 50 000

　　贷：租赁收入　　　　　　　　　　　　　　　50 000

2×22 年 12 月 31 日：

借：银行存款（或应收账款）　　　　（1 500 000×5%） 75 000

　　贷：租赁收入　　　　　　　　　　　　　　　75 000

（4）乙公司收到承租人行使购买选择权的款项：

借：银行存款　　　　　　　　　　　　　　　20 000

　　贷：应收融资租赁款——租赁收款额　　　　　　20 000

三、出租人对经营租赁的会计处理

出租人对经营租赁的会计处理见表 5–16。

表 5–16　　　　出租人对经营租赁的会计处理

①初始直接费用，应当资本化，在租赁期内按照与租金收入确认相同的基础进行分摊，分期计入当期损益【1】	借：长期待摊费用 　　贷：银行存款 借：主营业务成本 　　贷：长期待摊费用

续表

②收取计入租赁收款额的租金【2】	借：银行存款 　　贷：租赁收入——经营租赁收入
③未计入租赁收款额的可变租赁付款额【3】	借：银行存款 　　贷：租赁收入——可变租赁付款额
④计提折旧【4】	借：主营业务成本 　　贷：累计折旧
⑤按照 CAS8 对经营租赁资产计提减值准备	借：资产减值损失 　　贷：固定资产减值准备等
⑥出租人对经营租赁提供的激励措施【5】	提供免租期的，整个租赁期内，按直线法或其他合理的方法进行分配，免租期内应当确认租金收入
	承担了承租人某些费用的，应将该费用自租金收入总额中扣除，按扣除后的租金收入余额在租赁期内进行分配

【释1】租赁资产初始费用应当资本化处理（见表5－17）。

表5－17　　初始直接费用资本化处理

初始直接费用	承租人	出租人
融资租赁	属于取得使用权资产的代价，计入使用权资产的成本	是租赁投资净额的一部分，未来能够收回，计入了未实现融资收益
经营租赁		是为了取得经营租赁交易的代价，而经营租赁交易未终止确认租赁资产，不能计入租赁资产的成本，只能计入长期待摊费用

【释2】出租人应采用直线法或者其他能够更好地反映因使用租赁资产所产生经济利益的消耗模式的方法，将经营租赁的租赁收款额确认为租金收入。一般来说，计时租赁可以采用直线法，计件租赁可以采用产量法。

【释3】可变租赁付款额，如果是与指数或比率挂钩的，应在租赁期开始日计入租赁收款额；除此之外的，应当在实际发生时计入当期损益。

【释4】对于经营租赁资产中的固定资产，采用类似资产的折旧政策计提折旧；对于其他经营租赁资产，根据该资产适用的会计准则，采用系统合理的方法进行摊销。

【释5】免租期内确认租金收入是因为权责发生制的要求。与免租期内租赁资产产生的收入相配比。

承担承租人的费用属于促销费用（计入销售费用），不属于租赁收入，所以要从租金总额中扣除。

四、出租人租赁变更的会计处理

出租人租赁变更的会计处理见图 5－19。

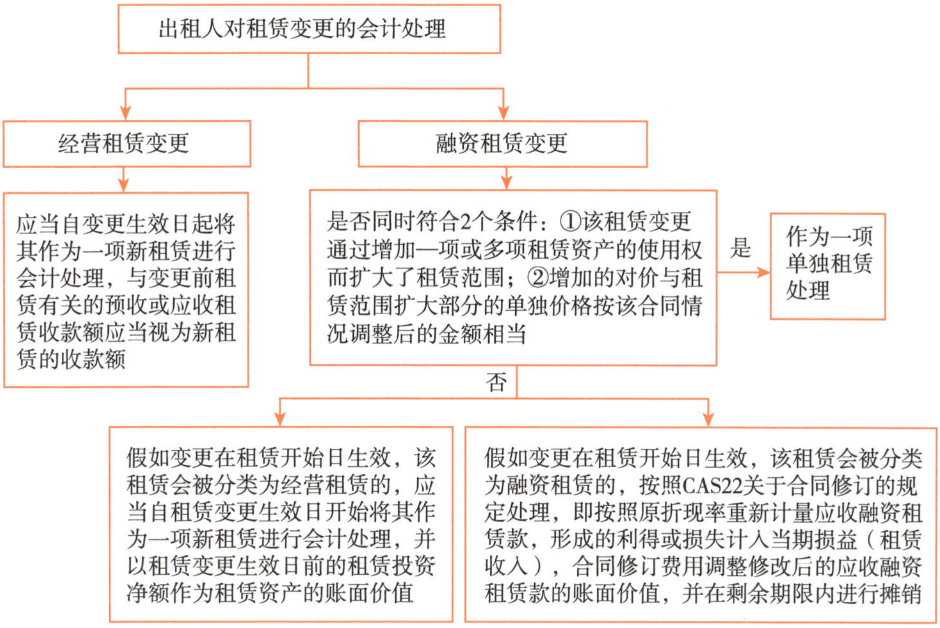

图 5－19　出租人对租赁变更的会计处理

为什么经营租赁变更，作为一项新租赁处理，而融资租赁变更要判断假如变更发生在租赁开始日的两种不同情形分别处理？因为经营租赁的理论基础是履约义务法，就是出租人按照履约义务向承租人提供租赁资产，按照有权取得的对价确认租赁收入。经营租赁发生变更，表示原来的经营租赁合同中的履约义务已经完成了，变更后的合同条款作为一项单独的新合同来看待，因此作为一项新租赁处理。

融资租赁的理论基础是终止确认法，就是出租人终止确认租赁资产，并在租赁期内确认租赁应收款和租赁资产的剩余权益（如资产余值）。融资租赁发生变更，表示出租人对已经销售给承租人的租赁资产又重新取得了合同权利和义务，因此要与原合同合并起来整体考虑，如果融资租赁需要重分类为经营租赁，说明出租人重新取得了租赁资产相关的合同权利和义务，因此变更前的融资租赁合同应当终止（即终止确认原应收融资租赁款，重新确认一项经营租赁的固定资产），变更后的经营租赁合同单独作为一份新合同处理。如果融资租赁不需要重分类，说明变更后的融资租赁合同属于原融资租赁合同的延续，由于应收融资租赁款属于金融工具，因此按照 CAS22 关于合同修改的规定处理。

CAS21 对承租人采用确认使用权资产和租赁负债的单一模型，对出租人采用融资租赁和经营租赁的双重模型，在概念上是有矛盾的。出租人容易人为构造交易，导致经济实质相同的两项交易在双重模型下被进行不同的会计处理，违背可比性原则。作者建议出租人也应当采用单一模型，在租赁期内都采用履约义务法并按照履约进度进行会计处理，在租赁期满时符合终止确认条件的再按照终止确认的原则进行处理。

【案例 5－23】 出租人融资租赁变更的处理。

承租人学天海公司就某套机器设备与出租人签订了一项为期5 年的租赁合同，构成融资租赁。合同规定，每年年末承租人向出租人支付租金 10 000 元，租赁期开始日，出租资产公允价值为 37 908 元。

在第 2 年年初，承租人和出租人同意对原租赁进行修改，缩短租赁期限到第三年年末，每年支付租金时点不变，租金总额从 50 000 元变更到 33 000 元。不考虑未担保余值、担保余值、终止租赁罚款等其他因素。租赁内含利率为 10%。

(P/A，10%，5)＝3.7908，(P/A，10%，4)＝3.1699。

要求：(1) 编制出租人租赁变更相关的会计分录。

(2) 编制出租人第 2 年年末收取租金的会计分录。

(3) 假设在第 2 年年初，承租人和出租人因为设备适用性等原因同意对原租赁进行修改，从第二年开始，每年支付租金变为 9 500 元，租金总额从 50 000 元变更到 48 000 元，其他条件不变。编制出租人租赁变更相关的会计分录。

解析：(1) 如果租赁变更发生在租赁开始日，原租赁期限设定为 3 年，则该租赁应当分类为经营租赁，需要将融资租赁重分类为经营租赁。

租赁期开始日，租赁投资净额为 10 000×(P/A，10%，5)＝37 908 元。

未实现融资收益为 50 000－37 908＝12 092 元。

第 2 年年初，租赁投资净额为 37 908＋37 908×10%－10 000＝31 699 元，作为该套机器设备的入账价值，并从第 2 年年初开始，作为一项新的经营租赁进行会计处理。

借：固定资产　　　　　　　　　　　　　　　　（倒挤）31 699

　　应收融资租赁款——未实现融资收益

　　　　　　　　　　（12 092 - 37 908 × 10%）（转销余额）8 301

　　贷：应收融资租赁款——租赁收款额

　　　　　　　　　　（50 000 - 10 000）（转销余额）40 000

（2）收取租金：

借：银行存款　　　　　　　　　　[（33 000 - 10 000）÷2]11 500

　　贷：租赁收入——经营租赁收入　　　　　　　　　　　　11 500

（3）如果租赁变更发生在租赁开始日，则该租赁仍被分类为融资租赁，按照CAS22关于合同修订的规定处理。在租赁变更生效日，即第2年年初，按10%原租赁内含利率重新计算租赁投资净额为9 500 ×（P/A，10%，4）=30 114元，与原租赁投资净额账面余额31 699元的差额1 585元计入当期损益。

借：租赁收入　　　　　　　　　　　　（30 114 - 31 699）1 585

　　应收融资租赁款——未确认融资收益

　　　　　　　　　　[2 000 - 500 ×（P/A，10%，4）]415

　　贷：应收融资租赁款——租赁收款额　[（10 000 - 9 500）×4]2 000

第六节　特殊租赁交易的会计处理

一、转租赁的会计处理

转租赁与原租赁的关系见图5-20。

转租赁的会计原则：因为原租赁合同与转租赁合同的交易对手不同，所以，需要分别判断两份合同给不同交易主体带来的权利和义务关系，从而进行会计处理。

转租赁导致承租人对使用权资产形成的投资性房地产有可能采用公允价值模式计量。因此，IASB修订了《IAS40——投资性房地产》，投资性房地产既包括自有的投资性房地产，也包括承租人以使用权资产持有的投资性房地产。

转租赁的会计处理如表5-18所示。

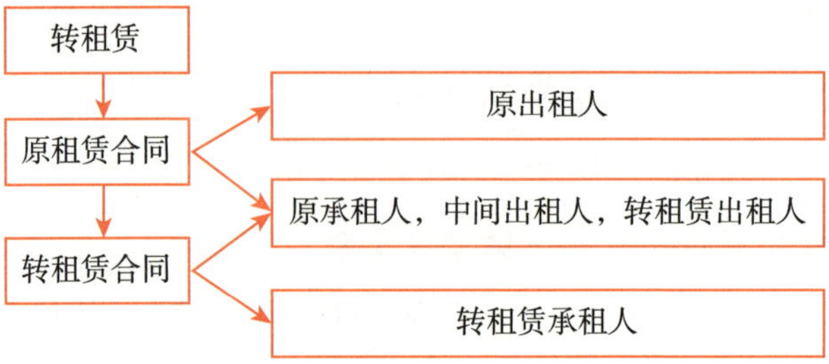

图 5－20　转租赁与原租赁的关系

表 5－18　　转租赁的会计处理

会计主体	会计处理
原出租人	只要原租赁合同未终止，继续按照原租赁合同中出租人的规定进行会计处理
转租赁承租人	按照 CAS21 中承租人的规定进行会计处理
中间出租人	应当分别判断原租赁合同与转租赁合同产生的权利和义务，分别按照承租人和出租人的要求进行处理，这两份租赁合同产生的权利和义务形成的相关资产和负债不得互相抵销

转租赁中间出租人的会计处理见图 5－21。

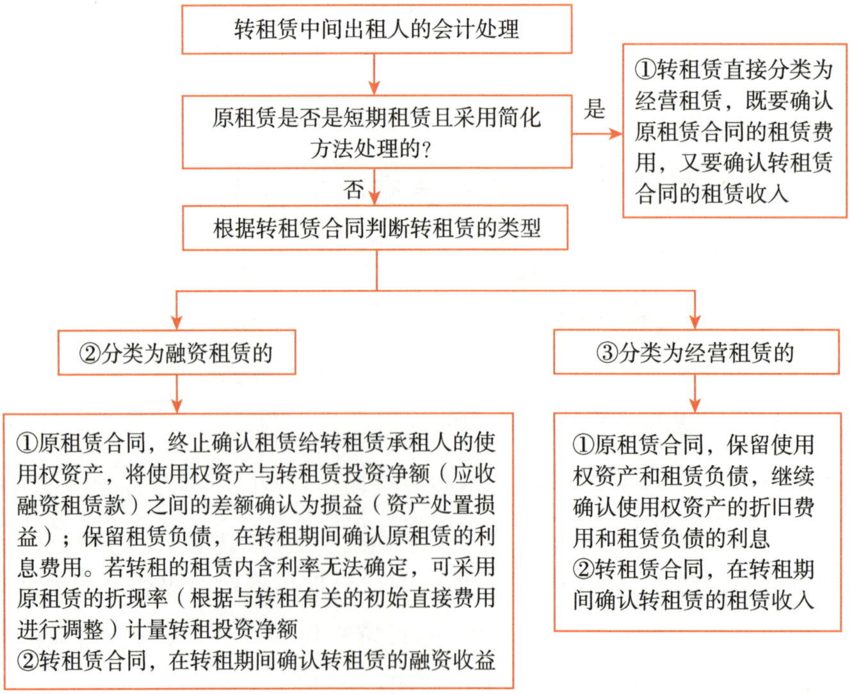

图 5－21　转租赁中间出租人的会计处理

【释①】转租赁为什么直接分类为经营租赁？因为中间出租人对原租赁合同采用简化处理，并没有确认使用权资产和租赁负债，那么即使将剩余租赁期限全部转租出去，也不存在终止确认原使用权资产的问题，所以采用与原租赁类型相一致的会计方法，即分类为经营租赁进行处理。但是，原经营租赁合同继续存在，因此继续确认租赁费用，转租赁合同确认租赁收入。

【释②】转租赁重分类为融资租赁的，实质是中间出租人处置原合同下确认的使用权资产，因此对转租赁资产的价值应当根据转租赁的投资净额确定，即预计未来能收回的价值与转租相关的初始直接费用。

转租赁分类为融资租赁时的分录：

借：应收融资租赁款——租赁收款额

　　　　　　　　　——未担保余值

　　使用权资产累计折旧

　　使用权资产减值准备

　　贷：应收融资租赁款——未实现融资收益

　　　　使用权资产

　　　　资产处置损益（倒挤）

【案例5-24】转租赁的处理。

原租赁合同中，原租赁出租人甲与中间出租人乙就5 000平方米办公场所订了一项为期五年的租赁。

转租赁合同中，在第三年年初，中间出租人乙将该5 000平方米办公场所转租给转租赁承租人丙，期限为原租赁的剩余三年时间。

要求：转租赁合同应当分类为经营租赁还是融资租赁？

解析：原租赁剩余租赁期为三年，乙全部转租给丙，表示将基于原租赁形成的使用权资产的价值全部转让，所以，中间出租人乙应当将该转租赁分类为融资租赁。

【拓展】假设在原租赁的租赁期开始日，中间出租人乙将该5 000平方米办公场所转租给转租赁承租人丙，期限为两年。转租赁合同应当分类为经营租赁还是融资租赁？

解析： 原租赁的剩余租赁期为五年，乙只转租了其中的两年，表示没有将使用权资产价值全部转让，所以，中间出租人乙应当将转租赁分类为经营租赁。

二、生产商或经销商作为出租人的会计处理

生产商或经销商作为出租人与一般租赁交易中的出租人有什么不同？一些大型资产的生产商或经销商（如汽车经销商）为了扩大销售，在销售商品的同时，也向客户提供以该商品为标的资产的租赁服务，从而导致销售交易与租赁交易混合在一起，与一般的纯粹租赁交易不同。如果按照租赁交易确认收入，应当在租赁期内分期确认租赁收入；如果按照销售交易确认收入，应当在商品控制权转移时，一次性确认收入（见图5－22）。

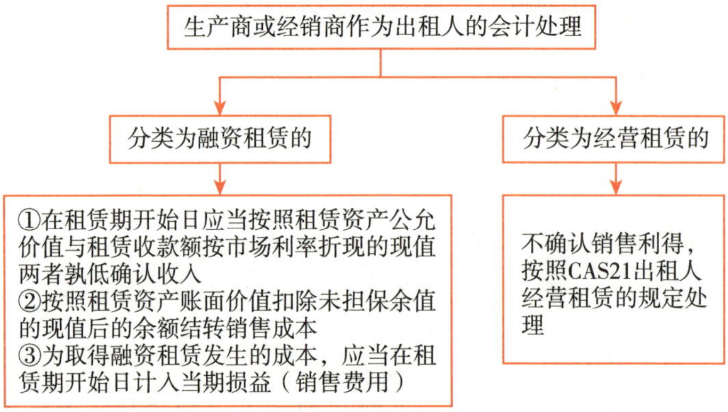

图5－22　生产商或经销商作为出租人的会计处理

【释①】为什么要按照孰低确认收入？因为融资租赁交易实质是销售资产，收入金额的上限应当是资产的公允价值。为了防止出租人以较低利率报价，导致租赁收款额的现值高于租赁期开始日租赁资产的公允价值，从而确认的收入偏高，操纵利润，因此按孰低确认收入，而且按照市场利率折现而不是租赁内含利率来折现。这个会计原则与CAS14中交易价格包含重大融资成分的按照现销价格确定交易价格的原则一致。

【释②】为什么要从租赁资产账面价值中扣除未担保余值的现值？因为销售

成本是转让给客户的、不能收回的价值，而未担保余值的现值出租人预计未来收回的价值，这部分价值没有转移给客户，不应该计入销售成本，因此，从租赁资产账面价值中扣除。

【释③】 为什么取得融资租赁的成本费用化，而不是资本化？因为对生产商或经销商来说，融资租赁交易的目的是销售资产，因此，发生的成本属于销售费用，应当费用化处理，与一般租赁交易中的初始直接费用计入租赁投资净额不同。

为什么分类为经营租赁不确认销售利得？因为经营租赁不属于销售交易，所以不确认销售利得。而且，初始直接费用资本化处理，计入租赁资产的成本，因为不属于销售资产的费用。

【案例 5 – 25】 生产商作为出租人的融资租赁处理。

学天海公司是一家设备生产商，与乙公司签订了一份租赁合同，向乙公司出租所生产的设备，合同主要条款如下。

（1）租赁资产：设备 A。该设备于 2×19 年 1 月 1 日交付乙公司，预计使用寿命为 8 年，无残值。

（2）租赁期：2×19 年 1 月 1 日至 2×21 年 12 月 31 日，共 3 年。租赁期内该设备的保险、维修等费用均由乙公司自行承担。

（3）租金支付：自 2×19 年起每年年末支付年租金 1 000 000 元。

（4）租赁合同规定的年利率：5%，与市场利率相同。

（5）该设备于 2×19 年 1 月 1 日的公允价值为 2 700 000 元，账面价值为 2 000 000 元。租赁期届满时，乙公司可以 100 元购买该设备，预计租赁到期日该设备的公允价值不低于 1 500 000 元，乙公司对此金额提供担保。

（6）学天海公司取得该租赁发生的相关成本为 5 000 元。

（7）假设不考虑其他因素影响，计算结果保留整数。(P/A, 5%, 3) = 2.7232; (P/F, 5%, 3) = 0.8638; (P/A, 6%, 3) = 2.6730; (P/F, 6%, 3) = 0.8396。

要求：（1）编制学天海公司 2×19 年 1 月 1 日的会计分录。

（2）编制学天海公司每年末确认利息收入、收取租金的会计分录。

（3）编制学天海公司租赁期满时乙公司行权相关的会计分录。

解析：（1）第一步，判断租赁类型。

虽然租赁期限只有3年，但是租赁期满乙公司可以远低于租赁到期日租赁资产公允价值的金额购买租赁资产，因此可以合理确定乙公司将行使购买选择权，与该项资产所有权有关的几乎所有风险和报酬已实质转移给乙公司，应当分类为融资租赁。

第二步，确定收入金额。

租赁收款额＝租金×期数＋购买价格＝1 000 000×3＋100＝3 000 100（元）

租赁收款额按市场利率折现的现值＝1 000 000×(P/A，5%，3)＋100×(P/F，5%，3)＝2 723 286元，大于租赁资产公允价值2 700 000元，按照孰低的原则确认收入2 700 000元。

第三步，结转销售成本。

销售成本＝租赁资产账面价值－未担保余值的现值

＝2 000 000－0＝2 000 000（元）

2×19年1月1日（租赁期开始日）：

借：应收融资租赁款——租赁收款额	3 000 100	
贷：主营业务收入		2 700 000
应收融资租赁款——未实现融资收益		（倒挤）300 100
借：主营业务成本	2 000 000	
贷：库存商品		2 000 000
借：销售费用	5 000	
贷：银行存款		5 000

（2）由于在确定营业收入和租赁投资净额（即应收融资租赁款）时，是基于租赁资产的公允价值，因此，需要重新计算租赁内含利率。即：

1 000 000×（P/A，r，3）＋100×（P/F，r，3）＝2 700 000（元），r＝5.4606%＝5.46%。

2×19年12月31日：

借：银行存款	1 000 000	
贷：应收融资租赁款——租赁收款额		1 000 000
借：应收融资租赁款——未实现融资收益	（2 700 000×5.46%）147 436	

贷：租赁收入 147 436

2×20 年 12 月 31 日：

借：银行存款 1 000 000

贷：应收融资租赁款——租赁收款额 1 000 000

应收融资租赁款 =2 700 000 - 1 000 000 + 147 436 = 1 847 436（元）

借：应收融资租赁款——未实现融资收益

（1 847 436 × 5.46%）100 881

贷：租赁收入 100 881

2×21 年 12 月 31 日：

借：银行存款 1 000 000

贷：应收融资租赁款——租赁收款额 1 000 000

借：应收融资租赁款——未实现融资收益 （转销余额）51 783

贷：租赁收入 51 783

（3）租赁期满：

借：银行存款 100

贷：应收融资租赁款——租赁收款额 （转销余额）100

【案例 5 - 26】 生产商作为出租人的融资租赁处理。

学天海公司是一家设备生产商，与乙公司签订了一份租赁合同，向乙公司出租所生产的设备，合同主要条款如下。

（1）租赁资产：设备 A。该设备于 2×19 年 1 月 1 日交付乙公司，预计使用寿命为 7 年。租赁期内该设备的保险、维修等费用均由乙公司自行承担。

（2）租赁期：2×19 年 1 月 1 日—2×25 年 12 月 31 日，共 7 年。

（3）租金支付：自 2×19 年起每年末支付年租金 475 000 元。

（4）租赁合同规定的年利率：6%，与市场利率相同。

（5）该设备于 2×19 年 1 月 1 日的公允价值为 2 700 000 元，账面价值为 2 000 000 元，学天海公司预计租赁到期时该设备余值为 72 800 元，乙公司及其关联方未对余值提供担保。2×25 年 12 月 31 日，乙公司到期归还租赁资产，学天海公司将该资产处置，取得处置款 72 800 元。

（6）学天海公司取得该租赁发生的相关成本为5 000元。

（7）不考虑其他因素和各项税费影响，计算结果保留整数。(P/A，6%，7)＝5.5824；(P/F，6%，7)＝0.665。

要求：（1）编制学天海公司2×19年1月1日的会计分录。

（2）编制学天海公司2×19年12月31日确认利息收入、收取租金的会计分录。

（3）编制学天海公司2×25年12月31日处置租赁资产相关的会计分录。

解析：（1）第一步，判断租赁类型。

由于租赁期与租赁资产预计使用寿命一致，租赁收款额的现值为475 000×(P/A，6%，7)＝2 651 640元，约为租赁资产公允价值2 700 000元的98%，因此，该项资产所有权有关的几乎所有风险和报酬已实质转移给乙公司，应当分类为融资租赁。

第二步，确定收入金额。

按照租赁资产公允价值与租赁收款额按市场利率折现的现值两者孰低的原则，确认收入为2 651 640元。

第三步，结转销售成本。

未担保余值的现值＝72 800×(P/F，6%，7)＝48 412（元）

销售成本＝账面价值2 000 000－未担保余值的现值48 412＝1 951 588（元）

2×19年1月1日（租赁期开始日）：

借：应收融资租赁款——租赁收款额　　（475 000×7）3 325 000
　　贷：主营业务收入　　2 651 640
　　　　应收融资租赁款——未实现融资收益（租赁收款额）
　　　　　　（倒挤）673 360

借：主营业务成本　　1 951 588
　　应收融资租赁款——未担保余值　　72 800
　　贷：库存商品　　（转销账面价值）2 000 000
　　　　应收融资租赁款——未实现融资收益（未担保余值）
　　　　　　（倒挤）24 388

租赁投资净额＝3 325 000－673 360＋72 800－24 388＝2 700 052（元）

借：销售费用　　5 000

　　贷：银行存款　　5 000

（2）由于在确定营业收入和租赁投资净额（即应收融资租赁款）时，是基于租赁收款额按市场利率折现的现值，因此，无须重新计算租赁内含利率（见表5－19）。

表5－19　　融资收入及应收租赁款净额计算表

日期	收取租赁款项	确认的融资收入*	应收租赁款净额
	①	②＝期初③×6%	③＝期初③－①＋②
2×19年1月1日			2 700 052
2×19年12月31日	475 000	162 003	2 387 055
2×20年12月31日	475 000	143 223	2 055 278
2×21年12月31日	475 000	123 317	1 703 595
2×22年12月31日	475 000	102 216	1 330 811
2×23年12月31日	475 000	79 849	935 660
2×24年12月31日	475 000	56 140	516 800
2×25年12月31日	475 000	31 000**	72 800
合计	3 325 000	697 748	

【注*】包括租赁收款额摊销的利息和未担保余值摊销的利息两部分。
【注**】作尾数调整：31 000＝475 000＋72 800－516 800。

2×19年12月31日：

借：银行存款　　475 000

　　贷：应收融资租赁款——租赁收款额　　475 000

借：应收融资租赁款——未实现融资收益（租赁收款额）

　　[（3 325 000－673 360）×6%]159 098

　　——未实现融资收益（未担保余值）

　　[（72 800－24 388）×6%]2 905

　　贷：租赁收入　　162 003

（3）2×25年12月31日：

借：银行存款　　475 000

　　贷：应收融资租赁款——租赁收款额　　475 000

借：应收融资租赁款——未实现融资收益（租赁收款额）　　26 866

——未实现融资收益（未担保余值）　　4 134

贷：租赁收入　　31 000

借：融资租赁资产　　72 800

贷：应收融资租赁款——未担保余值　　72 800

借：银行存款　　72 800

贷：融资租赁资产　　72 800

【案例 5 – 27】合同能源管理。

学天海公司主营业务为新能源工程的设计、技术开发和咨询、技术服务、技术转让、工程安装及工程总承包，机械、电气、自动化控制设备及其零部件的研发、组装、销售。学天海公司与客户签订能源服务合同，在客户所在地设立一家项目公司，该项目公司利用客户工厂产生的余热或蒸汽进行综合利用，为其配套建设余热发电装置。

余热发电项目所在地的土地使用权归客户所有，项目的立项审批、竣工验收及并网发电等政府相关的审批手续均以客户的名义进行。项目公司负责余热发电项目的投资建设，具体内容包括对整个工程的设计、设备选型、设备采购、工程安装和调试。余热发电项目的资产所有权归项目公司所有，自建成投产之日起，项目公司运营 8 年后无偿转让给客户。

余热发电项目建成后由项目公司负责运营，项目公司向客户提供电力，电价参考当地同类型上网电价确定。为保证项目公司投资的收回，机组月发电收入如低于 200 万元，按 200 万元结算；如高于 200 万元，则按实际情况结算。

要求：学天海公司应当按照 CAS14 确认收入还是按照 CAS21 确认收入？

解析：根据学天海公司与客户签订的能源服务合同，业务模式主要具有以下特点：

（1）项目公司负责余热发电装置的建造；

（2）余热发电装置的所有权将在 8 年后移交给客户；

（3）项目公司负责余热发电装置的运营并且参照市场定价按实际发电收取电费；

（4）运营期间项目公司实际收取的电费收入不确定，但能够保证最低收入。

这是一种特殊的业务模式：企业向另一企业提供建设、运营等多种服务且在一定期间后进行产权移交，企业会计准则并未对此作出明确规定。

实务中比较有代表性的做法和观点有三种，具体分析如下。

观点一：认为将建造的固定资产提供给客户使用构成租赁，应该按照 CAS21 的规定确认租赁交易的收入。

这种观点的问题在于，合同的履行虽然取决于特定资产的使用，但是在合同开始前，租赁资产并不存在，学天海公司并未取得并控制租赁资产。而且，合同期满时，项目资产转移给客户，并未发生项目资产使用权的变化，项目资产自始至终一直是客户在使用，未发生从承租人与出租人之间的转移，不符合租赁的相关概念。

观点二：认为建造活动是建造自用的固定资产，并为客户提供建造服务，应该按照 CAS14 的规定确认销售固定资产的收入与建造服务的收入。在这种观点下，应当按照建造成本确认在建工程成本，并在项目达到预定可使用状态时转为固定资产并开始计提折旧，在运营期间确认电费收入，最后移交的时候作为固定资产处置进行会计处理。

这种观点的问题在于，余热发电项目所在地的土地使用权归客户所有，项目的立项审批、竣工验收及并网发电等政府相关的审批手续均以客户的名义进行，这些合同条款导致了学天海公司无法控制项目资产，比如，在未经客户同意的情况下，学天海公司无法将项目资产销售给第三方。因此，不符合确认为自己的固定资产的条件。

观点三：认为企业的主要业务是为客户提供合同能源管理服务，整体应该作为服务交易按照 CAS14 的规定确认提供服务的收入，即学天海公司为客户提供建造服务并提供运营服务。在分析项目公司应该如何确认收入的时候，应该考虑项目公司实质上从事什么业务、提供了什么样的商品和服务。收入确认的判断如下：

(1) 识别履约义务。项目公司的主要经营活动包括建造活动和运营服务活动。对于建造活动，项目公司提供了重大整合服务，设计、采购、建设和安装等内容无法明确区分，整体建造活动构成一项履约义务。项目将在一定年限后无偿转让给客户，由客户自行运营使用，表明客户能够从单独使用建造活动和运营服务或与其他易于获得的资源一起使用中获益，这两项活动可明确区分，属于两项单独的履约义务。

（2）确定交易价格。合同对价为一部分固定价格加一部分可变对价，因此，应当按照可变对价的会计原则估计交易价格。

由于合同存续时间较长（建设期+运营期8年），因此合同对价中可能存在重大融资成分，应当以假定客户在取得商品控制权时的现销价格确定交易价格，该交易价格与合同对价之间的差额，应当在合同期间内采用实际利率法摊销。

（3）分摊交易价格。公司应将确定的交易价格按照各履约义务单独售价的相对比例，在建造活动和运营服务两项履约义务中进行分摊。各项履约义务的单独售价无法直接观察的，可以采用市场调整法、成本加成法、余值法估计单独售价。如果有确凿证据表明固定对价或可变对价仅与合同中一项履约义务相关的，公司应当将该对价分摊至该履约义务。

（4）在主体履行履约义务时（或履约过程中）确认收入。在合同期间内，按照各履约义务的履约情况确认收入。

对于建造服务，由于余热发电项目在客户的现有场地上进行建造，如果客户能够控制在建的厂房和设备，或者厂房、设备等进行专门定制的程度较高，不能轻易用于其他用途，满足"企业履约过程中所产出的商品（或服务）不具有可替代用途"的条件，并且在由于客户或其他方原因终止合同的情况下，企业有权就累计至今已完成的履约部分收取能够补偿其已发生成本和合理利润的款项，则建造服务满足在某一时段履行的履约义务的条件，按照履约进度分期确认收入。如果不满足上述条件，按某一时点确认收入。

对于运营服务，满足"客户在企业履约的同时即取得并消耗企业履约所带来的经济利益"的条件，属于在一段时间内履行的履约义务，按照履约进度分期确认收入。

三、售后租回交易

售后租回交易相当于是销售合同与租赁合同构成的组合合同，因此，要根据"一揽子交易"的原则从整体上来判断如何进行会计处理。

售后租回交易与其他租赁交易、销售交易有什么不同（见图5-23、图5-24）？

第一，售后租回交易的承租人在租赁之前一定要控制该资产，而其他租赁交易不需要承租人在租赁之前控制租赁资产。

第二，售后租回交易中承租人的资产销售是否符合 CAS14 中商品控制权转移的规定，如果不符合，应当按照融资交易处理；如果符合，还要判断销售对价的公允价值与资产的公允价值是否相同，从而分别处理。如果相同，表明租回的部分形成了使用权资产，这部分不符合销售条件，不得确认销售损益，其余转让给出租人的部分符合销售条件，应当确认销售损益；如果不同，差额部分与租赁交易或融资交易相关，应当按照预付租金或融资负债处理。

第三，对于出租人来说，应当根据其他适用的企业会计准则对资产购买进行会计处理，并根据 CAS21 中出租人的规定对资产出租进行处理。

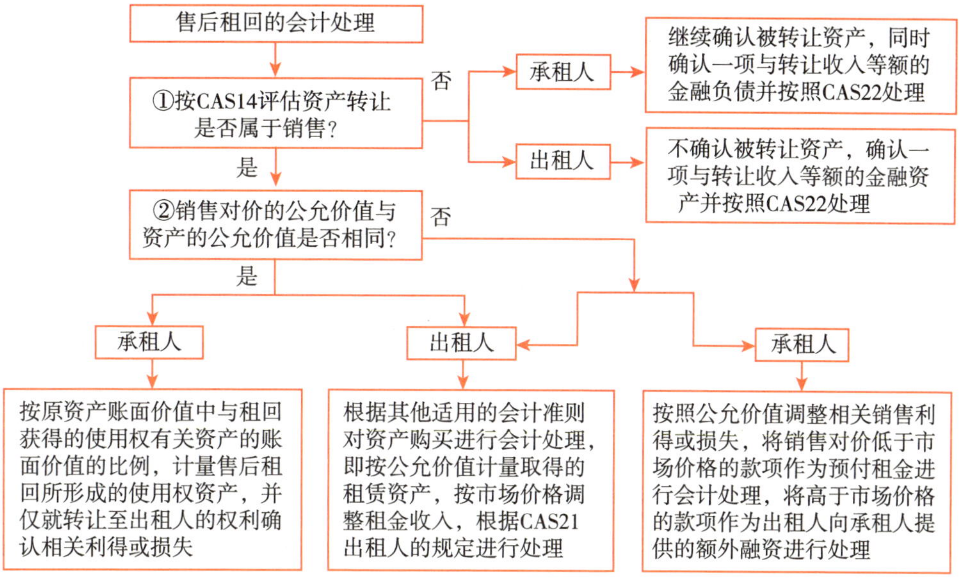

图 5－23　售后租回的会计处理

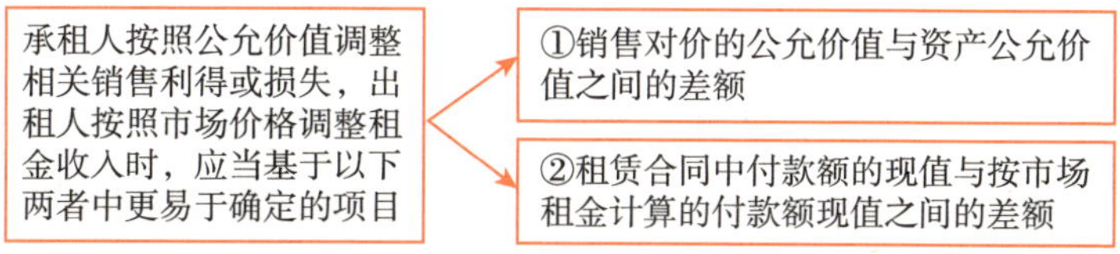

图 5－24　承租人、出租人调整基础

为什么要调整这个差额？因为这个差额属于预付租金或者额外融资，不属于销售资产的损益，也不属于租金收入，所以不能计入损益。这个规定要求承租人应当按照市场价格确认销售资产损益，出租人应当按照公允价值确认购买的租赁资产入账价值，按照市场价格确认租金收入，防止人为操纵利润。

【案例5-28】售后租回不符合资产销售条件的处理。

20×3年12月31日学天海公司与A公司签订合同，条款如下：

(1) 当日将一台账面价值为240万元、公允价值为250万元的大型专用生产设备，以270万元出售给A公司，同时再租回该设备。假设该资产销售不符合CAS14规定的销售成立的条件。

(2) 从20×4年1月1日起学天海公司租赁该设备3年，市场利率为7%，每年年末支付租金100万元。学天海公司发生初始直接费用为10万元。相关款项均已收到或支付。

(3) 该设备尚可使用寿命为3年。学天海公司对固定资产采用直线法折旧，预计净残值为0。不考虑其他因素。

(P/A, 6%, 3) =2.6730; (P/A, 7%, 3) =2.6243; (P/A, 8%, 3) =2.5771;

(P/F, 6%, 3) =0.8396; (P/F, 7%, 3) =0.8163; (P/F, 8%, 3) =0.7938。

要求：(1) 计算学天海公司在租赁期开始日应当确认的负债金额，编制相关的会计分录。

(2) 编制学天海公司20×4年支付租金、确认财务费用、计提折旧费用相关的会计分录。

(3) 计算学天海公司20×4年年末资产负债表中“长期应付款”项目列报的金额。

解析：(1) 由于资产转让不符合CAS14规定的销售条件，应当按照融资交易处理。

租赁期开始日应当确认的负债=300-40=260（万元）

借：银行存款　　2 700 000

　　长期应付款——未确认融资费用　　（倒挤）400 000

　贷：长期应付款——本金　　3 000 000

　　　银行存款　　100 000

(2)

借：长期应付款——本金　　1 000 000

　　贷：银行存款　　1 000 000

借：财务费用　　（260 万元 ×7%）182 000

　　贷：长期应付款——未确认融资费用　　182 000

借：制造费用　　800 000

　　贷：累计折旧　　（240 万元 ÷3）800 000

（3）20×4 年末长期应付款项目账面价值 =260 +18.2 -100 =178.2 万元，一年内到期的金额 =100 -178.2 ×7% =87.53 万元，长期应付款项目列报的金额 =178.2 -87.53 =90.67 万元。

【案例 5 -29】 售后租回符合资产销售条件且包含融资交易的处理。

2×19 年 1 月 1 日学天海公司（卖方兼承租人）以货币资金 40 000 000 元的价格向乙公司（买方兼出租人）出售一栋建筑物，根据交易的条款和条件，学天海公司转让建筑物符合《CAS14——收入》中关于销售成立的条件。交易前该建筑物的账面原值是 24 000 000 元，累计折旧是 4 000 000 元。该建筑物在销售当日的公允价值为 36 000 000 元。

与此同时，学天海公司与乙公司签订了合同，取得了该建筑物 18 年的使用权（全部剩余使用年限为 40 年），年租金为 2 400 000 元，于每年年末支付。学天海公司、乙公司均确定租赁内含年利率为 4.5%。假设不考虑其他因素。计算结果保留整数。(P/A，4.5%，18) =12.16。

要求：（1）编制学天海公司 2×19 年 1 月 1 日的会计分录。

（2）编制学天海公司 2×19 年 12 月 31 日支付租金和确认利息费用的会计分录。

（3）编制乙公司 2×19 年 1 月 1 日的会计分录。

（4）编制乙公司 2×19 年 12 月 31 日收取租金和确认利息收入的会计分录。

解析：（1）由于销售对价公允价值 40 000 000 - 资产公允价值 36 000 000 =4 000 000元，属于乙公司向学天海公司提供的额外融资。由于销售对价公允价值与资产公允价值的差额比较好确定，而合同付款额的现值减去市场租金计算的付款额的现值的差额不好确定，因此，以前者确定额外融资的金额。该合同中包含销售资产交易和融资交易，分别处理。

由于该建筑物的销售对价并非公允价值，承租人和出租人应当以公允价值为基础，计量取得资产的成本与相关损益。

年付款额现值为2 400 000×(P/A,4.5%,18)=29 184 000元，其中4 000 000元属于融资交易的现值，剩余的29 184 000-4 000 000=25 184 000元属于租赁付款额的现值。

融资交易年付款额=4 000 000÷（P/A，4.5%，18）=328 947（元）

租赁交易年付款额=2 400 000-328 947=2 071 053（元）

租赁负债——租赁付款额=2 071 053×18=37 278 954（元）

租赁负债——未确认融资费用=终值37 278 954-现值25 184 000

=12 094 954（元）

租赁资产账面价值=24 000 000-4 000 000=20 000 000（元）

通过租回保留的账面价值应确认使用权资产=账面价值20 000 000×（租赁付款额现值25 184 000÷租赁资产公允价值36 000 000）=13 991 111（元）

出售该建筑物的全部利得=公允价值36 000 000-账面价值20 000 000=16 000 000元。其中，与保留相关的利得部分为16 000 000×(租赁付款额现值25 184 000÷租赁资产公允价值36 000 000)=11 192 889元，不得确认损益；剩余转让至乙公司的利得部分为16 000 000-11 192 889=4 807 111元，确认资产处置损益。

与融资交易相关的分录：

借：银行存款　　4 000 000

　　长期应付款——未确认融资费用　　（倒挤）1 921 046

　　贷：长期应付款——名义付款额　　(328 947×18）5 921 046

与租赁交易相关的分录：

借：固定资产清理　　（倒挤）20 000 000

　　累计折旧　　（转销余额）4 000 000

　　贷：固定资产　　（转销余额）24 000 000

借：银行存款　　36 000 000

　　使用权资产　　13 991 111

租赁负债——未确认融资费用　　12 094 954

贷：固定资产清理　　（转销余额）20 000 000

租赁负债——租赁付款额　　37 278 954

资产处置损益　　4 807 111

（2）后续学天海公司支付的年付款额 2 400 000 元，其中：2 071 053 元与租赁交易相关，其余的 328 947 元与融资交易相关。

借：租赁负债——租赁付款额　　2 071 053

贷：银行存款　　2 071 053

借：财务费用　　（25 184 000 ×4.5%）1 133 280

贷：租赁负债——未确认融资费用　　1 133 280

借：长期应付款——名义付款额　　328 947

贷：银行存款　　328 947

借：财务费用　　（4 000 000 ×4.5%）180 000

贷：长期应付款——未确认融资费用　　180 000

（3）出租人应当按照公允价值确认取得的租赁资产，综合考虑租期占该建筑物剩余使用年限的比例等因素，乙公司将该建筑物的租赁分类为经营租赁。

借：固定资产　　（公允价值）36 000 000

长期应收款——名义收款额　　（融资交易）5 921 046

贷：银行存款　　40 000 000

长期应收款——未实现融资收益　　1 921 046

（4）年收款额 2 400 000 元中，2 071 053 元与租赁交易相关，其余的 328 947 元与融资交易相关。

借：银行存款　　2 071 053

贷：租赁收入　　2 071 053

借：银行存款　　328 947

贷：长期应收款——名义收款额　　328 947

借：长期应收款——未实现融资收益　　180 000

贷：财务费用或利息收入　　（4 000 000 ×4.5%）180 000

【案例5－30】 售后租回符合资产销售条件且包含预付租金的处理。

2×19年1月1日学天海公司（卖方兼承租人）以货币资金4 500万元的价格向乙公司（买方兼出租人）出售一栋办公楼，根据交易的条款和条件，办公楼的控制权已经转移给乙公司。交易前该建筑物的账面原值是6 000万元，累计折旧是750万元，预计净残值为0，采用直线法计提折旧。该建筑物在销售当日的公允价值为5 500万元。

与此同时，学天海公司与乙公司签订了合同，取得了该建筑物5年的使用权（全部剩余使用年限为35年），年租金为256.15万元，于每年年末支付，期满后乙公司收回办公楼。市场上租用同等办公楼须每年支付租金520万元。相关款项均已收付。学天海公司、乙公司均确定租赁内含年利率为10%。不考虑其他因素。(P/A，10%，5)＝3.79。

要求：（1）编制学天海公司2×19年1月1日的会计分录。

（2）编制学天海公司2×19年12月31日有关的会计分录。

（3）编制乙公司2×19年1月1日的会计分录。

（4）编制乙公司2×19年12月31日有关的会计分录。

解析：（1）资产公允价值5 500万元－销售对价公允价值4 500万元＝1 000万元，属于学天海公司向乙公司的预付租金。因此，该合同中包含销售资产交易和预付租金交易，分别处理。

由于该建筑物的销售对价并非公允价值，承租人和出租人应当以公允价值为基础，计量取得资产的成本与相关损益。

按租金市场价格计算的付款额现值为520×（P/A，10%，5）＝1 970.8万元，其中1 000万元属于预付租金，剩余1 970.8－1 000＝970.8万元属于未来还需要支付的租金的现值。

预付租金年付款额＝1 000÷(P/A，10%，5)＝263.85（万元）

未来还需要支付的租金年付款额＝520－263.85＝256.15（万元）

租赁负债——租赁付款额＝256.15×5＝1 280.75（万元）

租赁负债——未确认融资费用＝1 280.75－970.8＝309.95（万元）

建筑物的账面价值＝6 000－750＝5 250（万元）

通过租回保留的账面价值应确认使用权资产＝租赁资产账面价值5 250×

（租赁付款额现值970.8÷租赁资产公允价值5 500）=926.67（万元）

出售该建筑物的全部利得=公允价值5 500－账面价值5 250=250万元。其中，与保留相关的利得部分为250×（租赁付款额现值970.8÷公允价值5 500）=44.13万元，不得确认损益；剩余转让至乙公司的利得部分为250－44.13=205.87万元，确认资产处置损益。

借：固定资产清理　（倒挤）52 500 000
　　累计折旧　（转销余额）7 500 000
　　贷：固定资产　（转销余额）60 000 000

借：银行存款　45 000 000
　　长期待摊费用——名义金额　（263.85万元×5）13 192 500
　　使用权资产　9 266 700
　　租赁负债——未确认融资费用　3 099 500
　　贷：长期待摊费用——未实现融资收益
　　　　（1 319.25万元－1 000万元）3 192 500
　　　　固定资产清理　（转销余额）52 500 000
　　　　租赁负债——租赁付款额　（256.15万元×5）12 807 500
　　　　资产处置损益　2 058 700

（2）2×19年12月31日支付租金和确认利息费用：

借：租赁负债——租赁付款额　2 561 500
　　贷：银行存款　2 561 500

借：财务费用　（970.8万元×10%）970 800
　　贷：租赁负债——未确认融资费用　970 800

摊销预付租金费用和确认预付租金利息收入：

借：管理费用　2 638 500
　　贷：长期待摊费用——名义金额　2 638 500

摊销预付租金费用确认的管理费用，表示未转移给出租人的资产部分应当计提的折旧费用，通过摊销的形式体现。

借：长期待摊费用——未实现融资收益
　　（1 000万元×10%）1 000 000

贷：财务费用 1 000 000

借：管理费用 1 853 300

贷：使用权资产累计折旧 （926.67 万元 ÷5） 1 853 300

（3）出租人应当按照公允价值确认取得的租赁资产，综合考虑租期占该建筑物剩余使用年限的比例等因素，乙公司将该建筑物的租赁分类为经营租赁。

借：固定资产 （公允价值） 55 000 000

预收账款——未确认融资费用

（1 319.25 万元 -1 000 万元） 3 192 500

贷：银行存款 45 000 000

预收账款——名义金额 （263.85 万元 ×5） 13 192 500

（4）年收款额 2 400 000 元中，2 071 053 元与租赁交易相关，其余的 328 947 元与融资交易相关。

借：银行存款 2 561 500

预收账款——名义金额 2 638 500

贷：租赁收入 （按市场价格确认租金收入） 5 200 000

借：财务费用或利息费用 1 000 000

贷：预收账款——未确认融资费用 （1 000 万元 ×10%） 1 000 000

第七节 列 报

一、承租人的列报

承租人的列报见表 5 -20。

表 5 -20 承租人的列报

资产负债表	①单独列示使用权资产	
	②单独列示租赁负债	分别以非流动负债和一年内到期的非流动负债列示
利润表	一般企业	在财务费用项目列示租赁负债的利息费用
		在成本费用项目中列示使用权资产的折旧费用

续表

<table>
<tr><td>利润表</td><td>金融企业</td><td>财务报表格式中没有财务费用项目，因此使用权资产的折旧费用和利息费用可以在“业务及管理费用”列示，并在附注中进一步披露</td></tr>
<tr><td rowspan="3">现金流量表</td><td>①偿还租赁负债本金和利息所支付的现金，包括预付租金和租赁保证金</td><td>筹资活动现金流出</td></tr>
<tr><td>②对短期租赁和低价值资产租赁进行简化处理支付的相关付款额</td><td rowspan="2">经营活动现金流出</td></tr>
<tr><td>③支付的未纳入租赁负债计量的可变租赁付款额</td></tr>
</table>

二、承租人的披露

承租人的披露见表5－21。

表5－21　　　　承租人的披露

（1）各类使用权资产的期初余额、本期增加额、期末余额以及累计折旧额和减值金额
（2）租赁负债的利息费用
（3）有关简化处理方法的披露
（4）计入当期损益的未纳入租赁负债计量的可变租赁付款额
（5）转租使用权资产取得的收入
（6）与租赁相关的总现金流出
（7）售后租回交易产生的相关损益
（8）按照《CAS37——金融工具列报》应当披露的有关租赁负债的信息，包括单独披露租赁负债的到期期限分析、对相关流动性风险的管理等
（9）其他定性和定量信息： ①租赁活动的性质。例如，租入资产的类别及数量、租赁期、是否存在续租选择权等租赁基本情况信息 ②未纳入租赁负债计量的未来潜在现金流出。例如，可变租赁付款额、续租选择权与终止租赁选择权、担保余值、承租人已承诺但尚未开始的租赁 ③租赁导致的限制或承诺。例如，租赁合同中关于承租人维持特定财务比率的条款 ④售后租回交易的其他信息。例如，承租人进行售后租回交易的原因以及此类交易的普遍性；各项售后租回交易的主要条款与条件；未纳入租赁负债计量的付款额；售后租回交易对当期现金流量的影响 ⑤其他相关信息

【案例 5－31】可变租赁付款额的定量披露。

零售商甲公司租入了大量零售店铺，其中许多租赁包含与店铺销售额挂钩的可变付款额条款。甲公司的政策规定，可变租赁付款额条款的使用情形以及所有租赁商洽均须集中审批。租赁付款额受到集中监督。甲公司认为，关于可变租赁付款额的信息对财务报表使用者有重大意义，且无法从财务报表的其他部分获得。此外，甲公司认为，下列信息对财务报表使用者也有重大意义：甲公司就可变租赁付款额所用的不同类型的合同条款，这些条款对其财务状况的影响，以及可变租赁付款额对销售额变化的敏感度等，这些信息与向甲公司的高级管理层报告时所用的有关可变租赁付款额的信息类似。因此，甲公司在其财务报表附注中对租赁进行如下披露：

甲公司的许多房地产租赁包含与租入店铺的销售额挂钩的可变租赁付款额条款。在可能的情况下，本集团使用该等条款的目的是将租赁的付款额与产生较多现金流的店铺相匹配。对于单独的店铺，最高可有 100% 的付款额是基于可变租赁付款额的，并且，用于确定付款额的销售额比例范围较大。在某些情况下，可变租赁付款额条款还包含年度付款额的下限或上限。

在 2×17 年度，租赁付款额及条款汇总如表 5－22 所示。

表 5－22　　2×17 年度租赁付款额及条款汇总表

项目	店铺数量（个）	固定付款额（元）	可变付款额（元）	付款额总额（元）
仅有固定付款额	1 490	1 153 000	—	1 153 000
有可变付款额且无最低标准	986	—	562 000	562 000
有可变付款额且有最低标准	3 089	1 091 000	1 435 000	2 526 000
合计	5 565	2 244 000	1 997 000	4 241 000

若甲公司全部店铺的销售额增长 1%，租赁付款总额预期将增长约 0.6% 至 0.7%；若甲公司全部店铺的销售额增长 5%，租赁付款总额预期将增长约 2.6% 至 2.8%。

【案例 5－32】可变租赁付款额的定性披露。零售商甲公司租入了大量零售店铺。这些租赁包含差异较大的可变租赁付款额条款。租赁条款由当地管理层商洽和监督。甲公司认为，关于可变租赁付款额的信息对财务报表使用者有重大意义，且无法从财务报表的其他部分获得。并且，甲公司认为，关于如何管理房地产租赁组合的信息对财务报表使用者有重大意义。此外，甲公司认为，关于以后年度的可变租赁付款额预计水平的信息（与向甲公司的高级管理层报告时所用的信息类似）对财务报表使用者也有重大意义。因此，甲公司在其财务报表附注中对租赁进行如下披露：

甲公司的许多房地产租赁包含可变租赁付款额条款。当地管理层对店铺的利润率负责，因此，租赁条款由当地管理层商洽确定，付款额条款类型多样。使用可变租赁付款额条款有多种原因，包括最小化新开店铺的固定成本额、管理利润率以及保持经营灵活性等。

甲公司的可变租赁付额条款差异较大：大部分可变租赁付款额条款是基于店铺销售额的一定比例，基于可变条款的付款额占单个房地产租赁付款总额的比例为0—20%，部分可变租赁付款额条款包含下限或上限条款。

使用可变租赁付款额条款的总体财务影响是：店铺的销售额越高，租金成本越高。这将有利于本集团的利润管理。预计未来几年可变租赁付款额相关的租赁费用占店铺销售额的比例将保持类似水平。

【案例5－33】续租选择权与终止租赁选择权的披露。

承租人甲公司有大量设备租赁，这些租赁的条款和条件差异较大。租赁条款由当地管理层商洽和监督。甲公司认为，如何对终止租赁选择权和续租选择权的使用进行管理的信息对财务报表使用者有重大意义，且无法从财务报表的其他部分获得。此外，甲公司认为，下列信息对财务报表使用者也有重大意义：重新评估上述选择权的财务影响，以及在其短期租赁组合中，包含无罚金年度解约条款的租赁所占的比例。因此，甲公司在其财务报表附注中对租赁进行如下披露：

甲公司有大量设备租赁包含续租选择权和终止租赁选择权。当地管理层负责管理其租赁。因此，租赁条款是以逐项租赁为基础进行商洽的，并且这些租赁的条款和条件差异较大。在可能的情况下，租赁会使用续租选择权和终止租赁选择权条款，以便当地管理层在取得所需设备与履行客户合同的一致性方面拥有更大的灵活性。

甲公司所用的租赁具体条款和条件不尽相同。大部分续租选择权和终止租赁选择权仅可由甲公司行使，而非由相应的出租人行使。若甲公司不能合理确定将行使续租选择权，则续租期间的相关付款额不纳入租赁负债的计量。

2×17年，因续租选择权或终止租赁选择权的评估结果或实际行使情况发生变化导致租赁期变化，甲公司确认的租赁负债增加489 000元。

此外，甲公司有大量租赁安排包含无罚金的年度解约条款。这些租赁被分类为短期租赁，且未包含在租赁负债中。甲公司在2×17年确认的短期租赁费用为30 000元，其中包含年度解约条款的租赁发生的租赁费用为27 000元。

【案例5-34】续租选择权的披露。承租人甲公司有大量大型设备租赁，这些租赁包含可由甲公司行使的续租选择权。甲公司的政策是，在可能的情况下使用续租选择权，从而使得已承诺的大型设备的租赁期与相关客户合同的初始合同期限一致，同时保留管理大型设备以及在不同合同间重新分配资产的灵活性。甲公司认为，关于续租选择权的信息对财务报表使用者有重大意义，且无法从财务报表的其他部分获得。此外，甲公司认为，下列信息对财务报表使用者也有重大意义：未纳入租赁负债计量的未来租赁付款额的潜在风险敞口，以及过去已行使的续租选择权所占比例。这与向甲公司的高级管理层报告时所用的有关续租选择权的信息类似。因此，甲公司在其财务报表附注中对租赁进行如下披露：

本集团的许多大型设备租赁包含续租选择权。这些条款可最大化合同管理的灵活性。在许多情况下，这些条款并未纳入租赁负债的计量，因为本集团无法合理确定是否将行使这些选择权。表5-23汇总了与续租选择权可行权之后期间相关的潜在未来付款额。

表5-23　与续租选择权可行权之后期间相关的潜在未来付款额

业务分部	已确认的租赁负债（已折现）（元）	未纳入租赁负债的潜在未来付款额（未折现）	以往行使续租选择权的比例（%）
分部A	569 000	799 000	52
分部B	2 455 000	269 000	69
分部C	269 000	99 000	75
分部D	1 002 000	111 000	41
分部E	914 000	312 000	76
合计	5 209 000	1 590 000	67

三、出租人的列报与披露

出租人的列报与披露见表5－24。

表5－24　　出租人的列报与披露

资产负债表	列示经营租赁资产
与融资租赁有关的信息	(1) 销售损益（生产商或经销商出租人）、租赁投资净额的融资收益以及与未纳入租赁投资净额的可变租赁付款额相关的收入
	(2) 资产负债表日后连续五个会计年度每年将收到的未折现租赁收款额，以及剩余年度将收到的未折现租赁收款额总额；不足五个会计年度的，披露资产负债表日后连续每年将收到的未折现租赁收款额
	(3) 未折现租赁收款额与租赁投资净额的调节表。调节表应说明与租赁应收款相关的未实现融资收益、未担保余值的现值
与经营租赁有关的信息	(1) 租赁收入，并单独披露与未纳入租赁收款额计量的可变租赁付款额相关的收入
	(2) 将经营租赁固定资产与出租人持有自用的固定资产分开，并按经营租赁固定资产的类别提供《CAS4——固定资产》要求披露的信息
	(3) 资产负债表日后连续五个会计年度每年将收到的未折现租赁收款额，以及剩余年度将收到的未折现租赁收款总额。不足五个会计年度的，披露资产负债表日后连续每年将收到的未折现租赁收款额
其他信息	(1) 租赁活动的性质。例如，租出资产的类别及数量、租赁期、是否存在续租选择权等租赁基本情况信息
	(2) 对其在租赁资产中保留的权利进行风险管理的情况
	(3) 其他相关信息
转租赁的列报	除非满足《CAS37——金融工具列报》第二十八条关于金融资产负债抵销的规定，企业不得以净额为基础对转租赁进行列报。即转租出租人不得抵销由于原租赁以及转租同一租赁资产而形成的资产和负债，以及与原租赁以及转租同一租赁资产相关的租赁收益和租赁费用【1】

【释1】因为原租赁合同与转租合同的交易对手不同，两份合同产生的资产和负债的风险敞口也不同，不符合CAS37规定的法定抵销权的条件。

在合并报表中，对于集团内部企业之间的租赁交易，应当抵销。

第八节　衔接规定

一、首次执行日与实务豁免规定

首次执行日与实务豁免规定见表 5－25。

表 5－25　首次执行日与实务豁免规定

情形	首次执行日与实务豁免规定
1. 首次执行日	是指企业首次采用本准则的年度报告期间的开始日
2. 租赁定义的实务豁免	对于首次执行日前已存在的合同，企业在首次执行日可以选择不重新评估其是否为租赁或者包含租赁。即企业可以仅对之前根据原租赁准则识别为租赁的合同采用本准则，对之前按原租赁准则未识别为包含租赁的合同不采用本准则
	选择不重新评估的，应当在财务报表附注中披露这一事实，并一致应用于前述所有合同

二、承租人衔接规定

承租人衔接规定见表 5－26。

表 5－26　承租人衔接规定

情形	承租人衔接规定
1. 两种衔接方法	承租人应当选择下列方法之一对租赁进行衔接会计处理，并一致应用于其作为承租人的所有租赁
	（1）按照《CAS28——会计政策会计估计变更和差错更正》的规定采用追溯调整法处理
	（2）根据首次执行本准则的累积影响数，调整首次执行本准则当年年初留存收益及财务报表其他相关项目金额，不调整可比期间信息（以下简称“简化的追溯调整法”）
2. 简化的追溯调整法	（1）对于首次执行日前的融资租赁，承租人在首次执行日应当按照融资租入资产和应付融资租赁款的原账面价值，分别计量使用权资产和租赁负债

续表

情形	承租人衔接规定
2. 简化的追溯调整法	（2）对于首次执行日前的经营租赁，承租人在首次执行日应当根据剩余租赁付款额按首次执行日承租人增量借款利率折现的现值计量租赁负债，并根据每项租赁选择按照下列两者之一计量使用权资产： ①假设自租赁期开始日即采用本准则的账面价值（采用首次执行日的承租人增量借款利率作为折现率） ②与租赁负债相等的金额，并根据预付租金进行必要调整
	（3）在首次执行日，承租人应当按照《CAS8——资产减值》的规定，对使用权资产进行减值测试并进行相应会计处理
3. 简化的追溯调整法下对于经营租赁的额外可选简化处理	对于首次执行日前的经营租赁，可根据每项租赁采用下列一项或多项简化处理
	（1）将于首次执行日后 12 个月内执行完毕的租赁，可作为短期租赁处理
	（2）计量租赁负债时，具有相似特征的租赁可采用同一折现率；使用权资产的计量可不包含初始直接费用
	（3）存在续租选择权或终止租赁选择权的，承租人可根据首次执行日前选择权的实际行使及其他最新情况确定租赁期，无须对首次执行日前各期间是否合理确定行使续租选择权或终止租赁选择权进行估计
	（4）作为使用权资产减值测试的替代，承租人可根据《CAS13——或有事项》评估包含租赁的合同在首次执行日前是否是亏损合同，并根据首次执行前计入资产负债表的亏损准备金额调整使用权资产
	（5）首次执行本准则当年年初之前发生租赁变更的，承租人无须按照本准则关于租赁变更的规定进行追溯调整，而是根据租赁变更的最终安排，按照本准则进行会计处理
4. 其他衔接规定	（1）首次执行日前的经营租赁中，租赁资产属于低价值资产且根据本准则选择不确认使用权资产和租赁负债的，承租人无须对该经营租赁按照衔接规定进行调整，应当自首次执行日起按照本准则进行会计处理
	（2）母公司执行本准则、但子公司尚未执行本准则的，母公司在编制合并财务报表时，应当按照本准则规定调整子公司的财务报表
	（3）母公司尚未执行本准则，而子公司已执行本准则的，母公司在编制合并财务报表时，可以将子公司的财务报表按照母公司的会计政策进行调整后合并，也可以将子公司按照本准则编制的财务报表直接合并，并披露该事实，对母公司和子公司的会计政策及其他相关信息分别进行披露

续表

情形	承租人衔接规定
5. 披露要求	承租人选择简化的追溯调整法对租赁进行衔接会计处理的，还应当在首次执行日披露以下信息： （1）首次执行日计入资产负债表的租赁负债所采用承租人增量借款利率的加权平均值 （2）首次执行日前一年度报告期末披露的重大经营租赁的尚未支付的最低租赁付款额按首次执行日承租人增量借款利率折现的现值，与计入首次执行日资产负债表的租赁负债的差额
6. 之前确认的有关企业合并的金额	承租人如果之前根据《CAS20——企业合并》，对作为企业合并一部分购买的经营租赁的有利或不利条款确认了资产或负债，应当终止确认该资产或负债，并相应调整首次执行日的使用权资产的账面金额

三、出租人衔接规定

出租人衔接规定见表 5－27。

表 5－27　　出租人衔接规定

情形	出租人衔接规定
（1）对于首次执行日前划分为经营租赁且在首次执行日后仍继续的转租赁	转租出租人在首次执行日应当基于原租赁和转租赁的剩余合同期限和条款进行重新评估，并按照本准则的规定进行分类。按照本准则重分类为融资租赁的，应当将其作为一项新的融资租赁进行会计处理
（2）除上述情形外	出租人无须对作为出租人的租赁按照衔接规定进行调整，而应当自首次执行日起按照本准则进行会计处理

四、售后租回交易衔接规定

售后租回交易衔接规定见表 5－28。

表 5－28　　售后租回交易衔接规定

情形	售后租回衔接规定
（1）对于首次执行日前已存在的售后租回交易	在首次执行日不重新评估资产转让是否满足《CAS14——收入》作为销售进行会计处理的规定

续表

情形	售后租回衔接规定
(2) 对于首次执行日前应当作为销售和融资租赁进行会计处理的售后租回交易	卖方（承租人）应当按照与首次执行日存在的其他融资租赁相同的方法对租回进行会计处理，并继续在租赁期内摊销相关递延收益或损失
(3) 对于首次执行日前应当作为销售和经营租赁进行会计处理的售后租回交易	卖方（承租人）应当按照与首次执行日存在的其他经营租赁相同的方法对租回进行会计处理，并根据首次执行日前计入资产负债表的相关递延收益或损失调整使用权资产

【案例 5-35】承租人执行 2018 版 CAS21 衔接的调整处理。

承租人甲公司于 2×19 年 1 月 1 日（假设为首次执行日）存在下列原租赁准则下尚未执行完毕的租赁合同，其中第一项为融资租赁，其余各项为经营租赁。甲公司选择不重新评估该此前已存在的合同是否为租赁或者是否包含租赁，并将此方法一致应用于所有合同，因此仅对上述在原租赁准则下识别为租赁的合同采用本准则衔接规定。此外，甲公司对上述租赁合同采用简化的追溯调整法进行衔接会计处理，并对其中的经营租赁根据每项租赁选择使用权资产计量方法和采用相关简化处理。具体情况如下（下述合同均不涉及租赁激励，也不考虑相关税费影响）。

(1) 2×16 年 1 月 1 日（亦为该租赁的租赁期开始日）订立了一项 5 年期机器租赁（以下简称“租赁 A”），约定自 2×16 年 1 月 1 日起，每 6 个月于月末支付租金 1 000 000 元，该机器的保险、维护等费用均由甲公司负担，该机器在 2×16 年 1 月 1 日的公允价值为 7 000 000 元，租赁合同规定的利率为 7%（出租人租赁内含利率未知），甲公司发生租赁初始直接费用 10 000 元，该机器于租赁期开始日的预计剩余使用年限为 7 年，无残值，租赁期届满时，甲公司将以 100 元购买该机器。2×18 年 12 月 31 日该机器原值为 7 010 000 元，累计折旧 3 004 286 元，应付融资租赁款余额为 4 000 100 元，未确认融资费用为 617 398 元。

解析：对于租赁 A（原租赁准则下认定为融资租赁），按照融资租入资产和应付融资租赁款首次执行日前的账面价值，分别计量使用权资产和租赁负债，会计分录为：

借：使用权资产　　　　　　　　　　　　　　　　7 010 000
　　融资租入固定资产累计折旧　　　　　　　　　3 004 286
　　贷：融资租入固定资产　　　　　　　　　　　　7 010 000
　　　　使用权资产累计折旧　　　　　　　　　　　3 004 286
借：长期应付款——应付融资租赁款　　　　　　　4 000 100
　　租赁负债——未确认融资费用　　　　　　　　617 398
　　贷：未确认融资费用　　　　　　　　　　　　　617 398
　　　　租赁负债——租赁付款额　　　　　　　　　4 000 100

（2）2×17年1月1日（亦为该租赁的租赁期开始日）订立了一项5年期通用设备租赁（以下简称“租赁B”），约定在每年的第2天支付1 000 000元，该设备在2×17年1月1日的公允价值为8 000 000元，预计剩余使用年限为10年，甲公司发生租赁初始直接费用1 000元，租赁期届满时，甲公司须将该设备归还出租人。甲公司确定适用于该租赁的首次执行日承租人增量借款利率为9%，选择假设自租赁期开始日即采用本准则的账面价值（采用首次执行日的承租人增量借款利率9%作为折现）计量使用权资产，计量时不包含初始直接费用。不采用其他简化处理。甲公司认为该使用权资产按直线法计提折旧是适当的，并按照《CAS8——资产减值》的规定对使用权资产进行减值测试后确定其无减值。假定甲公司法定盈余公积提取比例为10%，不考虑其他事项。

解析：对于租赁B（原租赁准则下认定为经营租赁），首次执行日：

租赁负债＝剩余租赁付款额按首次执行日承租人增量借款利率折现的现值＝1 000 000＋1 000 000×（P/A，9%，2）＝2 759 100（元）

使用权资产原值＝1 000 000＋1 000 000×（P/A，9%，4）＝4 239 700（元）

使用权资产累计折旧＝使用权资产原值×2÷5＝1 695 880（元）

借：使用权资产　　　　　　　　　　　　　　　　4 239 700
　　租赁负债——未确认融资费用（3 000 000－2 759 100）240 900
　　盈余公积　　　　　　　　　　　　　　　　　21 528
　　未分配利润　　　　　　　　　　　　　　　　193 752
　　贷：使用权资产累计折旧　　　　　　　　　　　1 695 880

租赁负债——租赁付款额　　　　(1 000 000 × 3) 3 000 000

假设上述情况下，甲公司选择按与租赁负债相等的金额并根据预付租金进行调整的方法计量使用权资产，则使用权资产账面价值为 2 759 100 元（即与租赁负债相等）。

(3) 2×17 年 1 月 1 日（亦为该租赁的租赁期开始日）以经营租赁方式租入一条生产线生产仅销售给客户乙的 A 产品，租赁期 4 年，约定在每年的第 2 天支付 500 000 元，该租赁合同不可撤销（以下简称“租赁 C”）。2×18 年客户乙因自身原因不再向甲公司购买 A 产品，甲公司预计租入的生产线大部分时间将闲置，该租赁合同成为亏损合同。在考虑可能的现金净流入后，甲公司就该亏损合同确认了预计负债。于 2×18 年 12 月 31 日（即首次执行日前），相关预计负债金额为 694 215 元（计算采用的折现率为 10%）。甲公司确定适用于该租赁的首次执行日承租人增量借款利率为 10%（与 2×18 年 12 月 31 日确定亏损合同准备金额折现率相等），选择按与租赁负债相等的金额并根据预付租金进行必要调整的方法计量使用权资产，作为使用权资产减值测试的替代，根据首次执行日前亏损准备金额调整使用权资产，不采用其他简化处理。

解析：对于租赁 C，首次执行日：

租赁负债 = 剩余租赁付款额按首次执行日承租人增量借款利率折现的现值 = 500 000 + 500 000 × (P/A，10%，1) = 954 545（元）

使用权资产原值 = 租赁负债 = 954 545（元）

使用权资产减值准备 = 相关预计负债金额 = 694 215（元）

借：使用权资产　　　　954 545

　　预计负债　　　　694 215

　　租赁负债——未确认融资费用　　(1 000 000 − 954 545) 45 455

　　贷：使用权资产减值准备　　　　694 215

　　　　租赁负债——租赁付款额　　　　1 000 000

(4) 2×16 年 6 月 30 日（亦为该租赁的租赁期开始日）订立了一项 3 年期办公设备租赁（以下简称“租赁 D”），约定自 2×16 年 6 月 30 日起，每 12 个月于月末支付租金20 000元（即第一次支付日为2×17年6月30日），该设备于租赁期开始日的预计剩余使用年限为6年，租赁到期归还设备。

解析：对于租赁D，甲公司采用简化处理，即将于首次执行日后12个月内执行完毕的租赁，作为短期租赁处理，并按照租赁资产类别将租赁付款额在租赁期内按直线法计入当期损益，不确认使用权资产和租赁负债，因此于首次执行日无须进行会计处理。

（5）2×18年1月1日（亦为该租赁的租赁期开始日）与某租车公司分别订立了一项3年期的2辆公务车租赁和一项3年期的2辆轿车租赁（以下统称“汽车租赁”），约定自2×18年1月1日起，于每年年末分别支付租金35 000元和25 000元（即第一次支付日为2×18年12月31日），这些车辆于租赁期开始日的预计剩余使用年限为8年，租赁到期归还车辆。甲公司计量租赁负债时，认为公务车租赁和轿车租赁具有相似特征，采用简化处理，即针对各公务车租赁和轿车租赁适用的承租人增量借款利率采用同一折现率（确定适用于该情况的承租人增量借款利率为8%），对于使用权资产，选择按与租赁负债相等的金额并根据预付租金进行必要调整的方法计量，不采用其他简化处理。同时，甲公司认为上述各项汽车租赁符合组合处理的条件，因此就该组合进行相关会计处理。

解析：对于汽车租赁，首次执行日：

汽车租赁负债＝公务车和轿车剩余租赁付款额之和按首次执行日承租人增量借款利率折现的现值＝(35 000＋25 000)×(P/A，8%，2)＝106 998（元）

汽车租赁使用权资产原值＝租赁负债＝106 998（元）

借：使用权资产　　106 998

　　租赁负债——未确认融资费用　　13 002

　　贷：租赁负债——租赁付款额　　[(35 000＋25 000)×2]　120 000

（6）2×16年1月1日（亦为该租赁的租赁期开始日）订立了一项3年期通用设备租赁（以下简称“租赁E”），约定自2×16年1月1日起，于每年年末支付100 000元（即第一次支付日为2×16年12月31日），并可选择在租赁期满时延长一次2年租赁期，租金不变，该选择最迟须在租赁到期前6个月书面通知出租人，否则视为放弃该选择权，该设备于租赁期开始日的预计剩余使用年限为 10 年，未发生租赁初始直接费用。2×18 年 6 月 30 日，甲公司书面通知出租人选择延长，延长的租赁期届满时归还设备。甲公司采用简化处理，即根据首次执行日前选择权的实际行使情况确定租赁期，因此剩余租赁期为 2 年，剩余租赁付款额为 200 000 元，确定适用于该租赁的首次执行日承租人增量借款利率为 8%；对于使用权资产，选择按与租赁负债相等的金额并根据预付租金进行必要调整的方法计量，不采用其他简化处理。

解析：对于租赁 E，首次执行日：

租赁负债 = 剩余租赁付款额按首次执行日承租人增量借款利率折现的现值 = 100 000 ×（P/A，8%，2）= 178 330（元）

使用权资产原值 = 租赁负债 = 178 330（元）

借：使用权资产　　178 330

　　租赁负债——未确认融资费用　　21 670

　　贷：租赁负债——租赁付款额　　（100 000 ×2）200 000

主要参考文献

［1］财政部会计司编写组．企业会计准则讲解［M］．北京：人民出版社，2010.

［2］财政部会计司编写组．企业会计准则应用指南［M］．北京：中国财政经济出版社，2020.

［3］汪祥耀，邓川，等．国际会计准则与国际财务报告准则研究与比较［M］．2版．上海：立信会计出版社，2017.

［4］汪祥耀，邵毅平．美国会计准则研究［M］．上海：立信会计出版社，2010.

［5］汪祥耀，等．英国会计准则研究与比较［M］．上海：立信会计出版社，2012.

［6］本哈德·裴仁斯，等．国际财务报告准则阐释与应用［M］．王煦逸，译．3版．上海：上海财经大学出版社，2019.

［7］澳大利亚公共会计师协会．国际财务报告准则解读与案例［M］．北京：中国财政经济出版社，2020.

［8］周红，等．国际会计准则［M］．3版．大连：东北财经大学出版社，2018.

［9］葛家澍，林志军．现代西方会计理论［M］．厦门：厦门大学出版社，2019.

［10］证监会会计部．上市公司执行企业会计准则案例解析［M］．北京：中国财政经济出版社，2020.

［11］常勋．财务会计四大难题［M］上海：立信会计出版社，2008．11.

［12］IASB．财务报告概念框架［M］中国会计准则委员会，译．北京：中国财政经济出版社，2019．07.

［13］IASB．国际财务报告准则（PartA，PartB）［M］中国会计准则委员会，译．北京：中国财政经济出版社，2015．12.

[14] IASB. IFRS Standards Issued at 1 January 2021 [M]. IFRS Foundation, 2021.

[15] 财政部会计司．关于修订印发 2019 年度一般企业财务报表格式的通知. 2019.

[16] 财政部会计准则委员会网站：https：//www. casc. org. cn/

[17] 国际会计准则理事会网站：https：//www. ifrs. org/

[18] 上海证券交易所网站：http：//www. sse. com. cn

[19] 深圳证券交易所网站：http：//www. szse. cn

[20] 证监会网站：http：//www. csrc. gov. cn

[21] 国家税务总局网站：http：//www. chinatax. gov. cn

[22] 美国财务会计准则委员会网站：www. fasb. org

[23] 英国会计准则委员会网站：www. frc. org. uk